21 世纪旅游管理学精品图书

旅 游 心 理 学

（第 2 版）

王婉飞 等编著

ZHEJIANG UNIVERSITY PRESS
浙江大学出版社

图书在版编目(CIP)数据

旅游心理学 / 王婉飞等编著. —2版. —杭州:浙江大学出版社,2017.2(2024.7重印)

ISBN 978-7-308-16670-6

Ⅰ.①旅…　Ⅱ.①王…　Ⅲ.①旅游心理学　Ⅳ.①F590-05

中国版本图书馆 CIP 数据核字(2017)第 022600 号

旅游心理学(第 2 版)

王婉飞　等编著

责任编辑	王元新	
责任校对	杨利军　刘序雯　高士吟	
出版发行	浙江大学出版社	
	(杭州市天目山路 148 号　邮政编码 310007)	
	(网址:http://www.zjupress.com)	
排　　版	浙江大千时代文化传媒有限公司	
印　　刷	广东虎彩云印刷有限公司绍兴分公司	
开　　本	787mm×1092mm　1/16	
印　　张	19.75	
字　　数	505 千	
版 印 次	2017 年 2 月第 2 版　2024 年 7 月第 2 次印刷	
书　　号	ISBN 978-7-308-16670-6	
定　　价	37.00 元	

21世纪旅游管理学精品图书

编 委 会

21世纪旅游管理学精品图书

参 编 高 校（排名不分先后）

浙江大学	浙江工业大学
浙江工商大学	浙江师范大学
浙江农林大学	杭州师范学院
温州大学	宁波大学
浙江外国语学院	浙江海洋大学
浙江旅游职业学院	金华职业技术学院
台州学院	绍兴文理学院
杭州职业技术学院	浙江商业职业技术学院

总 序

  21 世纪以来中国旅游业蓬勃发展。2004 年我国的出游率为 11.02 亿人次,占全国人口的 84.8%,国内旅游收入达 4710.71 亿元。入境旅游人数达 1.09 亿人次,旅游外汇收入达 257.39 亿美元。旅游经济收入在总量上连续 6 年排名世界第五,中国正由旅游大国跻身世界旅游强国之列。

  21 世纪是我国旅游业在完善社会主义市场经济体制和扩大改革开放的过程中蓬勃发展的世纪。旅游产业的格局和结构已发生重大的变化:以旅游业为龙头带动现代服务业快速发展,使得服务业、工业、农业产业格局的战略性经济结构的调整受到了各级政府的重视;以参观游览为主要目的的传统观光性旅游活动正让位于以休闲、放松、康体、娱乐为目的的度假旅游;与世界卫生组织倡导的 21 世纪家庭社会健康医学模式紧密对应的、以养生休闲为国际化大趋势的旅游业,已成为中国最热门的产业;张扬个性、展示自我、融合自然、体验亲情的自助旅游、自驾车旅游蓬勃兴起,出境旅游、港澳“自由行”、区域合作、红色旅游、遗产保护和利用、嘉年华、经济型饭店、外资旅行社、旅游集团、旅游行政管理成为人们谈论的热点话题。经济结构的调整和对外开放的扩大给我国旅游业注入了新的活力,带来了新的气象和新的机遇,为旅游业实现跨越式发展奠定了坚实基础。

  21 世纪又是中国旅游业面临全面开放和激烈竞争的世纪。在世界旅游业发展的平台上,最核心的竞争是旅游人才的竞争。为了在国际旅游业的竞争中立于不败之地,我国实施了旅游人才战略,大力开发旅游人力资源,全面提高旅游队伍的素质,加快旅游人才的培养,这对于促进旅游业持续、快速、健康地发展,推动旅游业积极参与国际竞争,实现世界旅游强国的目标具有十分重要而深远的意义。截至 2003 年年底,全国共有高、中等旅游院校 1207 所,其中高等院校 494 所、中等职业学校 713 所。在校生总计为 459004 人,其中旅游高等院校 199682 人、旅游中等职业学校 259322 人。共有旅游专业教师 18680 人,其中旅游高等院校 9298 人、旅游中等职业学校 9382 人。由于我国旅游教育的兴起是由旅游业发展的需求带动的,因而,旅游人才的培养存在着数量扩张过快、人才素质偏低、社会急需的高级人才短缺等问题。造成这些问题的原因是复杂的,从旅游教育内部来看,主要有教师水平参差不齐、理论与实践严重脱节、学科与教材建设滞后等。

  为了适应旅游业的发展,针对旅游人才培养的问题,我们组织了浙江省 16 所旅游院校,编撰了这套《21世纪旅游管理学精品图书》，共计25种，涉及旅游管理学科的方方面面。本套图书有以下三个特点：

一是积极吸纳先进理论。中国旅游业在世界旅游发展史中属后起之秀，总结世界的先进理论有助于我们加快前进的步伐。在中国旅游业发展的20多年中，中国学者引进了不少先进理论，并结合中国实际把它运用于旅游实践活动中，如旅游目的地生命周期理论、旅游城市发展动力理论、旅游卫星账户管理理论、旅游管理扁平组织理论、旅游形象设计理论等，同时开创性地形成了旅游资源评价体系、旅游生态风险评价体系、绿色饭店评价体系，以及风景设计理论、旅游文化应用理论、旅游经营管理理论等。本套图书力争较全面地反映前人的研究成果和应用经验，以体现旅游学科深厚的理论基础。

二是重视理论与实践紧密结合。旅游既是一门学科又是一种产业，它拒绝空洞说教和纸上谈兵，十分强调理论与实践的结合，注重把理论运用于实践，通过实践来完善、修正理论，再用于指导旅游实践活动。一方面，旅游是一种因游客空间位移而产生的经济活动，每一种理论都要符合经济规律并产生经济后果，这就要求所有的旅游科学理论必须与实践相结合。另一方面，旅游的主体是游客，旅游业说到底是一种为旅游者服务的产业，在服务中产生经济效益，这又要求它的每一门知识必须和实际操作结合起来，大到旅游经济发展，小至餐饮、导游服务，学以致用，立竿见影。本套图书选择的各书主编、副主编都是多年从事本专业教学、科研和管理的教授、副教授，既有扎实的理论基础，又有丰富的旅游实践经验，他们主编的图书，可以说是自己多年来旅游实践经验的总结和结晶，在内容上也尽可能利用简明案例和操作实务把理论与实践紧密结合起来，使读者学有所获，学以致用。

三是注重旅游教学规律。孔子总结出的教学规律有"学思结合""因材施教""触类旁通""学以致用""教学相长"等。旅游教学尤其要重视触类旁通和学以致用。在教师"教"的过程中，传授的不仅是知识，还应包括实践经验和具体的操作方法；学生在"学"的同时，初步认知了"用"的过程和方法，进而通过多种环节的实践"温故而知新"，完善和巩固所学，才能成为某方面的专门人才。本套图书的每一章节均开门见山，直奔主题。这样既有利于教师全面掌握，运用案例，穿插经验，生动教学；又有利于学生张扬个性，深入领悟，"博学而笃志，切问而近思，仁在其中矣"。

唯物辩证法认为：任何事物都在发展过程中，比较而言，其理想的结果只有更好，没有最好。图书的编撰和我们的旅游教学、科研一样，永无止境。《21世纪旅游管理学精品图书》在浙江大学出版社的支持下，从第一次主编会议到第一本书付梓，历时一年有余。我们不敢妄谈"历炼出了时代的精品"图书，但我们150余位编撰者都在努力做到：立足学科前沿，理论与实践并重，观点新颖，资料翔实，信息准确，文字简洁，语言流畅，能够体现时代特征和专业水平。当然，我们努力的结果也需要业界同仁的大力支持，并接受旅游教学实践的检验。

编写和出版这样一套图书是一项复杂的系统工程，除了需要进行大量的组织、协调、编审工作之外，还要依靠多方面的大力帮助和支持。我们真诚希望关心和使用这套图书的单位和个人，对图书提出宝贵的批评和建议，以便今后修改时参考，使之更加适应教学和工作的需要。

21 世纪旅游管理学精品图书

编 委 会

2005 年 5 月于西子湖畔

目 录

旅游心理学

旅游心理学

旅游心理学

旅游心理学

导　论

旅游心理学是一门系统研究旅游者及旅游从业人员心理活动和行为规律的新兴应用学科，正越来越受到理论界及企业界的重视，逐步成为高等院校经济管理类专业的重要课程。

第一节　研究旅游心理学的意义

一、有利于旅游业的发展和服务质量的提高

旅游业的发展是以旅游者的存在为主要前提的。能否赢得旅游者，是衡量一个旅游企业是否兴旺发达的重要标志。要吸引广大游客参加旅游，不是仅仅有吸引人的旅游资源、提供完善的硬件设备就可以达到的，在旅游这样一个服务性行业，软件服务所起的作用是难以估量的。游客出来旅游，看重的是服务质量，是富有人情味的接待，是友谊、尊重、理解和美感交织在一起的人生享受。艺术化、人情味的优质服务，不但可以让他们舒心愉悦，而且能给他们带来宾至如归的感觉，还能吸引大量的回头客。旅游心理学通过研究旅游者的心理和行为规律来把握旅游者的心理和行为特征，从而清楚地了解旅游者所需要的是什么，所要求的是什么样的旅游服务，从而帮助旅游从业者了解应该怎样为旅游者提供满意的服务，以减少旅游从业者工作的盲目性，增强针对性。因此，研究旅游心理学有助于提高旅游服务质量，促进旅游业健康发展。

二、有利于旅游业科学合理的经营管理

在市场经济社会中，旅游企业要想生存、发展、立于不败之地，必须对市场进行科学的细分及预测，及时调整经营方针，改善经营措施，制定经营策略，以吸引更多的旅游者，从而保持充足的客源。在一般的消费市场细分中，最流行的市场细分基础包括九个方面的消费者特征，其中与心理学研究有关的是心理因素、消费心态因素、使用情况因素和使用情景因素。实践证明，使用这些心理和行为因素，可以相当有效地对旅游市场进行细分。此外，旅游心理学对旅游者的心理和行为规律的研究，可以帮助旅游从业者科学地预测旅游者的心理和行为发展与变化的趋势，并开展有针对性的旅游产品生产与销售活动，满足旅游者的需要。同时，旅游心理学对旅游企业的管理心理进行了详尽的分析，有助于旅游企业管理者有效地管理。总之，旅游心理学对改善企业的经营管理具有十分重要的意义。

三、对提高员工的心理及职业素质具有指导意义

旅游业的发展必须具有一支高质量的旅游从业者队伍,要求这支队伍具有较高的心理素质和职业素质。旅游心理学作为一门学科,研究的是旅游业相关人群的心理方面的基本理论和知识,这正是旅游企业员工提高自身素质所不可缺少的知识。它要求学习者系统地学习,并在实践中灵活运用,把握服务对象的心理特点和差异,正确认识服务对象,正确处理客我关系,真正做到个性化服务和优质服务。在此过程中,解决服务意识问题,进而提高文化水平和业务水平,从而使学习者能够积极主动地、富于创造性地完成旅游服务工作。

四、为科学合理地安排旅游设施和开发旅游资源提供心理依据

旅游设施和旅游资源是旅游业的硬件系统,是旅游业得以发展的前提条件。其开发、建设是否科学、合理,在很大程度上影响着旅游业是否能够健康有序发展。旅游设施的配置和旅游资源的开发一定要考虑旅游者的心理活动规律,否则就会事倍功半,使设施、资源发挥不出应有的效益。成功的旅游产品在其硬件建设上都十分注重旅游者的心理因素,使旅游者在旅游活动中心理得到极大满足。旅游心理学的研究为科学、合理地安排旅游设施和开发旅游资源提供了心理依据。

第二节　旅游心理学的研究对象和内容

一、旅游心理学的研究对象

旅游心理学作为一门独立的学科,有它自己特定的研究对象。狭义的旅游心理学,只研究旅游者及旅游行为主体的心理。广义的旅游心理学则不仅研究旅游者的心理,而且研究旅游业开发者、经营者与管理者的心理。本书采用广义的定义,着重研究旅游者的消费心理活动以及旅游服务与管理者的心理,从而了解旅游者及潜在旅游者需要什么,为什么选择这个地方去旅游而不去那个地方,影响旅游行为的主观因素和客观因素是什么,群体如何影响个体的旅游行为,优质服务的内容是什么,旅游企业管理者应该如何调动员工的积极性等。

二、旅游心理学的研究内容

旅游心理学的研究内容是与其研究对象紧密联系的。旅游心理学以旅游活动中所有人员的心理活动和行为规律为研究对象,而对该研究对象的深入探索与剖析,则构成旅游心理学的研究内容。

(一)研究旅游消费者行为的心理过程和心理状态

旅游消费者行为中的心理过程和心理状态,是一个发生—发展—完成的过程,而这个过程是每个消费者都具有的。心理过程和心理状态的作用,是激活旅游消费者的目标导向和系统导向,使他们采取某些行为或回避某些行为。其主要包括旅游消费者对旅游产品的

认识过程、情绪过程和意志过程，以及三个过程的融合、交汇与统一；旅游消费者的普遍倾向；旅游消费者的需求动态与消费心理变化趋势。

（二）研究旅游消费者的个性心理特征对旅游行为的影响

旅游消费者在气质、性格上的差异，必然使其在旅游行为中表现出不同的心理活动特点；旅游消费者的能力差异，也会使其在旅游活动中表现出不同的能力特点。

（三）研究各相关因素对旅游消费者心理的影响及程度

旅游消费者在旅游活动中所表现出的行为是他们借以满足个体需要的手段，除了受自身心理因素的影响外，还要受到各种社会因素、自然因素和消费流行、消费习惯的制约与影响。对这些因素的研究主要包括：有哪些影响旅游消费者心理的社会因素和自然因素，它们是怎样影响旅游消费者的心理活动的；消费流行、消费习惯与消费心理的关系怎样（如消费流行是怎样引起旅游消费者心理变化的）。

（四）研究旅游服务心理

旅游业最为明显的特点是服务。服务质量关系到旅游业的兴衰成败。欲提高服务质量，除研究旅游者心理外，还要研究旅行社服务心理（如接待、导游的心理）、饭店服务心理（如前厅、客房、餐饮、商场等服务人员的心理）、旅游景区服务心理等，从而为旅游者提供情感化、个性化的针对性服务。

（五）研究旅游企业的管理心理

探讨旅游企业中个体、群体、领导、组织的心理活动规律，说明如何通过调整人际关系和激励动机、提高领导水平和领导艺术、增强组织凝聚力等手段，来协调人与人之间的关系，以提高旅游企业的管理水平，使之最大限度地满足旅游者的需求。

第三节　旅游心理学的研究方法

研究方法既要受到作为客体的研究对象属性的规定，又要受到作为主体的研究者观念的指导和制约。为了在旅游心理学的研究中获得正确的结论，实现预期的目的，必须采用科学的研究方法。由于旅游心理学的研究范围十分宽泛，所以研究方法也多种多样。以下是几种比较常用的研究方法。

一、观察法

观察法是观察者在旅游活动中，运用自己的视觉器官，有目的、有计划地去观察旅游者旅游行为的一种方法。这种方法的优点是比较直观，能获得许多有用的信息。由于旅游者的语言、表情和动作形态是在没有干扰的情况下被观察的，是一种心理状态的自然流露，因而观察所得的材料一般比较真实。观察法的不足之处是带有一定的被动性与局限性，它往往只能被动地等待所要观察的对象出现，并着重于了解旅游者的旅游消费行为，导致影响旅游者消费行为的内在的心理活动则较难把握。

观察法既可用于观察别人，也可用于观察自己，即所谓的"自我观察法"，又称"内省法"。这种方法就是把自己放在旅游消费者的位置上，根据自己的日常生活体验，去感受旅游消费者的心理变化。运用自我观察法去研究旅游消费者的消费需求、兴趣投向与情感变换等,均能收到令人满意的效果。

二、实验法

实验法是利用必要的设备和仪器,通过有目的地控制或创设一定的条件来引起某些心理现象,从而揭示心理现象发生的原因或发展规律的一种研究方法。实验法可分为实验室实验法和自然实验法两种方式。

(一)实验室实验法

实验室实验法是研究者在实验室里借助各种仪器或模拟自然环境条件(或工作条件)进行研究的一种方法。例如,要测定消费者对广告的意义记忆率,就可以在实验室里运用音像、图片与文字等广告媒体,测定消费者的广告记忆率。运用这种方法研究的结果一般比较准确,但它往往只适宜于测定一些比较简单的心理现象。

(二)自然实验法

自然实验法是在日常的营销环境中,有目的地创造某些条件或变更某些条件,给消费者的心理活动以一定的刺激或诱导,从而观察消费者心理活动的表现。这是一种研究者主动进行、能实现人为控制的研究方法。在消费心理学的研究中,自然实验法具有较为宽泛的应用范围。①

三、案例研究法

案例研究法是指研究者深入旅游业,对旅游企业、旅游者以及旅游从业者进行全面的、较长时间的、连续的观察、调查、了解,研究其心理发展的全过程,在掌握各方面情况的基础上进行分析整理。使用案例研究法得到的结果对教学、科研以及指导旅游实际工作都有很大意义,它可以使人们通过典型的案例了解旅游活动中人的心理、行为及其发展规律。

四、调查法

调查法是对那些不可能深入了解的心理现象,通过调查、访问、谈话、问卷等方法搜集有关资料,间接了解被试者心理和行为的一种方法。调查法主要有以下三种形式:

(一)问卷法

问卷法是由研究者向有关旅游者或旅游从业人员发放问卷,由被调查者答卷,回收后进行统计、汇总、分析的一种方法。问卷的类型主要有开放型问卷和封闭型问卷两种。所谓开放型问卷,是指对所有被调查者提出同样的问题,但事先对所提问题不做出任何可供选择的答案,被调查者可以根据自己的意愿自由作答。而封闭式问卷是指不仅所提的问题是相同的,而且对所提的问题都事先列出若干可能的答案,由被调查者根据自己的意愿在其中选择认为恰当的答案。问卷法大多用邮寄、个别分送或集体分发等形式发放问卷。

(二)访谈法

访谈法是研究者通过与访谈对象面对面地交流,从口头信息沟通中了解访谈对象的心理状态,从而掌握所需材料、实现调查目的的一种方法。访谈法具有较好的灵活性和适应

---

① 马建敏. 消费心理学. 北京:中国商业出版社,2003:11—14.

性。访谈对象可以不受文化程度、价值观念、个人性格及年龄的限制,他们均能为访谈者提供所需要的口头资料。访谈者也可以根据访谈时的情况变化而调整访谈的内容,以达到预期的调查目的。访谈法的不足之处在于费用大,而且标准化程度不高,常常给最后的统计分析带来一定的困难。所以,这种方法一般应用于对那些深层次旅游心理问题的探讨研究上。

(三)心理测试法

心理测试法是指研究者通过一些心理测试量表,测试出被试有关的心理品质。这一方法往往用在对旅游业工作人员的心理测试上,用以研究员工的心理品质(能力、人格等方面)与服务行为的关系,对研究旅游管理心理具有积极作用。

第四节　旅游心理学的理论基础

旅游心理学的理论基础主要来自心理学等科学理论,可以分为直接理论基础和相关基础学科两类。

一、直接理论基础

(一)普通心理学

普通心理学作为心理学的主干分支学科,研究一般正常人的心理现象及基本规律,研究内容包括心理动力、心理过程、心理状态和心理特征四个方面。心理动力系统决定着个体对现实世界的认知态度和对活动对象的选择与偏向,它主要包括动机、需要、兴趣和世界观等心理成分。人的心理过程是一种动态的过程,即人脑对客观现实的反映过程。而心理状态是心理活动在一段时间里出现的相对稳定的持续状态。心理特征便是人在认知、情绪和意志活动中形成的那些稳固而经常出现的意识特性。

(二)社会心理学

引用社会心理学家周晓虹的观点,社会心理学是研究生活在特定的社会生活条件下、具有独特的文化和完整的人格结构的人,对各种简单与复杂的社会刺激所做出的反应(包括内隐与外显两个方面)。简言之,它是研究人的社会或文化行为发生、发展、变化的过程及规律。

(三)管理心理学

管理心理学是以企业中人的心理规律为研究对象,以调动人的积极性、达到最大的工作绩效为目的,研究涉及企业中具体的社会、心理现象,包括个体心理、群体心理、组织心理和领导心理四个方面。

二、相关基础学科

(一)社会学

从社会整体出发,综合研究人类社会和人们社会行为变化发展规律的一门应用性社会科学。

(二)人类学

人类学是一门研究文化的科学,关注各种人群生活方式的异同。

(三)经济学

经济学是研究个人、企业、政府以及其他组织如何在社会内进行选择,以及这些选择如何使社会稀缺资源的使用更科学。

(四)历史学

历史学是在对人类以往的历史进行系统化整理的基础上,对历史的本质、历史的意义所做出的一种理论解释和精神体验。

由于旅游本身受社会各种因素影响,所以旅游心理学的相关理论基础相当广泛。但是,它还是具有几个主要的基础,也就是以上所说的直接理论基础。我们在本书中会根据需要将相关的理论向读者一一介绍。

第一章　旅游消费心理学的一般原理

旅游消费心理学以普通心理学为基础，它的一般原理离不开普通心理学的基本原理。本章概要介绍旅游消费心理学的一般原理，以期抛砖引玉，便于后面章节的学习和理解。

第一节　心理的实质

一、心理产生的基础

心理是现实在头脑中的反映，或者说，人的心理是在周围现实的作用下由人脑产生的，这已被近代心理学研究所证明。社会环境和自然环境，对人的心理的产生、发展、完成起决定性的作用。同时，人的心理的产生，还必须依赖于大脑的生理机制作为物质基础，并且要借助于生理过程才能得到表现和发展。心理一般有两种含义：一是指思想意识；二是指个体心理现象。思想意识是历史唯物主义和伦理学研究的内容，心理学中研究的是个体心理现象的总称。

二、心理的表现形式

心理有各种各样的表现形式，基本上可以分成两类：心理活动过程和个性心理特征。心理活动过程是心理现象的不同形式对现实的动态反映，它实现着人和客观现实的联系。心理活动过程主要由认识活动和意向活动两个部分组成。认识活动是人在认识客观事物时所产生的心理活动，如感觉、知觉、记忆、想象、思维等。意向活动是人们面对客观事物所表现出的心理活动，如情感、意志、注意等。

上述认识活动过程和意向活动过程，都是人脑反映现实的形式，是人类所共同具有的。这些心理过程在每个人身上发生时总带有个人特征，就是所谓的个性心理特征。每个正常人都能感知、记忆、思维，但内容和特点不同。每个人都有感情和意志，但是人们的气质和性格又有差别。在心理过程中，个人的、比较稳定的、恒常的心理特点，就是个性心理特征，如兴趣、能力、气质、性格等。

综上所述，应当把心理理解为心理活动过程和个性心理特征的总称。心理现象的这两个方面，是互相联系、互相影响的，心理特征通过心理过程逐渐形成并且表现出来，同时心理特征也影响着心理过程。① 接下来就简要介绍普通心理学的一些原理,以及它们之间的联系与区别。

第二节　感觉与知觉

心理学研究认为,在实践活动中,客观事物直接作用于人的感觉器官,便在人脑中产生了关于这些事物的感觉和知觉。人们是依靠感觉与知觉了解周围世界的。从感觉到知觉的连续过程当中,感觉与知觉的两个阶段,在性质上是不同的。感觉是对直接作用于感觉器官的客观事物的个别属性在人脑中的反映,感觉可以分为视觉、听觉、味觉、嗅觉、触觉等外部感觉,而运动觉、平衡觉、机体觉等则属于内部感觉。知觉是在感觉的基础上形成的,是由多种感觉器官联合活动的结果,是直接作用于感觉器官的客观事物的整体属性在人脑中的反映。因此,知觉多半是各种感觉的统合,并且包括当时的心情、期盼以及过去的经验与学得的知识。所以,知觉是纯心理性的,对于同一种引起知觉的刺激情境,表现在每个人的知觉判断上,将会有很大的个别差异。知觉可以分为空间知觉、时间知觉、移动知觉、错觉。错觉是指知觉的结果与实际情况不相符合,包括图形错觉、月亮错觉、形状和方向错觉、形重错觉、时间错觉。通过感觉和知觉,人们才有可能逐步认识不依赖于主观的而独立存在的客观世界。因此,感觉和知觉是一切复杂、高级的心理活动的基础。没有感觉和知觉就不能形成表象,因而也就不可能有记忆、想象、思维等心理过程;没有丰富的感觉材料,也就不能产生理论知识。

第三节　需要与动机

需要与动机是推动人希冀、追求、行动、发展的内驱力,是人的心理素质中最能动的本质力量。动机与需要是有区别的。需要是人们对某种目标的渴求或欲望,主要和人们的主观愿望相联系。动机是在需要刺激下直接推动人进行活动的内部动力。动机是个体的内在过程,行为是这种内在过程的结果。动机在需要的基础上产生,主要和人的行动相联系。离开需要的动机是不存在的,而且只有需要的愿望很强烈、满足需要的对象存在时,才能引起动机。也就是说,需要并不能直接产生行动,而必须先产生动机才能引起人的行动,动机是需要与行动之间必经的一个中间环节。动机虽然是在需要的基础上产生的,但并非所有的需要都能成为动机。这是因为,需要必须达到一定强度并有相应的诱因条件才能成为动机,而动机行动的结果,或是达到目标,产生新的需要,或是遭受挫折。

---

① 马义爽,等.消费心理理论与实务.北京:中国商业出版社,1994:16—17.

第四节　认知、情感与意志

认知、情感与意志作为三种相对独立的心理活动,分别是对人的事实关系、价值关系与实践关系的主观反映。认知愈深刻,情感就愈有理性,意志就愈坚定。认知、情感和意志是密切联系、彼此渗透着的。发生在实际生活中的同一心理活动,通常既是认知的,又是情感的,也是意志的。

一、认知与情感

认知过程是产生情感的前提和基础,情感过程又对认知具有反作用。人只有在认知事物的过程中,才能了解主客体之间的需求关系,从而产生情感,而情感体验又随着认知的加强而增强。人的情感不是认知过程中的消极产物,它在认知过程中起着积极的作用。良好的情感能推动人们从事认知活动、促使其对事物的认知持肯定的态度,使认知更加丰富、深刻,提高认知的效果。情感的发生与认知过程不能等同,两者是有区别的:

(1)认知过程是反映客观事物本身的特性或事物之间的关系。

(2)认知过程通过具体形象或抽象的概念反映客观事物,而情感过程则通过态度体验反映客观事物与主体需要之间的关系,并伴有较明显的机体变化。

(3)认知过程的随意性很大,而情绪和情感过程只有通过认识的作用才具有随意性。

二、意志与情感

情感可以成为意志的动力。当某种情感或情绪对人的一定行为起推动或支持作用时,就存在这种情形。例如,对祖国的热爱和对敌人的仇恨,激励着人们去保卫祖国和消灭敌人。一个对所要达到的目标抱着漠然的冷淡态度的人,常常是难以表现出坚强的意志的。

情绪也可以成为意志的阻力。人在从事他所不乐意从事的活动时就会发生这种情形。"不乐意"的情绪,对于这项活动而言是一种消极的体验,它妨碍着意志行动的贯彻,造成意志过程的内部困难。此外,人在完成某项他所热衷但却又感到棘手的任务时,也可能发生这种情形。因为由外部困难所引起的消极的情绪体验(如困惑、焦虑、彷徨甚至痛苦),也动摇和销蚀着人的意志。

意志对情绪的影响,有时还表现为对情绪的直接控制。如果一个遭遇个人不幸而陷于哀伤心境中的演员,为了不妨碍本职工作,在舞台上仍然能成功地扮演喜剧性角色,那么他就是凭借意志的力量,在某种程度上抑制了一种情绪而激发了另一种情绪。

三、意志与认知

意志和认知过程有着极为密切的联系。一方面,离开了认识过程,意志就无从产生。意志的特征具有自觉的目的,而人的任何目的都不是头脑里所固有的,也不是主观自生的,它是人过去和现在的认知活动的产物。目的虽是主观的东西,但它的来源却是客观世界。人的行动目的不可能凭空产生。人确立这种目的还是那种目的,归根结底取决于人的需要。而需要也是人对客观现实的反映,是通过人对自身需求的认知而形成的。个体的认识愈是丰富和深入,他所积累的有关知识和技能愈多,他在意志活动中对行动手段的采取和运用才愈是顺利与有效。另一方面,意志也给认识过程以巨大影响。首先,人对外部世界的认识,是有目的、有计划并需克服各种困难的过程。诸如观察活动的组织、注意力的维持、随意识记忆的进行、创造性想象的实现、解决问题的思维活动的展开等,都离不开人的意志努力,即离不开意志过程。其次,人对客观世界的认识,是在变革事物的过程中完成的,而一切变革现实的实践活动都是意志行动,都必须受意志过程的支配和调节。因此,没有意志,就不会有深入的、完全的认识活动。

第五节　气质、能力与性格

心理学研究上把人的个性定义为个人的气质、性格和能力等方面心理特征的统一体。

气质与性格是有区别的。气质主要是先天的,更多地受个体高级神经活动类型的制约,表现为人的情绪和行为活动中的动力特征(即强度、速度等),可塑性极小,变化极慢;而性格主要是后天的,更多地受社会生活条件的制约,表现为个体与社会环境的关系,可塑性较大,环境对性格的塑造作用较为明显。气质与性格的联系又是相当密切而复杂的。相同气质类型的人可能性格特征不同,性格特征相似的人可能气质类型不同。气质可按自己的动力方式渲染性格,使性格具有独特的色彩,从而影响性格形成与发展的速度。当某种气质与性格有较大的一致性时,就有助于性格的形成与发展,相反会有碍于性格的形成与发展。性格对气质有重要的调节作用,在一定程度上可掩盖和改造气质,使气质服从于生活实践的要求。

性格与能力是个性心理特征中的两个不同侧面。性格与能力不同,能力是决定心理活动的基本因素,活动能否进行,这与能力有关;性格则表现为人的活动指向什么,采取什么态度,怎样进行。性格制约着能力的形成与发展:一方面,性格影响能力的发展水平;另一方面,优良的性格特征往往能够补偿能力的某种缺陷,但不良的性格特征,也会阻碍能力的发展,甚至使能力衰退。能力的形成与发展也会促使相应性格特征随之发展。

第二章　知觉与旅游消费行为

发展旅游业需要研究旅游者的消费行为规律,以期做到有的放矢,进行有针对性的服务。了解并预测旅游者的消费行为,找准旅游业的发展方向,都需要熟悉对旅游者行为构成直接影响的旅游者心理。人的心理过程开始于感知觉,通常情况下,感觉融合在知觉之中,因此,研究旅游者的心理和行为,首先应该从知觉入手。知觉是我们认识世界的一个过程,在这个过程中,个体选择、组织和解释刺激,形成一种有意义的与外部世界相一致的心理画面。

第一节　知觉的心理学原理

知觉是直接作用于感觉器官的事项的整体在脑中的反映,是人对感觉信息的组织和解释的过程。当我们行走在林荫道上,不仅看到各种颜色,听到各种声音,闻到各种气味,而且认识到这是美丽的街心花园,那是汽车在行驶,人群川流不息,即在我们头脑中产生了花园、汽车、人群的整体形象,这就是知觉。[①]

一、知觉的选择性

大千世界,事物纷繁多样,商品琳琅满目,为什么人们能够注意到一部分事物,对一部分商品"情有独钟",而对其余事物视而不见? 为什么人们仅仅注意他们感兴趣的呢? 这是知觉的选择性在起作用。知觉的选择性概括起来说,是指个体对一些对象有知觉,而不对另一些对象有知觉。由于人的感官和大脑接收与加工信息的能力有一定的限度,而且受主体众多心理因素(如兴趣、态度、爱好、情绪等)的影响,使主体对外界信息的知觉表现出不同的倾向性,因为个体只能对外界中的少数刺激进行感知。比如,有位旅客正在看电视,这时电视是他的知觉对象,他就不再注意客房内的其他事物。如果这时突然响起了门铃声,就会把这位旅客的注意力转到门铃声上。那么,门铃声就成了这位旅客知觉的对象,而电视便成了知觉之外的一部分。联系旅游这个大环境,我们知道,在一定时间内,旅游环境对旅游者的感官刺激是复杂多样的,旅游者不能感知一切事物,只好对注意的旅游对象加以选择。因此,旅游知觉具有选择性或选择性注意的特性。它使旅游者能够把注意力集中到

---

① http://www.ce-c.com/bllm-xl09.htm

少数重要的旅游刺激或旅游刺激的重要方面,排除次要旅游刺激的干扰,使旅游者更好地接受旅游客体,产生良好的旅游知觉,获得一种旅游乐趣。

影响旅游知觉选择性的因素是多样的,既有客观因素,又有主观因素。

(一)客观因素

(1)旅游中对象和背景的差别。对象和背景在强度、颜色和形状等方面差异越大,越容易从背景中突显出来作为知觉对象。在旅游中,把知觉的对象从背景中分化出来,使旅游更丰富有趣。有时需要人为地制造背景使知觉对象更加突出,如横店影视城开发的影视特技场面——"暴雨山洪",以演员惊慌的呼叫声、震耳的雷鸣声为背景,逼真地突出了山洪暴发这一罕见场面。

(2)旅游中对象的运动变化。在相对静止的背景上,运动变化的物体更容易成为旅游者知觉的对象,如碧波中漂流的扁舟、蓝天下翱翔的飞燕等。

(3)旅游中出现的新奇独特的事物。一些独一无二的景点景物,如中国的秦陵兵马俑、美国的科罗拉多大峡谷等,由于与众不同,更容易引起人们注意,从而成为优先选择的旅游目的地。

(4)旅游中反复出现的对象。重复次数越多,越容易被知觉,若人们多次接触到某一旅游地的宣传信息,或经常听到他人介绍有关某旅游地的情况,就会产生较为深刻的知觉印象。

(二)主观因素

(1)旅游者的兴趣与需要。凡是符合旅游者的某种兴趣、需要的旅游吸引物容易引起他们的知觉。攀岩、蹦极、野营烧烤等旅游项目容易引起年轻人的知觉,而垂钓、欣赏山水风光则是大多数中老年人的所好。

(2)旅游者所拥有的知识与经验。对旅游和旅游景点的知识经验会影响旅游者知觉的选择性。由于旅游者受教育的程度不同、生活的环境多样,导致他们的知识和经验各不相同,对旅游刺激的选择也各有差异。如研究文学的学者在旅游中会不自觉地喜欢参观历代名人故居,欣赏他们留下的名言警句,而搞植物研究的学者却喜欢登山探险,发掘奇花异草。

(3)旅游者的情绪。情绪对旅游者的知觉选择性影响很大。一般情绪低落的旅游者不愿意观察周围景观,或逃避周围环境,而心情愉快的旅游者会对周围的一切都感兴趣。旅游工作者特别是导游人员应该重视愉悦游客身心,调动其积极乐观、热情投入的旅游情绪。

(4)旅游者的个性。正如世界上没有两片叶子是完全相同的一样,旅游者的气质、性格、能力也不可能一样,他们知觉的速度、深度、广度自然各不相同,因而造成了他们知觉选择的差异。

二、知觉的组织性

旅游者在旅游过程中会自觉或不自觉地贯彻完形原则(或格式塔原则),倾向于把有关认知客体的各方面特征材料加以组织、规则化,形成完整的印象。知觉的对象具有不同的属性,由不同的部分组成,但是旅游者并不是把知觉的对象感知为个别的孤立部分,而总是把它知觉为一个统一的整体,这种特性称为知觉的组织性。例如,造型古朴的廊棚、黑瓦盖顶、古色古香的古民居、重重叠叠的古建筑、悠悠的小船儿构成了古镇西塘独有的风格,旅游者通常不会因为其中的一片砖瓦或者一座古民居而知觉为这是西塘,而是看到这么一个整体才认为是西塘。知觉的组织性与知觉对象本身的特征,以及它的各个部分之间的构成关系密切相关。当然,知觉组织性也离不开个人的知识经验。格式塔心理学的知觉研究发现,个人在对来自客观事物的感觉信息进行组织整合时,通常遵循以下四种基本原理。

(一)接近原理

接近原理是指人们通常倾向于将时间或空间上比较接近的物体感知为一个知觉对象。对于图2.1上的点,在知觉上人们倾向于按行构成图形,具体说知觉成3行,而很少会看成11列。

图2.1 接近原理示例

在实际的旅游活动中,旅行社一般将无锡、苏州、上海、杭州"四晚五天"的游程定为华东旅游线,其原因是这四个城市相距较近,很多游客也无意识地把它们看成了一个整体。

(二)相似原理

相似原理是指人们在感知各种刺激时,自然而然地会将形状、颜色、大小或其他属性上相似的刺激归为一类。如图2.2所示,人们一般情况下,会把它们知觉为两组五角形和两组圆形,而不太可能把它们知觉为五角形与圆形相间的图形。

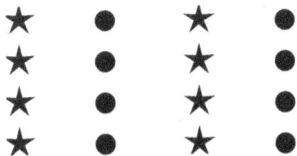

图2.2 相似原理示例

北京、南京、杭州、开封、洛阳、郑州、西安、安阳这八个城市分布在全国各地,也由于南北地理差异而显示出不同的风格,但人们还是将它们归为一类,作为我国的八大古都而名扬海内外。人们也经常把旅游知觉中的相似原理应用于旅游宣传上,如扬州的瘦西湖、临海的古长城等。

(三)封闭原理

封闭原理是指人们面对不完整、零散刺激时,倾向于凭借自身的知识经验将其充满、完整化。如图2.3所示,这条线段形成一个几乎闭合的椭圆形,那么人们在同一背景上便不再仅仅看成是一条线段,而更可能看到的是由它包围的圆形。

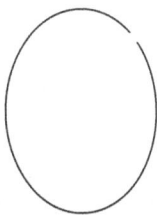

图2.3 封闭原理示例

这一原理在旅游宣传和导游讲解中应用也甚广,设计者常常有意不给出完整的形式(闭合)而促使旅游者亲自去体验、完成这种闭合,从而造成一个有意义的、完满的和整体的知觉单位。

(四)连续性原理

连续性原理是指人们常常倾向于将具有连续性或共同运动方向的客观事物知觉为一个整体。如图2.1所示,我们会惯常地把那些连续的圆点知觉为三条直线,而不是知觉为一个一个孤立的圆点。例如,景区景点中,跟着导游旗朝着同一个方向移动的旅游者总是会被认为是同一个旅游团队的,纵然有些好奇的旅游者只是跟着导游旗听听导游讲解罢了。

三、知觉的解释性

在对现时事物的知觉中,需要有以过去的经验、知识为基础的理解,以便对旅游知觉的对象做出最佳解释、说明。这一特性叫作旅游知觉的解释性。旅游知觉的解释性受诸多因素的影响,如导游人员的语言、旅游任务不同和旅游者情绪状态等。知觉的解释性有助于提高知觉的速度,节约感知的时间,帮助其构成完整的知觉印象,也有助于解释旅游者对同一旅游产品不同知觉的解释过程。同时,知觉的解释性不仅使人们对符合自己兴趣、需要的东西加以强调,而且还根据个体过去的经验所得的知识对刺激加以补充或扩大,从而使刺激更加符合自己的行动要求。根据这一点,旅游企业在制作广告时要针对潜在旅游者的特性,在向他们提供信息时,其方式、方法、内容、数量必须与信息接收人的文化水准和理解能力相吻合,保持信息被迅速准确地理解、接收,否则就徒劳无功了。如图2.4所示是一个斑点图,正是以知识、经验为基础的解释作用,使我们填补了画面信息的不足,把对象知觉为一个有意义的整体。

图2.4 斑点图

影响人们对知觉对象解释的因素有以下几项:

(一)语言的指导作用

语言的指导有助于加强对知觉对象的解释。例如,餐厅服务员在上菜时,导游人员若能给客人讲一讲每道菜的制作方法、原料、营养及典故等知识,就可以提高宾客对每道菜知觉的理解性,引起客人的兴趣,使客人印象深刻。

(二)与实践活动的任务有关

试验表明,在有明确任务的实践活动中,知觉服从于当前的活动任务。人们会根据任务的需要,从背景中选择所要知觉的对象,并对之加以理解。如跟团旅游时,人们会跟着旅行社的行程安排参观景区景点而忽略同一地区中其他美丽诱人的旅游景点。

（三）对知觉对象的态度

人们在知觉过程中对知觉对象所持的态度，对于他们怎样解释知觉对象会产生非常重要的影响。当人们从众多的客观事物中区分出知觉的对象和背景时，就会随之根据自身的需要、动机、偏好、兴趣、活动任务等构建起对知觉对象的态度，同时这种态度与个人当时的情绪状态紧密相关。如果人们对知觉对象持有消极的态度，就可能对其有不正确的解释。但是，如果人们对知觉对象持有积极的态度，就能够加深对它们的理解，并继而获得清晰而完整的知觉印象。心情愉悦的旅游者通常对周围的景观都充满兴趣，而情绪低沉的旅游者却是看什么都索然无味，不能激发起兴趣。

第二节　知觉的心理定势

心理定势存在于人们的各种心理活动中，是指人在认识特定对象时心理上的准备状态。我国古代"智子疑邻"的典故，就是典型的心理定势。心理定势既有积极的一面，也有消极的一面。旅游服务人员应该扬长避短，更好地利用心理定势的积极作用给旅游者带来优质的服务。以下介绍的几种是旅游工作中常见的、也是容易引起工作失误的心理定势，它们相互联系，互相影响，并在多数情况下同时影响和制约着人们的知觉方式、知觉内容和知觉效果。

一、首次效应

首次效应也称为第一印象，顾名思义，即人们第一次接触事物时留下的印象，它是一种心理定势，将影响人们以后对此事物的看法。现实生活和社会心理学实验研究证明：人在初次交往中给对方留下的印象很深刻，人们会自觉地依据第一印象去评价一个人，今后交往中的印象都被用来验证第一印象。人在交往中给对方留下的第一印象的好与坏，往往决定着今后的人际交往和人际关系。第一印象不好，彼此以后可能就不会继续交往，也很难结成良好的人际关系。了解首次效应的意义在于，它能使我们自觉地利用这一心理效应，帮助我们顺利地进行人际交往，建立良好的人际关系。在现实的人际交往活动中，给对方留下好的第一印象，对于有效开展工作，有着不可估量的作用。[①] 例如，婚姻介绍中初次见面的男女双方彼此的印象、职业招聘的面试双方彼此的印象以及旅游者初次见导游的印象等。虽然人们都知道仅靠第一印象来判断人或事物常常会出现偏差，可实际上每个人都不可避免地受第一印象的影响。旅游服务业的一个显著特点就是工作人员与游客的接触时间短暂，双方都来不及进一步地了解，无法达到"路遥知马力，日久见人心"的境地。因此，对旅游工作者来说，给游客留下良好的第一印象尤为重要。我们可以感觉到，旅游企业的老总们都在一定程度上关注了首次效应，比如说，酒店的外观都会"处心积虑"地布置完美；最先接待住店客人的门童都装扮得精神抖擞，对人彬彬有礼；前台人员仪态端庄、和蔼可亲；导游人员注重仪表仪容，不穿个性服装等。

---

① http://health.china.com/zh_cn/psychology/rjjw/11030281/20050508/12295050.html

当然，作为旅游者应该认识到第一印象具有片面性，存在着强大的主观因素，由于某些客观原因，它可能根本代表不了一个人或者一项事物的真实面目。因此，作为旅游者，不应该把它的作用夸大到不适当的程度，不能够仅凭第一印象就妄下定论。

二、晕轮效应

晕轮效应也叫光环效应，是指将对象的某些特征夸大为整体特征，从而产生美化或丑化对象的心理倾向。美国社会心理学家 K. 戴恩(1972)等人的研究，为晕轮效应的验证提供了有力的依据。他们选取了一组人进行测验，即让他们评定另外一组人的特点。首先，他们给评定者看被评定者的照片，照片中的人分为有魅力的、中等的和无魅力的，然后要求评定者来评定这些人的一些特点，这些特点与有无魅力是无关的。结果发现，有魅力的人得到的评价最高，而无魅力的人得到的评价最低，参看表 2.1。

表 2.1　晕轮效应的研究结果

被评定者的个人特点	无魅力者	中等者	有魅力者
人格的社会合意性	56.31	62.42	65.39
婚姻状况	0.37	0.71	1.70
职业状况	1.70	2.02	2.25
做父母能力	3.91	4.55	3.54
社会和职业上的幸福	5.28	6.34	6.37
总的幸福	8.83	11.60	11.60
结婚的可能性	1.52	1.82	2.17

注：表中的数值越高越好。

戴恩的研究表明，漂亮、有魅力的人，他的其他特点往往也能得到很高的评价，这显然是由晕轮效应所引起的。

晕轮效应与首次效应之间存在着密切的联系，它们都具有强烈的主观色彩。首次效应是从时间上来说的，由于前面的印象深刻，后面的印象往往成为前面印象的补充；而晕轮效应则是从内容上来说的，由于对知觉对象部分特征印象深刻，这部分印象就代替了全部印象。第一印象深刻，容易形成晕轮效应；晕轮效应产生后，可以强化第一印象。

晕轮效应在旅游活动中会妨碍客我关系的正确知觉。这种晕轮效应一旦泛化，会产生很大的消极作用。如客人第一次到某饭店投宿，碰到了一个态度傲慢的服务员，他就会认为这个饭店整体的服务都不好。又如有的外国人第一次到中国旅游，碰巧遇上了交通事故，他就会认为在中国旅游很不安全。因此，为了使旅游者产生好的印象，在提供旅游产品和服务时，一定要防止晕轮效应的消极性。在旅游服务中的每道环节，每个工作人员都应努力使宾客产生良好的第一印象。①

三、经验效应

经验效应是指人们在知觉人或事物时只凭借以往的经验进行认识、判断、决策、行动的心理活动方式。经验有好的一面，丰富的经验可以助人一臂之力。例如，经验丰富的导游

---

① http://www.jhc.cn/jpkc/course/myj/content.asp? biao=nrbasic&id=75

最会看人，他们根据自身带团的经验，能够对不同的游客采取不同的对待方式：对沉默的游客尽量主动跟他们讲话，调动他们旅游的积极性；对能说会道、活泼好动的游客既要保持他们愉快的兴致，又不能让他们"喧宾夺主"。俗语"老马识途""久病成医""姜还是老的辣"也说明了经验效应有利的一面。经验也有其不利的一面，如果不顾实际情况的变化，照搬照套就容易陷入经验主义。现代旅游业不仅要总结经验，更重要的是要以发展的眼光来看待事物，才能得到正确的知觉。例如，现在法定假日和双休日，加上带薪休假，再加上一些其他方面的假期，总体来说城市人口一年中的 1/3 时间处于闲暇状态，越来越多的人开始追求休闲，旅游方式也慢慢向休闲化转变，人们开始倾向于自驾车旅游、修学游、康体健生等，而不仅仅是跟团走马观花似地看景点。因此，旅游企业不能单凭以前的经验一味经营跟团游，而应根据人们的需要提供他们喜爱的旅游项目，如可以投资建设运动休闲中心、汽车租赁公司、经营汽车旅馆，推出"亲子旅游""修学旅游""婚庆旅游""探险游"等线路。

四、刻板印象

刻板印象是指社会上对某一类事物产生的一种比较固定的看法，是一种概括而笼统的看法。这种现象不是一种个体现象，而是群体的一种"共识"，是一定范围内的人群共有的、积淀深厚而广阔的宏观的心理定势。如在人们的脑子里，知识分子书生气十足，工人粗犷豪放，会计师都精打细算，教授必然白发苍苍；下巴方正是坚强意志的标志，宽大的前额象征智慧，胖人心地善良，厚嘴唇则忠厚老实等。例如，北京一家知名报社的一名女记者下乡采访，为了少给当地政府添麻烦，她先坐公交车然后步行到目的地，没有人陪同。谁料雨后道路泥泞，等走到目的地时已是狼狈不堪。乡村干部看到这位女记者裤腿儿泥点斑斑、鞋底半寸厚泥的"惨相"，任凭她拿出记者证怎样说明自己的身份也不肯相信，弄得这位记者哭笑不得。最后记者当着他们的面给报社打了个电话，证实了自己的身份，才扭转了尴尬的局面。在基层干部看来，从北京来的大记者只能乘车来，且必然会有人陪同，哪有单枪匹马走着来的？这正是多年来已在社会上形成的对所谓"大记者"的一种刻板印象。[①]

"物以类聚，人以群分"，人们以某种固定的模式来看待社会上的同一类人也是有一定道理的。他们生活在同一条件下，社会生活、地理环境、经济条件、政治地位、文化水准等方面大致相同，就会具有很多共同点。但在刻板印象支配下所获得的人际知觉，只能是一个概括而笼统的归类，若是具体落实到某个人则会有很大的差异。如年轻人总觉得老年人墨守成规，传统而固执，却忽视了那些心态极其年轻的"老顽童"。同样，老年人总觉得年轻人轻浮、毛躁、办事不可靠，却不知现在很多年轻人成熟稳重，责任感强。

在旅游活动中，刻板印象是一种知人、识事、辨物的手段，它有助于旅游者进行快速的决策，也可以帮助旅游服务人员迅速地知觉某一类旅游者，以便确定提供何种类型的产品或服务，但也要注意抓住游客个性提供针对性的服务，不能拿刻板印象硬套。

---

① 　新闻采访中的几种心理效应. http://cjr. zjol. com. cn/05cjr/system/2004/01/09/002298162. shtml

第三节　知觉原理的应用

一、对产品的知觉

消费者对企业产品的知觉，既依赖于消费者接受刺激的方式，也依赖于消费者理解这些刺激的方式。消费者知觉可以理解为选择、组织并解释作用于他们刺激的过程，正是消费者对产品知觉的差异性，形成了对产品的态度和行为的差异性。

（一）消费者倾向于选择与其自我知觉相一致的产品

消费者倾向于选择与其自我知觉相一致的产品，而拒绝那些不一致的产品。购物能促进购物者自我意象的发展。消费者对产品和品牌的选择，可被视为一种维持一致性，避免或拒绝不一致性的努力。消费者在自我知觉的同时也对产品的品牌形象进行有意或者无意的审视，并分析自我知觉与品牌形象之间的关系，然后才对能改善和保持自我知觉的产品与品牌产生消费行为。伴随消费行为的产生，消费者会根据产品是否有助于自我知觉而产生某种体验，即满意与不满意。一旦消费行为使消费者感受到了满意，这种体验促使消费者将产品所具有的形象性价值看作是其人格或者自我的一部分，强化其自我知觉。

（二）消费者对产品价格的知觉

同一产品，只是在价格上有差异的话，一些消费者会选择较贵的那种，这种行为在经济学上是不明智的。但是，在收入差距很大、社会地位又是通过消费水平来判定的富裕社会背景中，这种现象是可以理解的。而且从个体角度来看，大多数产品的社会化，不仅与产品的数量，而且也与产品的质量、价格联系在一起。许多消费者对产品的价格水平有很强烈的期望，但是一定范围内的价格变动通常不会影响其购买愿望。如果价格低于这个范围，消费者会怀疑产品的质量；若高于这个范围，产品就处于不利的竞争地位，这种现象通常出现在没有其他信息线索可以用来判断质量的情况下。显然，如果价格与消费者的需求直接相关，那么价格的作用依然是非常重要的。

（三）消费者对产品的商场知觉

商场知觉是指商场的不同层面反映了管理者对商场意象的设计理念，也反映了其消费者对它的知觉意象。有关研究指出，影响商场知觉意象的有五个因素，即位置、设计、产品分类、服务和全体职员，其中每一种因素都会使消费者对其购物场所产生整体知觉。但消费者知觉整个商业企业的方式远远超出组织的自然属性。影响消费者知觉的因素非常广泛，根本不可能将消费者的一般商场意象追根溯源，归结为哪些特定因素。决定消费者对商场知觉的广告、人际间的交流、消费者的知识经验等因素非常复杂，而且彼此关系非常紧密，以至于难以准确定义，更不用说任何精确程度的测量了。

（四）消费者对产品质量的知觉

质量无疑是影响消费者购买行为的一个重要因素。对于先验产品，即购买前或购买时就能凭感官对产品品质做出大致判断的产品，产品本身的内在质量或客观质量构成了评价和选择的基础。对于后验产品，即在购买时无法凭客观指标对产品质量做出判断的产品，消费者可能要更多地依据产品之外的一些其他线索对产品质量做出推断。然而,无论是对先验产品还是对后验产品,消费者在评价质量时所采用的标准以及对各标准所赋予的权重与企业评价产品质量所采用的标准和权重可能并不一致,有时甚至出入很大。消费者对产品质量的知觉或认识,既和产品本身内在的特性与品质相联系,又受到很多主观因素的影响。消费者对产品适用性和其他功能特性适合其使用目的的主观理解叫知觉质量或认知质量。认知质量以产品内在质量为基础,但又不与后者相等同。两种产品的内在质量可以完全一样,但消费者对它们质量的认知则可能差距较大。如我国很多产品只有在使用外国著名品牌之后,才能在国际市场以数倍甚至数十倍于制造成本的价格出售,就反映了这一事实。

(五)消费者对购买风险的知觉

在产品购买过程中,消费前因无法预料其购买结果的优劣而产生的一种不确定性感觉,导致产生这种不确定感的因素是:①消费者购买的是新产品或对所要购买的产品以前没有体验。在大多数人看来,新产品或没有体验的产品存在更大的不确定性,这种感觉既和经验与常识有关,又与人们更习惯于现有状态和现有事物的心态有关。②以往在同类产品的购买与消费中有过不满意的经历。"一朝遭蛇咬,十年怕井绳"。一旦以前在购买中遭遇过不愉快的体验,就会心存余悸,从而对当前的购买滋生不确定感。③购买中机会成本的存在。任何购买或选择都是以放弃另外一些购买或选择为代价的,也就是说,均存在机会成本。比如,选择了"海尔"空调,就放弃了对"格力""春兰""三菱"等其他众多空调品牌的选择。此时,消费者对是否做出了明智的选择,或是否应当做出另外的选择,并不一定有十足的信心和把握。换句话说,消费者此时就产生了不确定感和风险感。④因缺乏信息而对购买决策缺少信心。在购买决策过程中,如果对备选产品具有充分、可靠的信息,那么不确定感就很小,甚至不存在不确定感,决策也就很容易做出。相反,如果信息不全或者认为手头的信息不可靠,则风险感会骤然升高。⑤所购买的产品技术复杂程度很高。一般来说,对于技术复杂程度高的产品,人们往往难以比较不同备选品牌之间的差异,这势必增加选择后果的不确定性。此外,如果所购产品价值很高,或产品对购买者特别重要,或选择后果具有不可更改性,此时,消费者所知觉的购买风险会相应增高。

为了减少风险性,消费者会通过搜集信息、保持品牌忠诚、寻求商家保证、依据品牌与商店形象、从众购买等行为减少自己的不确定性。

二、对消费信息的知觉

(一)知觉的选择性对消费信息具有一定的限制作用

消费信息通常以广告、网络、广播、电视等媒体传播,知觉的选择性对这些消费信息具有一定的限制作用。例如广告,无论它的位置多么显著,也无论它体现什么感觉刺激,消费者动机、期望在注意的分配上可能起了关键作用,消费者总是把注意更多地分配到其需要或感兴趣的刺激上。如人们打算购买一套新的房子,就可能注意当地报纸上的所有房产广告;但他们没有打算明年买部新车,也就不可能如此关注汽车广告。若另一个消费者正准备换辆汽车,同时不打算买房子,他就可能表现出正好与上述相反的行为。

(二)消费者对消费性的知觉具有一定的误差

由于消费者对消费信息的知觉与发布此信息者的知觉不完全一致,因此监控消费者对消费信息的反应是非常必要的。但是必须记住，所有信息都在某种程度上被扭曲、被误解，消费者要对其所接受的信息进行过滤。正如心理学家所指出的："如果市场营销人员宣传的信息最终通过了知觉过滤器，还要经过知觉评价力量的修订，使之与个体的期望相吻合，才是有效的营销信息。"所以，了解消费者如何知觉世界以及消费信息在其中的地位，应成为市场营销的一个重要组成部分。

（三）消费者原有品牌经验影响着对消费信息的知觉

品牌与消费者的接触归根到底就是消费信息的接触和反应。心理学家做过这样的实验研究：蒙住双眼喝啤酒的人，是否能区分不同类型和品牌的啤酒。研究者据此认识消费者对啤酒的反应、评价，进而确定品牌识别效应。研究发现：被试者一般并不能区分不同品牌的啤酒口味间的差异，很显然产品的标签影响了他们对啤酒品牌的评价。现代心理学认为这是由于消费者品牌意象的影响。品牌意象是指消费者已形成的关于品牌的知觉定势，是消费者关于某一品牌所有知觉的总和。它是由市场营销和广告策略、舆论领头人和其他社会交流的影响及品牌特性等多方面共同作用的结果。品牌意象对营销实践很重要，因为消费者利用这些品牌意象的心理表征去区分一个品牌与另一品牌，它影响着消费者对产品的知觉。

第三章　旅游消费者购买过程的心理与行为

旅游是复杂而具有高度象征性的社会行为。旅游行为的产生,其直接的心理动因是人的旅游动机,而隐藏在动机背后的原因则是人的需要。需要是动机的基础,需要与一定诱因的结合导致动机。本章着重讨论有关旅游消费者需要、动机、行为的相关知识以及它们之间的关系问题。

第一节　旅游消费者的需要

一、需要的产生及种类

(一)需要的产生

需要是人的行为的动力基础和源泉,是人脑对生理和社会需求的反映(人们对社会生活中各类事物所提出的要求在大脑中的反映)。心理学家也把促成人们各种行为动机的欲望称为需要。

那么人的需要是如何产生的呢? 这里我们介绍一种称为"均衡论"的理论。均衡论认为,在正常的条件下,人的生理和心理是处于平衡或均衡的状态下的,一旦生理或心理的某个方面或某些方面出现"缺乏"(例如,体内某种物质成分缺乏,或者心理上愿望与实际不一致)时,便会导致原有平衡状态的破坏,变为不均衡。这时,人的生理或心理便出现一种不舒服的"紧张"状态。只有减少或消除这种不舒服的紧张,才能恢复正常的均衡。依照这种理论,需要可以看作是减少或消除这种因正常生活的某个(些)方面的缺乏而引起的不舒服的紧张状态的反映。据此,需要的激发过程如图 3.1 所示。[①]

$$\boxed{\text{正常的均衡}} \longrightarrow \boxed{\text{缺乏}} \longrightarrow \boxed{\text{不均衡}} \longrightarrow \boxed{\text{紧张}} \longrightarrow \boxed{\text{需要}}$$

图 3.1　需要的激发过程

为更好地理解需要的激发过程,还可以参看下列事例:超过了正常的进食时间,血糖会下降。当血糖下降到某种程度时,便会引起个体的饥饿感,即出现紧张和不安。随着时间

---

①　王德胜.新编消费心理学.济南:山东人民出版社,1996:115—116.

的延续,这种因饥饿感而产生紧张和不安会加剧。个体的求食需要和动机便随之产生和加强。进食之后,血糖水平提高,饥饿感消失,机体重新恢复生理上的平衡,求食的需要因得到满足也就消失了。

（二）需要的种类

人的需要既是内部主观欲望的反映,也是外部客观现实的反映。由于人的主观世界和客观环境是十分复杂的,因而需要也是丰富多彩和多种多样的,并且可以从不同的角度对其进行分类。

1. 按照起源不同,分为自然需要和社会需要

自然需要是对保证人的生存所不可缺少的客观事物的需求,它源于生命现象本身,包括对食物、水、空气、阳光、睡眠、运动和休息、防寒和避暑以及对各种生活用品等的需要。这些需要主要由机体内部某些生理的不平衡所引起,对维持生命和延续后代有重要意义。人的自然需要与动物不同,人生活在一个有复杂联系的社会当中,通过人与人相互之间的来往而形成一定的社会结构和各种组织,因此人的生活还要受社会需要的调节。社会需要是指人们有社会交往的需要,有尊重的需要,还有劳动和实现理想抱负的需要等。如人们对劳动、交往、成就、社会赞许、知识、道德、美与宗教等的需要。这些需要对维系人类社会生活、推动社会进步有重要的作用。

2. 按照需要对象的性质,分为物质需要和精神需要

人的物质需要是指人们对物质对象的欲望和要求,如对衣、食、住、行等有关物品的需要,参加社会劳动对劳动工具、劳动对象的需要等。在人的物质需要中,既包括生理性需要,也包括社会性需要,而且社会性需要的比重在不断提高。随着社会生产力的发展和科学技术的进步,人的物质性需要也在不断丰富与发展。人们除了有物质需要外,还有高级的精神需要。精神需要是指人们对客观事物认识的需要,以及对艺术、道德、宗教信仰以及美的需要。认识客观事物的需要就是人们对客观事物进行探索、追求,对人类的科学文化知识进行学习的需要。其中还包括了对保证学习所必需的学习文化用品、书籍、资料等的需要。对艺术的需要包括对文学艺术、戏剧、电影、绘画、音乐等艺术的需要。对美的需要是指人们具有对生活中美好事物的追求。人的精神需要往往带有明显的社会性,不同的社会形态下人的精神需要会有不同的内容。

3. 按照需要的实现程度,分为现实需要和潜在需要

现实需要也叫显现需要,是指消费者具有明确的消费意识和足够的消费能力,是已经或者即将实现的消费要求和欲望。潜在需要是指消费者的消费意识和消费能力目前尚未完全具备,但已列入消费计划的要求和欲望。现实需要与潜在需要是因人而异的,也是因具体的消费品而异的。例如,游玩迪士尼乐园,对部分人来说已是消费现实,而对另一部分人来说还只是一种愿望。

二、旅游消费者需要的特征

（一）具有层次性

旅游者来自不同的国家和地区,出于各种目的而外出旅游,不同的旅游者在旅游需求上具有层次的差别:有的旅游者看重生理享受,有的看重安全,有的注重人际交往、希望扩大人际交往范围,有的注重艺术和审美,有的希望获得尊重,有的则希望通过旅游实现自己的人生价值。

（二）不断发展

同其他需要一样，旅游者的需要也是不断发展的，一种需要满足了，另一种需要又会出现，低层次的需要满足了，高层次的需要又产生出来。随着社会的发展，旅游者对旅游产品和服务提出了越来越高的要求，推动着旅游业不断向前发展。

（三）偏重精神性

随着生活水平的日渐提高，人们的需要也日益向求知、求美、求新方向发展，人们希望借旅游学到新的知识。旅游产品是立体的、形象的百科全书，如名胜古迹中蕴含着大量的地理、历史、文化与科学知识。旅游还可以使人了解风土人情，开阔视野，如各种自然和人造景观充分满足了人们欣赏美的需要。旅游又给人们展示了一个有别于居住地的全新的环境，满足人们求新猎奇的需要。所有这些都使旅游者精神上得到享受，使因现代生活的快节奏所造成的紧张的神经得以轻松。

（四）注重个性化

21世纪是一个崇尚个性的年代，现代旅游者已不满足于大众化的产品，希望能依自己的喜好、按自己的意愿来完成旅游活动，因此对探索未知事物具有浓厚的兴趣。成熟型的现代旅游者对冒险和不测的心理承受能力增强，他们需要增强刺激的强度，喜欢购买体现个性的旅游产品。

（五）功利色彩浓厚

随着生活节奏的加快，人们越来越重视时间，即使有足够的假日，也希望能工作、旅游兼顾，这就是所谓的过剩理论，即旅游是工作的延伸。人们借旅游之机，从事一些相关业务，或者借外出公务之机适当进行一些旅游活动。这其中当然有诸多原因（如经济因素等），但主要还是观念上的因素在起作用。人们将时间看得和金钱同样重要，总是要给旅游找一个合法借口，或外出开会，或联系业务，这种现象已相当普遍。

现代旅游者的上述旅游需要的特点应该引起相关旅游企业的重视，并将此融入产品的开发与生产中去，这样才能为旅游者提供他们真正需要的服务。

三、旅游消费者的一般需要

旅游者的需要是指人的生存需要、享受需要、发展需要在旅游活动中反映出的心理需要。旅游者的需要是多方面的，旅游者生存需要、享受需要、发展需要的具体内容具有很明显的特殊性。

（一）旅游者的生存需要

人要生存、要繁衍后代，这是人的自然属性，这就需要具有生存需要的基本物质资料，包括空气、阳光、衣、食、住、行等。而旅游者需要也反映了生存需要的心理需求，这主要是人们在辛勤劳动或工作后需要休养生息，而旅游是能满足这种需要的。到风景优美的旅游地或度假村疗养、休养，或到空气清新的、自然风光奇美的、蓝天碧海的海滨，呼吸新鲜空气、在海水中沐浴，以消除身心疲劳，调节心理机能，使之恢复生机。旅游者需要在春暖花开时节，到苏杭去领略"天堂"的意境；炎炎盛夏，旅游者需要去气候宜人的高山或海滨避暑；秋高气爽，旅游需要去观赏丹枫绚丽的山林景色；寒冬腊月，旅游者对葱郁依旧的南国风光情有独钟，它优美、宁静的风光令人恬静、舒适，气候温暖又满足旅游者生理上避寒的生存需要。旅游者生存需要不仅要满足自身的健康，而且也要求自己精神上有自然美的感觉、有愉快的心情等。

旅游者对安全的需求也是多方面的。他们需要保障人身安全,在旅途中能够不发生交通事故等意外;他们不希望得病,有病则希望尽快治好;旅游者需要在旅游活动中保障自己携带的财物安全,不遭抢劫,不被盗窃或遗失等。

(二)旅游者的享受需要

旅游者的享受需要,也包含了生存需要对衣、食、住、行等基本物质需求的内涵,但是又有它的特殊性,它不仅仅只需要生存需要的基本物质资料,而且有更高的享受需求。旅游者享受需要的内容有多个方面,旅游者需要的衣服不仅仅是为了御寒,而是需求面料精良、做工精细、式样新颖、色调优雅的中高档服装,尤其是女性对外出穿着要求更美、更高。他们需要的饮食不仅仅是为了填饱肚子,而是需求适合自己的习惯、口味的餐饮,也需要品尝异国或异地的特色佳肴和风味小吃,而且要求质量好,价格合理和卫生。旅游者需要的住宿不仅仅是为了能睡一个觉,而是需要有环境幽雅、舒适的住房。他们希望住房被褥清洁卫生,用品齐全,使用方便,有空调,环境安静,在游览回来后能美美地洗个热水浴,然后睡上一个好觉。旅游者需要的交通是方便、舒适、快捷、安全,并有空调设置。他们还需要有各种娱乐,例如,欣赏音乐、民族舞蹈等文艺演出,参观当地博物馆、文物展览、艺术品展览和欣赏各种自然和人工创造的美好事物。

旅游者有享受需要并不是奢求,其实享受和娱乐,是人的天性,是一种生态意识,是人生的一种动力。正因为如此,旅游活动才使人的生活越来越多彩亮丽。

(三)旅游者的发展需要

社会在不断前进,各种事物在持续发展。当前世界各国,尤其是我国的政治、经济、文化都在发展,科学技术更是日新月异,一个人若有稍纵就会落后,犹如逆水行舟,不进则退。所以,人要跟上时代步伐,适应客观发展规律,就需要发展。

旅游者的发展需要主要表现为:希望通过旅游,走出自己的狭小天地,大开眼界,获得新信息、新知识;需要在旅游活动中,结交新朋友或探亲访友,或与当地人们接触,交流感情、增进友谊,开展社交活动展现自己的智力并受到他人的尊重;需要通过旅游,从名山大川、名胜古迹和人文景观的神韵中,领悟到"行万里路,读万卷书"的真谛。旅游者需要求新、求奇、求异、求发展以增加见闻、扩充知识;旅游者需要通过参观革命历史胜地和我国已故的领导人故居和纪念馆,以接受革命传统教育和爱国主义教育;旅游者向往我国的一些大中城市近年来通过改革开放,城市面貌大变样,所以他们需要通过城市观光游,了解这些大中城市的改革开放的新成就,品味大城市的繁华景象,增添豪情。

旅游者需要通过旅游活动去充实、提高、发展自己。可以预测,人类社会的发展在21世纪里必将进入更高层次,人们将会有更多的可能来关注和实现自身的发展,将会更大限度地追求更高层次的需要。而旅游具有更高层次的功效,因此将放射出更加璀璨的礼花。①

四、不同类型旅游消费者的需要

(一)不同出游形式的旅游消费者

团队游客,随团旅游有预定的时间、线路和行程表,旅游者不必为食、宿、行而奔波,既

旅游心理学

---

① 张树夫.旅游心理学.北京:高等教育出版社,2001:48—49.

可减少对未知因素的顾虑,也可省去许多烦琐的手续(诸如登记住宿、购买门票、预定车船票等),而且团队有许多游伴,可避免旅游的单调和孤独。如果再加一位经验丰富、知识面广、热情友好、善解人意的导游,并且团队队员相互照顾、和睦相处、彼此谦让、团结友爱,那么跟团旅游将是许多缺乏经验或是到陌生地旅游的游客的绝佳选择。

散客,具有两种情况:一种是经济收入较高的人,他们不考虑经费开支的多寡,习惯于高档消费,住豪华套房,使用专机专车,常有随行人员陪同,不屑于参加团队旅游;另一种是青年学生或工薪人员,他们或因收入较低,或为了追求新奇和自由,不愿随团旅游。这类游客要求不高,只要卫生、方便、价格合理便能接受。他们的活动和时间安排都有很多的随意性,为他们服务应有较大灵活性。

(二)不同年龄的旅游消费者

青年旅游消费者,求知欲强,追求刺激,喜欢富有浪漫情调的生活,具有探索精神。由于他们大多数经济实力十分有限,因此对食宿要求不高,诸如徒步跋涉、露营、野餐等活动会对他们产生极大的吸引力。

中年旅游者,一般都取得了一定的社会地位,具有一定的阅历,他们会选择与自己年龄身份相符的旅游活动,也喜欢故地重游或与家人一同外出共享旅游乐趣。食宿条件太差,会使他们望而却步。

老年旅游者,最大的特点是有时间,有积蓄,但身体状况和精神状态已今非昔比。他们会选择著名的旅游地,以欣赏祖国的大好河山。他们愿意将自己离退休前积蓄的一小笔钱用于旅游,同时希望所花之钱能有利于身心健康。

儿童旅游者,一般由学校组织或家长带领。带小孩外出旅游,人们一般会选择有教育价值且安全方便的地方。他们看重食宿和卫生条件。当前的修学游市场主要就是针对儿童的。

(三)不同性别的旅游消费者

旅游消费者的性别不同,需要也不同。

女性游客家庭观念较强,对与家庭生活有关的事物较为留心,喜欢采购小物品,易受环境气氛的感染而消费,非常在意别人对她的态度,也在乎别人褒贬她们所购之物。其购物的标准是物美价廉。

男性游客对与事业有关的事比较关注,对新产品、新科技成果较为留意。异地的商贸、经济、政治状况都会引起他们的兴趣。他们喜欢知识性强、竞争性强的活动,愿意显示自己的勇敢和承担精神,不喜欢别人以指导者身份对自己喋喋不休。

第二节　旅游消费者的动机

一、动机的形成及种类

(一)什么是动机

心理学将动机定义为引发和维持个体行为并导向一定目标的心理动力,它可以由当前的具体事物所引起,如感到寒冷的人,有取暖的需要,因此附近的木柴、引火物等能引起他产生烤火的动机。但是,引起动机的,远不限于当前的事物,也可以是事物的表象和概念,甚至是人的信念和道德理想等。例如对真理和正义的坚信和热爱,个人的责任感或事业心,在一定条件下都能成为推动人去从事活动的动机。动机是人的活动的推动者,它体现着人所需要的客观事物对人的活动的激励作用。动机能把人的活动引向一定的、满足他需要的具体目标。

(二)动机的形成

动机是一种内在驱动力量,当个体采取某种行动时,总是受到某些迫切需要实现的意愿、希望、要求的驱使,而这些内在的意愿、希望、要求具有能动的、积极的性质,能够激发特定行为的发生。由于行为都是由动机引起和支配的,并通过动机导向预定的目标,因此,人类行为实质是一种动机性行为。同样,旅游消费者的消费行为也是一种动机性行为,他们参与旅游活动直接源于各种各样的旅游动机。

动机的形成需要具备三个条件。第一,动机的产生必须以需要为基础。当个体感到需要某种条件,并且这种需要达到足够的强度时,就有可能产生与此对应的动机,动机说到底是需要的具体化。但是,并不是所有的需要都能表现为动机。第二,动机产生需要相应的刺激条件。当个体受到某种刺激时,其内在需要会被激活,使内心产生某种不安情绪,处于紧张状态。这种不安情绪和紧张状态会演化为一种动力,由此形成动机。第三,动机的产生还必须有满足需要的对象和条件。例如,把一只狗关在狗笼里,几天不给它喂食。一旦打开笼门之后,狗便直奔喂食地点,或寻找喂食者。在这里,剥夺食物所引起的饥饿感,不仅起到激活机体能量的作用,而且还为机体做出适当而有效的反应提供了明确的线索。打开笼门后狗的表现是其在长期进食过程中所习得的结果。动机形成的过程中这三个条件缺一不可,其中外部刺激尤显重要。

恩格斯曾经说过:"决不能避免这种情况:推动人去从事活动的一切,都要通过人的头脑,甚至吃喝也是由于通过头脑感觉到的饥渴引起的,并且是由于同样通过头脑感觉到的饱足而停止。"这里,"饥渴"感觉的产生意味着人有了充饥解渴的需要,这种需要会被人以想要吃喝的愿望所体验,吃喝的愿望则导致吃喝的行动;反之,"饱足"感觉的产生意味着饮食需要的满足,于是想要吃喝的愿望不复存在,从而又导致停止吃喝。由此可知,动机形成过程如图3.2所示。

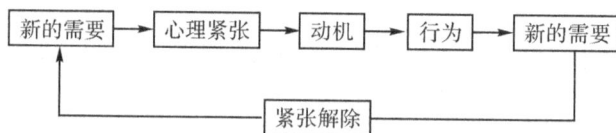

图3.2　动机形成过程

(三)动机的种类

1. 根据动机的起源,动机可分为生物性动机和社会性动机

生物性动机是与人的生物性需要相联系的,如饮食动机、饮水动机、睡眠和觉醒的驱动力、休闲动机、避险动机等。

社会性动机是与人的社会性需要相联系的,如交往动机、成就动机、亲和动机、尊重动机、权力动机等。

2. 根据动机的自主性水平不同,动机可分为内在动机、外在动机和非动机内在动机是由活动本身产生的快乐和满足所引起的，它不需要外在条件的参与，完全是自主性的。比如说，为了求新、求异、求趣而去旅游。

外在动机是由活动外部的因素所引起的。根据自主性水平由低到高，可以把外在动机相应地再分为外在规则动机、内在规则动机和认同规则动机。

外在规则动机是为了获取积极的后果或避免消极的后果。如某些游客欲显示自己的身份地位而选择豪华包厢。

内在规则动机是指外在的要求转变为内在的要求，人们用内在的要求衡量自己的行为。比如，一个事业有成的人可能会说："我要去海边好好地休闲度假一番，如果不这样做我会觉得不够善待自己。"

认同规则动机是指人们看重某一行为，并且无条件地执行。比如，一个旅游者可能会说："我去旅游，因为它让我彻底放松。"

非动机是指人们的行为是由自己无法控制的力量引起的。这种动机自主水平最低。

3. 根据动机在活动中的地位和所起的作用的大小，动机可分为主导性动机和辅助性动机

主导性动机是对行为起支配作用的动机，它强烈而稳定，在活动中起支配作用。

辅导性动机是对行为起辅助性作用的动机，它只是主导动机的一种补充。

当主导性动机和辅助性动机之间的关系比较一致时，活动动力则会加强；如果彼此冲突，活动动力则会减弱。

二、旅游消费者的动机

(一)旅游动机产生的客观条件

1. 经济条件

旅游是一种消费行为，进行旅游首先必须具有一定的经济能力，能够支付必要的旅游费用。根据马斯洛需求层次理论，当人们的经济收入只能解决其基本的生活需要时，他们是不会产生诸如旅游之类高层次消费需要的。如今发达国家很多人收入较高，不但能支付日常生活必需的费用，而且还能拥有部分积蓄用于旅游。我国经济也在迅猛发展，越来越多的中国人具备了一定的经济实力，开始产生外出旅游的动机。经济相对宽裕者具有长线旅游的动机，经济相对拮据者只能产生周边旅游的动机。

2. 时间条件

"有钱有闲"才能旅游，这里的"闲"指的是在日常工作、学习、生活及其他必需时间之外，可以自由支配，用于消遣娱乐或从事任何其他事情的时间。不具有一定余暇时间的人基本不会产生外出旅游的动机。我国自 1995 年起实行 5 天工作制，1999 年又实施了"三个长假日"，全年法定节假日达到 114 天，城市居民周平均每日闲暇时间 6 小时左右，占总时间的 25%。这为人们外出旅游创造了时间的条件，对人们旅游动机的产生起着很重要的作用。

3. 基础设施条件

我国有句俗语："在家千日好，出门一时难。"旅游过程中的基础设施条件对此施加了较大的影响，要使人们产生旅游动机，基础设施条件也是不容忽视的。中国旅游资源丰富、地大物博，很多旅游地由于距离长、可进入性壁垒高、住宿条件不好等原因往往不能让人们产

生到那里去旅游的动机。但现在国家具有了一定的实力改善和建设旅游设施、开发旅游资源、促进交通运输业的发展。对许多人来说,乘坐飞机已像乘坐汽车那样方便和习惯,而且乘坐飞机还可以节省时间,解决距离问题,旅游地也开始兴建大量现代化的宾馆、饭店以及青年旅行社等以满足不同档次消费者的需求。先进的互联网技术,也使得世界各地旅游者预订飞机票和住宿等的计划性大大加强,从而使旅游变得更加方便,增强了人们旅游的动机。

4. 社会风气条件

旅游作为现代人的一种生活方式,不可能脱离社会背景而单独存在。社会风气也能影响人们的旅游动机。比如,美国人将有钱不去旅游看作是"俗气",称有钱而不去旅游的人为"看家佬",认为外出旅游可以使人获得声望,因此美国人外出旅游的频率就比较高,而我国近年来旅游的氛围也越来越浓,特别是"黄金周"更是人山人海。广大的青年学生追求新奇、探索奥秘;退休的老年人游览祖国的大好河山,欣赏壮丽的万里长城,登上泰山、黄山、庐山等中小学生踊跃参加去异国他乡的学校体验学习生活的旅游活动。如广州近郊一个乡有120多个农民集体参加云南边境游,一次交款近40万元,这样的社会风气影响着人们产生旅游的动机。

(二)国外学者对旅游动机的分类

1. 日本学者的分类

田中喜一先生对旅游动机的分类是:

心情动机:思乡心、交友心、信仰心;

精神动机:知识需要、见闻需要、欢乐需要;

身体动机:治疗需要、修养需要、运动需要;

经济动机:购物目的、商业目的。

今井省吾先生对现代旅游动机的分类是:

消除紧张的动机:变换气氛,从繁杂中解脱出来,接触自然;

扩大自己战绩的动机:对未来的向往,了解外部未知的世界;

社会存在的动机:朋友之间的友好往来,家庭团聚等。

2. 美国学者的分类

罗伯特·麦金托什和沙西肯特·格普特对旅游动机的分类是:

身体健康的动机:休息、运动、娱乐、治疗;

文化的动机:艺术、民俗、语言、舞蹈、宗教;

交际的动机:认识新朋友、走访亲友、避开日常的例行公事等;

地位与声望的动机:考察、交流、会议、从事个人兴趣的研究、求学。

3. 澳大利亚学者的分类

旅游学家波乃克把旅游动机分为以下六种:

修养动机:包括异地疗养;

文化动机:修行旅行、参观或参加宗教仪式等;

体育动机:包括观摩比赛、参加运动会等;

社会动机:蜜月旅行、亲友旅行等;

政治动机:包括政治性庆典活动的观瞻;

经济动机:包括参加订货会、展销会等。

奥德曼把旅游动机分为以下八种:

健康的动机:使身心得到调剂和休养;

好奇的动机:对文化、政治、社会风貌和自然景色等的观赏或考察;

体育的动机:亲自参与的,包括狩猎、球类、集体比赛、滑雪等,只是观看的,包括田径赛、各种球赛和赛马等;

寻找乐趣的动机:游玩、文艺、娱乐、度蜜月、赌博等;

精神寄托和宗教信仰的动机:朝圣、宗教集会、参观宗教圣地以及欣赏戏剧和音乐等;

专业或商业的动机:科学探险和集会、公务或商务旅行、教育活动等;

探亲访友的动机:寻根、回国以及家庭联系等;

自我尊重的动机:受邀请或寻访名胜。

约翰·A.托马斯在《是什么促使人们旅游》一文中提出了驱使人们进行旅游的18种重要的旅游动机。这些动机如表3.1所示。

表 3.1　18 种重要的旅游动机

类　　型	旅游动机
教育和文化方面的动机	(1)观察别的国家人民如何生活、工作和娱乐 (2)去某些地方观光 (3)获得新闻界正在报道的事件的更进一步的进展 (4)参加一些特殊活动
疗养和娱乐方面的动机	(5)摆脱每天的例行公事 (6)过一下轻松愉快的生活 (7)获得某些与异性接触的浪漫经历
种族上的动机	(8)去瞻仰自己祖先的故土 (9)到家属或朋友曾经去过的地方
其　　他	(10)天气(如为了避暑) (11)健康(需要阳光、干燥的气候等) (12)运动(去游泳、滑冰、钓鱼或航海) (13)经济(低廉的费用开支) (14)冒险(到新地方去,接触新朋友,取得新经历) (15)取得一种胜人一筹的本事 (16)顺应时尚(不落人后) (17)参观历史(古代庙宇遗迹、现代历史) (18)了解世界的愿望

（三）旅游者的六种旅游动机

以上不同国家的学者对旅游动机进行了多种分类,归纳起来,常见的旅游动机大概有以下六种:

1. 健康、娱乐动机

健康、长寿何人不求?兴奋、新奇、愉悦的感受谁不向往?在紧张的生活和工作之余,如果能通过旅游消除身体的疲劳和心理的紧张感、枯燥感,使身心得到放松,又或者通过游玩、娱乐暂时忘却烦恼,以保持心理平衡,从现代生活的急促步伐中解脱出来,旅游就达到了追求健康的目的。矿泉浴、海水浴、太阳浴都是对人们健康有益的,事实上世界各地有许多矿泉疗养地、海滨浴场变成了度假地,成了恢复和维持人们心理健康和逃避城市喧闹的旅游场所。健康是历史最悠久的旅游动机之一,人们都有健康、长寿的愿望。获取乐趣、满足娱乐需要也是人们旅游的重要动机之一。事实上,旅游具有不可思议的魅力,当人们开始筹划一次旅游时,他就要摸清楚游览地的情况,熟悉有关资料,学习有关规矩和当地语言等。它具有满足人们获取乐趣需要的独特功效。

2. 好奇探索的动机

好奇心是驱使人们外出旅游的重要动机之一。好奇心易引起人的心理紧张,此时人们便会通过探索设法满足其好奇心。这种动机比较强烈的人,由于他们追求奇特的心理感受和迫切认识新奇事物的需求,即使旅游活动具有某种程度的冒险性,一般也不会成为他们旅游的障碍,甚至冒险性会成为增强这种动机的因素,他们甚至不惜付出牺牲个人安全的巨大代价来满足它。因此,针对好奇探索这一旅游动机,要求旅游对象和旅游活动具有新奇性、知识性和一定程度的探险性。

3. 社会交往的动机

社会交往是人之本性,它既是人们需要的层面,也是人们外出旅游的重要动机。人们为了探亲访友、寻根问祖、结识新朋友而进行的旅游,就是社会交往动机的体现。个人、团体以至政府间的访问、人员间进行的公事往来、文化技术交流活动,也都包括这种动机的成分。进行任何一种旅游活动,都要接触新的人际环境、发生人际交往,并且要依靠这种新的人际交往来实现旅游活动。这种动机常常表现出对熟悉的东西的一种厌倦和反感,也表现出逃避现实和免除压力的欲望。因此,具有社会交往动机的旅游者,其特点是要求旅游中的人际关系友好、亲切、热情并得到关心,这正好说明了旅游是实现社会交往的最理想的方式之一。

4. 追宗归祖的动机

叶落归根,外出离家的人总也忘不了回家,"回家"一词能给人以亲切、温馨之感,能激发人们的回归之强烈愿望。海外华侨、外籍华人、在华居住过或出生的外国朋友到中国旅游,美国人去欧洲旅游,大多也出于这样的一种动机,这种动机是极其强烈的。我国自旅游业兴起至今,入境游始终占据着主体地位,大部分旅游者是海外的华侨、华裔们。

5. 宗教信仰的动机

宗教信仰也是旅游动机之一,虔诚的人们为了满足自己的精神需求,寻求精神上的寄托,参加宗教活动、从事宗教考察、观礼等而外出旅游。目前,世界上信仰宗教的人很多。许多宗教信徒到异地参与宗教活动,或在特定时间、特定地点举行宗教庆典活动。比如,基督教信徒到耶路撒冷或梵蒂冈朝圣、伊斯兰信徒到麦加或麦地那朝圣、佛教徒到名山名刹朝拜、西藏民众到拉萨朝圣等。交通、通信、信息技术等的发展,使得各国各地人们之间的往来显得越来越容易且频繁,人们对不同地区的宗教活动也能更容易了解,许多非信徒也纷纷前往参观、考察宗教活动。许多地方宗教庆典已成为民族传统节日,吸引着大批游客。

6. 商务动机

人们因为各种商务活动或公务而外出旅游称为商务动机。比如外地学者为参加学术考察、学术研讨会等来到某地,或生意人到异地洽谈业务、出差、经商等,都属于商务动机。此外,各种专业团、政府代表团以及交易会、洽谈会等所参与的旅游活动也都属于此类动机。

按照旅游动机的广泛性和重要性,将其分为以上六种类型,但并不排除还有其他的旅游动机的种类。此外,每一个旅游者往往并不是只具有一种旅游动机,而是以某种旅游动机为主,兼有其他旅游动机。

三、旅游消费动机的激发

要激发旅游者或潜在旅游者的旅游动机,将已形成的旅游需要调动起来,以提高旅游者或潜在旅游者参加旅游的积极性,要考虑旅游业的诸因素,并提供适当、健康的刺激,具体可从旅游产品、旅游服务、旅游宣传等方面入手。

(一)加强旅游产品的吸引力

旅游产品吸引力半径有多大,关键落到如何打造产品上。产品吸引力的打造,最重要的是对游客旅游产品购买心理与游憩感受的深度理解。那么,具体应该如何做呢?

1. 注重人本主义思想

现在的生活已经不缺乏功能,旅游者需要的是一种感觉,一种触动视觉、听觉、味觉、触觉、心灵与肉体娱乐的精神感召与刺激。要增加旅游产品的吸引力,应注重以人为本,体现出互动体验、亲和吸引、情境感悟、个性娱乐的特点。

2. 追求个性

旅游者寻求的是独特奇异,所以旅游产品的设计应以差异化为基础,体现个性。一旦达到独特性之时,卖点产生,产品吸引力形成,这样就能化平淡为辉煌,化腐朽为神奇,大大激发旅游者的动机。

3. 做好包装

俗话说:三分长相,七分打扮。旅游产品的包装也至关重要,而问题是应如何打扮? 首先必须以保持旅游资源的原始风貌为基础,以旅游者需求为导向,进行旅游产品的招商融资包装。其次利用发展的旅游项目市场预测模型、游憩方式策划、旅游可行性研究规范等目前国内最先进的旅游项目招商融资包装技术加以包装。

(二)提高旅游服务质量

什么是旅游服务质量呢? 一般认为,质量就是符合服务规范,就是持之以恒做好每一个工作细节,质量就是企业获得竞争胜利的关键。具体而言,旅游服务质量主要体现在以下三个方面:

1. 礼仪方面

旅游服务人员应仪表整洁、谈吐文雅、举止大方、知晓客人的风俗习惯、注重礼节等。

2. 殷勤程度方面

旅游服务人员应热情接待、主动介绍、周到服务、善于察言观色,想客人之所想,急客人之所急,对客人关心、体贴、同情。

3. 速度和效率方面

速度是指提供服务要及时,不能让客人久等;效率是指提供服务要快,并且不出差错,不返工。这就要求旅游服务人员要有良好的业务素质和熟练的服务技能技巧。

(三)加强旅游宣传促销

旅游产品的不可移动性、无形性和旅游者的异地性,决定了旅游产品不可能像工业产品那样直观地在市场上用信息传递方式去沟通潜在的旅游者,所以要加强旅游的宣传促销。各种活动的出台不能是润物细无声,而是先打雷后下雨,宣传要有阵势、要轰轰烈烈。旅游广告不能仅仅依靠旅行社各重大的活动去增加曝光率,平时的信息与工作都应让市民了解,比如巴士汽车身上的广告、车站霓虹灯牌的广告、传统食品的包装上等。另外,旅游形象美誉度的高与低,直接影响了城市的形象、政府的形象,因而要加强政府的参与度,多借助政府的力量,联合知名企事业单位进行共同宣传。比如银行卡的背面、企业产品包装上等都可以适宜地将人文景观贯彻其中,而不仅仅是借助旅游纪念品来单调地展示。进行叠加式重复宣传,刺激旅游者记忆力,比如脑白金的广告,广告语虽然较俗化,但正是由于在黄金时段反复宣传,再加上语言通俗,使年老少幼均耳熟能详。

第三节　旅游消费者的行为

一、什么是消费者行为

(一)消费者行为的概念

所谓消费者行为,就是指消费者个人或家庭为了满足自己物质和精神生活的需要,在某种动机的驱使和支配下,用货币换取商品或劳务的实际活动。旅游消费者的行为则主要是指人们为了满足精神方面的需要,如身心得到放松、满足好奇心、增长见识等而外出游玩,在吃、住、行、游、购、娱等过程中,用货币换取相关旅游服务的实际活动。为了更好地阐述旅游消费者的行为,有必要引出旅游目标的概念。所谓旅游目标,是指人对旅游需要的一种期待,是人的旅游行为所要追求的预期结果在头脑中的一种超前反映,也可以说是满足人的旅游需要的对象或期望所达到的结果。从前两节所述可知,需要只有具有满足的对象(目标),人的动机才会产生。如果说只有需要而没有目标,人就不会有动机,也就不会有行动。旅游者的行为是由内部需要和外部刺激引起的,由动机推动的,由一定目标调节的。需要是旅游消费行为的基本动因,目标是旅游消费行为的重要诱发因素,动机是旅游消费行为的直接动力。

(二)引发旅游消费的因素

心理学认为,旅游消费者行为不是纯经济因素和社会因素的产物,而是生理需要和后天经验相互作用的结果。其中,旅游者个性心理和社会心理因素是旅游消费行为过程的不可缺少的重要环节和内在动力。影响旅游消费行为的内在心理因素,如知觉、个性、消费习惯等在本书中都会详尽地加以论述。

尽管这些心理因素对旅游行为所产生的是内心方面的影响,然而,这种影响并不是在真空的状态下产生的。因此,我们有必要分析一下他人对个人旅游行为的影响。他人所施加的影响被称为社会影响,如图3.3所示。这些社会影响可以分为四个主要部分:个人角色与家庭影响;有关团体影响;社会阶层影响;文化与亚文化影响。

(三)旅游消费者的类型

研究旅游消费者的行为,需要按照不同的标志,将其划分为一定的类型,然后归类进行研究,以揭示不同类型旅游消费者行为的特点,从而有针对性地为他们进行服务。

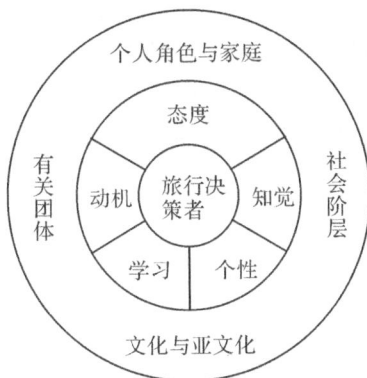

图 3.3　对旅游消费者行为的主要影响

1. 按照购买目标的选定程度划分

按照购买目标的决定程度划分,旅游消费者可以分为全确定型、半确定型、不确定型三种类型。

(1)全确定型。此类旅游消费者一般是指那些已做好旅游计划的旅游者,他们在旅游之前,已将相关的旅游信息进行了比较系统的搜集,列出了自己选择范围内的各个旅行社,对它们的线路、活动安排、报价、导游人员等做了分析比较,确定了明确的旅游目标,包括旅游的时间、区域、交通工具、住宿条件、团队性质等都有明确的要求。因此,他们很容易根据这些要求寻找适合自身的旅行社,只要条件符合或者大致符合,就能迅速成交。

(2)半确定型。此类旅游消费者在旅游之前已有大致的消费目标,但具体要求不明确,最后购买决定是通过询问相关人员后经过选择比较完成的。比如,某高校一寝室同学打算暑假每人花费 1000 元去一个他们都没有去过的地方旅游,增长见识,希望目的地不易中暑,住宿条件中等或者以上,线路中长线为主,但对于到底去什么地方、跟团游还是散客游、具体去几天等都未拿定主意,需要在咨询旅行社人员(即在购买)过程中做出最后决定。因此,对于此类旅游消费者,旅游企业人员不仅要接待热情周到,而且还要耐心细致,熟悉各项业务,及时准确回答他们提出的各种问题,解除消费者的疑虑,促使他们的购买行为由半确定型向确定型转化。

(3)不确定型。此类旅游消费者一般处于旅游过程中,没有明确和坚定的物品购买目标,甚至进入商店只是为了参观游逛和消遣而已。这类旅游消费者之所以会在事先没有购买目标的前提下产生购买欲望做出购买决策,完全取决于商店购物环境的刺激。而且,在商店的消费者流量当中,这类消费者约占 80%,能否吸引住不确定型旅游者,使其产生现实的或潜在的购买行为,是相关旅游企业营销能否成功的关键所在。因此,企业要着力优化营销环境,使消费者在优雅、舒适的环境中,接受营销人员主动、热情、周到、优质的服务。只要不确定型消费者对企业产生了好感,就会激起消费者的购买欲望,在漫无目的的参观、游逛中产生购买行为。

2. 按照消费态度和要求划分

按照消费态度和要求划分,旅游消费者可以分为斟酌型、冲动型、情感型和疑虑型四种类型。

（1）斟酌型。此类旅游消费者对购买行为的选择比较慎重,实现购买行为往往要经过一段时间的仔细斟酌、考虑和分析比较,特别是对高档或价格较贵的商品购买,更是慎之又慎,对所购商品需要进行反复比较、挑选、权衡利弊后再做最后决策。因而,购买决策速度慢、时间长,购买行为的实现也比较难。对这类购买者,旅游企业营销人员要有耐心,积极配合,协助和促进消费者完成购买行为。

（2）冲动型。此类旅游消费者的个性心理反应迅速,情绪容易冲动,易受商品外观、质量、广告宣传和营业推广的影响,新产品、时尚品对其吸引力较大。在购买商品时,很少认真考虑商品的性能和质量,也不愿做反复的选择比较,只要接受了外界刺激物的刺激,引起了心理的指向后,就会毫不迟宜地做出购买决定。对于这类旅游消费者,旅游企业在组织市场营销时,要注意不断推出新产品,讲究商品的造型和款式,强化广告宣传等促销措施,充分发挥环境的刺激作用,促使消费者做出购买决策。

（3）情感型。此类旅游消费者由于在其个性心理特征上兴奋性比较强,情感体验深刻,想象力与联想力丰富,审美感较强,因而在购买行为上容易受感情影响,也容易受广告宣传及其他促销手段的诱导。根据这类旅游消费者购买行为的特点,企业在生产商品时应注意外表造型、色彩和命名,各种营销策略都要有利于引起消费者的想象与联想。因为只要商品的品质符合消费者的感情需要,就会使消费者做出购买决策。

（4）疑虑型。此类旅游消费者的个性心理特征具有内倾性,表现在购买行为上是善于观察细小事物,行动谨慎、迟缓,体验深而疑虑大;选购商品从不冒失仓促地做出决定,听取营销人员介绍和检查商品时往往小心谨慎和疑虑重重;挑选商品动作缓慢,费时较多,还可能因犹豫不决而中断;购买需"三思而后行",购后还会疑心受骗上当。旅游企业营销人员接待这类购买者时,要坚持实事求是地宣传介绍商品,主动热情地解答疑问和提供服务,及时解除购买者的后顾之忧,使其购之放心。

上述旅游消费者行为的分类,只是一般粗略的概括,现实中的旅游者行为是丰富多彩的。不同性质的旅游企业应该用各种各样的分类标准去分析研究目标市场的不同类型购买行为的特征,并采取相应的营销策略,以此满足消费者的需要,提高企业经济效益和社会效益。

二、旅游消费者行为的实现

（一）旅游消费者的决策

旅游消费者首先表现为一个决策者,他们进行消费活动,总是要考虑一定的经济因素,通常要设计几种行动方案,经过分析研究,从中选择一种最优的行动方案。旅游消费者在占有一定的旅游市场信息的基础上,在实现消费目的的若干方案中选择一种最优的方案而做出的决定就是旅游消费者的购买决策。购买决策是消费者心理变化的最高阶段,它表现为权衡购买动机、确定购买目的、选择购买的方式方法和制订购买计划等几个方面,是消费者在购买前的准备阶段。消费者旅游的决策所包括的内容很多,但概括起来,主要有以下几个方面:

1. 权衡旅游动机

这里指权衡购买动机和原因,潜在的旅游者在一定时期内的旅游需要可能是多种多样的,驱动满足需要,产生旅游动机和原因同样存在多样性。在诸多的甚至彼此间存在矛盾的购买动机和原因中,他们首先要进行权衡,做出选择。

2. 决定旅游目的地及出游时间

潜在旅游者对旅游地点的选择,主要取决于他们的喜好与兴趣,其次是经济能力及目的地可达度、目的地治安、配套设施等等,而旅游时间的选择,取决于旅游消费者对旅游的迫切性及自身可控制的空闲时间。

3. 确定旅游方式

这里指确定出游形式,跟团游、自助游、自驾车旅游或是别的其他方式,是旅游消费者决策的重要内容,也是他们享受到旅游服务的途径。选择何种方式旅游,取决于旅游目的、旅游对象、旅游时间、旅游目的地等等。旅游企业尤其是旅行社要根据自身经营项目的特点,以多种多样的销售方式和服务项目去适应旅游消费者的多种购买方式。

从以上对旅游消费者行为的决策一般内容的分析可以看出,决策具有以下特点:①决策是消费行为不可缺少的准备阶段;②这个阶段是一个脑力活动的过程,因而是一个心理活动的过程,也是一个思维过程;③这个心理过程是在一定的思想指导下进行的,目的在于实现消费行为。因此,消费决策是一个自觉的心理过程,它属于消费者心理活动的意志过程。

(二)旅游消费者的行动过程

消费心理学在对消费者进行研究过程中发现,消费者在购买过程中的心理变化,一般遵循着五个阶段的模式,即唤起需要、寻找信息、比较评价、购买决定和买后感受,如图 3.4所示。旅游消费者的行为过程,是指旅游消费者为实现吃、住、行、游、购、娱等行为所进行的一系列心理活动和购买活动,而旅游消费者的决策在实际行动之前就已经做出,但在旅游中乃至旅游之后,旅游消费者的心理变化仍未终止。

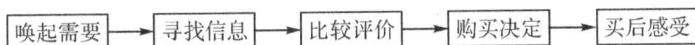

唤起需要 ⟶ 寻找信息 ⟶ 比较评价 ⟶ 购买决定 ⟶ 买后感受

图 3.4　消费者购买过程的心理变化

1. 唤起需要

旅游消费者行为过程的起点是需要。只有当旅游消费者发现和意识到自己旅游的需要,才有可能产生相应的消费动机和行为。旅游消费者需要形成于内部刺激或外部刺激。纯生理性需要,主要来自于有机体本身的运作,而社会性需要,主要是外界刺激的触发性因素所引起的。旅游消费者的需要是多种多样的,但多种多样的需要不一定形成消费需要和消费行为。旅游消费行为过程中的唤起需要,是指具备主客观条件(购买力与旅游资源)的需要。因为只有这样的需要才能形成旅游消费需要,也才有研究旅游消费行为的意义。

2. 寻找信息

旅游消费者为了满足消费需要,就要寻找信息。因为旅游消费者消费行为既受到旅游资源的制约,又自觉与不自觉地受到经济核算原则、效益原则的支配。任何一个旅游消费者产生了某种需要,但并不一定能够转化为消费动机,进而实现消费。没有旅游目的地,需要只能仅仅停留在欲望阶段。要找到旅游目的地,必须先寻找、搜集信息。同时,要实现消费行为效益最大化,也必须寻找、搜集信息。旅游消费者寻找信息的来源一般有三个方面:市场来源、社会来源和经验来源。市场来源包括营销广告、旅游企业公关活动、营销人员、营业推广措施等提供的各类信息;社会来源包括旅游消费者的亲友、邻居、同事的介绍,社会群体影响以及大众传播媒介、其他传播媒体等提供的各种信息;经验来源是指消费者通过亲自旅游所获得的信息。旅游企业利用各种传播媒介传递旅游信息,既能唤起旅游消费者的消费需要,又能满足他们寻找信息的需要。

3. 比较评价

当旅游消费者在广泛寻找信息之后,必然对相对杂乱无章的信息进行筛选,"去粗取细,去伪存真,由此及彼,由表及里"的分析比较,权衡各自的长短优劣,以便做出最佳选择。一般来说,旅游消费者对旅游产品信息比较评价的标准,主要集中在旅游产品的服务质量、价格两个方面,但有时也因人而异。因为不同的旅游消费者,其旅游消费需要的结构不同,对旅游产品信息的比较评价所得出的结果必然有异。

4. 购买决定

旅游消费者在广泛搜集旅游产品信息并对其比较评价的基础上,形成了对某种旅游产品肯定或否定的态度。而肯定态度一旦形成,就会做出消费的决定。这是旅游消费者行为心理变化的最高阶段。旅游消费者消费决定的内容是多方面的,包括对消费地点、时间、方式等的决定。尽管不同消费者由于个性因素和社会因素不同,在做出消费决定时遵循不同的准则,但是,如果旅游企业能提供适销对路的旅游产品,能在旅游消费者心目中树立起良好的形象和较高的信誉,必定能招徕更多的顾客。

5. 买后感受

旅游消费者经历了一次旅游后,必然对整个旅游过程产生几种情况的感受,大致有三种:一是很满意,即旅游产品满足了自己心目中的需求,这样会对相关旅游企业产生很好的口碑。二是基本满意,即旅游产品不能给旅游者以预期的满意,这样会使旅游者对这个旅游目的地或者旅行社的认识进行重新修正,甚至今后会有继续参加这个旅行社组织的旅游活动的信念。三是不满意,即旅游产品没有达到旅游者的预期目的,使旅游者产生严重的内心不协调状况。旅游者一旦对所参加的旅游活动不满意,今后有可能会终止参加相关旅游企业的各项活动。可见,旅游后的感受对旅游行为有重要的反作用,甚至是唤起需要的重要因素。

综上所述,旅游消费者行为过程是唤起需要、寻找信息、比较评价、购买决定、买后感受五个阶段的统一。但并不是说所有的旅游消费者行为都必须要依次经过上述五个阶段,有时旅游消费者行为很简单,从唤起需要到决定购买,几乎同时进行。有时这个过程则比较长,不仅要经过每一个阶段,而且会反复出现。但是,不论该过程是简单还是复杂,其目的都是为了选到与自己需要相一致的质好价宜、符合个人爱好的旅游产品。

第四章　旅游消费者个性心理

第一节　旅游消费者的个性

一、个性的概念

"个性（personality）"一词来自拉丁文"面具（persona）"，本来的含义是演员在舞台上扮演角色时化妆用的假面具，用以表现剧中人的身份。在现代心理学中，个性主要是指个人独特的心理构成因素和那些因素如何在个人对环境的反应中保持一贯的作用。它是一个人与其他人相区别的、比较稳定的心理特征的综合，表现一个人的基本精神面貌，有助于说明个人怎样尽力满足具体的要求和目标。

个性是一种复杂的心理现象，对个性的描述有时也是模棱两可、含糊不清的。因此，出现了许多个性理论，形成了测试个性特征的多种方法，而且对具体的个性特征的描述也众说纷纭，同时用以确定和描述个性的方法也不尽相同。

二、个性的基本特点

（一）独特性

独特性是指一个人区别于他人的心理特征的总和。正因为人们个性的差异性，世界才显得丰富多彩。

（二）整体性

组成人的个性的各方面特点总是相互联系、相互制约、协调一致，形成一个整体。个性结构中任何一个成分的变化，都会引起系统内的其他成分的变化。另外，人的个性形成后，必然不可避免地影响着人的认识特点、交往风格、情感色彩、意志品质等心理特征。

（三）稳定性

个性在一定时期内具有稳定性，因为人的个性是心理发展到一定水平以后才形成的，这种心理的成熟水平，保证了个性的稳定性。当然，这种稳定性是相对的，不是一成不变的，环境条件的任何改变，都可能会影响个性并使之发生改变。

（四）个性的社会性

个性的特征是受社会影响而形成的。苏联心理学家维果茨基说："个性是通过他在别人面前的表现才变成自己现在这个样子。"一个人如果离开了他人，离开了社会，个性便丧失了存在的基础。

三、个性形成的原因

人的个性是在遗传素质的基础上,在一定的社会环境中,通过实践活动逐渐形成的。遗传因素对个性的影响是人的个性形成的物质前提。每个人的遗传基因总是各不相同的,每个人的身体状况、神经活动都有各自的特点。这些特点会使人形成不同的个性。比如身材矮小、相貌丑陋的人容易有自卑感,而聪明漂亮的人就容易产生骄傲的毛病。然而影响个性形成的决定性因素却是社会环境,有相似遗传素质的人可以形成不同的个性,不同遗传素质的人在相同环境中却可以形成相似的个性。

社会环境主要包括家庭环境与学校教育两方面。一方面,家庭是社会的细胞,也是儿童生活的主要场所,父母的行为、态度通过言传身教,直接影响儿童的个性。所谓"子不教,父之过",父母严格要求子女,子女容易形成谦虚礼貌的个性;父母独断专横或溺爱子女,则使子女或自卑怯懦,或自私任性。社会上的各种情况也会通过家庭影响儿童个性的形成。因此,不同时代、不同地方、不同家庭中长大的人,会形成各自不同的个性。另一方面,学校是青少年接受系统教育的地方。学生通过学校教育认识自然,了解社会,逐渐形成自己的人生观、世界观和价值观。学生在学校中受到集体舆论和评价的影响,受纪律的约束,这些都直接影响青少年个性的形成,有利于责任心、义务感、集体主义、社会适应等个性的形成。学校中的教师往往也是学生崇拜和模仿的对象,其个性也会影响学生个性的形成。

此外,人的个性也是在认识世界、改造世界的实践过程中形成的。人从独立活动开始,就参与各种实践活动了。从家庭和学校中获得的知识,也必须经过自己的实践才能转化为个人的品质。所以,要想培养自己优良的个性,应积极投身到实践活动中去。

四、旅游者的个性特征及旅游行为

根据旅游者的表现,可以把旅游者的个性分为舒适安宁型、追新猎奇型、活跃交际型、研究考查型以及综合型等不同类型,如表 4.1 所示。

表 4.1　旅游者个性类型与旅游行为

旅游者类型	旅游行为	代　表
舒适安宁型	喜欢选择环境优美、幽雅宁静的地方,参与钓鱼、野营、狩猎、日光浴、海水浴等轻松的活动,不喜欢剧烈运动,也不愿冒风险。他们宁愿休息不愿辛劳,很看重在活动中能否获得舒适的享受	有教养、注重健康,生活条件优越,家庭观念强,从事文化性质工作的中老年旅游者居多
追新猎奇型	对新奇的事物特别有兴趣,没有完全开发或新开发的景点对他们最有诱惑力。他们喜欢参与探险、攀越高山、荒野露宿、深入原始村寨等有刺激性的活动,容易被异地风俗所吸引。他们往往不看重享受,对生活条件不苛求,追求新鲜感受,哪怕并不舒服	体格强健、精力充沛的人,以年轻人居多

续表

旅游者类型		旅游行为	代 表
活跃交际型		喜欢结交新朋友,对异地的政治、经济状况有兴趣,乐意参加各种集会和其他社会活动。把旅游作为扩大交往、增加社会联系、促使自己事业成功的手段。随和、不强调休息和疗养,在临时旅游团中容易成为活跃的中心人物	喜欢写文章、收集素材的文艺工作者以及商人等,以中青年人居多
研究考查型		对文物、古迹、历史人物、历史事件特别有兴趣。喜欢参观博物馆、艺术馆,对旅游景点的各种文字资料很重视,对楹联、诗词典故、传说等很有兴趣	有较高文化修养,受传统文化影响较深的人,多见于学者、知识分子
综合型	成功型	看重名声和地位,喜欢到有声誉、有影响的地方去旅游	
	模仿型	保守、不愿意尝试新东西,喜欢步别人的后尘,羡慕并模仿他们熟悉的人	
	独立型	喜欢以自己为中心,别出心裁、特立独行、与众不同	
	审美型	看重旅游中所接触的事物的美学价值	

旅游者的个性特征会影响他们的旅游行为,旅游者旅游时间、地点、交通方式和旅游项目的选择以及旅游消费的偏好等,都与个性因素有关。加拿大旅游局为了揭示不同的个性特征与加拿大成年人旅游行为的关系,用高度精确的统计方法对加拿大成年人进行抽样调查,研究结果表明,各种个性特征与旅游行为之间有着密切的关系,如表4.2所示。

表4.2 个性特征与加拿大成年人的度假旅游行为

度假类型	个性特征
度假旅游者	好思考、活跃、善交际、开朗、好奇、自信
度假不旅游者	好思考、被动、克制、认真
不度假者	焦虑
汽车旅游者	好思考、活跃、善交际、开朗、好奇、自信
乘飞机旅游者	非常活跃、相当自信、好思考
乘火车旅游者	好思考、被动、孤僻、不善交际、忧虑
乘公共汽车旅游者	依赖、忧虑、敏感、抱有敌意、好斗
在本国旅游者	开朗、活跃、无忧无虑
去国外旅游者	自信、信任他人、好思考、易冲动、勇敢
男性旅游者	好思考、勇敢
女性旅游者	易冲动、无忧无虑、勇敢
探亲访友者	被动
游览度假胜地	活跃、善交际、好思考
观光者	好思考、敏感、情绪不稳定、不能自我克制、被动
户外活动者	勇敢、活跃、不合群、忧虑、喜怒无常

度假类型	个性特征
冬季旅游者	活跃
春季旅游者	好思考
秋季旅游者	情绪稳定、被动

(Ottawa，Canada：Canadian Government Travel Bureau，1971)

美国的帕洛格(S. C. Plog)建立了一种连续统一的心理图示。该图用"安乐小康型"及"追新猎奇型"来表示美国人的个性类型，并将之分别位于两个极端，整体呈现正态分布趋势。在其《为何旅游点受欢迎的程度出现大幅度摆动》一文中，帕洛格阐述了安乐小康型和追新猎奇型的人的旅游行为存在的许多明显的差异，如表4.3所示。此外，两种类型的人所喜欢的旅游地也不同。典型的安乐小康型旅游者一般对已有千百万人游览过的、充满可预见性的著名旅游胜地感兴趣，如柯尼岛、迈阿密海滨和蒙特利尔等；典型追新猎奇的人则往往对一些新奇的、充满未知性和不确定因素的旅游地感兴趣，诸如非洲和神秘的东方国家等；而居于中间的人既不热衷于冒险，也不排斥旅游，倾向于游览那些相对不那么陌生却又具有一定特色的旅游胜地，如夏威夷、加勒比海、西欧等地。他们构成了整个旅游市场的主体，代表了旅游的整体潮流与趋势，如图4.1所示。

表4.3　安乐小康型和追新猎奇型旅游者的行为差异

安乐小康型	追新猎奇型
选择熟悉的旅游目的地	选择非旅游地区
喜欢旅游目的地一般活动	喜欢获得新鲜经历和享受新的喜悦
选择晒日光浴和游乐场所，包括相当程度无拘无束的休息	喜欢新奇的、不同寻常的旅游场所
低活动量	高活动量
喜欢驱车前往旅游点	喜欢乘飞机去旅游目的地
喜欢正规的旅游设施，如设备齐全的旅馆、家庭式饭店和旅游商店	不一定要现代化的大型接待设施，只要求一般或较好的食宿条件，不喜欢旅游商店
喜欢家庭的氛围、熟悉的娱乐活动，不喜欢异国情调	愿意接触不熟悉的文化与外国居民
全部日程都要事先安排妥帖	旅游安排只包括最基本的项目(交通工具和饭店)，留有较大的灵活性和余地

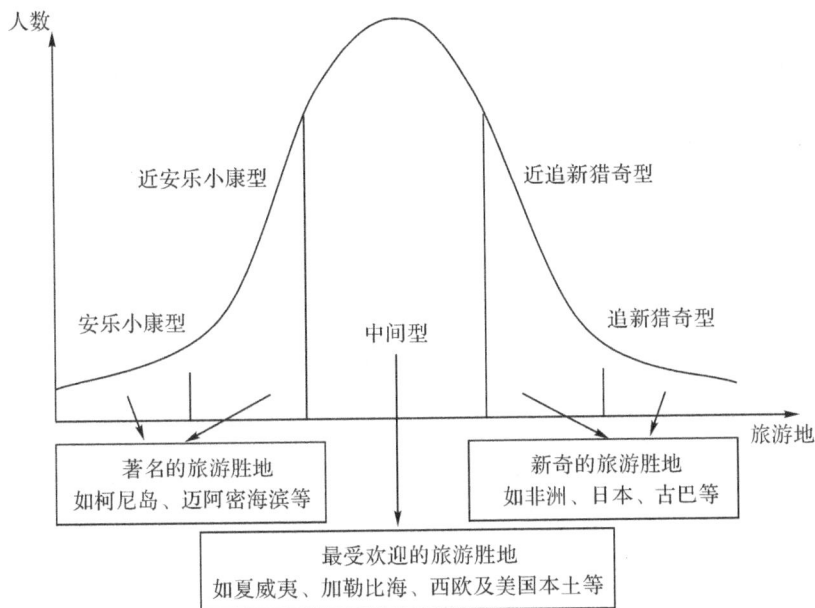

图 4.1　美国人个性类型与旅游地关系的分布曲线

第二节　旅游消费者的气质

一、气质的概念与特征

"气质"一词源于拉丁语 temperamet-num,原意是比例、关系之意。早在春秋时期,医学著作中便提出了气质一说。我国古代的中医用金、木、水、火、土五行来分析人的气质类型,认为五行在体内运行,其平衡程度不一致,于是分别表现为金、木、水、火、土五种类型。日常生活中人们所说的气质,往往是指一个人的风格、风度或某种职业上所具有的非凡特点。而现代心理学所说的气质和日常人们所说的气质含义则不完全相同,主要指的是一个人在心理活动和行为方式上表现在速度、强度、稳定性、灵活性及指向性等方面的心理特点。气质的速度包括言语速度、思维速度等;气质的强度是指行为、情绪等的表现程度以及努力的程度等;气质的稳定性多指集中注意力的时间长短;而气质的灵活性则指遇事是否灵活、反应是否快速;气质的指向性指的是人是内向的还是外向的。

由于先天遗传因素不同及后天生活环境的差异,不同个体之间在气质类型上存在着多种个别差异。这种差异会直接影响个体的心理和行为,从而使每个人的行为表现出独特的风格和特点。人们的气质就表现在这些心理活动特征的差异上。气质给人的行为染上了个人独特的色彩,并直接影响个性的形成和发展以及个人活动的各个方面。在情感活动动态方面:有的人情感产生非常迅速,有的人情感产生则比较缓慢;有的人情感体验很强烈,有的人则缺乏剧烈的情感冲动;有的人情感变化幅度大,有的人则情感变化幅度小;有的人内心的情感体验明显外露,有的人的内心的情感却不易流露。与之相应,人们在言语、行为动态上也有各自的特点:有人说话粗声大气,有人却柔声细语;有人伶牙俐齿,有人却笨嘴拙舌;有人敏捷灵活,有人却迟缓木讷;有人动作粗重有力,有人却轻盈斯文。所有这些特点,都是气质特点的表现。

气质是在先天生理素质的基础上,通过生活实践,在后天条件的影响下形成的。但在很大程度上受到了先天和遗传因素的影响,更多的由个体先天特性所决定,具有先天性。所谓的"江山易改,本性难移",其本质指的就是气质。气质作为人格结构中稳定的,不依活动目的而转移的心理活动特征,一经形成便会长期保持下去,并对人的心理和行为产生持久的影响。但是随着生活环境的变化、职业的熏陶、所属群体的影响以及年龄的增长,人的气质也会有所改变,尽管这一变化是一个相当缓慢的、渐进的过程。

二、气质学说与类型划分

人为什么会有气质差异?从古至今,中外许多心理学家对气质这一心理特征进行了多方面的研究,从不同角度提出各种气质学说,并对气质类型做出了相应分类。其中具有代表性的主要是以下几种。

(一)体液学说

公元前5世纪,古希腊著名医生希波克拉特(Hippocrates)最早提出了气质的体液学说,认为人体的状态是由体液的类型和数量决定的。他提出人体内有血液、黏液、黄胆汁和黑胆汁四种体液,分别产生于人的心脏、脑、肝和胃。根据每种体液在人体中所占比例不同,可以形成四种气质类型。在体液混合比例中血液占优势的人属于多血质,黏液占优势的属于黏液质,黄胆汁占优势的属于胆汁质,黑胆汁占优势的属于抑郁质。希波克拉特还详细描述了四种典型气质的行为表现,现分述如下:

1. 多血质

(1)情绪表现:活泼、好动、敏感、容易表露自我、情绪变化快而外露、情感体验不深;

(2)智力活动:思维反应迅速灵活,但往往不求甚解;

(3)行动方面:反应迅速灵活,可塑性强,对工作表现出很高热情,兴趣广泛但不持久,对环境适应能力强,善于交往。

2. 黏液质

(1)情绪表现:安静、稳重、情感产生慢且不强烈,情绪不易外露,心情较为平稳,波动不大;

(2)智力活动:喜欢深思,在进行任何工作之前都会进行深入细致的考虑,能坚定执行已做出的决定;

(3)行动方面:行动迟缓,沉默寡言,对已习惯的工作表现出极大热情,但不容易习惯新的工作和新的生活环境,注意力稳定难以转移,不善交往。

3. 胆汁质

(1)情绪表现:直率、热情、容易冲动、情绪变化剧烈、脾气暴躁、易怒、易激动;

(2)智力活动:行为具有极大的灵活性,但理解问题有粗枝大叶的倾向;

(3)行动方面:精力旺盛、生气勃勃,工作上表现得顽强有力,但缺乏耐心,自制力差,不喜欢单调的工作内容。

4. 抑郁质

(1) 情绪表现:极为敏感细腻、多愁善感,情绪体验深刻但很少外露,自尊感极强;

(2) 智力活动:感受力极强,能敏锐观察到别人不易觉察的事件,有丰富的内心生活,想象力丰富;

(3) 行动方面:行动迟缓单调,很少表现自己,不爱与人交往,孤僻沉默。

上述四种气质类型只是一种典型的划分,在日常生活中,只有一种气质类型的人几乎是没有的,大多数人的气质往往以一种气质为主,兼与其他的气质类型相互融合在一起,或者介于四种类型的中间状态,属于混合型气质。

虽然希波克拉特根据人的体液所占的成分划分人的气质类型缺乏科学根据,但由于他对四种典型气质特点的描述,能与生活中的事实相吻合,且表述通俗,较易理解,所以这一分类方法得到公认并一直沿用至今。

(二) 高级神经活动类型学说

苏联心理学家巴甫洛夫通过对高等动物的解剖实验,发现位于大脑两半球皮层和皮层下部位的高级神经活动在心理的生理机制中占有重要地位。大脑皮层的细胞活动有两个基本过程,即兴奋和抑制。神经系统在此过程中具有强度、平衡性和灵活性三大基本特性。巴甫洛夫正是根据上述三种特性的不同结合,提出了高级神经活动类型的概念,并据此划分出高级神经活动的四种基本类型,即兴奋型、活泼型、安静型、抑制型,如表 4.4 所示。这四种神经类型的人所表现的气质特征,正好和希波克拉特所划分的四类气质表现特征相吻合。所以人们认为,高级神经活动过程类型就是气质的生理基础,而气质就是高级神经活动类型的特点在动物和人的行为中的表现。

表 4.4　高级神经活动类型与气质类型

高级神经活动类型				气质类型
强	不平衡	灵活	不可遏制型(兴奋型)	胆汁质
	平衡	灵活	活泼型	多血质
		不灵活	安静型	黏液质
弱	不平衡	不灵活	弱型(抑制型)	抑郁质

兴奋型的人表现为兴奋过程时常占优势,且与抑制过程不平衡,情绪易激动,暴躁而有力,言谈举止有狂热表现,又称"不可遏制型";

活泼型的人外表活泼、反应灵敏,条件反射形成或改变都比较迅速,且动作灵敏,能很快适应迅速变化了的外部环境;

安静型的人神经活动平衡,强度高但灵活性较低,反应较慢而深沉,不易受环境因素的影响,行动迟缓而有惰性;

抑制型的人兴奋和抑制两种过程都很弱,且抑制过程更弱一些,条件反射形成很慢,难以接受较强的刺激,胆小而容易伤感。

由于巴甫洛夫的高级神经类型说是在解剖实验基础上,根据高级神经活动类型与规律的研究得出的,并得到后人的研究证实,因此具有较强的科学依据。

(三) 血型说

日本学者古川竹二认为气质与人的血型具有一定的联系,A 型、B 型、O 型及 AB 型四种血型分别构成了气质的四种类型。其中,A型气质的人性情温和,老实顺从,孤独害羞,情绪易波动,依赖他人;B型气质的人感觉灵敏,大胆好动,多言善语,爱管闲事;O型气质的人意志坚强,志向稳定,独立性强,有支配欲,积极进取;AB型气质的人则兼有A型和B型的特点。

(四)体形说

德国精神病学家瑞奇米尔(E. Kretschmer)根据临床观察研究,认为人的气质与体形有关,从体型上对气质做了分类。人的体型可以分为肥胖型、消瘦型及斗士型三类,每一种体型的人具有不同的气质表现:肥胖型的人则具有狂躁气质,表现为善于交际、表情活泼、热情;消瘦型的人具有分裂气质,表现为不善交际、孤僻、神经质、多思虑;而被称为"斗士型"筋骨体形的人则具有黏着气质,表现为迷恋、一丝不苟,情绪具有爆发性。

(五)激素说

激素说认为,人体内的各种激素在不同人身上有着不同的分布水平。某种激素水平较高,人的气质就带有某种特点。例如,甲状腺激素水平高的人,容易精神亢奋、好动不安。

第三节　旅游消费者的性格

一、性格概述

"性格(character)"一词在希腊文中原意为刻印、特色、记号、标示,主要用来表示事物的特性。在现代心理学中,性格是指对现实稳定的态度以及与之相适应的习惯化了的行为方式方面的个性心理特征。在现实社会中,个体会不断受到家庭、集体、社会等各种来自于客观环境的影响,这种影响在和周围环境相互作用的过程中,通过自己的认识、情感、意志过程,逐渐形成了一定的、对个体行为方式起着调节和影响作用的态度体系。那些已经巩固下来的、经常的态度体系就是其性格特征,而那种属于一时的、偶然性的表现,则不属于性格特征的范畴。

性格是个性中最重要的、也是最稳定的心理特征,它通过人的意志、活动、言语、外貌以及对事物的态度等方面表现出来,是人的个性特点的集中体现。类似于勤劳、勇敢、自私、懒惰、懦弱、慷慨、正直、谦虚这些个性特征便标示了人的性格特点,它们相互组合在一起就构成了人的性格。

人的性格是在生理素质的基础上,在社会实践活动中逐渐形成、发展和变化的,由于先天生理素质和高级神经活动类型各不相同,后天所处的社会环境及教育条件千差万别,所以人与人之间的个体差异首先表现在性格上:有人活泼外向,有人孤寂内向;有人诚实和善,有人虚伪狡诈;有人乐观进取,有人悲观失望;有人坚毅果敢,有人怯懦谨慎。每个人的性格都是独特的,是人与人相互区别的主要方面,标志着某人特有的行为方式。因此,我们可以根据一个人的性格特点,预测他在某种情境中的行为表现。

性格和气质既有区别又有联系。气质是个人心理活动的稳定的动力特征,它主要体现着神经类型的自然表现。性格是气质的后天发展和改造,它主要是在社会生活实践的过程中形成的。气质和性格又是互相制约的。气质可以按照自己的动力方式,给性格染上独特的色彩。有不同气质类型的人,可以形成同样的性格特征;而相同气质类型的人,又可以带有同样动力色彩而性格各异。气质还影响性格特征形成和发展的速度。反过来,性格一经形成可以在一定程度上掩盖或改造气质,使其服从于生活实践的要求。

二、性格特征

性格从结构上看,它包含了多个侧面,并在每个个体身上形成了独特的组合。而对于旅游者性格特征的分析,可以从以下几个方面入手:

(一)态度方面

人对现实的态度体系是性格最主要的组成部分,是性格的最直接的表现。它与人的社会属性相关,主要是指处理各种社会关系的性格特征。

(1)对社会、集体、他人的态度的性格特征:有些旅游者表现为爱团队,对社会有责任感和同情心,为人正直、真诚、坦率、有礼等;而有些旅游者则表现为自私、孤僻、拘谨、虚伪和粗暴等。

(2)对学习、工作、劳动态度的性格特征:有些旅游者表现为认真积极、富于创新精神等;而有些旅游者则表现为懒惰贪玩、不求上进、墨守成规等;

(3)对自己的态度的性格特征:有些旅游者能正确对待自己,有自尊心、有自信心,严于律己;有些旅游者则或自卑或自傲、自由散漫等。

(二)意志方面

意志方面是指人对其行为进行调节的性格特征,包括人们在意志的自觉性、自制性、果断性和坚韧性方面的个人特点。旅游者性格的意志特质包括以下四方面:

(1)表明旅游中的行为目标。例如,对旅游是具有明确的目的性还是被动参与,是具有独立的见解还是易受暗示。

(2)表明旅游者对行为的控制水平。例如,是主动约束自己、克服冲动的行为,还是放任自流、张皇失措等。

(3)表明旅游者对调节客观表现的意志果断性。例如,在危难或紧急状态下能否迅速、准确抉择,是坚决果断还是优柔寡断,是勇敢还是胆怯等。

(4)表明旅游者在对比较困难的旅游活动中表现出来的态度和行为。例如,是有恒心、坚忍不拔还是半途而废、缺乏勇气等。

(三)情感方面

性格的情感特征是指与态度相联系的情绪活动对其他活动的影响,以及人对其情绪活动进行控制的性格特征。其通常表现为情绪活动的强度、稳定性、持久性和主导心境四个方面的个性特点,又称"性情"。

(1)情绪的强度表现为旅游者受情绪影响的程度,以及情绪受意志控制的程度。有的旅游者情绪活动一经引起就比较强烈,全部活动都被情绪所支配;有的旅游者情绪体验则较弱。

(2)情绪的稳定性表现为旅游者情绪的起伏和波动的程度。有的旅游者容易激动,情绪活动发生及变化快,不易控制;有的旅游者则较稳定,情绪活动发生较慢也易控制。

(3)情绪的持久性表现为旅游者情绪保持时间的长短。有的旅游者持续时间长;有的旅游者持续时间短。

（4）情绪的主导心境表现为不同主导心境在旅游者身上稳定表现的程度。有的旅游者经常保持饱满精神，处于欢乐愉快情绪中；有的旅游者则郁郁寡欢，情绪消沉。不同的主导心境鲜明地反映了不同的性格特征。

（四）认知方面

认知方面是指旅游者在感知、记忆、想象和思维等认识过程中所表现出来的差异，是与一定态度相适应的稳定的个性特点。

（1）感知：分为主动观察型和被动感知型。前者能根据自己的任务和兴趣来观察判断，不易受环境信息干扰；而后者则易受环境刺激所影响。此外，还可以分为详细分析型、概括型、快速型和精细型。

（2）记忆：有主动记忆和被动记忆、有信心记忆和无信心记忆、记忆中持续现象的强型和弱型之分。

（3）想象：包括主动想象和被动想象、主观想象和客观想象、丰富想象和贫乏想象等。

（4）思维：有分析型、综合型、常规型、创造型等类型。

三、旅游者的性格类型与旅游行为

人的性格十分复杂，长期以来，许多心理学家高度重视对性格理论的研究，并尝试从不同角度对人的性格类型进行划分，归纳起来，主要有以下几种：

（一）机能类型说

机能类型说是指按照性格的机能进行划分。英国心理学家培因按照心理机能在性格中所占的优势，把性格分为理智型、情绪型和意志型三类。

1. 以理智占优势的性格称为理智型

理智型的人喜欢以理智衡量一切。具有这类性格的旅游者善于冷静地进行理智的思考、推理，用理智来衡量事物，行为举止多受理智的支配和影响，凡事只要符合道理，他们就乐于接受。他们对是非好坏观点鲜明，显得自信有见识，有时也会因固执己见显得偏激或迂腐。这种性格多见于知识分子、学者之类的旅游者。

2. 以情绪占优势的性格称为情绪型

情绪型的人情绪体验深刻，不善于进行理智思考，凡事易被情绪所支配和左右，处理问题喜欢感情用事。具有这种性格的旅游者处理事情常凭情绪和兴趣，喜欢感情用事，不过于计较利害得失。他们通常很重感情，显得单纯天真。这种性格多见于艺术家、妇女等类旅游者。

3. 以意志占优势的性格称为意志型

意志型的人做事具有明确的目标，意志比较坚定，善于自我控制，较少受其他因素的干扰。具有这类性格的旅游者常显示出坚定的毅力。他们游览的目的很明确，一旦做出决定，不轻易改变。这类性格多见于企业家、政治家之类的旅游者。

（二）向性说

向性说是指按性格的向性进行划分。瑞士心理学家荣格（C. G. Jung）提出按照个体心理活动的倾向来划分性格类型，并据此把性格分为内向型、外向型两类。

（1）内向型性格的人沉默寡言，情感深沉，待人接物小心谨慎，一般比较沉静，富于幻想，注意内心体验，性情孤僻，敏感害羞，不善交际，不易适应新环境。偏向内向型性格的旅游者不喜欢到生疏地方旅游。他们通常选择熟悉的、具有家庭气氛的旅游点,参与节奏轻松的活动项目,喜欢和一两个知心朋友在一个地方做较长时间的逗留。他们希望事先把旅游程序安排妥当,按部就班地完成游览活动。

(2)外向型性格的人活泼开朗、情感外露,待人接物比较随和,不拘小节,一般对外部事物比较关心、喜爱交际、易于适应新的环境。这类性格的旅游者喜欢到热闹新奇的旅游地去,并参加激烈的活动。他们希望旅游中常有意想不到的趣事,不愿活动日程安排太死。这类旅游者活跃大方,爱交朋友。

(三)独立—顺从说

独立—顺从说是指按照个体性格中意志的独立性进行划分,可把性格分为独立型和顺从型两类。

1. 独立型性格的人善于独立思考

具有这类性格的旅游者有主见,善于独自发现问题、解决问题,遇事镇定。他们个性强、有主见,不易受外界的影响且较少依赖他人,领导和指挥能力强,因而常受到其他旅游伙伴的拥戴。

2. 顺从型性格的人易受暗示,常常不加分析地接受别人的影响

具有这类性格的旅游者独立性差、依赖性强,喜欢随大流,行动易受他人左右。他们在解决问题时犹豫不决,碰到意外情况时也极易惊慌失措。

(四)特质分析说

美国心理学家卡特尔(R. B. Cattell)通过因素分析,从众多行为的表面特性中抽象出16种特质,如兴奋、稳定、怀疑、敏感、忧虑、独立、自律、紧张、乐观、聪慧、持强、有恒、敢为、幻想等。根据这16种特质的不同结合,可以区分出多种性格类型。

(五)价值倾向说

美国心理学家阿波特根据人的价值观念倾向,将性格分为理论型、经济型、艺术型、社会型、政治型、宗教型六类。

(六)性格九分法

近年来,性格九分法作为一种新的分类方法,在国际上引起重视并逐渐流行开来。这种分类方法把性格分为九种基本类型,如表4.5所示。

表 4.5　性格九分法

性格类型	特 征
完美主义型	谨慎、理智、苛求、刻板
施予者型	有同情心、感情外露,可能具有侵略性,爱发号施令
演员型	竞争性强、能力强、有进取心、性情急躁,为自己的形象所困扰
浪漫型	有创造性、气质忧郁、热衷于不现实的事情
观察者型	情绪冷淡、超然于众人之外、不动声色、行动秘密、聪明
质疑者型	怀疑成性、忠诚、胆怯、总是注意着危险的信号
享乐主义者型	热衷享受、乐天、孩子气,不愿承担义务
老板型	独裁好斗、有保护欲、爱负责任,喜欢战胜别人
调停者型	有耐心、沉稳,会安慰人,但可能因耽于享受而对现实不闻不问

（七）心理中心—他人中心说

美国学者帕洛格（S.C.Plog）通过对数千名美国人的个性心理因素的研究，将性格划分为五种心理类型，由此提出了游客心理类型模式。这五种性格类型分别为自我中心型、近自我中心型、中间型、近多中心型和多中心型。自我中心型的人内心体验深刻、考虑自己比较多、心情压抑、不爱冒险，喜欢熟悉的气氛和活动。与此相反，另一个极端类型是多中心型，其特点是自信、探索欲强、外向、喜欢冒险、乐于接受新事物。在进行旅游决策时，心理中心的人要求一切都具有可测性，他们或者不旅游，或者选择一个比较熟悉的、风险较少的旅游目的地（一般是阳光充足的海滨、设备齐全的宾馆），在出发前几天就备好行李并安排好全部日程；他人中心的人渴望生活具有变动性，喜欢去常人不去的地方旅游，对新奇的事物有着强烈的渴望。他们期待那些能给他们带来惊喜的旅游经历，而对那些千篇一律的大众旅游产品缺乏兴趣。除了这两个极端类型之外，中间型属于表现特点不明显的混合型。近自我中心型和近多中心型则分别属于两个极端类型之间的过渡类型。当然，处于两个极端的人毕竟为少数，大部分旅游者介于两者之间，呈现出两边低、中间高的分布，如图 4.2 所示。

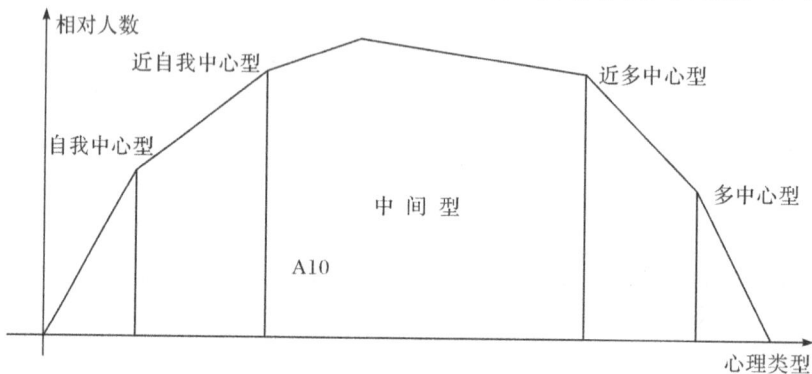

图 4.2　游客心理类型模式①

由于人们属于不同的心理类型，所以他们对旅游目的地、旅游方式等方面的选择也不可避免地会受到其所属心理类型的影响。越靠近多中心型一端的旅游者，外出旅游的可能性越大。多中心型的旅游者往往是新旅游地的发现者和开拓者，是旅游者大军的先头部队。随着其他类型的旅游者陆续跟进，该旅游地便会逐渐形成旅游热点。试以九寨沟为例，九寨沟当前的旅游者和该景观刚开放时的旅游者有着明显的区别：最初到还未完全开放的九寨沟旅游的是那些具有他人中心人格或偏向这一端的人，他们喜欢到人迹罕至的景点去旅游。随着旅游者人数的增多，景点在规模、设施等方面都得到进一步完善，能为大批旅游者提供良好的食宿条件，服务项目趋于完善，接近心理中心的人也不会感到有多大的风险；而他人中心的旅游者又会去发现新的景观，从而影响并带动其他人形成一个新的旅游潮。

四、对旅游者性格的鉴别

对旅游者的性格进行鉴别，掌握他们的特点，才能有针对性地为他们提供最令他们满

旅游心理学

① 转引自：Mc Intosh & Goeldner，*TOURISM*，Gridpublishing Inc，Columbus，ohio，1984：178.

意的服务。但是,鉴别旅游者的性格是件困难的事。性格是人的稳定的心理特征的综合反应,仅凭一时一事是无法判断一个人的性格的。要正确鉴别旅游者的性格,必须在实践中长期摸索,不断总结经验,提高鉴别能力。下面仅对鉴别旅游者性格的途径加以简略介绍。

(一)性　格

常言道:"有诸内必形诸外。"旅游者的性格可以通过外貌(包括身材、相貌、表情、发式、衣着打扮等)来表现。例如,丑陋的人由于常受讥笑而易产生自卑的性格;高傲的人挺胸腆肚、摇头晃脑;目光游移闪躲的人,往往心术不正等。

(二)言　语

常言道:"言为心声。"旅游者的语速、语调以及语言风格等,都在一定程度上反映出他们的性格。如高声谈笑的人,可能表明他们具有开朗、善交际或爱浮夸的性格特征;而声音小、用词谨慎则往往反映出旅游者内向的性格特征。

(三)行　为

旅游者在游览活动、购物活动、起居、进餐、待人接物等各种行为中都可以反映出他们不同的性格特征。因此观察旅游者的行为活动,也是鉴别他们性格的重要途径。

第四节　旅游消费者的能力

一、能力的含义

"能力(ability)"一词的含义较为笼统,而且常常同很多类似的概念混淆不清。从常识角度理解,一个人的能力包括许多方面,诸如:体能或技能,指表现在肢体活动方面的能力;才能,指表现在人际关系方面的能力;智能,指表现在吸收知识和运用知识方面的能力。

心理学所研究的能力,在某种程度上虽然与常识的看法有些相似,但在语意表达上却有所不同。在心理学术语中,能力反映了个人在某一工作中完成各种任务的可能性。这是对个体能够做什么的一种评估。所谓能力,就是指个体顺利完成某种活动所必须具备的,并且直接影响活动效率的个性心理特征,通常是指人从事一定社会实践活动的本领。

此处,能力的含义包括两方面:一是个人到目前为止在行为上某方面所实际表现出来的知识、技能,这是其先天遗传基础加上后天环境中努力学习的结果。这种实际能力,在心理学上称为"成就"。二是指个人将来"可能为",即个人将来有机会学习时,可在行为上表现出的能力,即所谓的"潜能"。

能力包括智力、性向和成就。智力是指个人的一般能力;性向是指个人可以发展的潜在能力;成就是指个人通过教育或训练在学识、知识和技能方面所达到的较高水平。其中,性向又可分为两类:一般性向和特殊性向。特殊性向又称为特殊能力,是指在某一方面的特殊潜力。具有一般性向的人,将来如果有机会学习锻炼,可能成为一位通才;而具有某方面特殊性向的人,将来如果有机会,则可能成为某一方面的专才。

二、能力的分类

在实践中,要完成一项活动,仅靠任何单一的能力都难以完全胜任,往往需要具备多种综合能力才能获得成功。活动的内容、性质不同,对能力的构成要求也有所不同。人的能力是由多种具体能力有机结合在一起而构成的。根据作用方式不同,能力可以分为一般能力和特殊能力。所谓一般能力,就是指顺利完成各种活动所必须具备的基本能力,如观察力、记忆力、抽象概括力、想象力等,这是从事各种活动的前提条件。特殊能力是指顺利完成某些专业活动所必须具备的能力,如创造力、鉴赏力、专业技能等,这些能力是从事领导、艺术等特殊或专业活动所必备的。两者在活动中是辩证统一的:一方面,一般能力在某种活动领域得到特别的发展,可能成为特殊能力的一部分;另一方面,在特殊能力得到发展的同时,一般能力也得以发展。人在顺利完成某项任务时,必须具有一般能力,又具有特殊能力,只有使各种能力实现最完备的结合,才能使人迅速地、创造性地完成任务。例如,为了完成导游任务,不能仅靠记忆力,或仅靠对景观的分析、理解,而必须同时具有观察力、记忆力、概括力、分析力和理解力等,才能出色地完成导游任务。

根据在结构中所处地位的不同,能力可以分为优势能力和非优势能力。所谓优势能力,是指在能力结构中处于主导地位、表现最为突出的能力。每个人都具有不同的优势能力:有人善于抽象思维,有人善于形象思维;有人善于模仿,有人善于创造;有人擅长社交,有人则不擅长交际。所谓非优势能力,则是指处于从属地位、表现比较微弱的能力。优势能力与非优势能力在每个人身上相比较而存在,任何人都不可能是全才,因此具备某一方面的优势能力,就可以使人取得成功。

此外,能力的高低也会影响个人掌握活动的快慢和熟练程度,从而直接影响活动的效率与效果。水平差异表现在同种能力的水平高低上,能力水平的高低又集中体现在人的智商水平的差异上。心理学研究表明,全部人口的智力状况基本上呈正态分布,其中,在智商测试中超过130分的特优智能和低于70分的弱智的大约各占2.5%,而剩余的95%人口的智能是在正常范围内,即介于70~130分。

人的能力不仅在水平和类型上存在差异,而且在表现时间的早晚上也有明显不同。例如,有的人天生早慧,有的人则大器晚成。正是因为人与人之间存在着能力上的差异,才使人们的行为活动具有不同的效率和结果。

三、能力与旅游行为

构成能力的要素是多方面的,不同的要素构成不同的能力。所需能力的类型通常与一定的活动和行为相联系,并在一定的实践中得到发展和完善。从与旅游者关系的紧密程度来看,以下能力与旅游行为的关系较为密切。

(一)审美能力与旅游行为

审美能力是指根据一定的审美情趣和审美理想,对美的形象进行欣赏、鉴别、评价和创造的能力。它包括以下三个方面:

(1)审美感受能力,即通过感官直接感受美的存在物而达到愉悦的能力;

(2)审美体验能力,是指在理解美的存在物的基础之上产生的情感共鸣;

(3)审美创造能力,是指按照美的规律进行创造美的事物的能力。

审美能力是基础能力之一,它是其他能力获得充分发展的基础。审美能力发展的程度是判断一个人文明程度高低的主要标志,同时也是一个人是否具有持续不断研究创新活动的重要标志。它与人的感官功能有关,但更受到一个人知识经验的影响。知识丰富、阅历深广的旅游者,在旅行中能比较全面而深刻地认识审美对象,其在眼前景物激发下,浮想联翩、乐趣盎然,如到西湖游玩的人,看到水波粼粼、景色秀美的西湖,定会更加深刻地体味到"欲把西湖比西子,淡妆浓抹总相宜"两句诗的绝美意境;登临武汉黄鹤楼,俯瞰江汉,极目千里,便会自然涌出崔颢的"黄鹤一去不复返,白云千载空悠悠"的名句,发出"念天地之悠悠,独怆然而涕下"之叹,而对于一个缺乏文化和艺术修养的人来说,看不出景观中所蕴含的独特美感,那么感受也就远远没有那么丰富,因而旅行的乐趣也就随之大打折扣。

（二）观察能力与旅游行为

观察能力是指人们了解客观世界获得知识的本领,并不专指视觉观察所得,而是泛指人对客观世界及主观世界的一切感知,包括视觉、听觉、触觉、味觉和嗅觉等方方面面,也包括对精神世界一些抽象事物的感知。

对于旅游者来说,观察能力影响着他们的旅游行为。离开自己熟悉的地方,到新的环境中去,从新的角度去观察环境,往往可以使观察力变得敏锐,了解到社会生活各方面发展的趋势,个人的知识也会丰富起来。观察能力强的旅游者可以从各种事物中挖掘出美来,正所谓仁者乐山、智者乐水。

（三）社交能力与旅游行为

社交能力是指人们在社会中相互交往的能力。旅游者的社交能力主要表现为如下一些功能:

（1）人际交往最明显的作用是交流信息。人们之间信息的交流与沟通,不仅是互相联系的形式,而且是获取知识的途径。人们学习和掌握知识,一是通过直接的人际交往,从其他人那里获取的;二是通过文字资料或其他媒体间接地获得的。前一种方式是最主要的方式,也是后一种方式的前提和基础。旅游者的信息沟通,必须通过直接的人际交往才能实现。拓展人际交往的空间能够扩大视野,增加信息来源,丰富人的学识。人际交往是个互动过程,能使人思想活跃,提高人们对信息、知识的理解和鉴别能力。对旅游者来说,导游讲解、互相聊天等各种形式的交往,无一不是获取信息的途径。旅游者除了向旅游工作者请教之外,必须努力拓展交往空间,主动、积极地与其他旅游者及土著居民交往,以丰富自己的见识,提高自己的能力。

（2）人际交往具有交流情感的作用。积极的情感交流能使双方产生亲密感,并从中吸取力量。人是有感情的动物,在人际交往中,双方不仅交流信息,而且以各种表达感情的方式,如语气、表情、动作和姿势来感染对方,影响对方,使对方理解,从而接受自己的观点,产生心理的共鸣。当自己的观点、态度为他人所接受,会激起积极的情感并产生行动的欲望。自己的行为为他人所认同,就会增强行为的信心。个人心理上的负担因他人的同情、安抚而得到解脱,就能使情绪趋于稳定。因此说,情感交流是不可忽视的动力源泉之一。人际情感交流的需要得到满足,就易于结成良好的人际关系。

（3）人际关系能够协调人们的行动,避免冲突,提高活动效率。一方面,人们通过共同活动,可以交流情感,交换思想、观点,改变对方的态度,达成行为的协调和一致;另一方面,在进行共同活动时,只有参加活动的每一个成员,都以自己的行动为共同的活动目标做出努力,才会产生"系统效应",提高活动的效率。

（4）人际交往有助于提高人际知觉的准确性。人际知觉即人对人的知觉,包括自己对自己的认识及自己对别人的认识。人际交往的过程也是双方相互认识的过程。在交往过程中,双方都从对方的言谈举止中认识对方,又从对方对自己的反映中认识自己。交往越深入对对方的认识越完整,对自己的认识也越深刻,越接近真实的自己,从而提高了人际知觉的准确性。

(四)生活能力与旅游行为

旅游者的生活能力包括独立生活能力和适应环境能力。独立生活能力是指依靠自己的力量进行生活的能力。旅游者独立生活能力主要指生活自理能力,即有良好的生活卫生习惯和增强体魄的能力。要善于安排自己的衣、食、住、行,善于本着勤俭节约的原则合理开销旅游费用,尽可能在经济上合理安排,并通过有目的的旅游锻炼,增强体质,健全体魄。独立生活能力是旅游者首先应具备的基本能力之一。独立生活能力的增强,不仅能使旅游者更好地适应旅游生活,也是发展独立工作能力的重要基础。

适应环境能力是指人随外界环境和时代变迁,而改变自己的行为方式、生活方式、交往范围、思维习惯、思想认识和价值观念的能力。为了适应环境能力,人通过自觉的活动,发挥主观能动性去认识和驾驭环境,成为环境的主人。从工作单位踏上旅行途中,生活、工作、学习和人际环境都发生了变化,要求旅游者调整自己,适应旅游中新的情况,并通过创造性的活动去适应所处的旅游环境。

第五节　旅游个性理论应用

旅游市场的飞速发展,使身处其中的旅游消费者发生心理上的深刻变化,以及由心理的变化带来的观念的变化和旅游行为的变化。旅游者不仅仅把旅游看成是一种花钱买享受和观赏的经历,而且把旅游看成是一种体现自我个性、实现自我价值的经历。旅游消费者越来越趋向于选择能体现自己的个性特征与生活质量,并能让自己积极主动地参与其中的旅游方式,旅游消费中个性成分逐渐增加。诸如"民俗旅游""生态旅游""探险旅游""体育旅游"等项目悄然兴起,受到旅游消费者的欢迎。因此,旅游部门应采取相应的措施,以应对旅游市场中这一变化趋势。

一、旅游个性化经营策略

旅游经营商应该认识到旅游业原本给旅游者提供的老一套的"标准化"的产品,把大批的旅游者像货物一样地"运送"和"分发",毫无疑问不会受到旅游者特别是成熟型的旅游者的欢迎。日渐成熟的旅游者对旅行社的依赖越来越小,他们需要的不仅仅是方便,而是亲切感、自豪感和新鲜感等高层次的需要,是在已有的方便和安全的基础上,体现自己的生活品位、个性特征,解脱日常生活的束缚,充分享受自由和放松,充实、提高自己,让自己成长。因此,成熟旅游经营商应尊重旅游者的自主意识,研究旅游者的需要,根据旅游者的不同需要推出个性化产品、提供相应的个性化服务。比如,旅游代理人可以通过解说专门的旅游计划为人们解除忧虑,更有效地向缺乏信心的、不去旅游的人推销旅游服务;旅游宣传促销部门可以通过强调旅游胜地宁静气氛的有益于休息和修养,以吸引消极的非旅游者;汽车租赁公司可以针对驱车度假者开朗和好奇的特点招徕他们,并为驾车旅游的旅游者提供设备较好的汽车、配备医疗人员、汽车维修人员等。

二、旅游个性化服务策略

在旅游过程中,旅游者因为环境陌生、人地生疏、语言隔阂、风俗习惯等原因,在旅游准备阶段和初次抵达旅游地时会产生不安、激动和兴奋的心理。因此,导游应提供更加专业、更加个性化的服务,以满足旅游者的不同需求。这就要求旅行社针对旅游者的个性特征做好导游员的培训工作,转变导游的角色作用。

具体说来,旅游者的个性特质,与胆汁质、多血质、黏液质、抑郁质等素质类型相对应,可以分为急躁型、活泼型、稳重型和忧郁型四类。[①]

(一)急躁型

1. 旅游者的表现

急躁型客人性情急躁,在候车、办手续、进餐、结账时,若稍需等候就很不耐烦,显得心急火燎。他们对人热情,容易兴奋激动,喜欢大声说话,说起话来爱打手势,而且直率不顾场合。他们走路做事手脚常很重,有些毛手毛脚;喜欢显示自己的长处,乐于助人,有冒险精神,喜欢参与富于刺激性的活动。他们不善于克制自己,有了问题会大声吵闹,遇到麻烦易发火动怒,一旦激怒就难以平静,常忘事、丢失东西。

2. 服务要点

接待急躁型客人应做好以下几点:

(1)服务速度快,开房、送餐、结账等效率高,不要拖拉;

(2)避免与他们争执冲突,出现矛盾主动回避,切忌激怒他们;

(3)注意提醒他们不要丢失东西。

(二)活泼型

1. 旅游者的表现

活泼型客人活跃大方,面部表情丰富,爱说爱笑,显得聪明伶俐。他们爱交际,常主动与服务员攀谈,拉家常,建立友谊;喜欢打听消息、对各种新闻感兴趣。他们爱热闹,喜欢参加新颖、热烈、花样多的活动,受不了寂寞和孤独。他们富有同情心,服务员有事与他们商量,容易取得他们的谅解。

2. 服务要点

接待活泼型客人应做好以下几点:

(1)多介绍和安排新异有趣、富有刺激性的活动;

(2)对他们主动热情的交谈要诚恳以待,不要不理不睬;

(3)提供服务要速度快,花样多变,避免啰嗦呆板。

(三)稳重型

1. 旅游者的表现

稳重型客人温和而稳重,不苟言笑,不爱与服务员攀谈,说话做事慢慢腾腾。他们喜欢清静,恋旧,不喜欢经常变花样。他们不容易受感动,面部表情不丰富,常给人一种摸不透、难以接近的感觉,若有事与他们商量,他们会考虑很久,显得很谨慎。这类客人喜欢参加节

①　谢青.旅游心理学.昆明:云南教育出版社,2005:47—63.

奏轻松的活动,喜欢故地重游,买东西认牌子,保守,对新的活动项目、新的情况接受较慢。

2. 服务要点

接待稳重型客人应做好以下几点:

(1)安排住房僻静,不过多打扰;

(2)活动项目不要安排得太紧凑,内容不要太繁杂;

(3)有事交代,应直截了当,语速放慢,不要滔滔不绝;

(4)凡事不要过多催促,留给他们考虑的时间。

(四)忧郁型

1. 旅游者的表现

忧郁型旅游者喜欢独处,很少在大庭广众之下大声言笑,显得腼腆而羞怯。他们不爱凑热闹,不爱参加过于热烈和有竞争性的活动;在公共场合总是在不显眼的地方默默地待着,不愿成为大家注意的目标。他们说话做事都很斯文,步履轻缓,显得很柔弱。他们不爱交往,不爱主动与人交谈,有什么想法和意见也不愿说出来。他们自尊心特别强,爱因小事而怄气。

2. 服务要点

接待忧郁型客人应做好以下几点:

(1)特别尊重,处处照顾他们;

(2)说话态度温和诚恳,切勿命令指责,不和他们开玩笑,不在他们面前说无关的事,以免引起误会;

(3)安排的住房要清静而不冷僻,随时关照但不打扰他们;

(4)有事与他们商量,要把话说得慢一点、说得清楚些,以免引起他们的猜忌和不安。

此外,日本导游专家大道寺正子还总结了不同个性类型旅游者的特征及其接待方法,如表 4.6 所示。

表 4.6 旅游者个性类型及其接待方式

旅游者个性类型	特 征	接待方式
老好人型	常用温和语气讲话	要有礼貌的对待
猜疑型	没有根据和证据就不相信	讲话要有根据,不用模棱两可的语言
傲慢型	瞧不起人	让其充分亮相后,以谦虚态度耐心说服
腼腆型	内向性格,说话声小	亲切接待,忌用粗鲁言语
难伺候型	爱挑毛病,板着脸孔	避免陷入争论
唠叨型	说话啰嗦,不得要领	在不伤害客人感情的前提下,耐心说服
急性型	不稳重,稍加不如意就发脾气	要以沉着温和的态度相待
嘲弄型	不认真听讲,爱开玩笑	不要被他缠住
沉默寡言型	不健谈	主动打招呼搭话
散漫型	不遵守时间,自由散漫	有礼貌地耐心说服

第五章　旅游消费者群体心理

群体对旅游者的心理与行为的影响是至关重要的,旅游者的兴趣、爱好、习惯、态度、信念,乃至于思想和行为准则等,都不是天生就有的,而是在后天的活动中受到外界环境影响逐渐形成的,即在一定群体的影响下逐步形成的。

第一节　旅游消费者群体的概念及划分

一、旅游消费者群体的概念

(一)概　念

作为消费者的旅游者,他们所处的群体称为旅游消费者群体,而消费者群体的概念是从社会群体的概念中引申而来的。按照社会心理学的解释,社会群体是指人们在相互交往的基础之上所形成的团体或组织,处于这个团体或组织中的成员一般在心理上会意识到其他成员,并具有相互认识和同属于一群人的感受。他们在行为上相互依赖,交互影响,并具有互补性。各成员在心理上的相互认识与行为上的相互作用,都是为了某一个共同的目标。每个人在这个群体中充当一定的角色,一般这个群体具有成文或不成文的规范来约束群体中的成员。凡具有同一特征的旅游消费者,在旅游行为、旅游消费心理及习惯等方面有许多共同之处。依据多种特征对旅游消费者进行区分,就形成了多个互不相同的消费者群。

(二)形　成

旅游消费者群体的形成是旅游消费者内在因素与外部因素共同作用的结果。首先,旅游消费者因其自身生理、心理特点的不同,而形成不同的消费者群体。例如,由于性别差异而形成男性旅游者与女性旅游者;由于年龄差异,而形成儿童旅游者、青年旅游者、中年旅游者、老年旅游者。不同性别、年龄的旅游者在消费需求、消费心理、消费行为等方面具有不同程度的差异,而在同一群体内则在一定程度上具有许多共同的特点。同时,旅游消费者群体还受外在因素的影响,包括经济发展速度、风俗文化、宗教信仰、地理气候条件等,它们的作用也不容忽视。例如,随着经济发展速度越来越快,人们所能从事的职业的种类越来越多,职业的划分越来越细,不同职业由于劳动环境、工作性质、内容及自身素质的不同,员工的心理特点会产生差异。这些差异必然大大影响人们旅游的消费方式,处于紧张工作的人可能会选择蹦极、野营等旅游活动彻底放松自己;平时工作较安逸的人可能会选择观光游,欣赏大好河山;长期持续工作的人们可能就会选择休闲度假游来修养身心等。

旅游消费者群体形成后,并非固定不变,而是随着时间、地点、环境条件的变化而不断发展变化。从单个旅游消费者来说,旅游是一个相对短暂的过程,这使群体会重新组合,也会不断涌现。从整个旅游现象来说,旅游消费者群体在不断地发展变化着,比如,市场经济的发展,社会生产力的提高,社会分工越来越细,更多的行业从无到有、从小到大,新的消费群体便会从中应运而生。随着科学文化教育事业的普及,全国人民的文化素质不断提高,消费者的内在素质也会发生变化,使旅游消费者群体不断呈现出新的面貌。进入 21 世纪,旅游作为一种体验经济越来越受到人们的重视,产业结构的不断调整,使旅游产业的升级成为发展的必然趋势,而旅游产业升级将突破传统的单一的以观光为主的旅游格局,向休闲度假方向发展,同时带动商务旅游、节庆旅游、体育旅游等专项旅游产品的开发。因此,旅游消费者群体也必然发生相应的变化,他们不再只是为了走马观花地看景点了,取而代之的是进行趣味性、参与性、娱乐性、休闲性和享受性的度假型旅游消费活动。

二、旅游消费者群体的划分

旅游消费者群体的划分,对不同的旅游服务主体来说具有不同的作用。对旅游策划、规划人员来说,他们在项目市场分析阶段,需要细分市场,并针对不同的目标市场设计合适的项目,这里市场的细分其实就是对潜在旅游消费群体进行了划分,不同类别的消费群体就代表着一个细分后的市场。而对工作在一线的旅游服务人员来说,根据不同类型的游客(客人)要提供恰当的服务,例如,对待儿童要和蔼可亲,对待老年人要表示尊敬等。这些划分的标准可以包括地理因素、生物学因素、社会因素、消费者心理因素等。

(一)根据地理因素划分

按地理因素划分旅游消费者群体,划分简便,界限明确。由于自然环境的作用,历史或传统文化的影响,以及经济发达程度的不同,形成了该地区固有的、区别于其他地区的鲜明的消费特点。按照国家划分,可以分为中国旅游消费者群体、日本旅游消费者群体、美国旅游消费者群体、英国旅游消费者群体等;按照地区划分,可以分为中东地区、东北亚地区、东南亚地区等旅游消费者群体;按照城市、乡村划分,可以分为城市旅游消费者群体、农村旅游消费者群体;按自然条件划分,可以分为沿海地区旅游消费者群体、内陆地区旅游消费者群体。

(二)根据生物学因素划分

生物学因素主要包括性别和年龄。

(1)根据性别划分,可分为男性旅游消费者群体、女性旅游消费者群体。

(2)根据年龄划分,可分为儿童旅游消费者群体、青年旅游消费者群体、中年旅游消费者群体、老年旅游消费者群体。

(三)根据社会因素划分

社会因素包括教育程度、职业、收入、民族等。

(1)根据受教育程度划分,可分为小学以下文化水平的旅游消费者群体、小学水平的旅游消费者群体、初中水平的旅游消费者群体、高中水平的旅游消费者群体、大学及以上水平的旅游消费者群体等。

（2）根据职业划分,可分为工人旅游消费者群体、农民旅游消费者群体、文教科研类旅游消费者群体、商业贸易类旅游消费者群体、军人警察类旅游消费者群体、医药卫生类旅游消费者群体、财政金融系统类旅游消费者群体、个体经营者旅游消费者群体等。

（3）根据收入划分,可分为白领阶层旅游消费者群体、工薪阶层旅游消费者群体和低收入旅游消费者群体。

（4）根据民族和宗教划分,可分为汉族旅游消费者群体、回族旅游消费者群体、藏族旅游消费者群体以及信奉佛教、基督教、天主教、伊斯兰教等的旅游消费者群体。

按社会经济因素划分消费者群体,便于细致了解具有某一社会经济特征的消费者群体,了解他们各自不同的需求,提高消费者群体的划分深度和细致程度,便于旅游企业细分市场,增强竞争能力。

（四）根据消费者心理因素划分

在现实旅游活动中,人们会发现许多旅游消费者,尽管在年龄、性别、收入等方面具有相同的条件,但在消费行为发生时,他们对旅游产品的态度并不一样,这就是心理因素带来的差别。

旅游消费者心理因素主要包括性格、心理倾向等方面。

性格是指一个人对现实比较稳定的态度和习惯化了的行为方式。根据性格划分旅游消费者群体,往往可分为在消费过程中勇敢或懦弱、支配或服从、积极或消极、独立或依赖等类型。例如,独立性格的旅游消费者,在旅游活动的全过程中,具有很强的自主性,能独立地、果断地购买旅游纪念品、当地特产等;相反,依赖性的旅游消费者,动机的产生依赖多种因素的刺激、启发,实现购买行为时,犹豫不决,依赖别人做决定或者有较强的从众心理。

按心理倾向划分旅游消费者,可分为注重实际、相信权威、犹豫怀疑等不同的旅游消费者群体。这些不同的心理倾向,使旅游消费者群体有不同的特点。例如,注重实际的旅游消费者群体,对商品的实际效用、质量、价格等有更多的倾向性;相信权威的旅游消费者群体,对商品的品牌、商标、生产厂家有更多的倾向性。因此,相关旅游企业应利用旅游消费者的这种心理倾向,投其所好,满足他们各自的要求。

以上是按照单一因素或标志划分的旅游消费者群体。在实际旅游过程中影响消费者行为发生的因素极其复杂,且相互关联。仅采用单一因素衡量往往难以全面反映旅游消费者群体的特点。例如,某地区欲建造一个儿童游乐园,将亲子市场定为目标市场,吸引大量家庭前来游玩,但是在这个游乐场的设计中既要考虑年龄,如儿童游客要多于其他年龄段的人们,又要考虑性别,如男孩可能会多于女孩,同时还要考虑收入,如收入高的多于收入低的等,只有综合考虑多方因素,才能使项目更具可行性与可操作性。

第二节 旅游消费者群体对个人消费行为的影响

一、群体态度对个人旅游行为的影响

个人生活在群体中，其消费行为不可避免地要受群体的影响，主要来自于群体中其他成员的旅游态度和旅游行为的影响。在同一个群体中，各成员之间拥有相同的归属感，他们之间维系着友好的情感，同时又时时刻刻地进行着彼此之间态度与行为的比较。如有些旅游消费者具有丰富的旅游经验和社会经验，或具有一定的社会地位，他们易受群体内其他成员的关注，同时也能增强其他成员的旅游动机，引起他们仿效而参加旅游活动。随着人们观念的改变，旅游活动不再被视为是一种奢侈品，取而代之地被认为是增长见识、调节身心、积极有益的休闲方式。某一群体的部分成员参加了旅游活动，其他成员为了取得经历和地位上的一致，一般对旅游活动亦随之采取积极态度。

群体对个人旅游消费行为的影响还会表现在旅游活动过程中的各方面，归根到底是个体消费者为了追求心理地位的平衡而产生的。例如，同一个旅游团体中的成员，要求与其他成员住同等级别的饭店和客房，受同等规格的接待；有的人在旅游中购买的某种旅游商品，会引起其他成员也去购买；一个人本来很想去某个地方，但如果听到另一个人说那个地方很没意思，就可能觉得不值得去了。

二、群体内部规范对个人消费行为的影响

群体内部规范是群体为了保持一致性而确立的行为标准和准则，要求群体成员遵守。它们可能是成文的规范要求，如一些规章制度，甚至以法律的形式规定的行为准则；它们也可能是通过不成文的形式对于群体内成员进行相应的约束，比如一个地区的风俗习惯等。但是，无论是成文的规范还是不成文的形式，对于消费群体成员的约束都具有相同的作用，并不是说成文的规范就一定能约束人们的消费行为，不成文的规范就起不了什么作用。例如，曾经年轻人染发被视为是不务正业、"阿飞"形象，于是很多年轻人都不愿意去染发，而如今，大街小巷几乎 70% 以上的年轻人进入了"有色"一族，染发被视为一种时髦、"洋气"的行为。同样，旅游项目中类似蹦极、探险、漂流之类的活动曾经无人问津，因为群体内大部分成员认为这些项目安全系数很低，而随着社会竞争的愈演愈烈，潜在的旅游者试图寻找放松紧绷的神经、在瞬间忘却烦恼的方法，于是，蹦极、漂流等项目开始在旅游消费者群体内走俏。这些不成文的规范对消费行为产生了影响，它跟成文的规范一样起到了一定的作用。

消费者群体的内部规范，何以对消费者的消费行为产生重要的影响呢？追其原因，还在于群体的压力。所谓群体压力，是指任何社会群体都会对与之有关或所属的消费者心理产生一定的影响，这种影响往往是通过集体的信念、价值观和群体规范对消费者形成一种无形的压力。群体对其成员的影响，主要是通过这些压力起作用的。当一个人在群体中与多数人发生某种分歧，或行为偏离准则时，他会感到这种压力，只要群体的成员不遵从群体

标准,就可能受到如嘲讽、讥笑、议论等心理压力或心理处罚,个体便处于一种紧张、恐惧的心理状态,要消除这种心理状态,往往就会产生从众的心理倾向,保持消费行为的一致性。

三、群体能够满足旅游消费者一定的需要

旅行社组织的旅游团属于一种群体。旅游者加入这种群体是因为它能够为他们提供一些方便,满足旅游者的某些需要。具体而言,由导游带领的旅行团能够为旅游者提供五个方面的好处:

(1)有导游的旅行团为旅游者提供了预定的旅游线路,节省时间,参观全面,尤其方便了那些缺乏经验的旅游者和初次到某地游览的旅游者。

(2)有导游的旅行团能使旅游者预先知道自己的行程和宿处,从而为旅游者提供了心理上的安全感。

(3)有导游的旅行团能使旅游者预先知道整个行程的全部开销,不必支出额外的费用,为旅游者提供了经济上的便利和安全感。

(4)有导游的旅行团由领队和导游互相协调,可以最大限度地减少旅游者在旅游过程中与异地社会环境之间的冲突,为旅游者提供方便和安全感。

(5)有导游的旅行团还可以促使团体内的旅游者相互交流,协调融洽,减少相互间的摩擦,创造团结友好的气氛,使旅游者得到社会的支持和安全感。

总之,有导游的旅行团能够满足旅游消费者身体、心理、经济和社会方面的需求,所以,旅游者才会热衷于参与这种团体旅游。[①]

第三节　主要旅游消费者群体的心理和行为特点

一、不同年龄旅游消费者群体的心理和行为特点

(一)儿童旅游消费者群体

一般14岁以下的孩子称为儿童。在心理上,儿童开始了人类的学习过程,逐渐发展了认识能力,并有了情绪体验和意志品质、意识倾向、兴趣、爱好等;学会了思考,能在感知的基础上,解决一些较简单的问题;行为上也逐渐从被动过渡到主动。他们求新鲜,易喜新厌旧,具有极强的模仿心理,因而在旅游消费中产生了较强的模仿消费行为。

对于旅游市场来说,儿童一般不是旅游市场的主体,更多的时候是作为家庭旅游活动的提议者和推动者。

(二)青年旅游消费者群体

一般年龄在14～35岁者称为青年人,青年旅游消费者群体中浪漫冲动型旅游消费较多,在进行旅游决策时,容易受情绪情感的左右,表现出较大的冲动性。他们往往在旅游中求新,求冒险性,乐于尝试各种各样的旅游产品与服务,而且对新生事物较为敏感,还喜欢

---

① 吕勤.旅游心理学.北京:中国人民大学出版社,2001:86.

表现自己以引起异性注意。

青年人是旅游业的主要目标市场之一。青年人旅游市场非常庞大,他们的消费欲望十分强烈,具有很强的消费能力,而超前消费是他们的重要特点。

（三）中年旅游消费者群体

一般年龄在35～60岁者称为中年人,他们的收入虽然比较高,但是,生活负担重,除了子女教育的投资外,还要赡养老人。中年人旅游消费比较理智,在进行决策时,理性决策超过冲动性决策,而且消费讲求实际,比较尊重传统习惯,重视家庭温暖与和睦。

他们是旅游市场的主体,但是,内部分化较大。有些中年人只是在工作之余选择旅游,以此来休养身心;有些中年人则是高消费人群,他们以强劲的旅游购买力,显示身份地位,领导时尚。

（四）老年旅游消费者群体

一般年龄在60岁以上者称为老年人,约占我国总人口的16%。西蒙斯(1960)的跨文化研究指出,老年人有五种基本需要:第一是尽可能设法将生命延长;第二是获得更多的休息;第三是保持他们所具有的成就;第四是保持活动的心情,希望有事情可做,以便打发时间,但不一定要完成什么事情;第五是在一种快乐生活的希望中舒适地死去。在旅游接待中要考虑老年人的这些需要。[①]

老年人有充裕的时间,丰富的阅历,也有稳定的资金消费,旅游时更多考虑安全性及身体的可承受能力,但消费观念守旧,旅游主要以游览观光、疗养健身和探亲访友为主,具有传统旅游的特征。他们大多勤俭节约,旅游时不追求奢侈豪华,对旅游安全问题非常关注,希望在交通、饮食、住宿以及旅游区的社会治安等方面,能够万无一失。由于身体原因,他们的出游频度低。

老年旅游作为"银发产业"的一部分,有着较好的发展前景,是旅游市场的一个特殊的细分市场。

二、不同性别旅游消费者群体的心理和行为特点

（一）女性旅游消费者群体

女性一般小心谨慎,心细敏感,但又具有较强的形象思维能力。这种心理特征在旅游消费行为上就表现为挑选旅游商品深入细致,谨小慎微,十分挑剔,特别是在外观造型、色彩方面,有时会因一些不明显或不影响质量的小问题而另行挑选,且挑选时间长,常因犹豫不决而占用许多时间。

女性具有较强的情感特征,喜欢从众与模仿。一般女性在心理个性的表现上都具有较强的情感特征,即遇事容易动感情,表现在购物活动中也往往用情感支配购买动机和购买行为,如造型新颖、包装华丽、芬芳的气味、悦耳的音乐,会使女性产生积极情感,产生购买欲望。此外,她们常受别的顾客或女伴的影响,凭感情实施购买。很多女性旅游者会因为看到同一旅游团中别的女伴买了漂亮的物品而前去购买,这是一种典型的模仿与从众行为,这与女性容易被说服、被支配和感情用事的心理有密切关系。

女性早已成为现代社会中最为重要的消费群体。即使在"旅游"这样一个相当中性化

① 吕勤.旅游心理学.北京:中国人民大学出版社,2001:83.

的消费领域里,女人们仍然凭着与生俱来的特点,影响着旅游行为甚至旅游业的变化。女性不仅作为旅游行业的从业者充当着核心角色,而且作为该行业的消费群体,她们身上也存在着巨大的开发潜力,她们除了包括独立旅行或结伴、组团出游的女性游客外,还有那些带着孩子外出游玩的母亲们。最近德国出现了专为女性提供旅游服务产品的网站,包含着女性旅游专门化的一整套相关方案,试图吸引这一顶起人类"半边天"的特殊消费群体。

（二）男性旅游消费者群体

男人往往被认为比女人更有支配性,比较敢作敢为,责任心较强。家庭外出旅游时,男性一般是家庭旅游的领导者,如他们开车、选择旅游目的地、登记饭店,而女性则照看孩子、准备途中饮食等。团队旅游时,男性在消费决策上,往往是大宗的金钱消费决策者,而旅游纪念品更多地被妇女消费。

三、不同地区旅游消费者群体的心理和行为特点

根据所处地域不同,旅游消费者可以分为城市与乡村、北方与南方、东部与西部、沿海与内地、山区与平原等多种形式,它们由于受地域亚文化特征的限制,人们具有不同的旅游文化动机。现主要分析城市与乡村旅游消费者的心理与行为特点。

城市与乡村旅游消费者由于地理位置、经济能力等因素的差异而呈现出不同的消费心理与行为特点。一般来说,城市旅游消费者生活相对较优越,他们思想开放,更有自信,比较重视旅游,甚至把旅游作为生活的基本内容之一,重视旅游的积极意义和教育意义。随着我国经济的发展,消费水平的不断提高,社会需求结构和消费结构已经发生了深刻的变化。居民消费结构中用于文化教育消费的部分越来越大,增长速度越来越快。从图5.1中可以看到,各个城市居民中旅游的比例均较高,并且打算旅游的比例要高于目前旅游的比例,反映了城市居民旅游消费增长的趋势。同时,城市居民选择未来打算旅游的地区与目前旅游的地区有较大差别,在未来打算旅游的地区中,各个城市居民选择旅游地区是省外及海外的比例,基本都高于目前旅游地区中省外及海外的比例,反映了城市居民对远距离旅游的较高期望。

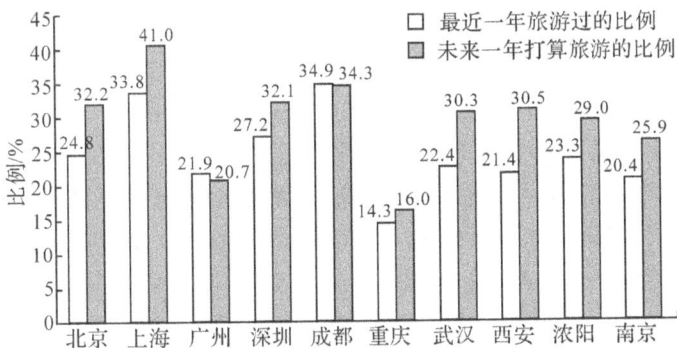

图 10 座城市居民最近一年外出旅游的比例及未来一年打算旅游的比例

乡村居民相对城市居民来说,文化程度较低,视野相比之下没有城市居民开阔,他们会把时间、金钱和精力投入自己的家庭,当然也参加旅游活动,但由于对外部世界有较大的风险感觉,对去遥远的旅游地不感兴趣,他们把国内短途旅游观光或到某个旅游点短期度假,作为自己理想的旅游方式。近年来,农业观光、乡村旅游的兴起,大量的城市居民涌入乡村

来旅游,其结果使一部分的乡村居民变成了旅游业的经营者,在与来自不同地区的旅游者的接触中,逐渐开阔眼界,转变观念,开始重视旅游起来,由认为旅游浪费时间和金钱转而认为旅游是有社会价值、象征意义和纪念意义的活动;再加上乡村经济水平的提高,乡村旅游消费者也在迅速增加。

在中国,北方与南方、东部与西部、沿海与内地、山区与平原都有不同的地域特征,也都表现出不同的旅游文化动机。

第四节 家庭对旅游消费者心理和行为的影响

一、家庭及家庭形态

家庭是以婚姻、血缘和有继承关系的成员为基础组成的一种社会生活组织形式,它是社会生活的基本自然单位,也是一个单独的、最重要的闲暇群体。例如,美国人参加娱乐活动有 2/3 以上是家庭性质的。家庭是旅游市场上最主要的客源。那么,它是怎样影响人们的旅游行为呢? 这与家庭形态有密切关系。

在现代社会中,典型的家庭形态有两类:核心式家庭(包括丈夫、妻子或者再加上其未婚的子女)和延续式家庭(包括丈夫、妻子、子女、子女的祖父母或外祖父母)。以核心式家庭为例,家庭成员在实际的旅游购买决策中所扮演的角色主要有如下五种:

发起者:即第一个想到或提议去购买旅游产品或服务的人,他能促使家庭其他成员对旅游产品或服务发生兴趣。

影响者:即影响最后做出购买旅游决策的人,他所提供的信息或购买建议对决策者有一定的影响力。

决策者:即最后决定购买旅游产品或服务意向的人。

购买者:即实际购买旅游产品或服务的人。

使用者:即实际享用旅游产品或服务的人。

以全家人到北戴河旅游一事为例,提议者可能是妻子,也许是女儿,然后是丈夫或全家人表示赞同,最后由丈夫或妻子共同商量、共同决定。

至于家庭成员都扮演何种角色、谁来扮演,则要根据家庭的不同和他们所购买的旅游产品和服务的不同而变化。在一项旅游产品的购买中,有时一个家庭成员要扮演好几个角色——发起者、决策者、购买者、使用者。有时可能是几个家庭成员都来扮演同一个角色——使用者。[①]

二、家庭生命周期与旅游消费心理

家庭生命周期,是指一个家庭建立发展过程中经历的阶段,是影响消费者消费倾向变化的重要因素之一。一般家庭的生命周期分为三个阶段:青年阶段、中年阶段与老年阶段。

---

① 甘朝有.消费心理学.天津:南开大学出版社,2000:86—87.

对家庭生命周期中的每一个发展阶段来说,都存在许多共同又十分明显的消费行为特点。

（一）青年阶段

青年阶段是人生精力旺盛、求知欲强、富有浪漫色彩的阶段。青年男女结婚组成自己的小家庭,蜜月旅游往往是其首选项目。新婚燕尔,到大自然中去,到向往已久的旅游胜地去度过,体会二人世界的温馨与浪漫,既体面又实惠,还摆脱了庸俗的应酬。在现代社会中,人们的观念也发生了很大的转变,比较明显的就是年轻人结婚后并不想"早生贵子",而是想较长时间地享受"二人世界"。这为旅游提供了时间和经济上的可能。

除了选择终生不育或婚后无子的家庭外,婚后几年里孩子将出世,孩子的降生对家庭生活方式和经济状况产生了很大的影响。在孩子比较小的几年里,由于时间、金钱及精力方面的原因,做出旅游决策的可能性不大。

值得注意的是,现代社会离婚率在提高。由于各种原因,有些人并没有白头偕老,甚至婚后不久便离婚。这又可分两种情况:一是离婚无子女;二是离婚有子女。无论是否有子女,离婚使双方在经济上都有损失,这也必然影响其在旅游上的消费。

（二）中年阶段

家庭户主35岁以后,进入了中年阶段。这一阶段事业基本有成,经济日渐宽裕,大部分家庭是中年已婚有子女类型,这种家庭收入稳定,子女渐大。出于使子女受教育或共享天伦之乐等需要,往往会做出举家旅游的决策。这一阶段时间较长,有近30年,变化也很大。有的子女长大成人后自立,有的离婚或丧偶。如果经济条件许可,他们也会做出旅游决策的。

（三）老年阶段

家庭户主退休标志着家庭进入老年阶段,经济条件好的家庭,有足够的时间进行旅游,这也是旅游市场不可忽视的客源。

家庭生命周期对旅游业开发、宣传和推销旅游产品具有重要意义,我们可以针对不同家庭生命周期阶段开发不同的旅游产品,如专门为蜜月旅游服务的宾馆、在旅游景点设立儿童游乐设施、适合单身或者老年旅游者的项目等。我们还可以针对不同阶段的家庭进行宣传,促使其做出旅游决策。[①]

三、家庭成员与旅游消费心理

（一）家庭决策类型

现代社会家庭规模已趋小型化,一般青年男女结婚后即独立生活,组成小家庭,形成"二人世界"或"三人世界"。这样的家庭称为核心式家庭。

根据家庭各成员在旅游决策中是否起主导作用以及是个人还是集体做出旅游决策,我们可以将家庭决策类型分为四类:①丈夫起主导作用的决策;②妻子起主导作用的决策;③双方商量一方决定;④双方商量共同决定。

（二）家庭成员与旅游消费心理

在核心式家庭中,丈夫、妻子和孩子在家庭中的地位和作用不同,对家庭的旅游决策产生不同的影响。美国的一项研究表明,在是否旅游和在旅游中花多少钱的决策中,丈夫和

---

① 屠如骥.现代旅游心理学.青岛:青岛出版社,1997:83—86.

妻子都会积极主动地参与,十分投入地发表自己的见解,并相互讨价还价,相互施加影响,相互说服对方,常常在相互妥协中达成共识,得到双方都满意的决定。在旅游地和住宿条件的选择上,在旅游活动内容、交通工具及是否带孩子旅游的问题上,丈夫和妻子双方中有一方较明显地起主导作用,另一方给予相当大的影响。过去,在大多数家庭中,似乎丈夫在起决定作用。为什么丈夫能起决定作用,其原因并不十分清楚,但多数人认为是丈夫在家庭中的角色地位和经济地位及传统观念的影响所致。随着社会的发展,人们观念的变化,妇女在政治、经济中的地位越来越高,丈夫对这种决策传统的主导作用逐渐削弱。在家庭形态对旅游决策的影响中,由于孩子很少参与寻找信息和评价信息,故他对家庭旅游决策影响不大。但因家长都重视对孩子的教育,旅游对孩子教育的价值又往往是家庭旅游最重要的动机之一,因此孩子对家庭旅游决策的影响虽不是直接的,但影响却是强烈的。比如孩子的兴趣、爱好和所学课程对旅游景点的选择和活动内容的确立都有很大影响。在旅游时间的选择上也会受孩子放假日期的影响。交通工具、住宿地、住宿条件、餐饮食品等选择有时也会因孩子的需要而改变。①

旅游心理学

① 甘朝有.消费心理学.天津:南开大学出版社,2000:86—87.

第六章　社会文化因素与旅游消费者心理

第一节　社会文化概述

一、社会文化

文化可以看作是一个大型的非人格化的参照群体,它是影响人们行为的重要因素。在此,我们不准备对文化的概念进行深入的探讨,只希望能从众多的关于文化的讨论和研究结果中,对文化现象所涉及的基本范围有一个初步认识,从而探讨文化对旅游消费行为的影响。

文化的范围是无边无际的。就其内容而言,可包括食品、用具、机械、建筑等一切有形的具体实物;包括语言、风俗、时尚、法律、道德等一切无形抽象的行为规则;包括哲学、科学、技术等一切知识与技能;包括宗教、艺术等一切精神所表现与寄托的行为规范与作品。由此可见,文化是一个复合整体。从某种意义上看,文化是一个社会"个性"的反映。一个人身处社会中,无时无地不受文化的影响。

社会文化作为一种特殊的系统,有以下几个重要特性:

（一）象征性

社会文化的象征性是指一切文化现象都必须反映一定的对象,并赋予人的意义。

（二）复合性

复合性主要体现在两个方面:一方面,围绕着某一社会活动或社会关系,会产生一系列相关的文化现象,它们总是相互依存而组合在一起,又是相互作用、相互影响的。另一方面,任何一种文化现象都不可能是孤立地存在的,它总是要和别的一些文化现象组合在一起,构成一个复杂的系统。

（三）多样性

多样性主要是指人类社会文化多种多样、丰富多彩。

（四）共享性

共享性表明社会文化可以由同一群体或集团的成员共享,而且不同的群体或集团也能共享许多文化。进入21世纪,每一种文化向世界范围内传递、扩散的可能性增大了,每一个群体、社区、国家以至每一个人获得外来文化的机会也更大、更多了,因此越来越多的社会文化为全人类所共享,早已成为大趋势。《中国大百科全书·人文地理学》中指出:"旅游与文化有着不可分割的关系,而旅游本身就是一种大规模的文化交流,从原始文化到现代文化都可以成为吸引旅游的因素;游客不仅汲取游览地的文化,同时也把所在国的文化带到游览地,使地区间文化差别日益缩小。"

人类各种形式的旅游活动,归结起来,不外是有关物质性和精神性的两大类活动,虽然有的旅游者着眼于物质享受,有的旅游者侧重于精神文化的追求,但两者并不可能截然分开。在一个旅游活动过程中,物质和精神活动总是相互依存、相互补充的,因此在旅游者所进行的一切活动中无论是物质的还是精神的,都是一种社会文化活动。而社会(旅游业)为广大旅游者提供的各种条件和服务,也无不与社会文化相联系。

二、社会文化对旅游消费行为的影响

文化有着相当广泛的内涵,就其对消费者心理的影响来看,主要有诸如民族传统、风俗习惯、价值观念、宗教信仰等方面。那么,文化对旅游消费行为的影响主要表现在哪里呢?

旅游消费行为受到文化因素的制约。不同区域、不同国度、不同文化中的社会成员,往往表现出不同的心理特征、不同的旅游需求,这说明旅游活动是一种文化活动,旅游消费行为受其所处社会文化环境的影响。社会文化是指人们的知识水平、风俗习惯、行为规范、宗教信仰、生活方式、价值观念以及教育水平、家庭构成、群体观念等。文化是一种社会现象,又是一种历史现象是以物质为基础的。每一个社会都有与之相适应的文化,并随着物质生产的发展而发展,对人的行为模式有着重要的影响。还有一种不占主流或某一个局部的文化现象被称为亚文化。它不仅包括与主流文化共通的价值观念,还包括自己独特的价值观念。每个亚文化群体都有其本身的行为模式,亚文化中的群体成员往往对其认同。有时,甚至亚文化对其社会成员的影响比主流文化还要强。因此,社会文化与亚文化对人们的影响是深刻的、难以改变的。处于不同社会文化与亚文化背景下的旅游消费者,其价值观念、生活方式、兴趣爱好都有很大的差异,表现为受不同文化影响的人们,对旅游消费的态度也不同,如有的文化崇尚冒险,探究外部世界,周游四方,受这一文化影响下的人们,在度假、休闲方式上,往往选择旅游。欧美人以出国旅游为荣,只要有足够的钱、时间,他们愿意走遍天涯海角。但有的民族则宁愿"父母在,不远游",不愿离开家乡。不同文化也造就了不同旅游类型的选择:有的旅游者更愿意选择欣赏山川湖泊、烟岚云霞、树木花草的自然景观旅游;有的对历史文化古迹、寻根旅游、宗教文化旅游更感兴趣;有的则痴迷于民俗风情旅游,为浓郁而神秘的异地风情、异国情调所吸引。因此,人们的旅游消费需求是在后天生活的社会文化中形成的,并且深深地打上了社会文化的烙印。社会生活和社会文化形成的传统习俗、观念以及由此产生的社会舆论,对旅游活动的开展有着无形的、深刻的影响。具体说来,文化对旅游消费的影响主要表现在以下两个方面:[①]

(一)文化决定了旅游者的消费观念和行为标准

每一个人都生活在一个特定的文化环境之中,从小受到周围文化的熏陶,并建立起与该文化相一致的价值观念和行为准则。不同的国家和地域、不同的民族和种族、不同生态环境、不同经济发展水平,其文化传统与价值观念会有很大差异,因此在消费行为上不尽相同。比如,有些西方人忌"13",认为这是一个不祥的数字,如若刚巧又是星期五,更是忌讳之至,认为一切活动都得加倍小心。我们常见到西方人在选择出游日期时回避这个数字的

---

① 甘朝有.旅游心理学.天津:南开法学出版社,1995:92—94.

日子,住饭店时回避这个数字的楼层和房号。日本人也忌讳"13",但不忌讳这个数字本身,而是忌讳加起来等于13的"4"和"9"两个数字。因为在日语语音里,4似"死"音,9似"苦"音,如果服务员为日本客人送4件礼品和9束鲜花,他会以为你盼他早归西天或咒骂他受苦受难,因而会拒绝你对他的关心和服务。

文化决定了人的行为标准,使得人们在外出旅游时对符合自己文化要求的趋之,不符合者避之,这反映了文化对个体行为的影响是比较容易理解的。然而人们在外出旅游时谁都要提醒自己"出国问禁""入乡随俗",似乎又违背了自己所遵从的文化要求。这是否矛盾呢?恰恰相反,人们这样做正是为了使自己的行为不遇到麻烦。为此,从旅游业角度考虑,要想吸引更多旅游者,在文化方面就要投其所好,也就是说,要了解旅游者所遵守的风俗和习惯,在接待服务过程中,应注意避免在不该说话的时间说错了话,在不该做的事上做错了事,否则会使旅游者处于尴尬局面,或使其扫兴,影响其旅游消费。

（二）文化造就和影响旅游者的习性和行为

人的习性和行为不是先天就有的,而是后天习得的。人的习性和行为与人的人格有密切关系,而人格是社会环境和文化造就的。无论是法国人的爽朗、美国人的直率、英国人的沉稳、德国人的勤勉、日本人的好胜以及我国北方人的粗犷豪放与南方人的温和细腻,无不是受到民族和地区文化影响的结果。文化造就和影响一个人的生活习性和行为这一事实,对旅游业服务工作具有重要意义。它不仅使我们了解到不同文化背景下的旅游者会有不同的习性和行为特点,更重要的是从文化的角度为旅游者提供针对性的服务以满足人们旅游的需要。比如,在饮食和客房布置上,如果不考虑对方的文化因素,对来中国的西方旅游者一律提供中餐,客人必定不满意。让客人去住没有卫生间的中式客房,客人也必定不习惯。如果在客房的布置中摆放了西方人忌讳的花卉和装饰品,客人不仅会感到没有得到尊重,甚至感到难以接受,从而产生拒绝行为。

第二节 民族传统、宗教信仰与旅游消费者心理

一、民族传统与旅游消费者心理

各民族都有自己的传统。中华民族是一个历史悠久,具有优秀文化传统的民族,一向以勤劳好学、友好、勇敢、聪敏机智和生活俭朴而著称于世。这种传统在消费行为上表现为不追求奢华,讲求实用。消费观念则主张量力而行,精打细算,细水长流;对商品的评价标准主要是物美价廉、实用、耐用;在享受消费方面,节制个人消费欲望被社会视为传统美德。目前我国人民收入水平较低,社会保障制度尚未完全建立,大多数消费者的消费行为表现出理智和慎重,有较强的计划性和积累意识。从消费商品的类型看,消费支出的大部分是用于购买生活必需品。改革开放以来,人们的收入水平有大幅度的提高,加上外来文化的影响,传统的消费观念正在发生改变,但传统的节制性消费习惯仍是主流。

中华民族是一个崇尚礼仪、遵从和谐、重视感情联络的民族。这些传统在消费心理上表现为和谐求同的观念。希望个人行为能得到社会的认可,习惯使自己的消费行为与周围

环境保持协调,融于群体之中,不愿因过分的自我表现或引人注目而带来群体的排斥。这种消费上的求同心理,形成社会消费的趋向性,因此消费品市场上的大众化商品受到广泛的欢迎,那些能满足大多数消费者需求的商品,容易引起一定范围的广泛消费潮流。如在我国城市消费者中,家电消费的普及程度是非常快的,仅用了短短几年时间就实现了西方世界用几十年才达到的普及率。近年来,外来文化的介入,经济水平的提高,出现一些标新立异的消费现象,如奇装异服、过分暴露的超低超短服装、奇异发型。但是,这只局限在极少数人的范围内,远不是一种普遍现象。中国人在社会交往过程中讲求感情联系,尤其是在物质交往上更是习惯克己待人。亲朋好友相聚,主人会尽其所能使客人吃好、喝好,常常达到铺张的程度,而客人也会奉上一份像样的礼品。这种请客送礼的传统,造就了我国节假日商品消费的旺季,为经营者们提供了良好的市场机会。

二、宗教信仰与旅游消费者心理

宗教属社会意识形态范畴,表现为信徒们相信并崇拜某一超自然的神灵。宗教的本质是支配着人们日常生活的自然力量和社会力量在人们头脑中的歪曲、虚幻的反映。世界上宗教派系很多,其中影响最大的有佛教、基督教和伊斯兰教,在我国主要是信仰佛教和伊斯兰教。

宗教信仰对消费者心理的影响,主要是通过两种渠道实现的。

(1)各种宗教对教徒的日常行为、重大仪式等方面都有规定或要求。大至婚丧嫁娶,小到饮食衣着。宗教的规范对于教徒有很大的约束力。有的来自于宗教的强制规定,有的为教徒的虔诚所致。如信奉基督教的人,要对新生子女进行洗礼,结婚仪式必须在教堂进行,而每周日到教堂做礼拜,向耶稣祈祷和就自己的行为进行忏悔,以及每餐饭之前和就寝前的祈祷则是由于教徒对上帝的虔诚而导致的一种自觉行为。伊斯兰教的教徒要食用清真食品,禁止食用猪肉和所有动物的血,结婚要择"主麻"日,人死后要用清水洗尸体,然后用纯净白布裹身,妇女不得抛头露面,外出时必须披戴面罩等。有的宗教规范是很严格的,触犯者将受到严厉的惩罚。教徒对于宗教的规矩和禁忌看得非常神圣,自己不触犯的同时也反对别人触犯。因此,企业和营销人员应懂得不同教徒的有关规定,以及由此而形成的一些消费习惯,以既有效地销售商品,又避免引起误会。

(2)宗教对消费者心理的影响是通过其宗教主张、宣传口号的感召力来实现的。如佛教主张普度众生,宣传因果报应,从此来告诫人们应宽以待人,多行善事;基督教则主张博爱等,这些无疑会对消费者的心理和行为产生重要的影响。随着社会的发展和变迁,不同文化的相互渗透,以及人类对自然界认识的不断深入,宗教信仰中的迷信部分正被逐渐抛弃,一些禁忌也自然失去了约束力,宗教节日也渐渐失去宗教色彩而演变成风俗习惯。如圣诞节已由原来基督教的圣节演变成为西方国家喜庆和亲友家人团聚的节日。但这些传统宗教节日所遗留下来的消费习惯大多仍为人们所承袭,这又为企业销售节令商品提供了极佳的市场机会。文化对消费者心理的影响是十分明显的,但消费者的消费行为却是多种因素综合作用的结果。实际上,只要纵观消费者行为的整个过程,就不难得出以上结论。所以,营销企业在市场营销中,只有在考虑文化因素的影响的同时,兼顾其他因素,才能更全面地满足消费者的要求,取得市场营销的成功。

第三节　风俗习惯、价值观念与旅游消费者心理

一、风俗习惯与旅游消费者心理

(一)风俗习惯

风俗习惯是指一个国家、民族或地区广泛为社会公认的固定化的某些行为方式,成为一般社会成员遵从的行为模式。反映在日常生活中的衣食住行、工作、待人接物、迎送宾客、文化生活、婚丧嫁娶、传统节日、宗教信仰和禁忌等的消费方式就成了消费习俗。一般来讲,不同的民族具有不同的习俗,主要受该民族的宗教信仰、经济发展水平、传统文化以及自然环境和生产条件等的影响。例如,我国北方的游牧民族多习惯穿皮毛服装,而南方的有些民族男女均习惯穿裙装。这是由他们的生产条件和所处的自然环境所形成的生活特点。

心理学的研究表明,由于一个民族的共同心理和感情造成了该民族的风俗习惯。反过来这些风俗习惯又往往与全民族的心理情感相联系,被视为神圣不可侵犯的。尊重他们的风俗习惯就会受到欢迎,否则会引起心理抗拒甚至敌视。因此,经营者在开拓某些新的市场时,首先应了解和尊重当地的风俗民情,设计制造出能表现其风俗习惯特征的商品、商品包装,以取得当地消费者的喜好;相反,不符合当地风俗的商品,即使性能优越,价格合理,也很难打开销路。例如,西方国家习惯将美女头像用在商品包装上来促进商品销售。而在非洲某些国家则视抛头露面的女性为女巫。美国一家罐头厂,向该地区出口牛肉罐头,采用了一个美女吃牛肉的半身像作外包装,自然在当地市场上受到冷落,后改用一头牛的形象作外包装,销路很快就打开了。一些聪明的经营者常常从各地的消费习惯中发现良好的市场机会,达到开拓新市场的目的。

传统节日是民族风俗习惯的重要组成部分。各民族都有自己的传统节日。如西方民族有圣诞节,藏族有藏历节,汉族有春节、端午节、中秋节,傣族有泼水节等。每逢节日各民族都要按自己的传统方式举行不同的庆祝活动。在此期间,也是各民族消费者的消费性购买最集中的时候,市场销售额大幅度上升,形成商品的销售旺季。因此,企业经营者应该熟悉各民族的传统节日和消费习俗,及时生产或组织货源,抓住市场机会,销售商品,满足各民族消费者的需要,繁荣民族地区经济,提高企业的经济效益。

婚丧嫁娶仪式是民族风俗习惯的又一重要组成部分。尽管各民族在婚丧嫁娶的具体仪式上相差很大。但从消费者行为上看,都是人生的一个十分集中的消费阶段。我国各民族大多有重视婚嫁仪式、讲究排场的习惯。近年来用于婚嫁阶段的消费支出费用上升很快,这一方面给企业带来了市场机会。一些企业开办专门为婚嫁仪式服务的经营项目,大多取得了成功。另一方面,如果刻意追求风光、排场,不惜代价大操大办,就会给当事者造成过重的经济负担,即所谓风光一阵子,辛苦一辈子。同时,也会产生消极的社会影响,形成不良的社会风气。

（二）消费习俗及其特点

一般说来，风俗是指世代相传长期形成的一种风尚。习惯是由于重复或练习而巩固下来的并变成需要的行为方式。风俗习惯也称习俗。习俗也是一种社会现象。而消费习俗则是人们在日常生活消费中，由于自然的、社会的原因，形成了各地区各具特色的、约定俗成的消费习惯。消费领域中的消费习俗，是整个社会习俗的重要构成内容。它具有以下特点：①

1. 消费习俗的稳定性

消费习俗都是在漫长的社会生活中，由于社会、政治、历史等方面的原因，逐渐形成和发展起来的消费习惯。一种习俗的产生、形成与发展要经过较长的时间。在人们长期生活中，潜移默化、世代相传地进入生活的各个方面，以稳定的、不知不觉的、强有力的影响发挥着自己的作用。

2. 消费习俗的社会性

消费习俗是在共同的社会生活中，互相影响产生的。习俗的产生、沿袭离不开社会环境，是社会生活的组成部分，带有社会性的共同色彩。人们的生活消费受社会环境、社会形态、社会意识的影响，使某些具有较强社会性的消费习俗，随着社会的进步与发展，也随之不断地发展变化。

3. 消费习俗的地区性

从某种意义上讲，消费习俗是特定地区范围内的社会生活的产物，带有强烈的地方色彩。由于各种历史原因，地区间交往频繁程度及气候、地区环境等原因，使消费习俗具有较强的地区性特点。如西藏人喜喝很浓的砖茶的消费习惯就与其当地以青稞、酥油、牛羊肉为主的食品结构有关。我国北方较寒冷的地区有喜饮烈性酒的消费习惯，也与北方的寒冷气候有关。

随着经济的发展，科技水平的提高，交流的日益频繁，往往促成地区性消费习俗不断淡化的趋势。

4. 消费习俗的非强制性

消费习俗的产生往往不是采用强制方法推行的，而是靠一种无形的社会性行动、社会习惯来影响千百万消费者自觉采取的共同行动。它具有无形的但强大的影响力，使生活于其中的消费者自觉或不自觉地遵守这些习俗。当然，对于某些生活中的不文明、不健康的习惯，也只能在较长时间内靠科学与教育的方法才能逐步解决。

（三）消费习俗对消费行为的影响

上述消费习俗自身的特点决定了消费习俗一旦形成，不仅对消费行为产生直接影响，对消费心理也有重要影响，主要表现在以下几个方面：

1. 消费习俗导致消费行为具有周期性

某种消费行为周而复始，按一定规律的循环，称为消费行为的周期性。由于消费习俗具有相对稳定的特点，因此它引起消费者消费行为的周期性变化。如中国人每年端午节吃粽子的习俗，中秋节吃月饼的习俗等，都反映出消费者周期性的消费行为。消费习俗的周期性变化取决于制约消费者心理活动的、由历史原因形成的、稳定的习俗心理。

---

① 马建敏.消费心理学.北京：中国商业出版社，2000：174—177.

2. 消费习俗引起消费行为具有特定条件下的一致性

任何一种消费习俗的形成、发展过程,主要取决于消费者的心理接受程度、心理稳定性及逐步强化的消费倾向。因此,它能在某种特定的时空范围内引起消费者对某种商品的普遍需求,从而导致购买行为的一致性。比如在我国农历八月十五中秋节的前几日,月饼的销售几乎是直线上升的,而到八月十六则立即成为滞销品,经营者只得停止制作并降价出售。这种市场行为,是消费者习俗心理导致的特定环境中,需求一致性的具体反映。

3. 消费习俗促成消费行为的无条件性

消费习俗作为一种稳定的定式化的行为,不仅反映人们的行为倾向,也反映人们的心理活动与精神风貌。一种消费方式、消费习惯之所以能够继承相传形成消费习俗,除社会环境因素外,重要的是人们的从众心理。每个人都习惯于和大家一样,做同样的事,具有共同的倾向。因此,由消费习俗引起的购买行为几乎是无条件的。比如在消费者为适应某种习俗要求所进行的购买当中,那些在日常生活中的价格对比心理,求实、求廉、求优等的心理反应均为习俗心理所取代。在购买中,所需商品的品种是第一位的,而价格、质量、服务等都变得无关紧要了,有时消费者甚至可以减少其他方面的支出,而用于满足适合习俗的商品需求。这种购买中的无条件性,也是企业销售中的周期性机遇。

4. 消费习俗影响消费者心理与行为的变化速度

由于消费习俗是人们在长期社会生活中逐步形成的心理沉积,因此,多数消费者对消费习俗具有顽固性偏爱。当新生活消费方式与消费习俗发生冲突时,改变旧有习俗中的不合理成分,代之以新的消费方式,将是长期和十分困难的。这时消费习俗对消费心理和行为的变化起阻滞作用。当某种新生活方式与消费习俗具有共同点、相融性时,消费习俗对新方式的普及,具有超出其他社会推动力的巨大促进作用。如由于电视的普及,每年农历除夕的"春节晚会"成为辞旧迎新传统习俗中的重头戏。

二、价值观念与旅游消费者心理

(一)价值观念

价值观念,就消费心理学的范畴而言,是指消费者用来评判衡量商品价值的心理标准。它因消费者的需求、兴趣、观念和消费目的不同而存在差异。例如,节约时间是西方国家消费者对商品评价的一项标准,方便商品就受到消费者的普遍欢迎。发展迅速的巨型超级市场是为了让消费者一次就能买齐所需的各种日常消费品,从而大大节约购买时间,自然会成为消费者乐意光顾的地方。在我国,商品的功能、价格却是主要的价值观念,消费者决定购买商品前往往从商品功能、价格上进行反复比较,衡量后才会做出决定,当然这与目前人们的收入水平较低不无关系。

价值观念作为衡量、评判商品价值的心理标准,不是唯一的,而是存在着几个方面的标准。这些不同的标准一般不是平行的,而是呈梯级状态,有首要标准、次要标准等。消费者购买商品时,先要满足首要标准,继而再用其他标准来衡量。例如,一个讲究打扮的女士购买服装,自然首先要看服装的颜色、款式是否符合她对美的要求。同时也会考虑价格、质地等其他因素。但如果商品连首要评判标准都不能满足的话,消费者是不会接受的。因此,企业应特别重视研究消费者价值观念中的首要标准。

价值观念本身属社会学的范畴,因此也同其他社会现象一样是在不断变化着的。这种变化表现出两种现象:其一,对同一消费者在不同需求状态下,价值观念不同。如"饱时一碗肉,不如饿时一顿粥"的俗话就说明了这一点;其二,社会整体水平的发展变化,也会带来消费者价格观念的改变。如过去中国人的温饱都成问题的时候,吃是一种享受,其价值标准是:吃细粮,吃大鱼大肉就是吃得好。随着社会生活水平的普遍提高,主张粗细搭配,素荤搭配,营养合理。诸如此类价值观念的变化同样也表现在其他消费领域。价值观念的变化必然会演化为消费行为的变化,消费行为的不断变化就给企业带来新的市场机会和潜在威胁。一个成功的企业,通常就是那些能在不断变化发展的市场中,顺应市场发展,抓住机遇,及时推出符合时代价值观念的新产品,制定出新营销策略的企业。一切故步自封,不思进取的企业,必定要失败的。

消费者的价值观念,同时受到民族传统、风俗习惯的影响。如中华民族崇拜龙凤,因此很多商品用它们作为品牌、商标或包装图案,而成为喜庆活动中受欢迎的商品。消费者的价值观念还与其社会阶层、文化修养等有关。商人阶层对金银首饰的价值十分看重,而知识分子则视为可有可无。相反,知识分子对书籍的价值看得很珍贵,但对于一个目不识丁的文盲而言则毫无价值。

每个人都生活在一个特定的文化环境之中,他们从小就受到周围文化的熏陶,并建立起与该文化相一致的价值观念。这种价值观对于一个人来说是起中心作用的持久信念。它对一个人的志向、扮演的角色、与别人的关系、感知事物的方式及其消费行为产生深刻的影响。

按照传统价值观,一般认为工作是成年人的"正事",而旅游则往往与轻浮、享乐、儿童行为等概念相联系。但在现代社会中,这种价值观已逐渐被一种新的价值观所取代。如今的发达社会中,"生活质量"的受重视程度已远远超过了"生活水平",假日旅游已不再是少数人的事情。

在旅游市场上,文化价值观是影响旅游者进行旅游消费决策的重要力量。其中主要包括与他人保持友好关系、受人尊重、获取地位、享受生活乐趣、自我实现等价值观。在旅游消费活动中,消费者由于价值观的不同,选择也千差万别。一般说来,赞同生活中应充满刺激、勇于尝试新鲜事物的消费者会更多地参加高兴奋性、高体验性的旅游活动;而崇尚简朴安宁生活的人则喜欢空气清新、环境幽雅的休闲度假地。

（二）传统文化价值观对旅游行为的影响

中国过去是一个以小农经济为主体的国家,长期的、封闭的、自给自足的封建家庭的结构形式,传承至今,虽然已有了质的变化,但是传统的家庭伦理观念却得到了部分的保持和巩固。体现在旅游文化上,便是中国的旅游市场以家庭为单位的消费者居多。个人的旅游行为,往往与整个家庭紧密地联系在一起,一个人不仅要考虑自己的旅游需要,而且还要考虑整个家庭的旅游需要。中国人的旅游观多为一种天人合一的旅游观,人与自然相融、相合、相亲,是一个和谐的整体。

中国古代在自然经济条件下,长期的封建社会机制下,小农经济使得中国人的文化底蕴中不可避免地滋生出一种节制欲望的心态。节制个人欲望被视为美德,而放纵个人欲望被视为不道德,甚至与祸国殃民联系在一起,所以,中国传统文化中始终存在一种抵制旅游和反对旅游的倾向。人们把旅游看作是游山玩水,是不务正业,这种观念直到现在还影响着众多的人的行为。当然在传统文化中,也不乏一些鼓励人们外出旅游的价值观念,如中国古代就有"读万卷书,行万里路"的说法。尽管这些观念没有占据主流地位,但仍然对人们的旅游起到了一定的引导作用。"读万卷书,行万里路",千百年来一直是激励知识分子外出旅游的座右铭。"修身齐家治国平天下"是文人士大夫的人生目标,作为修身养性、调整心性的对象和工具,山水之游也受到了文人士大夫的追捧。

然而即便如此,人们的旅游行为仍然受到许多成文和不成文的约束。古人云,"父母在,不远游,游必有方"、孝子"不登高,不临危"、"金窝银窝不如自己的草窝"等观念也深刻影响着中国人的旅游行为。在小农经济条件下,必然造成人们冒险精神缺乏,求稳怕变的心理主宰人们的生活,加上交通不便、安全缺乏保障等因素的影响,使得多数中国人视旅游为畏途,生怕发生什么意外。

(三)现代文化价值观对旅游行为的影响

随着近现代工业和城市化的不断发展,人们的社会生活条件以及社会文化价值观,均发生了翻天覆地的变化。人们对待旅游的观念也发生着巨大的变化,主要体现在以下几个方面:[①]

1. 度假旅游成为一种必要

度假旅游不是一种奢侈,而是一种必要。因为它使"工业化和城市化社会的劳动大众,有可能通过消除疲劳和丰富文化知识的外出旅游,更新自己的劳动力"。由于在城市居住区普遍存在的不满,应当对自然及生活环境具有更高的敏感性。

2. 休闲度假促进社会融合

假期被认为是最有利于社会文化方面的融合的时期。通过思想、精神和经验的交流,使与世隔绝者和不安的或贫穷的少数人走出闭塞状态……打破年龄、健康、职业的界限,减少金钱上的障碍(至少在休闲和度假时),不同国家和地区的人民的相会,相互交流,城市和农村居民对各自生活条件的相互了解,大大开阔了眼界,这些就是我们所说的,也是人们所希望促进的融合现象的意义。

假期可以促进人们相互间的了解和人格的发展,缩小社会阶层及人与人间的距离,使人们摆脱孤立状态并有利于消除有害的偏见。旅游不仅可以成为人与人间和平与友爱的一种途径,而且有利于各种宗教信徒与无宗教信仰者之间的具体而有效的接触。

3. 旅游成为一种重要的精神文化活动

一些宗教机构在1967年的一次聚会中,提出了这样的观点:旅游是人类所争得的东西,"它使人脱离了令其精疲力竭且毫不人道的劳动的束缚和奴役,使人摆脱了约束他并限制其人格发展的精神上有时并不健康的环境,并赋予他以在更轻松、更自然的气氛中同自己、同他人进行对话的可能"。从这一观点出发,旅游便构成了人类大家庭的联合、社会环境的改变和提高、人和宇宙的联系的加强以及人的复原的手段。

4. 旅游有助于恢复人格和人的尊严

通过旅游可以使人的身体和精神,从工作的疲惫和日常的生活节奏中得到恢复。人重新肯定了对自由和运动的不可缺少的需要,并在一种极为从容、更加信任和更希望与人相会和对话的环境中建立起人际间的关系。因此,旅游不仅仅是打破单调的劳动生活的一种简单的逃避或消遣。它还是人与人、人与世界的相互联系的一个重要因素,因为它使人与

---

① 张树夫.旅游心理学.北京:高等教育出版社,2001:94—100.

自然进行直接的接触,它有助于对自然资源的充分利用。

5. 旅游作为推进教育、科研和经济发展的一种手段

我国科学家丁文江认为,旅游对从事地质工作的教师、工作人员和学生都是极其重要的实地教学手段,从旅游实践中去学会独立调查、考察的能力。他每次外出考查旅游或带学生实习,都以身作则,一丝不苟。当时担任地质研究所主任的翁文颁教授说:"丁文江登山必到峰顶,移动必须步行。"当时甚至还有人主张:"学工的人应该给他们参观全国所有工业中心,明白国家发展工业的整个计划,学矿、学地质的应该到所有地区去实习,填上我们地质图上的空白,即使中小学的学生,都需要给他们穿上童子军装,出去跋山涉水,露营野餐,不但锻炼了他们的体格,为民族的健康培植下根基,而且也让他们知道祖国的可爱。"

在现代文化价值观的作用下,人们的旅游行为越来越趋于多样化:商务旅游、休闲旅游、科学考察游、文化考察游、观光旅游、修学旅游等多种形式的旅游活动,层出不穷。近年出现的蜜月旅游、工业旅游、农业旅游等新型旅游形式,无一不是由于人们观念变化而产生的。

第七章　消费流行、消费习惯与旅游消费心理

流行是社会生活中的重要现象,消费习惯与消费流行是一对对立的概念,都是影响消费者购买行为的重要因素。正因为其影响是如此深远、广泛,所以,消费心理学常把它从社会文化中分离出来,专门进行研究。旅游消费是一种特殊的生活消费,把整个消费流行比作潮水,那么旅游消费流行处于这股潮水的最前端,尽管不占有全部(当然也有自成一股潮水的时候)。因此,从消费流行角度出发比仅从旅游消费流行角度更有启发。本章内容以普通消费心理学的理论为基础,结合旅游消费流行现象进行阐述。

第一节　消费流行的概念、分类与形式

流行现象并不是近代社会的产物,但是,将流行理论应用到市场营销活动中却是近几十年的事情,并取得了丰硕成果,同时也使流行理论自身得以不断完善和发展。

一、消费流行的含义

(一)概　念

流行,英文为 fashion,是指在一定时期内社会上迅速传播或风行一时的事物。流行也称作时兴、时尚、时髦。心理学上将流行解释为"以某种目的开始的社会活动,使社会集团的一部分人,在一定时期内能够一起行动的心理强制"。流行所包括的内容十分广泛,有物质产品的流行、语言行动的流行、思想观念的流行等。

消费流行是社会流行的一个重要内容,是指人们在消费活动中,对商品和劳务所形成的风行一时的消费模式。如服装的流行款式、色泽,服务的消费模式等。流行是一种客观存在,是不以人们的主观意志为转移的。一种时尚的出现,会形成一种强大的心理强制,无论人们是喜欢它还是反对它,都难免被卷入其中。某些事物,创造一切机会来制造流行。例如,每年的除夕夜吃一顿合家欢的年夜饭是中国人的传统。近些年,在酒店吃一顿年夜饭成为越来越多家庭的选择。2004 年羊年的除夕夜,南京有 100 万人在饭店度过除夕夜,占全市总人口的 1/6;每年将近 10 月,新年的年夜饭预订就告罄,上海的大多数饭店早在 2004 年 10 月初就早早出现了预订 2005 年年夜饭的高潮;杭州的张生记,2004 年 10 月 1 日开始预定 2005 年的年夜饭,不到一个月,连年初六的包厢都全部满了。在酒店吃年夜饭成了消费流行。

需要指出,流行不同于消费习俗。流行是一种风尚,在一定时期内迅速传播,风行一时,然后消失。而风俗习惯大多是历史悠久,相对稳定,难以改变的。一般情况下,当流行的某类事物作为特定现象而被人们普遍接受,并经常重复出现时,流行就演化为风俗习惯。

(二)消费流行的特征

1. 消费流行具有从众性

流行是多数人参与和追求的现象,具有数量上的优势。正是这一点,使得流行与时髦有所区别。社会心理学家认为,时髦是流行于社会上层极少数人中间,以极端新奇方式出现的现象,一般没有广大的追随者。而流行则不同,它是多数人,特别是社会中下层人所乐于追随和加入的。

2. 消费流行具有时期性

流行一般是在一定时期内风行一时,过了这段时间后便不再流行,也可能再过一段时间后卷土重来。这种流行时期性有时表现比较明显。例如,在我国 20 世纪 80 年代的溶洞旅游、20 世纪 90 年代初的影视城旅游、20 世纪 90 年代末开始的生态旅游。但有的时候,流行的风行期并不明显,而是缓慢地渗透传播,持续的时间也比较长。如从改革开放以后,旅游消费不断增长,近几年增长速度加快,可谓生命力久矣。

3. 流行具有反传统性

流行的最主要特性就是与传统相悖。这是因为传统是多年形成的,是某种守旧。而流行则是以标新立异吸引大众的。只有新奇、与众不同,才是流行。当大家习以为常后,新式样又推出,又成为流行的内容。一般来讲,传统是长时间不变的,或是约定俗成的。讲传统就是不要改变,而流行就是要不断地改变,没有变化,就无所谓流行。从这点来说,旅游消费很容易被消费者认可并流行,大众化旅游在我国流行是在改革开放以后,旅游对当前的旅游消费主力军而言是一种与 20 世纪 80 年代以前消费观念不同的一种新消费形式,并且旅游的内涵在不断地扩大、推陈出新,选择旅游作为消费流行对象,既时尚,又有品位。

二、消费流行的分类

从现象上看,消费流行的变化十分复杂,但是从市场的角度考察,消费流行有一定的规律性。可以从不同的角度,对消费流行进行以下 4 种分类。

(一)按消费流行的性质分类

1. 吃的商品引起的消费流行

这是由于吃的商品的某种特殊性质而产生的,这些性质包含的内容比较广泛,流行的商品数量、种类也比较多,而且流行的时间长、地域广。流行食品的价格,往往要高于一般食品。在我国,20 世纪七八十年代,高热量食品、高蛋白食品,如巧克力、牛奶及其制品,牛肉、鸡蛋等,曾很流行。20 世纪 90 年代开始,健康无公害食品、天然食品即所谓绿色食品,形成消费流行,许多酒店应运而生的土菜、农家菜生意红火,海鲜也流行吃深海鱼。

2. 用的商品引起的消费流行

用的商品由于给生活带来很大便利而产生消费流行,如电视机丰富了人们的生活,使人们足不出户就能知天下事,坐在家里就能听戏剧、音乐,观看电影、电视剧。在电视没有家家普及的阶段,酒店标准房里有彩电;当寻常百姓家可收看有线电视节目后,酒店推出可收视卫星电视节目;以前只有三星酒店才有的装潢条件,如今已"飞入寻常百姓家"……这些表明旅游消费拥有市场在一定程度上是因为迎合人们的流行需求。用的商品流行的范围也比较广泛,时间也较长,但比起吃的商品引起的消费流行,在地域和时间上要差一些。消费流行中用的商品一般价格较高,如果这些流行商品有可替代商品,其价格往往高于替代品几倍甚至十几倍。

3. 穿着类商品引起的消费流行

这种消费流行,往往不是由于商品本身具有的性能,而是由于商品的附带特性而引起消费者的喜爱。如时装由于其颜色、款式、面料而形成流行。流行时装的颜色和款式很少,流行的时间也较短。这类流行商品的代替品较多,所以价格往往要大大高于非流行商品。旅游消费在这方面的表现为"入乡随俗"式的流行,如外国人喜欢中国的丝绸服饰、汉族人喜欢少数民族人的服饰,还有一些地方性的服饰对外来旅游者产生吸引力。

(二)按消费流行的速度分类

商品流行的速度和商品的市场生命周期有关,也和商品的分类性质有关。由于社会生产力的发展和科学技术的进步,商品的市场生命周期有逐渐缩短的趋势,因而导致消费流行的速度不断加快。但从商品流行来说,其流行的速度还是有快慢之分。市场生命周期较短的商品,消费流行的速度很快;市场生命周期较长的商品,流行速度较慢;市场生命周期无严格界限的商品,流行速度介于上述两者之间。这种现象是由消费心理引起的,市场生命周期较短的商品,消费者为追赶流行趋势,希望迅速购买,因而使流行速度加快;如果是市场生命周期较长的商品,消费者需要有一个比较、鉴别的过程,稍迟一些时候购买,也能赶上流行期。因此,购买过程发展较慢,消费流行速度也较慢。消费流行速度与商品价格相反,流行商品价格高,流行速度较慢;商品价格低,流行速度快。这是由于消费心理倾向于购买价格高的商品时选择时间较长,购买比较慎重;而价格低、使用频率高的商品,决策时间短,购买迅速。

(三)按消费流行的范围分类

1. 世界性的消费流行

世界性的消费流行分布广,一般来源于人们对世界范围一些共同问题的关心。如健康食品、保健食品的流行,来源于人们对环境问题的关心和担忧。仿古旅游的流行,来源于人们对古代田园式生活情感的留恋。这种流行对发达国家的社会生产和人民消费产生的影响较大,对发展中国家来说,这种消费流行主要来源于两种消费心理:一是生产厂家为开拓发达国家市场而生产、推广此类流行商品;二是发展中国家的高消费阶层为追求消费流行而模仿发达国家消费,这种情况会产生强烈的示范效应,不断扩大影响。

2. 全国性的消费流行

我国是一个幅员辽阔的发展中国家,人口众多,经济发展不平衡,所谓全国性的消费流行并不能包括所有的消费地区和消费人口,而只是就大部分地区而言。全国性的消费流行有的是受到世界市场消费流行的影响而形成的,如健康、方便食品,环保旅游产品的流行。这种消费流行从总体来说,速度慢、时间长,有时受到消费习惯和经济发展水平的制约,流行只局限于某些经济发达地区和高收入阶层。全国性旅游消费流行一般起源于经济发达地区、经济特区、省会等主要城市,是根据我国的经济发展水平和生活条件而选择的某些旅游产品。这类旅游产品一般符合我国人民的消费习惯和消费心理。有些全国性的流行,由于流行速度快,呈现出明显的波浪式,在一些地区是流行高潮,在其他地区可能是低潮;过一段时间后,高潮地区转变为低潮时,低潮地区反而可能变成高潮。

3. 地区性的消费流行

从现象上看,地区性的消费流行是最普遍、最常见的。从实质上看,这种消费流行有的来源于全国性的消费流行,又带上了地区色彩,有的纯粹是一种地区性流行。全国性消费流行在地区上的反映,其特点是流行起源于大城市、沿海地区、经济特区,流行的商品相同或相似,流行的原因反映商品在该地区的消费特点。有些全国性的消费流行,由于流行速度不同,在某个地区形成流行高峰,而在其他地区可能是低谷,因而给人以地区性流行的感觉。纯粹的地区性流行是由地区消费的特点产生的,如临安市的生态旅游,最初是上海市场为主,后来苏南市场也热闹起来,与浙江省市场一起几乎三分天下。在一些经济发达地区和沿海开放城市,消费流行的浪潮此起彼伏,不断变化。一些具有创新观念的消费者不断追求新产品、新式样,从而带动了商品的流行。即使在一些中小城市,也会由于地方特点,使一两种具有明显地方特色的旅游产品引起一场消费流行,搅热 2004 年国内旅游市场的"红色之旅"就有这个特点。由于旅游带来交往的扩大,人员流动的增加,所以旅游者的旅游行为也会成为相对封闭地区人们模仿消费的对象,从而形成一股旅游消费流行浪潮。

4. 阶层性消费流行

按照市场细分化的原理,有高、中、低档收入的阶层,有儿童、少年、青年、中年、老年人市场,有大学、中学、小学、低文化阶层的市场,有工人、农民、干部、知识分子市场等。近些年,"香港游""欧洲游"等出境旅游成为一种流行。其中我国香港特别行政区是内地民众旅游的首选热点地区。香港文汇报曾报道,一家独立的市场研究公司访问了 400 名我国内地"个人游"旅客,40% 的家庭月收入在 6000 元人民币以上。这份调查可以说明,这类消费由于职业、年龄、收入等的差异,在某个阶层比较流行,但其影响力也会超出阶层的范围。

(四)按消费流行的时间分类

按消费流行的时间分类,有长期流行、中短期流行和短期季节流行。按时间分类,并无严格的界限。由于各地区的情况不同,即使是同一种商品流行,流行时间也有长有短,所以分类比较复杂。长期流行只是相对而言,一般流行时间在 3～5 年甚至更长,就可称为长期流行。长期流行往往只是某种笼统的消费趋势,凡是符合这一消费趋势的,都属于流行商品。例如,度假型旅游产品、生态型旅游产品、健康促进型旅游产品的流行,都只是一种消费流行趋势。这种消费流行已持续多年,现在仍方兴未艾。短期季节流行,如一些气候性、节日性旅游产品、季节性菜肴等易于形成短期季节流行。中短期流行,介于长期流行和短期流行之间。

上面分类讲了消费流行的几种情况,在实际生活中,各类消费流行不是单一发展的,而是交叉重叠,互相联系、影响、渗透。在认识消费流行时,应从各个方面综合分析,探讨其规律。

第二节　消费流行规律

一、影响消费流行的心理、社会因素

流行作为一种社会现象,不是孤立地存在和发展的,而是有其深刻的心理根源和社会根源的。

（一）心理因素

心理因素是流行形成的社会心理基础,主要表现在以下几方面:

1. 流行是人们追逐个性意识的产物,是人们渴求变化、追求新奇、表现自我的心理活动的社会现象

外界客观事物总是在不断发展变化的,与这种变化相适应,人类具有求新、求变的心理特征,每当一种新事物出现时,往往以与众不同的特点引起人们的注意与兴趣,多数人热衷于追求它,以表现追求者的身份、地位和个性特点。随着时间的流逝,当大家都熟悉习惯后,事物新的特点便体现不出来了,人们就会产生心理上的厌倦,转而去追求更新的东西,如此循环往复,便是流行形成最主要的心理基础。

2. 流行的形成与人们从众的心理特征密切相关

我们知道,流行是指社会上的一部分人能够一起行动的心理强制。任何事物要形成流行,必须有多数人的认同、参与。实际上,社会上的多数人关注流行的趋势,喜欢随流行的发展而行动。人们往往认为流行的、合乎时尚的就是好的、美的;反之,就是落伍的、不合时宜的。多数人不愿做落伍者,便纷纷仿效流行"带头人"的行为,这便形成了流行。这种从众是人们寻求社会认同感和安全感的表现。所以说,服从多数人的心理是个体自觉接受社会行为规范的倾向,是流行产生的重要条件。

3. 模仿也是人们普遍的心理现象

人们在成长过程中,就是要不断地模仿、学习,以适应社会。而流行带头人则为从众者提供了模仿的榜样,参与者通过模仿流行带头人的消费行为,加入到流行潮流中来。但流行的从众者模仿并非出于同一目的,有些人是因为羡慕、敬畏别人的行为而模仿,属于虔诚的模仿;有些人是想超过别人而模仿,称之为竞争的模仿。一般情况下,如果被模仿者具有较高的权威、影响力,会使模仿者亦步亦趋,完全仿效。在当今社会,由于社会活动的广泛性,引起人们仿效的榜样多不胜数。影视明星、体育明星、皇室成员、政府首脑、时装模特、企业界领袖等,他们的着装打扮、言行举止,通过各种传播媒体的宣传,很快就会引起追随者的仿效。

（二）传播媒体对消费流行的影响

流行的特点是时期短,变化快,参与人数多。这其中,信息的沟通起着十分重要的作用。对流行起重要影响的传播媒介形式主要有:

1. 旅　行

研究表明,流行最早和最普遍的传播手段是通过旅行者、商人和战士们讲述在异地的

见闻。到异国征战,凯旋的战士们带回家的不仅仅是勋章,还有外国的服饰和其他艺术品。而走南闯北的旅行者、商人自然会把当地的生活方式、服饰式样从一个地方传播到另一个地方。但由于商品经济不发达,旅行十分不便,费时也较长。据记载,1391 年,法国查理六世的王后——德国巴伐利亚公主把一个穿上法国最新式样服饰的木偶,作为礼物送给英国女王,而五年后,女王才收到来自法国的礼物。在今天,旅游已成为人们休息娱乐的主要形式,各种现代化的交通工具使旅行的人们在很短的时间内,可以到达世界任何地方。而来自不同国家和地区的游客自然会带来他们的服饰、饮食、消费方式,并与当地的文化融合,从而大大促进了流行式样的变化。

2. 广 告

广告与流行的关系极为密切。流行的兴衰变化,离不开信息。一种新式样的兴起,不论是外来引进或就地起源,都需要信息传递。信息传递的渠道越畅通,越容易形成流行,影响也越大。报纸、广播、电视、互联网、手机等各种传播媒体的普及,使人们坐在家里就了解远在千里之外的事物;电波的出现和消失,使人们转瞬之间就了解了外界的变化。人们沿着媒体提供的线索和信息,很快就可以加入流行的潮流中。发达地区人们新潮的生活方式,对相对欠发达地区的流行发展起到了极大的推波助澜作用。

3. 政治宣传

政治性的宣传可以造成一种强大的声势,对人们的心理形成某种压力,能使多数人参加到流行的潮流中来。例如,我国旅游驶入快车道可以说是从 1996 年开始的,当时产业结构调整,许多下岗工人需要安置,而旅游有提供更多就业机会的优势,许多地方政府把旅游作为当地新的经济增长点来抓,仿佛"一游就灵"。在这个流行中有过许多成功,也有过失误。

4. 文化传播

在各种传播引起的流行中,我们不能忽视由于文化传播引发的流行。像电视播出的连续剧或各种形式的专题节目中的人物的服饰、发型、行为方式、饮食等,都会在不同程度上引起影迷和观众的兴趣。浙江新昌旅游从 1998 年以前的鲜为人知到如今全国有名的旅游景点,最主要是借了影视这股东风。随着《西游记》《笑傲江湖》《射雕英雄传》《少林武王》《天龙八部》《凤求凰》的播出,新昌的美景与浓郁的历史文化也深深印入了人们的心中。如"佛教之旅""唐诗之路""水之韵""影视外景"等众多特色旅游线路吸引国内外游客纷至沓来。

二、旅游消费流行的规律

消费流行是一种客观经济现象,与其他社会行为一样,有其自身的运动过程和发展变化的一般规律。了解和掌握消费流行的运动规律及消费者由此产生的心理效应,有利于企业引导消费,掌握市场经营的主动权。

（一）消费流行的地区传播规律

消费流行在不同地域间的流动与传播,有其自身的规律性,主要表现为以下两种。

1. 消费流行从发达地区向不发达地区传播

由于消费的基础是经济发展水平,市场产品的多样化促成消费行为的多样性,产品更新换代的速度影响消费行为的转换速度,因此,消费流行总是从经济发展水平较高的国家或地区开始，尔后向经济欠发达的国家或地区扩展和延伸。

仅以广东和山西两大省份出境游为例。出境游目前有两条主要路线："新马泰"和欧洲游。山西省具有办理出入境业务的旅行社从 1992 年开始做东南亚旅游，在此基础上，2004年开始开拓欧洲市场。东南亚线路自从推出以后一直走势很好，很受顾客欢迎。"新马泰"自然风光优美，价格适合山西大多数游客的消费能力，因此每年春节都会出现"新马泰"游客爆满现象，曾占据山西出境游市场的八成份额。但是，2006 年春节由于受海啸的影响，东南亚旅游已经下降到占出境游 10% 都不到的状况。同时，山西是个内陆省份，不能短时间做太平洋线和欧洲线，又因为大多数山西人的旅游消费能力有限，所以山西出境游遭遇了前所未有的寒冬。

广东省作为中国最大的旅游省份，是从 1990 年开始做东南亚旅游路线的。以往占广东春节出境游半壁江山的东南亚游，2006 年春节同样遭受地震海啸的"寒流"。与山西的低迷的出境游市场相比，广东人逐渐将出游的目的地锁定在欧洲、日本、韩国等国，在 2005 年 1月初就掀起出境游的报名热潮。广之旅在 1 月初出境游的报名人数中，欧洲、日本线路已经报了 70%，而广东铁青方面，春节报名参加日韩、欧洲、澳洲、新西兰游的人数均较 2004 年同期增长三成左右，报名参加南非、埃及、土耳其游的人数同比增长两成左右。

从广东和山西两地出境游的发展及面对东南亚路线疲软表现的反应，可以发现，"新马泰"游在广东的流行比山西早，欧洲游在广州开始流行的时候，山西还有待时日。

2. 消费流行的波浪式传播

消费行为一般表现为在短期内爆发式地向外扩展与延伸。当一种消费流行由发达地区兴起并传播到欠发达地区时，随着欠发达地区流行的兴起，发达地区的流行趋势一般会随之下降。这就形成了消费流行波浪式运动的传播趋势，这是由于消费者对原有流行产生厌倦心理的结果。

我国国内形成的旅游消费流行，一般是从广州、深圳、北京、上海等发达地区开始，逐渐向中部地区转移，再进入西北地区，或是从东南地区向西北地区波浪式逐渐推移。

（二）消费流行的人员结构规律

消费流行作为人类的社会行为，反映出消费者消费需求的阶段性和阶层性的变化。消费者群体的构成形式及按群体层次传播的方式，形成了消费流行的人员结构规律。一般来讲，可形成以下两种基本的流行形式。

1. 自上而下扩展延伸

这是由社会上层、领袖人物、影视明星、社会名流等人物带头提倡的活动逐渐向社会下层传播，形成社会时尚或消费流行。在外国盛行的私人游艇旅游首先就是在富裕的资产阶级中诞生的，尔后随着生活水平提高，越来越多的民众有经济实力或者通过贷款形成购买。这种倡导海洋文化的旅游方式为大众所接受，开始盛行私人游艇旅游。挪威、新西兰等国家，人均拥有游艇的比例高达 8 比 1，美国为 14 比 1。

相比而言，上层人员的消费能力强，既是旅游产品的重要定位市场，旅游产品也能首先迎合他们的需求。随着下层人员的经济等客观条件具备或者情感认同，而流行到下层消费群。

2. 横向扩展延伸

这种形式是由于社会生活环境变迁、消费观念变化引起的，即一种流行形式在社会中由消费者自发形成,之后为社会各阶层普遍接受。这种流行与旅游产品特点有很大关系。一些没有身份象征的旅游产品比较容易通过这种方式流行。

（三）消费流行的产品运行规律

按照营销学的一般理论,产品在其自身发展过程中,由于市场环境、社会发展水平及消费者心理的影响,形成了自己的生命周期,即产品生命周期。从消费心理学角度考察,处于消费流行中的产品有其自身的生命周期。它与一般产品的生命周期既有同质性,又有其自身的特点。

市场营销学中的产品生命周期分为四个阶段:即产品的市场投入期、成长期、成熟期、衰退期,其主要特点是产品在进入成长期和成熟期的过程中,利润与销售量、市场占有率呈平稳上升趋势,并且可维持一段较长的时间。而流行产品的生命周期,则分为流行酝酿期、流行发展期、流行高潮期、流行衰退期四个阶段。流行酝酿期的时间一般较长,消费者要进行一系列意识、观念以及舆论上的准备;在流行发展期,消费者中的一些权威人物或创新者开始做出流行行为的示范;进入流行高潮期,大部分消费者在模仿、从众心理的作用下,自觉或不自觉地卷入到流行中,把消费流行推向高潮;流行高潮期过去以后,人们的消费兴趣发生转变,流行进入衰退期。滑雪旅游在我国的流行虽未看到衰退期,但前三期的特点非常典型,如表 7.1 所示。

表 7.1 滑雪旅游在我国流行的生命周期

周期阶段	流行表现
流行酝酿期	20 世纪 90 年代以前,我国滑雪旅游尚未出现,那时的滑雪仅是一种专业的体育运动,可以说是阳春白雪,曲高和寡。但是,西方的滑雪旅游的信息已经渐渐通过各种媒体对人们的观念产生了冲击
流行发展期	20 世纪 90 年代以后,东北尤其是黑龙江开始注意滑雪场的大众化,配备了相关的住宿设施和其他配套设施,吸引了众多普通和业余的滑雪爱好者。每年冬天都有成千上万的滑雪者千里迢迢赶到亚布力等滑雪场
流行高潮期	越来越多的人认识到,冬季适当的室外有氧运动有利于身体健康,而且人工造雪技术的普及以及许多设备已经国产化,也降低了滑雪费用。近几年,我国的滑雪场,已经从东北发展到内蒙古、天津、河北、新疆和北京等地,即使在地处西南的四川省和云南省,也开始兴起了滑雪场建设。2004 年入冬,滑雪旅游更在全国走红,雪场和滑雪人数直线上升
流行衰退期	由于旅游者心理不断变化,以及新的旅游产品不断出现,滑雪旅游会逐渐降温

消费流行的这一周期性现象,对企业的发展具有重要意义。企业可以根据消费流行的不同阶段采取相应的策略:在流行酝酿期,通过预测,洞察消费者的需求信息,做好宣传引导工作;在流行发展期,则大量提供与消费流行相符的上市产品;在流行高潮期内,购买流行产品的消费者数量会大大增加,产品销售量急剧上升,此时企业应大力加强销售力量;进入流行衰退期后,企业应迅速转移,以防遭受损失。另外,随着产品更新速度的加快,消费流行的周期会越来越短,为此,企业应及时调整营销策略,以适应消费流行变化节奏越来越快的要求。

第三节　消费流行对旅游消费心理的导向

在消费决策系统中,消费者心理活动过程具有一定的规律性。如在收集消费信息阶段,消费者的心理倾向是,尽可能多地收集有关产品的信息,在比较中做决策。在购买后通过对产品的使用,产生购后的心理评价。但是,在消费流行的冲击下,消费心理会发生一些微妙的变化,考察这些变化,也是消费心理研究的重要内容。

一、消费流行对消费心理变化的影响

(一)消费者认知态度变化

按正常的消费心理,对于一种新产品消费者开始时往往持怀疑态度。按照一般的学习模式,消费者对这一事物有一个学习认识的过程。有些人是通过经验学习,有些人是通过亲友的介绍来学习,还有些人是通过大众传播媒介提供的信息来学习。当然,这种消费心理意义上的学习过程,不同于正规的知识学习,它只是对自己感兴趣的产品知识予以接受。但由于消费流行的出现,大部分消费者的认知态度会发生变化,首先是怀疑态度消失,肯定倾向增加;其次是学习时间缩短,接受新产品的时间提前。在日常生活中,许多消费者唯恐落后于消费潮流,一出现消费流行,就密切关注其变化。一旦购买条件成熟,他们便积极购买,争取走入消费潮流之中,这样消费心理就从认知态度上发生了变化,这是消费流行强化了消费者的购物心理所致。

(二)消费驱动力变化

人们购买消费品,有时是出于生活需要,有时是出于社会交往的需要。这两种需要产生了购买消费品的心理驱动力,这些驱动力使人们在购物时产生了生理动机和心理动机。按一般消费心理,这些购买动机是比较稳定的。当然有些心理动机也具有冲动性,如情绪动机,但这种情绪变化是与个人消费心理一致的,然而在消费流行中,购买产品的驱动力会发生新的变化。如有些人有时并没有产生消费需要,但看到很多人购买,他也加入了购买产品的行列,对流行消费品产生了一种盲目的购买驱动力。这种新的购买驱动力可以划入具体的购买心理动机之中,如求新、求美、求名、从众心理动机。但有时,购买者在购买流行产品时,并不能达到上述心理要求,因此,只能说消费流行使人产生一种新的心理驱动力。研究这种驱动力对于认识消费流行为什么来势迅猛具有重要的意义。

(三)消费心理反向的变化

在消费流行中,原有的一些消费心理也会发生反方向变化。因为在正常的生活消费中,消费者往往要在对产品的性能与价格进行评价和比较后,才去购买物美价廉、经济合算的消费品。但是,消费流行使这种传统的消费心理受到冲击。一些流行消费品很显然是因供求关系而抬高了价格,但消费者却常常不予计较而踊跃购买。相反,原有的正常产品的消费行为有所减少,如消费者为了购买时装,对其他服装产生了推迟购买的消费心理活动。在正常的消费活动中,消费者购买消费品是某种具体的购买心理动机起主导作用,如购买消费品注重实用性和便利性的求实心理动机。但在消费流行中这种心理动机就会发生变化,从而对实用便利产生了新的理解。因为一些流行产品从总体上看具有原有老产品所有的功能,能给生活带来新的便利,特别是一些食品和家庭用品更是如此。这些消费者加入消费流行是心理作用强化的直接结果。

(四)消费习惯与偏好的变化

在消费活动中,有些消费者具有惠顾和偏好的心理动机。消费者由于长期使用某种消费品而对其产生了信任感,或者经常光顾印象好的厂家、商店,购物时非此不买,形成了购买习惯。在消费流行的冲击下,这种具体的消费心理发生了新变化,虽然这些人对老产品、老品牌仍有信任感,但整天接触流行消费品,而且不断受到亲朋好友使用流行消费品表现出的炫耀心理的感染,他们也会逐渐失去对老产品、老品牌的惠顾心理。这时,如果老品牌、老产品不能改变产品结构、品种、形象,不能适应消费流行的发展,那么它们的消费者中就会有相当一部分转向流行产品,从而使企业失去老客户。个人购物偏好心理是在消费生活中由于较长时间的习惯养成的,这种心理是建立在个人生活习惯、兴趣爱好之上的。在消费流行中,这种偏好心理也会发生微妙的变化。有时是消费者个人认识到原有习惯应该改变,有时则是社会风尚的无形压力使之动摇和改变。

在消费流行的影响下,人们的消费心理会或多或少地发生变化。但综合来看,消费心理变化的基础仍然是原有的心理动机强化或发生转移,它并未从根本上脱离原有的消费心理动机。

二、旅游消费的流行导向性

在消费流行的影响下,在旅游消费品不断推陈出新的背景下,旅游消费呈现出一些流行导向性的特点,具体体现以下几方面:

(一)从单一的旅游消费到多元化的旅游消费

以往,旅游需求多为单一的,或是满足文化心理需求,该类旅游多涉及音乐、艺术、民俗、舞蹈、绘画和宗教;或是满足身体健康的心理需要,包括休息、运动、娱乐等与身体健康直接有关的动机,该类旅游涉及海滩休闲、温泉洗疗、异地疗养、娱乐消遣、避暑,通过身体的活动消除紧张和疲劳;或是满足交际方面的心理需求,包括接触其他民族、探亲访友、结交新朋友等。

随着旅游业的发展,人们心理需求日益复杂综合,以往纯粹单一的旅游需求逐渐向综合性的需求过渡,囊括观赏、休闲、购物等要素的旅游产品更具有旺盛的生命力。全国有名的杭州"宋城集团"的投资方略就验证了这种旅游消费的衍变趋势:1996年投资宋城,1998年创建了"杭州乐园",前者是观光为主,后者则是集旅游、观光、休闲、度假、房地产为一体,很好地适应了旅游消费者的心理需求转变。

(二)从低价的旅游消费到实价的旅游消费

旅行社为了促进旅游产品的销售,往往在广告上打出"超低价",如2004年春节过后,某旅行社推出"香港4日游948元,海南5日游888元……"但加上景点费用、机场建设费、导游费、用餐费等,实际报价为1190~1370元不等,并且游程安排也包括多项自费项目和购物活动。消费者对广告上所谓的"超低价"比较反感,有的消费者甚至认为这类广告带有虚假的成分,其实质是用"低价"来做诱饵、用解释权来设圈套。

消费者希望商家广告上所登的价格是"干干净净"的实价,而不是"画饼充饥"的虚价。

旅游产品消费者也逐渐从追求廉价走向了追求价质相符。

（三）从广告宣传导向的旅游消费到信誉导向的旅游消费

伴随着"低价导向"向"实价导向"的转变，消费者在购买渠道的选择上开始出现从"广告导向"向"信誉导向"的转变。旅游者首先考虑的是旅游产品推出者的信誉度。旅游消费者若要选择随团旅游，会去一些当地比较有名的旅行社购买旅游产品。

（四）从被动接受到主动选择

旅游消费者的消费心态日趋成熟，消费者对旅游产品的选择也从"被动接受"转向"主动选择"。消费者为了购买旅游产品而进行相关产品咨询时，表现出"行为果断""考虑周到""喜欢辩论"等特征，一般不会轻易接受推荐，并且很多顾客在进旅行社前已经了解了相关信息，有了初步的购买目标。

（五）从相对静止旅游消费到体验式旅游消费的旅游

旅游消费者以前旅游多呈现一种相对静止的特征，往往是以观赏为主，而现在的旅游越来越注重体验旅游，不仅要视觉上的接触，更要触觉、嗅觉全方位的互动，参与景点，体验景点，显示出一种与景点互动的态势。

（六）从国内游到国内游和出境游并举

在 20 世纪 90 年代中期以前，我国旅游市场旅游发展的主要着力点在于国内游。随着国民经济实力不断增强和居民收入水平不断提高，中国公民出境旅游开始有计划、有组织地稳步发展。个别经济发达的省市，如广东、上海、北京，已经是国内游、出境游并重。

第四节 消费习惯与旅游消费者心理

一、消费习惯的含义

（一）概 念

习惯是由于重复或练习而巩固下来的并变成需要的行为方式。消费习惯则是人们在旅游环境中表现由于自然的、社会的原因世世代代实践而形成的不同地区各具特色的消费模式，即所谓"常见的即是合理的"，是一种社会现象；消费习惯一旦形成，不仅会对人们的日常消费行为产生直接影响，也会给人们的消费心理带来重要影响。

消费习惯与消费流行是一对对立的概念，与消费流行追求以新求生存的特点不同，消费习惯最大的特点在于稳定性。消费习惯的变化是缓慢、渐次的。

（二）消费习惯的特点

消费习惯是整个社会风俗习惯的重要组成部分。不同国家、不同地区、不同民族的消费者，在长期的生活实践中形成了各种各样的特点。尽管如此，消费习惯仍具有某些共同特征。

1. 消费习惯的长期性

一切消费习惯都是人们在长期的生活实践中逐渐形成和发展起来的。一种旅游习惯的产生、形成与发展需要经过若干年乃至更长的时间。在社会生活的各个方面，已经形成的消费习惯又会对人们的消费心理与消费行为产生长期的、潜移默化的影响。

2. 消费习惯的社会性

消费习惯是人们在共同的消费生活中相互影响而产生的。它的产生、发展离不开社会环境，它是社会生活的有机组成部分，带有浓厚的社会色彩。也就是说，只有那些具有较强社会性的消费活动，在社会成员的共同参与下，随着社会的发展，才能发展成为消费习惯。

3. 消费习惯的非强制性

消费习惯的产生和流行往往不是强制推行的，而是通过一种社会约束力量来影响消费者的。这种社会约束具有无形的、强大的影响力，使置身其中的消费者自觉或不自觉地遵守这些习惯，并以此规范自己的消费行为。

二、旅游消费习惯的分类

旅游消费习惯是丰富多彩的，按照消费习惯的特点，可以对其进行如下分类。

(一)喜庆类旅游消费习惯

这是消费习惯中最主要的一种形式。它往往是人们为表达各种美好感情、实现美好愿望而引起的各种消费要求。这类旅游消费习惯多是由远古时代人们对大自然的崇拜逐步演化而来的。如中国人喜欢在春节、元旦假期外出旅游，感受自然、人文气息。

(二)纪念类旅游消费习惯

这是指人们为了表达对某事或某人的纪念之情而形成的旅游消费风俗与习惯。这是一种十分普遍的消费习惯形式。全国各地有着不少烈士墓、英雄纪念馆，还有历代一些地方、全国名诗纪念馆等。如杭州有岳庙，供奉着岳飞及其爱将的殿堂，供后人瞻仰当时的英雄气概；山东曲阜孔庙是中国最大亦最古老的孔庙，由孔子故居演变而来，弘扬了孔子的儒家哲学思想；南京的孙中山纪念馆，让后人不忘这位国父；北京的圆明园、南京大屠杀纪念馆又给后人留下历史的反思。

(三)宗教信仰类旅游消费习惯

这是由宗教信仰而引起的旅游消费性风俗习惯。这类习惯多受宗教教义、教规、教法的影响，并由此衍生而成，因此，宗教色彩极为浓厚。中国历来有信奉佛教的传统，而每到春节，一些著名的寺庙香火会异常旺盛。每年除夕夜，灵隐的门票涨到200元，还有很多游客排队争烧头一炷香，2005年大年初一，杭州灵隐景区游客达4.21万人次，创下了新的景区日流量历史高峰。游客烧香拜佛，辞旧迎新，也给家人、好友许下美好愿望。

(四)社会文化类旅游消费习惯

这是在较高文明程度基础上形成的消费习惯。它的形成、变化、发展与社会经济、文化水平有着密切关系。"唯有牡丹真国色，花开时节动京城。洛阳地脉花最宜，牡丹尤为天下奇。"洛阳以独特的人文地理优势，成为牡丹重要培植基地。从1983年起洛阳每年都会举行洛阳牡丹花会，游人如潮，前21届花会期间，共接待国内外游客4380万人次，吸引了世界各地的爱花之人。

(五)地域性旅游消费习惯

消费习惯的地域性是受自然、地理及气候等因素的影响而形成的。这种习惯的变化与社会经济发展水平呈反向变化的趋势，即随着社会经济发展水平的不断提高，地域性消费习惯呈逐步弱化的趋势。旅游消费流行受到地域的影响，像中国发展旅游初期，国人选择旅游都是选择邻近省市,当地经济水平发达,才会选择游一些与自己所居住地距离远的景区旅游,尔后,又发展了较近的东南亚旅游,接着又开始前往欧洲等较远的地域出境旅游,可以说经济越发达,人们生活消费水平越高,旅游的步子就迈得更远。

三、消费习惯与旅游消费者心理

消费习惯是人们在长期社会生活中逐步形成的心理沉积,因此,它对消费者的心理和行为产生着巨大的影响,多数消费者对消费习惯有顽固性的偏爱。在消费者进行旅游产品选择时,虽然社会的进步与消费方式的变化给消费习惯带来了冲击,但消费习惯对消费者心理的影响仍会对旅游消费者心理产生不可忽视的影响。

(一)消费习惯使旅游消费者心理具有稳定性

任何一种消费习惯的形成和发展过程都取决于消费者的心理接受程度、心理稳定性及逐步强化的消费倾向。受消费习惯的长期影响,消费者进行旅游产品选择时会逐渐形成一种比较稳定的消费心理与购买行为。这表现为消费者往往容易重复购买符合消费习惯的旅游产品。如老年人对宗教文化、历史遗迹感兴趣,于是他们选择旅游产品时就会首先选择一些寺庙、博物馆等文化气息较浓烈的景点;儿童注重娱乐性,所以大多会选择主题公园;一些文化水平较高的年轻人,注重自我参与,追求新颖独特的心理,越来越倾向于自助游的形式。

(二)消费习惯强化旅游消费者的消费偏好

由于消费习惯带有强烈的地域性,特定消费习惯的长期影响使消费者形成了对地方风俗的特殊心理偏好,并有一种自豪感。但在旅游消费品选择上,消费习惯对消费心理影响却往往以一种不同的形式表现,有一种"舍近求远"的消费特征。南方山区的消费者,往往对北方开阔的草原、一望无垠的海边美景、西部的壮阔满怀憧憬;而北方的旅游者往往倾向于江南的婉约景致;冬季,南方的人渴望感受银装素裹的北国风光,而北方的人则渴望在温暖如春的海南过个暖冬。

(三)消费习惯导致旅游消费者心理的变化趋缓

由于消费者对消费习惯的顽固性偏爱,当新的消费方式与消费习惯发生冲突时,改变旧有习惯中的不合理成分而代之以新的消费方式,将是一个长期而困难的过程。此时,消费习惯对旅游消费心理的变化起着阻滞作用,因为遵从消费习惯而导致的消费活动的习惯性和稳定性,将大大延缓消费者心理及行为的变化速度。这些影响也是不利于消费者进行旅游消费的。在很多国家已形成消费者习惯小费制度,2004年,广州、杭州试行了在导游服务中引入小费制度后,引起了社会上很大的争议,许多消费者表明反对这种制度,认为国人旅游向来没有给小费的习惯,给小费不符合中国国情。基于国民的习惯心态,中国旅游业导入小费制任重道远。

第八章 旅游产品包装心理与策略

从现代包装的意义上看旅游产品,无一不是精心包装的产品。酒店所销售的不是食宿,而是围绕食宿的包装;旅行社销售的旅游线路不只是景点、宾馆,而是对景点和宾馆的包装……美国销售心理专家切斯金(L. Cheskin)是研究消费者对商品包装心理反应的先驱。他曾把两个同样的产品装在不同的盒子里,甲盒用许多圆环作装饰,乙盒用三角形作装饰。结果,参加试验的1000人中,80%以上的人选择盒子上有圆环图案的产品,他们认定装在这个盒子里的产品品质更高。而且,在试用过两个包装有异而品质相同的产品后,绝大多数人仍偏爱圆环图案盒子里的产品。许多同类的实验都有这一相似的结果,这些结果表明,商品包装对消费者心理有强大的影响,甚至可以左右他们对产品的认识和感受。为此,有必要从心理角度对旅游产品的包装心理加以深入研究。

第一节 旅游产品包装的心理功能

一、包装的含义

包装与产品密不可分,有了产品就要有包装加以保护。根据《辞海》中的解释,以及传统上被人们所接受的词义,"包"的意思有包藏、包裹、收纳等意思;"装"有装束、装扮、装载、装饰与样式、形貌等意思。

从远古时代开始,经过很长的一段历史时期,人们以不同的方式设计、制作和运用着不同的包装,对包装的形式与功能有了一定的认识。如果我们将传统的包装概念概括一下,它包含着以下一些意义:

保护,即通过一定方法将物品包容、保护起来,使之在质量上免受损害。

整合,即将一些无序杂乱的物品按照一定的容量或数量单位组合在一起。

运输,即通过包装,使物品便于运输、搬运。

美化,即通过包装使物品显得更加漂亮,能吸引人。

和对其他客观事物的认识一样,人们对包装的认识,也是随着人们的社会生产实践的不断加深而不断更新的。与传统的包装概念相比,在今天大生产与大市场的背景下,现代包装的概念及其内涵与过去有了很大的变化。

自欧洲工业革命以来,世界经济的飞速发展,极大地改变了人们的生产与生活方式,也

旅游心理学

改变了包装与包装设计的功能、形式与结构。经济技术的发展已经推动着包装成为一门重要的工业产业,包装设计也成为企业营销活动的重要一环。

人们发现:在我们的生活中无所不在的包装可以说是包容万象——包装的形式越来越多样,包装的功能不断拓展,包装正以飞快的发展速度展现着自己的新面貌。比如,有的包装只是一种促销标识标牌,并不包裹着产品,因而也不具备保护产品的功能;有的包装是无形的包装,如一些应用软件,其保护产品的包装可能是一些眼睛看不见的密码;有的包装重在表达感情,没有或者很少有其他功能;有的包装与各种各样的促销广告相结合,具有新的功能与结构。

同时,包装的样式有了更多的细分,各种运输包装、销售包装有了新的划分与组合,各种复合性包装的材料、复合性包装的结构层出不穷。

今天,包装的概念无论是在内涵上,还是在外延上,有了新的内容与界定。人们必须以全新的视角来观察、认识包装,以全新的方式来更新、充实与扩展包装的概念。虽然没有一个权威的包装定义,但为了便于理解,结合包装功能与旅游产品包装的特点,我们可以这样给它下一个定义:包装是对旅游产品某一特性或整体进行整合、美化的一种工艺,它可以起到保护旅游产品、美化旅游产品、突出旅游产品整体性、促进旅游产品销售等功能。

二、旅游产品包装的作用与心理功能

包装被用于旅游业的各种有形与无形产品,为企业看重并被消费者认可,与包装对企业所起的作用和包装对消费者产生的心理功能分不开。

（一）旅游产品包装的作用

1. 保护旅游产品

这是传统包装的基本功能,可以从有形旅游产品上得到直观体现,也可以推广到无形的旅游产品。有形的旅游产品如旅游纪念品,从生产者转移到经营者、从经营者转到消费者手中,良好的包装可以防止旅游产品的毁损、变质、散落、被窃等。无形的旅游产品,也离不开包装。如在酒店经营的虾蟹,消费者要求的不是只吃到虾蟹,而是要品尝虾蟹的"新鲜"。如何使"新鲜"这一使用价值变成商品,离不开相应的保鲜设备设施。这些保鲜的设备设施成了"新鲜"的包装。

2. 便于储运

不少旅游纪念品没有固定的形状或形状特殊,不包装则难以进行储存和运输,不便于旅游者携带,因此必须有良好的包装才能储运。此外,整齐的包装可以方便储运时的点检等管理工作。

3. 促进销售

"包装是商品""包装即促销""包装是默默无言的推销员""包装即广告媒体"……拥有现代营销观念的企业无不把包装用作产品促销的一种工具。通过包装,可以改进产品的外观形象,提高顾客的视觉兴趣,增加顾客的方便,促进消费者的购买。同时,利用包装上的说明,增进消费者对旅游产品知识的了解。包装同时也是一种不花钱的广告媒体。

4. 增加盈利

良好、美观的包装可以提高旅游产品的身份,使消费者愿意以较高的价格购买。"吃风味到酒楼,吃环境到酒店",现代酒店与传统的招待所的最大不同,就是现代酒店不惜重金装潢,出售它所营造的氛围。同时,对一些产品而言,由于包装完好减少了产品的毁损、变质等损失,等于为企业节省了成本。此外,包装材料本身也包含着一部分的利润。

（二）旅游产品包装的心理功能

1. 识别功能

包装已经成为产品差异化的基础之一。一个具有设计精良、富于美感、独具特色的包装的旅游产品,会在众多同类旅游产品中脱颖而出,以其独特的魅力吸引消费者的注意并留下深刻印象。由此可以有效地帮助消费者对同类旅游产品的不同品牌加以辨认。同时,包装上准确、详尽的文字说明,有利于消费者正确地认识与使用旅游产品。

2. 便利功能

一个牢固、结实、适用的包装,可以有效地保护旅游纪念品;安全可靠的包装,有利于旅游纪念品的长期储存,延长旅游纪念品的使用寿命;开启方便的包装,便于消费者使用。总之,根据实际需要,设计合理、便利的包装,能使消费者产生安全感和便利感,方便消费者购买、携带、储存和消费。

3. 美化功能

包装具有艺术性,让消费者赏心悦目,得到美的享受。俗话说"人要衣装,佛要金装",就是指外部形象对人们的心理影响。好的包装会使旅游产品锦上添花,有效地推动消费者购买;而制作粗劣、形象欠佳的包装会直接影响消费者的选择,甚至抑制购买欲望。

4. 联想功能

好的商品包装能使消费者产生丰富的想象和美好的联想,从而加深对旅游产品的好感。例如,"雪碧"饮料以绿色瓶装,配以绿色底色和白色浪花的图案,可以使消费者一望而产生凉爽怡人的感觉。此外,商品包装高雅华贵,可以大大提高商品档次,使消费者获得受尊重、自我表现等心理满足。

第二节　旅游产品包装心理效应

不同旅游产品的包装迎合的消费者心理有所不同,产生的心理效应也不相同。以下所列的仅是比较明显地被包装成旅游产品特性的一些心理效应。

一、旅游酒店包装的心理效应

（一）经济实惠效应

经济实惠型的消费者占很大的比例,如何把消费者这一心理包装成酒店产品,也是许多经营者努力的目标。但在经营中常见不是"经济不实惠",就是"实惠不经济",号称经济型的三星级酒店标准房门市价在300元/间天左右,"速8"酒店的价位在160元左右,给消费者的印象是200元不到。自2004年4月登陆中国,至2005年1月底,"速8"酒店加盟店已有6家,并将以每月至少新增2家店的速度在年底达到近30家。"速8"酒店不只停留在价位上吸引消费者,它的管理也是一流的,良好的设施,干净的房间,优质的服务,这些都是"速8"酒店所致力追求的。每一家酒店每年都要接受4次检查,这比任何其他经济型酒店品牌的次数都多。"质量保障"积分以干净程度、酒店条件以及该酒店对"速8"酒店的指导方针、规章制度坚持得好坏程度为基础。并且还在"速8"酒店中优中争优,将"速8的骄傲"这一荣誉称号颁发给那些"质量保障"等级几近完美的酒店。凡有"速8的骄傲"的酒店都有一些特殊的东西。全国的"速8"酒店都在努力成为质量第一的酒店,但这一荣誉只授予"最佳中的最佳"。

（二）豪华享受效应

这种心理在不同阶层的人都存在,差别在于不同阶层的人消费的频率不同。因此,对经营者而言有巨大的商机。四、五星级的设施设备及服务,就是对这一心理的包装,换句话说,四、五星级的酒店,会给消费者以豪华享受的心理效应。

（三）舒适效应

舒适是一个综合的消费者心理需求,即使拥有豪华的设施设备,也不一定能保证舒适。因此,这一心理效应包装成酒店产品,要求酒店在硬件、软件方面都要有很好的保障。一家酒店,若能让消费者从步入酒店到离开酒店的经历中,感到产品适用、服务到位、心情愉悦,那么就能产生舒适的效应。

（四）安静效应

作为酒店,消费者期望的基本功能之一就是"美美地睡上一觉",没有安静的环境,就无法保证睡眠质量。虽然地处偏僻可以对这一心理达到满足,但对大多数消费者来说意味着便利性打折,因此,地处闹市的酒店在设施设备上应注重隔音、静音、消音。

（五）便利效应

酒店地处的位置、酒店提供的各种商品与服务种类都是包装酒店产品便利性的"材料"。因此,有句酒店经营的名言说:酒店经营成功的关键,第一是选址,第二是选址,第三还是选址。酒店所提供的产品不在于多,而在于能否满足所服务的消费者的需要。如在没有手机的年代,客房拥有一部座机就给消费者带来了极大的方便。随着购买力的增强,私家车越来越多,酒店或其附近有没有停车场成了便利性的一个体现;现在的旅客,身边带了许多充电用品,如手机、剃须刀、笔记本电脑、数码相机等,需要客房中有适用的插座,插座虽小,少一个插座就给消费者带来了不便。因此,酒店的便利性包装往往是细微之处见功夫。

（六）绿色效应

在2003年,全国旅游饭店推出《绿色饭店等级评定标准》,中国饭店业从此步入"绿色道路"。如果说,两年前"绿色饭店"还是一种概念、一种花哨的包装,那么现在这种包装会被实实在在地认可。在经历了20多年的高速增长之后,中国经济正遭受资源、环境问题的严重制约。2004年年底召开的中央经济工作会议上,旨在节约能源的"循环经济"模式首次被提到了2005年的中国经济战略里,"发展循环经济"这一经济与环境共赢的发展理念已成为国家的发展战略。显然,"循环经济"如同"知识经济"一样,已经融入中国主流经济概念当中,并将对中国未来经济发展产生深远的影响。绿色消费成了消费者的一种社会责任,也是饭店要倡导的一种理性消费。因此,执行绿色饭店标准得到政府的支持,也能得到消费者的响应,也为饭店节约了能源。北京市在2005年开始在全市范围推广"宾馆不提供一次性日用品"的做法。

（七）文化效应

饭店是一个城市的缩影，是一个城市的门面。在越发达的城市，饭店建筑越是城市建筑的代表。饭店本身也成了外来旅游者的文化消费对象，许多饭店新开张的时候门庭若市就是例证。一些知名饭店很注重体现自身的文化性，小到一次性日用品，一个水龙头，大到整个饭店建筑的外观，无不精雕细琢。没有文化的饭店也就没有自己的个性，因此可以说，文化包装既是饭店自身的要求，也是消费者的要求。

二、餐　饮

（一）卫　生

卫生是安全的保障。食品中农药的低残留、食品的无污染、工作人员的卫生、厨具的卫生、操作间与就餐环境的卫生、进餐者的卫生等环节共同组成了对餐饮卫生的包装。北京对餐厅卫生设立了四级制度，更是把卫生以等级的形式做了统一。该等级评定考核有60多项内容，其中包括是否设有三个专用洗刷水池，是否设有消毒设施，生熟及半成品食品是否分开存放，库房是否有防鼠设施等。所有4个等级的餐饮单位要继续接受老百姓的再监督，只要有两次投诉并调查情况属实的降一级，发生重大食物中毒事件的直接将到D级。消费者一进入各餐馆就要能看见A、B、C、D四个等级牌，并能通过等级牌了解该餐厅的食品卫生状况。原来专业性、复杂的甚至无形的"卫生"以简单明了的等级牌直观地让消费者感受到，让消费者放心。

（二）营　养

传统餐饮在营养方面注意不多，但温饱问题解决后，很多营养过剩性疾病困扰着越来越多的人，营养问题已成为饮食与健康的焦点。餐饮经营中已经关注到这一心理需求。在把传统的制作包装成注重营养方面也做了很多努力，如药膳、注意改善工艺、合理搭配菜肴的营养成分，即使被称为"垃圾食品"的一些快餐，也在努力改变自己的形象，如公布食品的营养成分、提供参考性食谱等。

（三）品　位

消费者会把自己使用的商品作自我比拟，在某餐馆消费后，消费者就会把这次消费与自己的品位相比拟。品位是一个综合的心理效应，也是消费者关注的心理需求。在餐饮经营中，品位从菜肴制作的质量和工艺、菜肴的档次、就餐环境及服务质量等多方面体现出来。品位的包装就是对这些环节的一个整合。

（四）快　速

一般来说，人们就餐往往是到了该习惯性就餐的时间甚至是饥肠辘辘的时候，因此快速提供餐饮比快速提供其他产品的要求更高。一家再有品位的餐馆，若不能及时提供所点的菜肴，及时提供需要的服务，也不可能被消费者认可。递上安客茶、准备好凉菜、预处理好一些花时间的热菜、服务员"眼观六路、耳听八方"的服务，既有让消费者有"快速"的错觉，也有高效率的"快速"感觉。

三、旅游线路包装的心理效应

（一）满足旅游的基本需要

旅游线路设计本身就是一种包装艺术，一条线路把食、住、行、游、购、娱都串起来，形成一个整体,方便了旅游者外出旅游。尽管全包价旅游和小包价旅游的组合方式不同,但都是为了方便消费者旅游成行。满足旅游的基本需要是旅游线路组合的心理效应。

(二)个性化

游走丝绸之路叫"驼铃声声大漠行",九寨沟观光称为"诺日朗之吻",组织学生夏令营是"我到北京上大学"、"我到上海看世界"……近年来,在旅游线路的包装上推出了主题包装,使旅游线路更具个性化,并且影响力更大。从心理角度看,迎合了人们内心呼唤个性化旅游的需求。如一些革命老区,开辟出旅游线路历史也不短,但从没有像包装成"红色之旅"后这么吸引旅游者。2004年12月,中共中央办公厅、国务院办公厅印发《2004—2010年全国红色旅游发展规划纲要》,就发展红色旅游的总体思路、总体布局和主要措施做出明确规定。2005年被国家旅游局确定为"红色旅游发展年"。

(三)保障质量

从网上的留言看,对旅行社组团的微词是最多的。因此,保障旅游质量成了旅游线路包装的一大主题。旅行社注重品牌开发,一些有实力的旅行社从树立旅行社的整体品牌入手,如春秋、广之旅等;一些较小的旅行社从旅游线路的品牌入手,树立经营某条线路的品牌,如线路专卖、给某线路开发一个品牌。这一切,可以让消费者感到事前无法确认的质量有了保障。走品牌之路,对旅行社的发展十分有利。没有品牌,往往一条线路刚被"炒热",众多旅行社就蜂拥而上,竞相"克隆"。

四、景点包装的心理效应

(一)体验性

近年来的旅游景点开发开始注重旅游者的体验性,如游步道的建设开发成健康路道,让旅游者需要消耗一定的体力,有不同心跳的感觉。为什么体验旅游被市场认可,可以这么解释:通过一次旅游购买,消费者最终得到的是一次经历,经历反映在人脑中的印象深浅、好坏成了评价这次旅游价值的依据。一方面,通过体验性旅游可以刺激各种感官,而观光型旅游主要刺激视觉,两者给旅游者传递的信息丰富程度完全不同,体验旅游留下的印象更为深刻。另一方面,运动所带来的消除心理疲劳作用是其他方式不可替代的,现代人体力劳动减少,平时肢体运动少。通过体验性旅游,消费者身心得到放松,达到了身心愉悦的目的,因此体验旅游留下的印象更好。

(二)个性化

一个好的命名、一个不同的活动项目、一个别具魅力的景观都可以强化景点的个性,包装出景点的个性。和旅游线路个性化一样,个性化的景点可以满足旅游者的不同需求。景点开发的个性化,使旅游者便于比较该旅游产品与其他同类旅游产品的差异,与旅游者求新、求异的心理产生共鸣。

第三节　旅游产品包装策略

一、旅游产品包装的原则

由于旅游产品的特殊性，我们在对旅游产品进行包装时要根据其特点遵循一定的原则。旅游产品内涵丰富，尽管不同的旅游产品在具体包装上有不同的策略，但也有一些共性的原则。具体阐述如下：

（一）针对性原则

包装已成为一种营销手段，包装与市场定位有必然的联系。包装设计的针对性原则强调根据特定消费群的需求来设计包装，以满足消费者多样化的需要。消费者因收入水平、生活方式、消费习惯以及购买目的的不同，对商品包装的要求也不同。例如，某些名、优、土特产品的包装已经在消费者心目中树立起了固定的形象，一般不应轻易改变，便于消费者从外部造型、色彩组合等方面迅速辨认与识别。为适应少年儿童消费者追求新奇、生动、趣味的心理要求，采用儿童喜爱的童话和寓言故事中的人物、动物形象进行装潢等，以达到吸引儿童消费者购买的目的。

（二）文化性原则

文化是旅游业发展的灵魂。可以说，所有的旅游产品都离不开文化的包装，酒店、菜肴、旅游纪念品、景点、旅游线路的包装，都需要体现出文化的特色。善用文化的包装，对消费者的影响会更大。例如上海建工锦江大酒店的宁波人家餐厅，消费者定位是宁波人，在餐厅入口处有火柴可"拾"（以众人拾柴火焰高喻生意兴旺靠客人），在火柴上印有宁波人的口头禅，通过这种文化包装，让消费者有认同感与归属感。

（三）主题性原则

主题性符合人们的认知规律，主题便于消费者对旅游产品的认识。一方面，主题能加快消费者的认知过程；另一方面，通过同一产品的不同主题，可以丰富消费者对旅游产品的理解。主题性旅游线路、主题性酒店、主题性餐馆、主题公园、主题旅游城市等成功的案例都说明了这点。例如，我国北方地区的冰雪旅游名城哈尔滨近几年来推出的冰雪旅游，就是围绕"冰雪"这一主题深入挖掘旅游资源潜力，逐渐成为我国冬季旅游的主要目的地之一。

（四）独特性原则

让消费者把所包装的旅游产品从琳琅满目的市场上挑选出来，没有独特性难以做到。人无我有、人有我优、人优我新的原则在包装上同样适用。一项独一无二的旅游资源固然是保持旅游产品独特性的优势，如我国的万里长城、秦陵兵马俑等。对于一些不具备此类优势的旅游地来说，对旅游产品进行包装时可以通过对当地文化历史的深入挖掘使本产品与众不同。例如我国的四大佛教名山、四大道教名山等，都是利用当地的历史文化优势把一项在我国常用的山水旅游资源包装得具有独特的宗教魅力，从而成为我国当前的旅游胜地。

（五）经济性原则

旅游产品的包装要遵循市场经济规律，要进行成本与价格、投入与产出的预测，这样才能真正达到对旅游产品包装的目的。尤其是通过大型活动形式等来包装旅游地形象，事先不进行市场调查与预测而盲目搞大投入进行旅游产品的包装，结果造成巨大经济损失的事例在我国也是并不少见的。从消费者角度看，如果包装产生的附加成本远远高于其心理价格，那么这种包装就会不被消费者认可。中国传统食品月饼的包装，越来越离谱，以至于2004年，有许多人认为要给月饼"瘦身"。

二、常见旅游产品的包装

包装中存在着很多不确定的创意，遵循了包装的基本策略与要求，不等于就是一个好包装。但我们还是可以从现有的旅游产品包装中得到一些启发的。

（一）饮食产品包装

对饮食产品进行包装可以使产品的特色得到突出、使产品的直观价值得以提高，并能满足顾客心理方面的高层次需求，因而在餐饮企业中得到了广泛的使用。

1. 器具包装

器具包装就是通过对盛装饮食产品的器具进行精心选择和搭配，从器具色彩、质地形状、数量等方面进行包装。俗话说"美味还要美器盛"，如国宴的餐具，非一般宴会所比，有特制的中国瓷、陶器、金器、银器、不锈钢器、铜器等，瓷器、陶器有制作精美的象形餐具，如白菜形瓷盘、鱼叶形瓷盘、牛形瓷盘、鱼形瓷盘、龟形瓷盘、柿形瓷缸、桔形瓷盅、鸡形陶罐、鸭形陶缸、陶气锅、海螺形碗、苹果形碗等。而刀叉使用银质、筷子选择象骨。金器有需全力相托的腰盘、圆钻，也有双手拿的双耳樽形碗，单提合球盅、单吃铜质双龙火锅等。这些精美的餐具，既为菜点增色，又使国宴具有"色、香、形、器"俱佳的特色。

2. 色彩包装

饮食产品本身的色彩对引起消费者的购买兴趣、提高食欲等方面的作用不可忽视，因此，对饮食产品自身色彩的包装就显得尤为重要。我国传统的饮食理论中就有对食品"色""香""味""形"等方面进行综合考察之说，其中色彩居于首要地位。

3. 口味包装

口味是旅游者购买饮食产品的最基本要求。人们购买饮食产品在满足生理需求的基础上对该类产品的口味会提出一定的要求。因此，可以注重对饮食产品在口味上的特色进行包装。如湘菜注重香辣、麻辣、酸、辣、焦麻、香鲜，尤为酸辣居多，川菜以味多、味广、味厚、味浓著称。

4. 名称包装

饮食产品的名称包装除了能表达出产品的用料、口味、食用方法等方面的信息外，还具有其他方面的功能。给饮食产品赋予一个富有韵味的名称往往会产生很好的促销效果。如我国传统婚宴上的"四喜丸子"、现代宴席上的"福寿双全"等。综合起来看，对餐饮食品的名称包装主要是从满足顾客求新异、求吉祥等方面的心理需求来进行的，但在对餐饮食品进行包装时要注意把握好分寸，不能为刻意追求新奇而故弄玄虚，使顾客反感而适得其反。

5. 典故包装

典故包装是指把悠久的历史,反映到餐饮文化当中,如东坡肉、宋嫂鱼羹、叫花鸡等,顾客在享用美味佳肴的同时,也能够体验到与古人心神相通的美妙境界。

(二)旅游纪念品包装

旅游纪念品是供旅游者购买的、能反映旅游地特色的有形物质产品。对旅游纪念品进行包装首先要考虑的是方便旅游者携带;其次要考虑的是对旅游纪念品有一定的保护作用;最后是考虑能反映一定的地方特色。具体的方式有:

1. 便携式包装

这是对旅游纪念品包装的最基本要求,利用一定的物质材料对旅游纪念品进行外部包装达到方便旅游者携带的目的。

2. 分量包装

这是为适应消费者"一尝为快"的要求而设计的包装。例如一些地方特色的酒,采用 2 两装、半斤装、1 斤装等多种规格的包装,便于消费者根据自己的情况选购、使用。

3. 坚固式包装

对于一些在携带、运输过程中易于损坏的旅游纪念品要进行坚固式包装。坚固式包装要注意安全与美观并重的原则。

4. 再使用包装

这是指旅游纪念品的包装物为非一次性使用品,旅游者在利用包装物完成携带运输后,包装物往往能够多次使用,除达到节约材料的目的外,还能起到一些其他作用,如使旅游者感到服务的人情味以及利用包装物上的文字和图案等进行宣传等。

(三)旅游景点的包装

对旅游景点进行包装是要达到扩大旅游景点知名度、丰富旅游资源文化内涵等方面的目的。当前国内外常使用的方法有以下几种:

1. 名称包装

利用丰富多彩的名称反映出旅游景点的特色、优势所在,往往会使旅游者很快地对旅游地有一个感观了解,起到事半功倍的效果,如"锦绣中华""望夫石"等。同时一个富有韵味的名称还会对旅游者产生强烈的吸引力,如"花港观鱼""断桥残雪"等。

2. 名人包装

这是指利用古现代的政治、文化、经济等方面名人的影响力来为旅游景点宣传造势。一项与古现代名人有关的遗迹或物品本身就是颇具吸引力的旅游资源,而现代公众人物的影响力无疑更会提升一个旅游地知名度。如北国江城吉林市就把江泽民同志当年视察吉林时的题词"寒江雪柳,玉树琼花"作为宣传吉林市雾凇旅游资源的一个重要内容。

3. 历史内涵包装

深入挖掘一项旅游资源的历史文化内涵以提高旅游资源的观赏性及其他方面的价值是很多旅游地的常用做法。如著名的"西湖十景"中大部分就是由于与许多历史人物、事件有密切的联系而具有无穷的魅力。西安市郊的武则天墓更是以一块无字碑引起人们对一代女帝王的传奇经历及其所处特定历史年代的风土人情产生无限的遐思。

4. 实用价值包装

旅游是人们一种短期的超常消费,尤其是当前形式下旅游者大部分属于工薪阶层,因此如果在人们观光游览之余能得到一些具有实用价值的收获,那么对潜在旅游者的吸引力无疑会大大提高。如我国近年来推出的中医中药旅游、中华气功健身游、淘书游等,都是由于能使旅游者有一定实用性的收获而得到人们的青睐。

（四）旅游服务设施的包装

通过对旅游服务设施的包装,可以起到提高旅游产品档次、方便旅游者等方面的作用,具体方式如下:

1. 特色包装

具有鲜明地方、民族特色的旅游服务设施会给旅游者带来深刻的印象,从而使旅游地的社会、经济效益得到显著提高。典型的有西域风情、蒙古包等特色。

2. 效率包装

旅游服务设施的工作效率是决定顾客满意程度的一项重要因素,高效、快速的服务无疑会使旅游者对目的地有较好的口碑,从而使旅游地的形象得到提高。因此,许多旅游企业都把提高旅游服务设施的效率当作一项长期工作来抓,如新式交通工具、新式厨房工具的使用等。

3. 档次包装

档次包装可以是追求旅游产品高档化以缩小经营市场的范围,进行高档次经营;也可以是为满足旅游者需求层次的多样性而推出多种不同档次的产品,进行多元化经营。这两种方式各有利弊,经营者应根据市场具体情况采取相应的经营战略。

（五）旅游服务的包装

通过对旅游服务的包装,可以达到无形服务的有形化,具体可从以下角度入手:

1. 服务态度包装

服务态度包装就是通过对旅游服务态度的规范来满足旅游者的物质和精神需求。如与客人交往说些什么话、如何说,在举止上要注意什么;保持怎样的精神状态等方面进行规范,以达到一个基本的标准。

2. 服务价格包装

通过旅游服务产品价格的制定有些时候也可以起到一定的包装作用,如某些旅游服务产品走的高档化战略就是通过高价位树立起品牌形象,从而吸引高消费群体的策略。与之相反,走低价格路线以吸引广大中低档消费群体扩大市场占有率的经营者也是大有人在的。无论是高档化还是低档化策略,在具体的实施过程中都要注意质价相符,以免给旅游消费者造成不良印象。

3. 服务方式包装

通过服务方式的规定,可以起到对无形产品的包装作用,从而促进产品的销售。站式服务、自助式服务、一站式服务、管家式服务等,不同的服务方式能满足不同的消费者需求。但是也有推行跪式服务受阻的先例,可见服务方式的包装也要顺应时代的要求。

4. 服务时间包装

现代社会的很多商品都是为省时开发的。旅游产品包装也可以从服务时间上做文章。服务时间的长短可以体现出对消费者的便利程度,此外还能起到对旅游服务的包装作用。如延长服务时间可以使消费者感受到企业的服务意识较好,而严格控制提供服务的时间范围则可以明确本旅游企业所针对的服务细分市场,从而使消费者能够准确地找到适合自己的消费场所。

第九章 旅游产品命名心理与策略

无论是一道菜肴,还是一个酒楼、一个景观、一个景区,无不有其名。有时我们记不住产品的具体形状,但我们会用它的名称或者品牌来指代该产品。人们注意到,一种商品除了质量因素外,其名称、品牌对销售也起到很大的作用,甚至是决定性的作用。美国一家著名的调查机构曾以商品名称与效果的关系为主题,对全美大大小小的商品做了深入研究。结果表明,有12％的名称对消费者产生积极影响,另有36％的名称有消极影响,而未能给消费者留下印象的占52％。导致上述差异的主要原因在于商品名称与消费者心理要求的吻合程度。我们也常拿可口可乐说事:假如可口可乐公司在世界各地的产业一夜之间因大火化为灰烬,结果会怎样? 在2004年美国商业周刊公布的全球100大品牌排行榜上,可口可乐以673亿美元的品牌价值再次封王。因此,研究旅游产品命名、品牌的心理效应,给旅游产品取一个恰当的名称、树一个知名的品牌,是十分必要的。

第一节 旅游产品命名、品牌心理效应

一、第二信号系统的条件反射

巴甫洛夫的经典条件反射原理告诉我们,条件反射分为两种,它们分别属于第一信号系统和第二信号系统。第一信号系统是人们对于事物的自然属性的条件反射,第二信号系统为语言、文字信号系统,这一信号系统是人类所特有的。通过这个信号系统,人们掌握了抽象的东西,并把抽象的东西通过主观的联想和想象具体化。如我们"吃梅止渴"是非条件反射,而"望梅止渴"属于条件反射的一种,是看到了梅子的形象,感觉到了它的形态、颜色等信息,这就属于第一信号系统的条件反射。"话梅止渴"是人们在谈论梅子时,产生了分泌唾液的反应,而并没有看见真实的梅子,这就是第二信号系统的条件反射。

现实生活中,消费者对旅游产品的认识和记忆不仅依赖于旅游产品的外形、商标,通过第一信号系统完成,而且还要借助于一定的语言文字,即旅游产品的名称,通过第二信号系统来实现。尤其是在旅游产品购买前,很多情况下消费者难以接触到旅游产品实体,因此购买决策很大程度上依赖于通过第二信号系统得到的信息。

旅游心理学

二、最小努力原则

巴甫洛夫的经典条件反射原理只告诉我们,通过第二信号系统可以让消费者认知旅游产品,没有解释为什么人类喜欢使用第二信号系统来认知事物。美国哈佛大学的语言学、心理学教授齐普夫(G. K. Zipf)的最小努力原则可以帮助我们较好地解释这一现象。齐普夫在其所著《人类行为与最小努力原则》一书中指出:"每一个人在日常生活中都必须在他所处的环境中进行一定程度的运动,这种运动受最小努力原则的制约,在这一原则的制约下,人们力图把他们可能做出的平均工作消耗最小化,即人类行为是建立在最小努力原则基础之上的。"

在现实生活中我们都有这样的体验,当我们想把一道口味很好的菜肴介绍给他人时,我们可以告诉它是怎样的制作工艺、怎样的形状、怎样的口味,但都比不上告诉他一个产品的名称或品牌来得省力。同样,出于经济地运用我们的感受能力,我们在认知旅游产品时,首选的信息通常会是旅游产品的名称或品牌,而不是旅游产品实体。

三、旅游产品命名、品牌的基本心理功能

认知是消费者对旅游产品产生情感的基础。通过一个恰当的名称让消费者容易记住它,可以让消费者了解旅游产品的用途或特点,可以激发消费者联想,唤起对产品积极的情感,从而促进销售。

第二节　旅游产品命名的心理策略

一、旅游产品命名的心理策略

旅游产品种类多样、名目繁多,不同类型的产品命名方法各异,但产品命名的根本目的是一致的:使名称与消费者的心理相吻合,以产生积极的影响。因此,在命名时应注意的心理要求也是相同的,主要应把握以下几方面。

（一）名实相符

一些旅游产品名称直接而概括地反映或描述了产品的性能、用途、特点、成分、形状、产地等。让消费者只要间接看到或听到产品的名称,不需看见产品实体,就能顾名思义,对产品的某些特性有一定的了解,从而有助于加速消费者认识产品的心理活动过程,促进购买行为的尽快完成。如旅游者想旅游找××旅行社;想住宿,只要找××饭店、××宾馆、××招待所;想就餐,找××酒家、××饭馆、××酒楼。因为根据消费者的经验知道,旅行社提供出游安排、饭店提供食宿、酒楼只提供就餐。

在命名的实践中也发现这种现象,如把酒店叫作大厦,饭店与饭馆不分、酒店与酒楼不分,既误导了消费者对旅游企业的认知,也影响自身的销售。

（二）便于记忆

记忆是思维、决策的基础。相比而言,要消费者记住一个旅游产品的名称比记住旅游

产品的实体容易得多。一个易读易记、言简意赅的名称会减轻记忆难度,缩短消费者的记忆过程。为此,旅游产品命名应该力求简洁,高度概括商品的实体特性,便于消费者记忆。根据人们的记忆规律,产品名称以不超过五个字为佳。因为名称长不易记住,而且印象模糊,影响消费者认识产品。所以产品名称应力求文字简洁,并能高度概括产品实体。同时,要易读易懂,能适应不同知识水平的消费者,避免使用生僻、拗口、复杂、费解的字句,一个难以发音或非常拗口的发音以及不易理解的旅游产品名称,会使消费者购买时感到不便,踌躇退缩。众多成功的产品命名证明:简短、易懂、响亮、顺口的产品名称对产品销售能起到积极的作用。

(三)激发联想

消费者通过对旅游产品名称的联想,可以获得对产品本身和与其相关事物的认识。如果一个产品的名称寓意深远,还能促使消费者对其相关事物的美好联想和向往,激发消费者积极的购买热情。如福州的传统佳肴"佛跳墙",佛本不食荤,但闻此菜肴的香味,也按捺不住跳出寺墙食之,可以想见其味道是如何之美了。即使没见过此菜肴的人,只要闻其名,也能勾起想象和向往,产生非尝不可的欲望。

(四)引人注意

商品的命名应能对产品有恰当、形象的描述,易使消费者产生良好印象和兴趣,同时,应突出商品的特性,给人留下深刻的印象。一方面,可以根据商品适用范围内消费者的年龄、职业、性别、知识水平等所产生的心理要求进行商品命名。例如,女性商品的名称应柔和优美、高雅大方;男性商品的名称应刚柔相济、浑厚朴实;青年用品的名称应具有青春气息;老年用品的名称应以朴素庄重为宜;而儿童用品的名称则应活泼可爱,充满童趣。另一方面,商品命名还应注意名称的寓意和特色,含义好、有新意的名称能使人过目不忘或印象极深,例如,"可口可乐""泥人张""狗不理包子"等。当然,为商品命名也不必拘泥于固定形式,只要突出了商品特点,考虑了消费者的心理特征,那么独具一格的商品名称更能引起消费者的注意。

(五)诱发情感

情感是人对客观事物的态度的重要组成部分,没有对产品的积极情感,就不可能有购买产品的需求。一个好的产品名称,能够诱发消费者的积极情感,从而促使其对该产品产生兴趣和购买愿望。

(六)避免禁忌

不同国家、地区和民族因社会文化传统的差异而有着不同的消费习惯、偏好和禁忌。随着经济全球化时代的到来,国家、地区、民族之间的经济交往更加频繁,这就要求商品命名必须充分考虑各国、各地区、各民族的社会文化传统,避免禁忌,以使商品适应国际化的需要。

总之,商品命名应力求寓意深远,情趣健康,便于记忆,能高度概括商品特性,适应消费者心理,从而激发消费者的购买欲望,促成消费者的购买行为。

二、旅游产品命名的常见方法

(一)宾馆、饭店的命名

宾馆、饭店的命名除了吻合消费者的心理外,还要有其丰富的文化内涵。有的体现了我们民族古代对天地、日月、海洋的崇拜以及对吉祥物的尊崇,有的体现了人们崇尚高雅文化的心态,有的体现了人们追求国内外名优品牌的时尚,有的体现了人们对美的意境的追求。从各地宾馆、饭店现有的命名,可以归纳为以下常见的方法:

(1)以国外著名品牌命名的,如喜来登、肯德基、麦当劳、美国加州牛肉拉面馆等。

(2)以国内著名品牌命名的,如北京全聚德烤鸭店、东来顺饭庄、天津狗不理包子店等。

(3)以经营特色命名的,如仿膳饭店、功德林素菜馆、渝乡人家、湘阳府、西域食府等。

(4)以地理方位命名的,如北京饭店、金陵饭店、广州花园酒店、南方酒店、东亚饭店等。

(5)以古典诗词中的词句命名的,如满江红宾馆、杏花村酒楼等。

(6)以古代地名或人名命名的,如姑苏饭店、燕京饭店、钱王大酒店、宋代食府等。

(7)以中国古代传统的吉祥物和美好愿望、享乐吉祥命名的,如钱龙轩、白天鹅大酒店、聚福楼等。

(8)以天地日月、江河湖海、山泉来命名的,如蓝天大酒店、金太阳酒店、月亮湾酒家、玉泉饭店、昆仑饭店等。

(9)以花草鸟兽命名的,如玫瑰酒家、牡丹大酒店、鹿鸣春、麒麟饭庄等。

(10)以投资单位业务范围命名的,如公检法机关的金盾大酒店、交通局的交通大酒店等。

(11)以服务对象来命名的,如工薪一族、航空饭店、铁路饭店、海员饭店等。

(12)以常用词命名的,如辣婆婆、太熟悉酒楼等。

(二)菜肴的命名

在中国人的餐桌上,没有无名的菜肴。一个美妙的菜肴名称既是菜肴自身有机的组成部分,也是菜品生动的广告词,它能给人以美的享受,发挥出菜肴的色、香、味、形所不能体现的特殊功效,它的作用是显而易见的。因此,菜肴命名自古就非常重视。

陈金标把菜肴名称词汇归纳成14类(见表9.1),并从中找出了以下的菜肴命名规律:

表9.1　菜肴名称词汇

属性	类　别	具体分类
实指	菜肴原料词汇 菜肴属性词汇	1.主料　2.配料　3.调料 4.色泽　5.香气　6.味型　7.造型　8.盛器(炊具)　9.质感
虚指	菜肴制作词汇 菜肴纪念词汇 菜肴美称词汇	10.加工方法　11.烹调方法 12.人名　13.地名 14.典故、成语、诗词、谐音等

第一,中国菜肴的名称由表9.1中14类表达一定意义的词汇组合而成,掌握了这14类词汇,便可组成成千上万个中国菜肴名称。第二,主料是使用频率最高的一类词汇,一看菜名就能了解菜肴的原料构成。以《中国名菜大观》为例,北京菜肴216款菜名中,含有主料的有205款,约占95%。第三,由两类词汇组合成4字的菜名最多,占90%以上;其次是三类词汇的组合,如口蘑炒青菜、东江盐焗鸡等,这类菜名在菜谱中不多,筵席菜单中常见,三类以上词汇组合,如德州脱骨扒鸡等,但这类名称极少。第四,美称词汇,包括典故、成语、诗词等,或采用夸张、比喻、象形、谐音等手法的命名词汇,不反映菜肴具体特征,目的是美化菜肴、渲染气氛,或表达一定的情感。其中采用比喻、象形的词汇相对较多,一般与菜肴原料组合构成菜名,对菜肴某方面特征进行美化(见表9.2)。

表 9.2　菜肴常用的美称词汇

种　　类	常用词汇
美化菜肴色彩	翡翠(绿色)　白玉(玉白色)　珊瑚(红色)　水晶(无色透明)　芙蓉　雪花(白色)
美化菜肴形状	五彩(五种色泽)金银(黄白两色)等 Ⅰ动物类　凤尾　虎皮　金鱼　蛤蟆　螺蛳　蝴蝶　松鼠等 Ⅱ植物类　石榴　樱桃　菊花　百花　萝卜　枇杷　杨梅　莲蓬等 Ⅲ器物类　荷包　绣球　琵琶　花鼓　响铃　镜箱　马鞍　珍珠　如意　雀巢等
糕点造型	麻花　交切　寸金等
美化菜肴原料	一品　三元　三鲜　四生　四喜　四宝　五柳　八宝　八珍　什锦等

菜肴命名方法可以分为以下几类：

1. 写实命名法

这是由实指词汇组合构成菜名的方法，是中菜命名中最主要和采用最广泛的直观方法。观其名称，就能了解菜肴的某些特点，如原料组成、烹制方法等。

2. 艺术命名法

这是抛开菜肴的具体内容而另立新意的一种命名方法，尽管这类菜名不能直接反映菜肴的特征，但高雅的名称，增加了菜肴的艺术感染力，可以引起人们的兴趣、启发联想、增进食欲。其名称有绝句妙语组成的趣名，有生动传说构成的巧名，有历史典故形成的雅名，亦有谐趣笑谈造就的俗名等。经过艺术化处理，普通菜肴化俗为雅，实在是颇具巧思。例如，广式菜品竹笋炒猪肋排取名"步步高升"；发菜炖猪手取名"发财到手"；冬菇烧青菜取名"金钱满地"；苦瓜炒鸡肝鸭肉取名"苦凤怜鸾"；鱿鱼炒鸡片取名"游龙戏凤"等。在汉民俗饮食文化里把鸡蛋称为芙蓉，把鸡爪称为凤爪，把豆腐称为白玉，把豆芽称为龙须等都是允许的，这和假冒欺诈是性质完全不同的两码事。

3. 虚实命名法

这是就菜肴某一方面特征进行美化的命名方法，其名称由实指词汇(以原料词汇为主)和虚指词汇组合构成(见表 9.2)，其特点是：实中有虚，看菜名既知其原料，同时，还有几分雅趣，因而受到厨师和美食家的推崇，如松鼠鳜鱼和翡翠蹄筋，"松鼠"表示鳜鱼成菜后的造型，这是对菜肴形状的美化，而"翡翠"则表示配料丝瓜的色泽，这是对色彩的美化。

（三）景点的命名

对景点命名不难，但取个好名字也不那么简单。名称是景点的名片，是与人沟通的桥梁，在旅游宣传中起着重要作用。给景点取个形象贴切、朗朗上口的名称，便可为景点画龙点睛、锦上添花；反之便是败笔之作，使景点的形象大打折扣。从各地的命名实践看，采用专家与群众参与命名法可以集思广益。命名不是学术问题，其创作过程中充满着不确定性，创作的灵感出现并非人主观意识可以控制的。即使是策划大师也不敢断言每份设计都是成功的案例，即使是命名专家也难免取出不尽如人意的"坏名字"来。正所谓"智者千虑，必有一失；愚者千虑，必有一得"。因此，扩大参与范围，见仁见智，便可大大减少不确定因素，增加取好名的可能性。

1.景点命名的原则

(1)依据景观资源的特征,结合景点所在地的地理、自然、人文、历史、民俗、现状等诸多因素。

(2)高度概括景色特点,主题恰如其分,充分提示景观的科学内涵与美学精髓。

(3)具有新颖性、知识性与趣味性,能启迪游人探索自然和游赏的兴趣。

(4)雅俗共赏,能满足各层次多数游人游览需要。不单纯追求艺术、片面标新立异、古僻、抽象、令人费解。

(5)景名构思应虚实并举,达到意境与景物形体的完美结合。

2.景点命名的方法

(1)象形命名法:如松鼠跳天都、金鸡叫天门、迎客松、棋盘松等。

(2)四字命名法:如苏堤春晓、曲院风荷等西湖十景、新西湖十景等。

(3)传说、小说情节命名:飞来石、飞来峰、神仙居、十八童子拜观音等。

(4)写实命名:茶叶博物馆等四大博物馆、鲁迅故里等。

(5)诗词命名法:如天津的"津门新十景"的命名,反映了天津市"三五八十"四大奋斗目标所取得的建设成就,同时也体现了天津作为历史文化名城所积淀的丰厚文化底蕴。金街、"五河"、谦德庄危改新区、泰丰公园、鼓楼商贸区、五大道风情区、平津战役纪念馆、杨柳青景区、中上元古界保护区、天津博物馆新十景,分别被命名为:商贸金街昌万象、五河流碧飞虹、谦德广厦沐春风、泰丰浮海日、盛世鼓楼钟、欧韵风情环五道、平津战史铭功、御河杨柳画图中、中上元古界、天鹅欲腾空。景名连起来是一阕词牌,为临江仙的词。

第三节　旅游产品品牌心理策略

旅游产品的名称是区别不同类产品的标志,通过品牌则可以进一步使同类产品彼此有所区别。品牌是一种名称、术语、标记、符号或设计,或它们的组合,用以识别一个或若干个营销者的产品,并使之与竞争者的产品区别开来。品牌是品牌名称与标记的总称,其中品牌名称是指品牌中可以读出的部分,如"肯德基""宋城"等。品牌标记是品牌中可以识别,但不能发音的部分,如符号、设计、色彩或造型等。当企业把品牌整体或部分按照《商标法》进行注册登记后,它们就成了商标。商标受到法律的保护,并且拥有长期的专用权。

一、品牌的特殊心理功能

品牌除了具有与产品名称一样的基本功能外,在消费者心理还有特殊的功能。品牌实质上是对购买者的一种承诺,即对产品特征、利益和服务的承诺。最好的品牌就是对品质的保证,但品牌还具有更为复杂的象征。以2004年初,由国际著名品牌研究机构推出的2003年世界最有影响力品牌100强中排名第二位的"麦当劳"为例,其品牌能表达以下六层意思。

(一)属　性

顾客面对一个品牌,首先想到的是某些特定的产品属性。属性是消费者判断品牌接受性的第一个因素,因此企业在品牌定位时,首先应当考虑为品牌赋予恰当的属性,并将之作为广告宣传的重点。麦当劳将自己的企业理念和经营方针浓缩为"QSCV"(quality,service,cleanness,value),在"品质、服务、清洁和物有所值"的经营宗旨下,让顾客可以吃到新鲜美味的食品,享受到快捷友善的服务,感受到整齐清洁及物有所值。

（二）利　益

品牌不只是一种属性,顾客不是购买属性,而是购买利益,因此属性应当转化为功能利益或情感利益。品牌要体现利益,说明企业在确定赋予品牌属性时,应当考虑这种属性是否提供了消费者所需要的利益。"QSCV"中的S是英文service的第一个大写字母,即服务。麦当劳服务有"FAF"三大要求:F(fast,快速),指服务顾客必须在最短的时间内完成。保证顾客的排队不超过2分钟,服务人员上食品在1分钟内完成,服务员对一个顾客说的问候语总耗时保持在32秒。A(accurate,正确、精确),坚持在高峰时段,也要不慌不忙且正确地提供顾客所选择的餐点,这是麦当劳对员工最基本的要求。F(friendly,友善、友好),当有人走近麦当劳餐厅门口,就会遇到穿着整洁、彬彬有礼的脸孔笑面相迎。只要顾客一走进麦当劳餐厅,即有服务员为他们开门,并满脸微笑地打招呼:"欢迎光临!"在就餐过程中,顾客可以看到始终微笑的服务人员,在需要的时候,服务人员会随时听从召唤,为消费者解决问题。

（三）价　值

品牌在提供属性和利益时,也意味着企业所提供的价值。消费者购买产品是希望获得利益,以及他认为有价值的品牌。因此,企业必须确定或推测对品牌的价值感兴趣、正在寻找这些价值的特定购买群体。"QSCV"中的V是英文value的第一个大写字母,即价值。希望用餐之后的消费者感到食品既有营养又价格合理。麦当劳公司的食品不仅质量优越,而且所有的食品所包含的营养成分也是在经过严格的科学计算之后,根据一定的比例配制的。针对现代人体重一路攀升的状况,麦当劳于2004年1月开始在纽约等地采取了一项名为"真实生活选择"的计划:在菜单上标明几款套餐的脂肪以及碳水化合物含量。在最先推出这项服务的650家快餐店里,可以清楚地看到这种标有营养成分明细的菜单。这样一来,顾客就可以根据自己的营养需求,从现有的套餐中"加加减减",从而防止摄入过多的脂肪、碳水化合物和卡路里。之所以要这么"加减",是为了让消费者明白,他们喜欢的麦当劳食品可以满足他们的营养需求。

（四）文　化

品牌可能附加和象征了一定的文化。这可能是某种文化或文化中某种令人喜欢或热衷的东西。其中最能使品牌获得市场认同感的是文化中的核心价值观。"麦当劳"代表美国崇尚个人自由的文化。所有的品牌主题都围绕着"酷""自己做主""我行我素"等年轻人推崇的理念。一个中学生在被问及对麦当劳广告的看法时说:"'我就喜欢'里面的'就'字很酷,我特别欣赏。"

（五）个　性

品牌也具有一定的个性。品牌的个性表现为:它就是"这样的"。品牌独特的个性,使消费者形成对品牌的认知,并且有相似的认同和归属感。品牌塑造个性,通常用联想的方法实现,即当消费者看到或使用某一品牌时,他们会想到什么?这是品牌能得到目标顾客接受和认同的最佳途径。麦当劳黄金双拱门深入人心,看到麦当劳,会让顾客想到的是"在全世界已拥有

28000 多家餐厅,在'品质、服务、清洁和物有所值'的经营宗旨下,不管是在纽约、东京、香港或北京光顾,都可以享受到同样的服务"的麦当劳。品牌的个性可以成为消费者自我实现的工具,同时,品牌的个性具有情感感召力,可以消除消费者的心理障碍,使消费者从品牌的独特个性中感受到丰富的内涵,产生高度的契合感,从而获得个性心理的满足。

（六）使用者

品牌还体现了购买或使用这种产品的是哪一类消费者。事实上,品牌具有特定的使用者,品牌所表现出的价值、文化和个性,均可反映到使用者的身上。麦当劳消费人群的定位是少年儿童并以此为辐射的青年与成年人群。据统计,美国 13 岁以下儿童平均每周吃 7.9 个汉堡包,7 岁以下儿童快餐市场中,麦当劳有 42％的占有率,而麦当劳人物便是以此为出发点设计的。

品牌六个层次的含义表明:品牌是一个复杂的识别系统,品牌决策的实质就在于建立一整套的品牌含义。当一个品牌具有以上六个方面的含义时,可以认为它是具有内涵和深度的品牌,否则就是肤浅的品牌。因此,必须深度开发品牌的含义。品牌最持久的含义是其价值、文化和个性,它们构成了品牌的基础。

二、消费者对品牌的心理作用过程

科技进步、经济发展,使人们的生活水平不断提高,人们的消费需求也从基本的生理、安全需要逐渐上升到受人尊敬、自我实现等高层次的需要。人们在追求产品使用价值的同时,还希望获得心理和精神上的满足,而这种较高层次的需要很大程度上是通过购买品牌来实现的。

（一）品牌的认知过程

品牌的认知过程是指消费者认识、了解、确信并接受品牌的过程,是品牌发生作用的心理基础。消费者只有形成对某一品牌的认知,才能从品牌中实现自我形象、社会象征、情感等方面的需要,才能通过品牌体现自身的文化、知识水平、生活方式、消费习惯、社会地位、声誉、名望等。消费者形成品牌认知过程的基础是品牌所包含的价值、文化和个性。

（二）品牌忠诚

消费者形成品牌认知后,会进一步对品牌产生情感。在这一过程中,品牌忠诚度已成为企业关注的焦点。这是由于品牌忠诚度的提高是企业长期盈利的唯一的、也是最重要的驱动力。一个忠诚的消费者能够给企业带来诸多利益,包括降低营销成本,增强企业与分销商讨价还价的能力,可以比竞争者的产品卖更高的价格,更易于进行品牌延伸,在激烈的价格竞争中为企业提供某些保护作用等。消费者对品牌的忠诚度表现为其购买行为的忠诚,而行为忠诚度的建立很大程度上依赖于消费者对品牌的情感忠诚。由品牌情感转化为品牌忠诚的关键是激发消费者的情感意识。长期的情感沟通与培养,使消费者与品牌之间建立一种持久的依存关系,从而使企业通过获得忠诚顾客的终身价值,使品牌比特定产品拥有更持久的生命力。

三、品牌策略

通过以上分析,企业可以在掌握消费者品牌消费心理的基础上,制定和实施正确的品牌决策。

（一）品牌化决策

没有品牌，企业无法将自己与竞争对手区分开来，消费者也无法对产品形成明确的认知。因此，大多数企业会选择品牌化决策，即企业使用品牌，并相应地进行商标注册。而且，随着市场竞争日趋激烈，一些过去认为无需建立品牌的行业，也开始选择品牌化决策。一般旅行社推出很多线路，把某条线路产品做成品牌的很少，厦门旅业集团却打响了出境游品牌"凤凰花假期"，厦门旅业集团也因此获得了"中国旅游知名品牌"的称号。

与此同时，企业应加强商标保护意识，及时注册商标。这不仅指及时在国内注册，而且指及时在国外注册。全球经济一体化、中国加入 WTO 以及互联网的出现和普及，都为中国企业将产品打入国际市场提供了契机，但我国知名品牌在国外被抢注的现象时有发生，某些公司多年精心培育的品牌，成了为他人做的嫁衣。例如"青岛"在美国、"阿诗玛"在菲律宾商标均遭到了抢注，而消费者购买产品时，往往只认商标，不太注意产地，一旦商标被抢注，企业就会遭受很大的损失。而且要利用法律、技术手段对抗假冒产品。假冒产品是对品牌的最大威胁，消费者如果买到这些产品而不明真相，就会对该品牌失去信任。为了维护品牌在消费者心目中的形象，企业必须采取措施保护自己的品牌。例如，运用高科技手段在商标上加防伪标记，不断改良创新防伪标记，同时还应借助法律武器维护自己的权益。

（二）一般的品牌策略

一般的品牌策略有以下四种：

1. 产品线扩展策略

产品线扩展策略是指企业在现有产品类别中增加新的产品项目，并以同样的品牌名称推出。如在现有产品线中增加新的口味、外观、样式、包装规格等产品。当消费者的需要发生变化或发现新的消费者需要时，进行产品线扩展可以获得更多的销售机会。此外，产品品种、花色、样式等的增多可以刺激消费者的购买欲望，对抗竞争者或从中间商那里占据更多的货架空间。产品线的扩展可以采取创新、仿制、更换包装等多种形式。这一策略也面临着一定的风险：一是可能会导致品牌名称失去其特定的含义；二是销售收入不足以抵消开发和促销成本；三是虽然销售收入增加，但并未吸引到竞争对手的顾客，而仅仅是本企业产品的此消彼长。

2. 品牌延伸策略

品牌延伸策略是指企业利用现有的成功品牌推出新产品。例如，万豪国际酒店集团旗下的众家酒店使用统一的"WJ"品牌。品牌延伸策略被认为是"双刃剑"，因为它一方面能够借助已有品牌，降低新产品的促销费用，加快市场推广速度，使消费者很快认识、注意和接受新产品；同时又面临着风险，即若推出的新产品不能令消费者满意，就可能影响原有产品的销路，更为严重的是，可能破坏品牌的市场知名度、美誉度和顾客忠诚度。

3. 多品牌策略

多品牌策略是指对同种产品采用两个或两个以上的品牌。例如，喜达屋饭店集团的品牌包括圣·瑞吉斯（St. Regis）、至尊金选（The Luxury Collection）、寰鼎（Westin）、喜来登（Sheraton）、福朋司（Four Points）以及 W 饭店（W Hotels）。多品牌策略可以满足旅游消费者普遍的求新策略，通过品牌的不同定位，可以满足追求不同利益的消费者，使消费者有"更多"的选择机会，从而使企业占据更多的市场份额。同时，每一种品牌的产品承担的风险也相对较小。此外,这一策略可能带来的问题是品牌之间的竞争在企业内部展开,而非期望的那样发生在竞争者之间。

4. 新品牌策略

新品牌策略是指企业在推出新产品时,采用新的品牌名称。当原有品牌名称不适合于新产品时,企业通过建立一个新的品牌,在公众心目中树立新的形象。这一策略可以避免原有品牌对新产品可能带来的不利影响。但建立新品牌成本较高,企业应事先考虑投入与产出。

(三)品牌的情感策略

一般的品牌策略能够改变消费者对企业的态度,而品牌的情感策略能够促使人们因为这样的感情而采取购买行动,即给消费者提供一个从单独一次购买到长期忠诚的理由。由于方便的零售服务和互联网的普及大大降低了顾客的搜寻成本,而且竞争者也越来越擅长快速复制创新。因此,对于企业来说,通过激发和满足顾客的情感需求来创造价值,变得越来越重要。情感策略的三个核心要素是信任、体验和精力。这三个要素不仅为公司提供了把产品从竞争对手的产品中清楚识别出来的机会,而且能够切实地促成大部分的消费者做出购买决定。

1. 信　任

信任是指品牌获得的信任。一家企业长期信守诺言,会使消费者逐渐信赖该企业——只是看到企业的标志或听到企业的名字,就让他们觉得产品值得购买。品牌塑造主要是顾客信任和依赖的结果——顾客的信赖,而不是营销组织的依赖。

2. 体　验

品牌建立在顾客对企业产品长期满意的体验之上。体验是顾客与品牌的相互作用。在特定的零售环境中,购物、浏览网站、参观企业、使用产品和享受服务,这一切都会影响消费者对品牌的态度。每一次体验都存在满足消费者需求的机会,因此也是他们与品牌建立情感联系的机会。互联网为顾客体验增添了新的内容。与此同时,情景购买也是增强顾客体验的有效方式。例如,到过张生记酒店的顾客会有"吃了老鸭煲,看看老古董,享了口福,又饱了眼福"的感受。张生记酒店很重视酒店氛围的营造,杭州、南京、苏州、北京等地各分店的环境装潢上都各有特色,正如主持张生记酒店装潢的总设计师雷天恩先生所说:"张生记不是一般的所谓美食大世界,它是在努力开拓一块真正意义上的中华饮食文化园地。"

3. 精　力

精力是指消费者为购买和使用产品所花费的时间和努力的总和。精力策略意味着为消费者提供方便和节省时间。在这一点上,互联网渠道胜出一筹,一旦消费者登录相关网站并找到一件产品,只要用鼠标点击一下,就可以订购产品。

第十章 旅游产品价格心理与定价策略

价格是消费者心理中最敏感的因素。一件中意的产品能否成交,常常取决于它的价格。从这个意义上讲,产品价格的决定权在消费者手中。著名经济学家亚瑟·马歇尔说过:"一个企业将定价权委托给谁,即意味着企业命运维系于谁。"价格不仅关系到产品生产经营者的利益,也关系到消费者的切身利益。对消费者围绕旅游产品价格而出现的各种心理活动规律开展研究,有助于旅游企业在产品价格的博弈中取得"双赢",实现旅游产品的销售。

第一节 消费者价格心理

消费者价格心理是消费者在购买活动中对旅游产品价格认知的心理反应,包括消费过程中所产生的价格心理现象和旅游产品价格对消费者消费心理的影响。它是由消费者对旅游产品的知觉水平与消费者自身的个性心理共同构成的,对人们的购买活动有着重要的影响。比如,当我们按照价值决定价格的原理制定旅游产品价格时,有的消费者会认为这是货真价实的,但有时候却又怀疑它的真实性;市场上也往往出现在供求情况并没有多大变化的条件下,当价格背离价值高价出售时,顾客争相购买,而压低价格却无人问津等现象。这就是消费者价格心理作用的结果。

一、心理价格

什么是心理价格? 在这里,借用意识的定义给心理价格下一个心理学定义,这有助于我们从心理学角度来认识心理价格的主观性。心理价格是人脑对旅游产品价格的反映。

我们知道意识是人脑对客观事物的反映,由于个体的认知方式、认知深度等的影响,这种对客观事物的意识常常会出现与客观事物并不完全一致的反映,也就是我们常说的意识的主观性。同样,消费者在对旅游产品价格产生意识的时候,也存在着一种与旅游产品实际价格不一致的反映。这种反映就是我们说的心理价格。产生心理价格的过程,称之为心理定价。

和人脑对其他事物的反映相比,心理价格的主观性更大。因为虽然旅游产品价格的制定具有一定的客观标准,但在实际生活中,制定旅游产品价格所依据的客观标准属于商业机密,一般的消费者大多不清楚,也难以了解到。消费者在购买一件旅游产品特别是价值较高的旅游产品前,只能尽其所能地通过各种信息渠道得到有关此类旅游产品的一些信息(如货比三家后得到该价格、规格、质量等),然后根据这些信息及对于这件旅游产品的直观了解,在心里衡量这个东西到底值多少钱,形成心理价格。并且消费者的心理价格与消费有关,产生消费又受自身的消费能力支配,因此,心理价格难免带有感情色彩,并深深地影响消费需求。它与消费需求的关系为:

$$消费者的消费量 = K \times (消费者心理价格 / 旅游产品自身价格)$$

式中:K 为消费能力系数。可见,消费者的消费量与消费者的心理价格成正比,与产品自身价格成反比。西方经济学消费者理论又称心理价格与实际价格之间的差异为消费者剩余,消费者剩余的大小,是度量消费者在市场上购买了一种旅游产品后得到满足的程度。由于消费者在有限的消费能力的既定预算下,追求效用最大化,所以当某消费所产生的消费者剩余越大,即得到的满足越大,该消费带给消费者的心理价值就越高,消费者则更乐意消费。

从消费心理学角度看,心理价格的主观性受消费者的价格心理和价格的心理功能影响。

二、消费者的价格心理

消费者价格心理是指消费者在购买活动中对旅游产品价格认识的心理反应,通常有以下几种。

(一)习惯性价格心理

习惯性价格心理是指消费者会根据自己长期、多次的购买经验对某种旅游产品价格形成习惯价格的心理现象。

在社会通货膨胀率低的情况下,旅游产品的价格是相对稳定的。经历多次以某一价格购买某一旅游产品,这一价格就成了该消费者的习惯价格。在下一次的购买中,消费者会以这种习惯价格即先前旅游产品的价格作为心理价格来评价当前的旅游产品。因此,消费者重复购买次数比较多或者与消费者日常购买商品同类的旅游产品,容易形成习惯价格。如城市公园型景点的门票、酒店经营的大众性菜肴与饮品价格、游客比较熟悉的旅游线路的价格等。

习惯性价格心理的另一种表现形式是消费者跟旅游产品经营者间讨价还价的方式,如给予团体优惠折让的多少、老顾客的优惠程度、会员价等。

尽管这种习惯性价格心理有时并不固定,且许多旅游产品价格也往往都会经过从不习惯到习惯的过程。但是,习惯价格一旦形成,消费者就不易改变。若有改变,消费者会很难接受。因此,在调整旅游产品价格时,对习惯价格的变动必须采取十分慎重的态度。如果变动幅度过大、速度过快,往往会引起消费者心理上的波动和不安,导致消费者不满。对易形成习惯价格的旅游产品,一般应稳定价格,通过提高劳动生产率、薄利多销等策略去经营,如果确需变动,应事先进行宣传和合理的解释。

(二)敏感性价格心理

1. 敏感性价格心理

敏感性价格心理是指消费者对旅游产品价格变动的心理反应现象。

敏感性价格心理是相对于习惯性价格心理而言的。随着科学技术的进步、市场经济的发展和市场供求的变动,旅游产品价格也会发生相应变动。从产品市场生命周期来看,同种旅游产品在市场寿命的不同阶段,其价格也不相同。但是,旅游产品价格的变动会对消费者心理活动产生重要影响。在旅游产品中,特别是像景点大门票的价格、旅游区宾馆的住宿费、旅行费用等一些开展旅游活动必需的旅游基本消费品或者比较受众人钟爱的旅游产品价格一旦发生变动,消费者心理反应会十分敏感。如 2004 年末,北京六大世界文化遗产景点门票欲提高的消息公布后,在全国各地引起强烈反响,新华网上收到网民发表意见的上千条帖子中,95%的帖子是持反对态度的。但是在市场经济条件下,价格变动是必然的。不能认为,因为人们对价格变动敏感,我们就可以固定价格。关键是如何建立市场价格运行机制,使消费者心理适应市场价格的变化,逐渐形成对新价格的习惯性心理。

2. 产品价格波动对敏感性的影响

(1)绝对价格阈限。价格阈限是指消费者心理上所能接受的价格界限,即所谓绝对价格阈限。绝对价格阈限可分为上绝对价格阈限和下绝对价格阈限,上绝对价格阈限是指可被消费者接受的旅游产品的最高价格,下绝对价格阈限是指可被消费者接受的旅游产品的最低价格。

消费者在购买旅游产品时产生的心理价格不是一个固定值,而是形成一个心理价格阈限,即对旅游产品价格形成一个认可的上限和下限概念。当一种旅游产品的价格高出消费者认可的上限时,就会被认为是漫天要价;而当价格低于消费者认可的下限时,则消费者会对旅游产品的实际价值产生怀疑,认为旅游产品是滞销品或质量低劣品。这些情形都不能触发消费者的购买动机。比如,某机场一杯咖啡的价格要 88 元就会被消费者指责,因为消费者一般以同样一杯咖啡在五星级酒店的价格作为上限。只有旅游产品价格处于心理价格的阈限范围内时,消费者才会乐于接受。

绝对价格阈限的上限和下限可以因消费者的不同而不同。一般来说,这两种阈限在一定条件下是处于相对稳定的状态,但又都是可以通过市场力量加以改变的。比如,广告、公关、宣传可以使消费者常见的某种品牌的旅游产品升值,于是价格的上绝对价格阈限会随之提高;如果消费者碰到一种价格低于下限的旅游产品,常常会经过紧张的思考、审慎的分析和判断,对是否接受这种低价做出决断。如果此时消费者把旅游产品价格的降低归因于市场需求变化而非旅游产品质量问题,就会接受这一低价,于是价格的下绝对价格阈限就会因此降低。

需要指出的是,在通货膨胀出现时,由于货币的贬值,价格的上限会逐渐上移。例如,20 世纪 80 年代以前的"5 毛钱一张的公园门票",如今已在我国消费者心目中成为过去。正是出于对旅游产品低价的留恋,每每在价格再次上涨前,消费者总会产生一种抢购心理。但久而久之,价格的轮番上涨就会使消费者麻木起来。这是因为消费者已经适应了价格的上涨。如果此时价格出现下降,反而会引起消费者的强烈反应。可见,在市场运行中,价格的绝对阈限是可以波动的。

(2)差别价格阈限。有关研究表明,只有当一种旅游产品的前后价格差别达到一定水平时,消费者才能察觉两者价格刺激之间的不同。这个关键的刺激差别水平称为最小视觉差,即差别价格阈限。韦伯定律表明,最小视觉差是刺激大小的函数:

$$\Delta S/S = K$$

式中:S 是刺激的大小;ΔS 是刺激的增量;K 是常数。

　　在考虑价格变化时,韦伯定律表明,使消费者感到价格确实发生了变化时所需要的变化量是价格等级的函数。人们很容易发现5毛钱一张公园门票价格的变化,但完全相同的价格变化如果发生在高星级酒店住宿费等旅游产品的价格上,就很可能根本不被消费者注意。

　　在韦伯(E. H. Weber)研究的基础上,费希纳(G. T. Fechner)又进行了修订,从而得出韦伯—费希纳定律:

$$R=k \lg S+a$$

式中:R 是反应的强度;S 是刺激的强度;k 是比例常数;a 是积累常数。

　　韦伯—费希纳定律表明,价格与对价格的反应之间的关系是对数关系。价格下降的最小视觉差取决于消费者希望接受一个较好的价格的动机和为获得低价所需进行的努力。而且,消费者对价格下降的反应要比价格上涨的反应更敏感(这里不包括通货膨胀时的情况)。

　　韦伯—费希纳定律中的 K 值可以因旅游产品的不同而不同。由此得出消费者对价格反应程度的结论:①价格反应程度与其他旅游产品的价格和使用价值有关;②对于每一类产品、每一种可辨质量等级,都存在一个标准价格;③标准价格是一些相似产品的平均价格;④标准价格是判断其他价格的基准;⑤存在一个标准价格的弹性区间,在此区间内的价格变化不会引起消费者的反应;⑥消费者并非单一地判断每一旅游产品的价格,而是把每个价格同标准价格或价格系列中的其他价格做比较进行判断;⑦标准价格无须与任何一种旅游产品的实际价格相符。

　　此后,卡门和图曼对标准价格提出了新的见解。他们认为,标准价格实际上就是消费者可接受的价格范围。比如,一个人要买一份套餐,如果一块牛排的价格为5元,可接受的价格范围是4～6元,一杯咖啡的价格为2元,可接受的价格范围是1.5～2.5元。这样,实际价格正好落入价格范围之内,消费者就会认为"公平""合理"。反之,如果实际价格超出价格范围,假若一杯咖啡的价格为3元(超过最高价格限度20%),就会引起消费者的严重反感。正如詹姆斯·恩格尔等人所指出的,由于消费者对许多产品往往不注意它们的精确价格,因而在许多情况下可能存在一个可接受的价格范围。如果产品价格落入这个范围,价格就可能不被作为一个尺度。然而,若价格超出可接受范围的上限或下限,价格就变得很重要,同时有问题的产品将被拒绝。

　　(三)倾向性价格心理

　　倾向性价格心理是指消费者在购买旅游产品过程中对旅游产品价格的高低进行比较后而选择旅游产品的倾向。消费者对旅游产品价格选择的倾向性概括起来可分为以下几种:

　　1. 求廉心理倾向

　　这是一种以追求廉价旅游产品为主要目标的购买心理。具有求廉心理的消费者,往往是处理品、特价品、折价品、低档品、残次品、冷落品的主顾。这类顾客对旅游产品的价格特别敏感,而对旅游产品的质量则不太苛求。只要旅游产品的价格便宜,质量有点问题,不影响使用也可以。物美价廉固然好,物欠美而价优惠也还合算。从消费者求廉心理倾向出发,为旅游者推出经济型的旅游线路、自助式的旅游线路都具有很好的市场。

2.自尊求荣心理倾向

旅游产品价格具有自我意识的比拟功能,不仅表现着旅游产品的价值,在某些情况下还具有表现消费者社会地位高低的社会心理含义。一直以来,我国企事业单位对不同级别员工商务之旅的报销标准有所不同,因此乘什么交通工具、入住怎样的酒店等都成为消费者地位的一种标志。求荣心理是一种以追求荣耀为主要目的的购买心理,是一种高级的精神需求。持有求荣心理的顾客,特别注重旅游产品的威望和象征意义,所以,如五星级宾馆、飞机头等舱等对消费者的地位有突显作用的旅游产品,往往是这类顾客追求的对象。

3.求实心理倾向

有求实心理倾向的消费者在购买旅游产品时,重视旅游产品的使用价值,讲究经济实惠,而不追求旅游产品的外形美观和新颖,希望花小钱买到称心如意的旅游产品。这种心理在消费者中极为普遍,有这种心理的人,多数属于中低档购买能力的消费者。针对这类消费者,企业在制定营销策略时,应尽量宣传旅游产品的使用价值,利用简易的包装来降低其生产成本,从而降低旅游产品的价格,吸引更多的"求实"消费者。如酒店经营的家常菜、自助餐等都是在价位上迎合此类消费者的。

4.求同心理倾向

对大多数人来说,挑选旅游产品的知识都是比较贫乏的,而且,被人视为怪僻、不合群也是不能忍受的。那么,要想买到称心如意的旅游产品,又不被视为怪异的最简便又可靠的方法便是追随、模仿社会上流行的东西。追随与模仿他人,会使主体产生安全感。这种消费者喜欢赶时髦,在选购旅游产品时,只追求流行而不太计较价格。

5.求新、求异心理倾向

求新、求异也就是追求旅游产品的个性化。有一类消费者,他们对新开发的甚至人迹罕至的景点、新开张的酒店、酒店新推出的特色菜等产品特别感兴趣。他们对旅游产品的使用价值和价格高低似乎不太在意。这种求新、求异的心理,大多属于经济条件好的青年人,是冲动型的购买者。

(四)消费者对旅游产品价格的感受性心理

消费者对旅游产品价格的感受性心理是指消费者对旅游产品价格高低的感受程度。消费者对旅游产品价格高与低的判断,一般有三种感受情形:第一,同一购买现场、同一的价格、不同组合的旅游产品,消费者感受不同。市场上的旅游产品由于货位的摆放、服务的方式、营业场所的气氛不同,往往会使消费者做出不同的判断。这是因为消费者普遍具有一种先验心理。由于人的直觉上的差别,会引起不同的情绪感受。营业厅环境布置的优劣、旅游产品陈列造型和颜色搭配、灯光和自然光的采用、营业员的仪表,都能给消费者不同的感觉,从而影响消费者对价格的判断。例如,同一旅游产品在高价格系列中就显得较低,在低系列价格中就显得较高。第二,同一使用价值的旅游产品,由于销售地点的不同,使消费者对旅游产品价格的感受不同。在人口密度大的地方设店,顾客数量多,需求量大,价格高一些,仍有较大的销售量。而在偏僻地区设店,由于交通不便,只能以低价销售来吸引顾客。另外,购物环境的氛围以及店内的装饰同样也会对旅游产品的价格产生影响。例如,同样的一道菜肴,在不同档次餐饮店出售价格不同,消费者也能接受。第三,同样使用价值的旅游产品,由于旅游产品的商标、式样、包装、色彩不同,而引起消费者不同的心理感受。商标是企业旅游产品的标志,同样使用价值,名牌旅游产品的价格往往比同类旅游产品高出几倍,而消费者仍然很乐意接受,这就是由于名牌旅游产品给消费者所带来的独特感受所造成的。使用名牌,不仅能带来物质上的享受,而且还能带来精神上的满足。旅游产品的包装也是影响其价格的一个重要因素。精美的包装,无形中提高了旅游产品的身价,价格往往高出其包装费用,但有求美心理的消费者仍然乐于接受。一些比较经济实惠的简易包装的旅游产品,以其价格的优势常常被求廉消费者所抢购。

三、旅游产品价格的心理功能

在现实的交易中,常常会出现这样的现象:一种理论上合理的价格,消费者心理上不一定能够接受,而一种理论上不合理的价格,消费者心理上却能够接受;面对同一价格的同一旅游产品时,有的消费者可能乐于接受,有的消费者则可能感到难以承担。可见,价格除了反映旅游产品所含的内在价值外,还具有某些带有普遍性的心理功能。价格的心理功能主要表现为以下几个方面:

(一)衡量旅游产品价值的功能

尽管消费者会给旅游产品定一个自己认可的价格——心理价格,但一般说来,消费者都会首先看看旅游产品的标价,也就是说旅游产品的标价是心理定价的基础。毕竟长达数千年的商品交换已经使"价格是商品价值的反映"成为商品公平交易的基本规则,因此,"一分钱一分货""便宜没好货"等作为消费者购买旅游产品时判断旅游产品质量的理念已成为心理定势。有人做过实验,把质量完全相同的一批茶叶蛋,分别放在两个盆中同时销售,一盆的定价为每个茶叶蛋 0.55 元,另一盆的定价为每个 0.45 元,其结果定价较高的那盆很快被卖掉,而定价低的那盆则无人问津。消费者的反应是:市场上新鲜鸡蛋的价格都要每只0.5 元,加工后反而便宜,这蛋的质量一定有问题。

尤其是,在当今科技进步和信息爆炸的时代,消费者面对品种繁多、质地各异、五光十色的旅游产品,很难一一分辨它们的内在品质,也很难全面掌握它们的具体性能,当然也就更难真正了解它们的实际价值。因此,在消费者心理上,价格就成为据以衡量旅游产品价值和旅游产品品质的尺度,具有衡量旅游产品的功能。

(二)自我比拟的功能

旅游产品价格还具有消费者自我意识比拟的功能。这就是说,消费者在购买旅游产品的过程中,可能通过联想与想象等心理活动,把旅游产品价格的高低同个人的品位、偏好、社会阶层、生活方式等联系起来,有意或无意地进行价格比拟,让价格的高低来反映自身的社会经济地位和个性特征,以满足个人的某种社会心理需要。具体来说,消费者自我意识比拟有以下几种形式。

1. 经济地位比拟

有些消费者只到高档、大型店或专卖店购买"名、特、优、新"旅游产品,以显示自己的社会地位和经济地位。有些消费者则是大众店、低档摊位的常客,专门购买折价、淡季降价的廉价旅游产品。假使这两类人的行为发生了错位,则第一种消费者会因去低档次的场所购物而感到不安,认为有损自己的社会形象;而第二种消费者去高档次的购物场所购物,则会产生局促不安、自卑压抑的感觉。

2. 观念更新比拟

每到节假日,人们上口的一句话是"你打算到哪去玩?"说明旅游已成一种消费潮流,尽管对一些人而言它是奢侈品,但这些消费者怕别人说自己落伍,跟不上潮流,即使经济条件有限,也要花一笔钱外出旅游,希望能够以此获得"与时代发展同步"的心理安慰。另有一些消费者受广告影响,萌发到某地旅游的冲动,其潜在心理是树立自己观念前卫的形象。

3. 文化修养比拟

在生活中可以见到这种现象:有的消费者尽管对书法字画缺乏鉴赏能力,却要花费大笔支出购买名人字画挂在家中,希望通过昂贵的名人字画来显示自己具有很高的文化修养,从而得到心理上的慰藉。还有一些消费者本身并不怎么喜欢看书,却要购置大量精装豪华的书籍放在家中,以显示自己的博学及高品位。旅游产品的丰富文化内涵,可以作为替代品满足这部分消费者的心理。

4. 生活情趣比拟

一些消费者既缺乏音乐素养,又没有特殊兴趣,却购置钢琴或高档音响设备,或者亲身实地去欣赏体验自己听不懂的高雅音乐会,以期得到别人给予"生活情趣高雅"的评价,获得心理上的平衡。人们常感叹"有时间去桂林的时候没有钱,等我有了钱却又没时间",所以说,购买旅游产品体现了一种"钱、闲"和谐统一的生活境界。和音乐、艺术不同,旅游人人都会,旅游的生活情趣比拟不易被人识破,能给消费者带来面子。

(三)调节消费需求的功能

旅游产品价格的高低直接影响着需求,在供求规律的作用下,如果旅游产品价格上涨,旅游产品需求就会减少;相反,如果旅游产品价格下降,旅游产品需求就会增加。在其他条件不变的情况下,旅游产品需求总是按照和旅游产品价格相反的方向变动。从这个意义上讲,旅游产品价格具有调节旅游产品需求的功能。

对于存在着自我比拟心理价值的旅游产品,也会有需求与价格同向变化的现象。因为价格越高越有炫耀的作用。

不仅如此,价格调节需求的功能还要受心理需求强度和价格预期评价的影响。首先,消费者对某种旅游产品的心理需求越强烈,对这种旅游产品的价格变动就越敏感,于是旅游产品价格对旅游产品需求的调节力度就越大,反之就越小。其次,旅游产品需求的变动还要看消费者对旅游产品价格变动趋势的预计。当消费者预期旅游产品价格会持续下跌时,即使旅游产品降价出售,消费者也可能减少购买,等待旅游产品价格跌入谷底;当消费者预期旅游产品价格会持续上涨时,即使旅游产品提价出售,消费者也可能增加购买,直到旅游产品价格涨至巅峰,即所谓的"追涨杀跌"现象。

综上所述,价格的心理功能较之价格的一般功能要复杂得多。尽管后者是前者的基础,但是前者常常是后者的实现形式。因为消费者的购买行为既受社会生活的影响,又受消费者个性特征的影响,所以,在市场营销活动中,为了刺激生产和消费,制定适当的旅游产品价格,就必须研究价格的心理功能。

第二节 定价的心理策略

定价的心理策略是指企业为迎合消费者心理而采取的定价策略。明确了旅游产品价格的心理功能和消费者的价格心理反应,这就为确定合理的、符合消费需求的销售价格提供了可靠的心理依据。

一、结合衡量价值功能及习惯性、感受性价格心理采取的定价策略

(一)零数定价法

零数定价法又称尾数定价法或非整数定价法,是指在给旅游产品定价时带个零头结尾的一种定价方法。其主要是基于消费者慎重的比值比价心理,给消费者留下"价格准确,是商家精心核算"的心理印象,造成价格实在和偏低的感觉。比如,定价为 18.5 元的一道菜,消费者会认为还不足 20 元,认为价格便宜而受到欢迎。

(二)习惯定价法

习惯定价法是指从消费者习惯性价格心理出发而制定价格的方法。因为消费者所认定的这一习惯价格是长期购买某种旅游产品的经验总结。所以,商家通过认真的市场调查与分析,确实认定该旅游产品价格是广大消费者普遍认可的,就不要轻易变价,以免引起价格异议和消极购买情绪。

(三)消费者自定价法

消费者自定价法是把商家成本定价的合理性与消费者对价格的心理预期进行有机结合,这种定价方法既能够充分体现价格的比值比价心理功能,又能激发消费者的购买情绪,引起对价格的不同心理感受。其具体做法是:先由商家给出一个进货成本价,然后以此价为起点由消费者通过对旅游产品质量的认定再出一个价格,若此时没有其他买主,就以消费者所出的价格成交。若有其他买主,就由商家从多个报价中选一个最高价成交。这种方法提高了旅游产品定价的透明度,也照顾了消费者对价格的心理感受。因此是一种较理想的定价方法。

二、结合价格自我意识比拟的心理功能及价格倾向性心理采取的定价策略

(一)分档定价

分档定价是基于社会经济地位不同的消费者在购买过程中有不同的选价倾向而制定价格的方法。一般把旅游产品价格分成高、中、低档三类。高档次的旅游产品价格适应社会经济地位高、收入丰厚的消费者,以满足其显示社会地位的优越心理,而中、低档的旅游产品适应经济条件一般、收入低下的工薪阶层,以满足其求廉求实的消费心理。

(二)声望定价

声望定价是针对那些在消费者心目中享有一定威望、具有良好信誉的旅游产品进行高定价的方法,其目的在于显示旅游产品的身价。消费者若购买这类旅游产品,其自豪感心理会油然而生。

(三)整数定价

整数定价方法对于价位较高、风格独特的旅游产品较为适宜。这样既可体现旅游产品的高贵形象,同时也便于结算。相反的,若采取有零有整的定价方法,就会损害旅游产品的社会形象,如某酒店推出的情人节大餐 788 元/两人,若单价为"788.88 元"则显得不可理喻,消费者也难以接受。

三、结合价格调节需求的心理功能及价格敏感性心理采取的价格策略

（一）适度调价

考虑到价格的涨跌会影响消费者的心理，因此商家在调价时，不仅要考虑价格制定在经济理论上的合理性，更要考虑消费者心理的承受力。一般在涨价前要做好宣传，向广大消费者说明涨价的原委，以争得其谅解和支持，而在旅游产品降价前也要做好宣传，说明降价的理由，以打消消费者的种种顾虑，坚定其购买信心，同时在降价过程要特别慎重：一是把握降价时机，一般在销售旺季和淡季的过渡期降价较合适。二是把握降价的幅度，一般降价幅度在 10％～50％，若小于 10％则降价不明显，起不到刺激消费的效果，若大于 50％，又易产生质量异议，从而抑制消费。

（二）组合定价

组合定价也是从价格高低的不同会刺激或抑制消费心理需求出发而采取的定价方法，主要适用于配套使用的旅游产品。对于这类旅游产品，可有意识降低购买频率低、需求价格弹性高的旅游产品的价格，同时提高购买频率高而需求价格弹性低的旅游产品的价格，以达到各种销量同时增加的连带效应。如景区的联票制，旅游线路住、行、游、食的组合，饭店里的饮料与菜肴都属于配套使用的旅游产品，若采用组合定价刺激消费者，就可以适当降低其中一些价格弹性高、购买频率低的旅游产品，而提高或保持相对应的组合产品的价格，以达到各种旅游产品销售同时增加的效果。

四、反价格心理定价策略

反价格心理定价策略不宜用得过多、过频，并遵守传统交易文化心理规律。

过度使用仅价格心理定价策略的现象势必会刺激消费者产生逆反心理，逆反心理是作用于个体的事物超过了所能接受的限度而产生的一种相反的心理体验，是个体有意识地脱离习惯的思维轨道，而进行反向思维的心理倾向。如果消费者不断接受来自商家尾数价格的刺激，而这种刺激持续时间过长，刺激量过大，超过了所能接受的限度，就会引起相反的心理体验。如由原来的尾数定价给人定价准确、便宜很多的感觉，变成定价不准确、不便宜，甚至是商家在有意识利用人们心理，进而产生对企业价格行为不信任的心理。一些商家利用消费者求吉利的心理，动不动使用吉利定价，如 880 元、1880 元、18880 元等，虽然一次生意成交了，却让消费者对该企业的产品定价产生了永久的问号。

因此，在定价策略的使用上，要综合考虑，尽可能地采取多种策略组合，同时也不应忽略在旅游产品交易过程中植入人心的传统文化心理如"君子爱财，取之有道""重义轻利，诚信不欺"等规则。

第十一章　旅游产品广告心理效应与策略

广告活动是针对消费者而进行的。在信息爆炸、传播过剩的今天,每个人每天都面临着各种各样的广告宣传。广告已经涌入人们生活的各个方面,人们很难避开或不接触广告。在这种情况下,广告这种旅游产品宣传方式越来越多地影响和改变着人们的消费观念和行为。广告就像一只"无形的手"操纵着每一个人的消费过程。旅游者选择旅游产品也不例外地受着旅游产品广告的影响。

第一节　旅游产品广告的心理效应

一、旅游广告心理分析

(一)意识与潜意识

我们头脑的能力,从运用的角度看,有两个状态:意识和潜意识。

在心理学中,意识是一种能够认识自身与客观事物的存在的心理活动和心理现象。正常人对自己的心理和行为是能自觉地认识到的,但其他人是无法直接感知和认识的,只有通过意识活动的外在表现间接地了解一个人的意识活动。当我们看、听、议论广告时,我们能够意识到自己正在看、听、议论,我们称之为处于意识状态之中。一般来说,它包括以下两点:①运用五官和四肢与外界沟通,接收或是发出信息。②大脑皮质所进行的认知和思考工作。

潜意识,弗洛伊德把它定义为不曾在意识中出现的心理活动和曾是意识的但已受压抑的心理活动。在消费心理学中,认为潜意识是过去的经历、想法和欲望的储存库,其中储藏着过去听过、见过、观察过、注意过的事情或其他信息资料。

弗洛伊德把心灵比喻为一座冰山,浮出水面的是少部分,代表意识,而埋藏在水面之下的大部分,则是潜意识。人的言谈举止,只有少部分是意识在控制的,其他大部分都是由潜意识所主宰,而且是主动地运作,人却没有觉察到。

众所周知,商业广告的最终目的,就是要诱发消费者的购买欲望,进而促成购买行为。因此,旅游广告的制作必须能够从不同角度影响或"击中"消费者心理。否则,广告投资只能是一种浪费。旅游广告对消费者心理的影响,有些是通过消费者的意识行为反映出来的,有些则是通过消费者的潜意识行为反映出来的。

（二）短期广告效应与长期广告效应

短期广告和长期广告便是从意识和潜意识的角度"击中"消费者，或产生短期广告效应，或产生长期广告效应。

这里所讲的长期广告与短期广告不仅是指广告宣传时间的长短，同时也反映了广告对消费者心理影响的时间性。

在商业广告宣传中，有时企业需要或希望在较短时间内产生较强的促销作用，其广告制作就应以直接刺激或"击中"消费者的意识中心领域为目的，以便于产生明显效果，这称之为短期广告效应。如有奖销售广告、大惠展销广告、季节削价广告、让利销售广告等，其目的是让消费者立即做出反应，以达到促销的目的。近年来，一到节假日，商家的有奖销售行为盛行，且所附带的奖品、赠品等也价值较高，就是基于这种速销的愿望。

但在市场行为中，企业的旅游产品销售额经广告宣传后立即大幅上升的情况并不多见，而是经过一段时间的连续传递后才能见到成果，这正是长期广告效应作用的结果。所谓长期广告效应，即经过广告媒体较长时间的传播，在消费者的潜意识中逐步形成较丰厚的沉积，成为消费者今后购买行为的内在动力。

在生活中，并非所有的广告刺激都能使消费者产生明确的意识或者说产生直接反映。但是，广告的传递一定会在消费者的潜意识中留下印象，而这种印象的深浅却依赖于刺激的频率。潜意识中一点一滴积累的刺激，有朝一日必然会在人的意识表面浮现出来。比如，某人经常看某某日报，在报纸的第八版上经常可见众家旅行社的广告，但这并没有引起他的注意，也从没想过要看一看这些广告的内容，而他在"黄金周"假日来临时，马上意识到应首先到该报的第八版上看看是否有适合自己假日之旅的旅游线路。这正是潜意识对人的意识行为的支配。

在市场竞争激烈的今天，企业往往希望推出速销性广告，以期迅速打开市场和增加销售额。这种广告的促销效果一般是较好的，但这类广告的频繁出现常会给企业带来某种错觉，即短期广告效应往往优于长期广告效应。值得注意的是，这种短期广告的促销作用是伴之以某种诱人的奖赏而出现的，它对较快增加企业销售额确有作用，但很难形成企业或旅游产品在消费者心目中的完整形象，而这一点正是长期广告效应的优势所在。因此，企业在确立广告策略时应注意长期广告和短期广告在消费者心目中产生的不同影响。

二、旅游产品广告的心理功能

随着广告业向着讲究信誉、宣传诱导内容艺术化和专业化等方向发展，旅游广告影响消费者心理的功能因之而呈多样化发展势头。通常它具有以下一系列心理功能，以激励人们的消费欲望，促进消费活动的成功。

（一）旅游产品广告的认识功能

这是指广告具有帮助消费者了解新产品、重新或加深认识原有产品等功能。它主要表现在广告能向消费者传递有关旅游产品的商标、品牌、性能、质量、用途、使用和维护方法、价格、购买的时间、地点以及服务的内容等信息，使消费者对其有所认识，并在自己头脑中形成记忆，留下印象。许多旅游景区的开发建设是分期进行的，不同时期的广告通过及时地向消费者传递景区建设的新信息，既可以增加对潜在旅游市场的吸引力，也可以吸引一些游客故地重游。认识功能是广告的基本功能。

（二）旅游产品广告的诱导功能

这是指广告可促成和引发消费者对旅游新产品或不熟悉旅游产品的购买兴趣，或者改变对某些旅游产品或厂商的原有态度，并激发其购买欲望的功能。一则介绍新设计、新构思、新观念的旅游产品广告推出后，会引起消费者新的消费兴趣，并树立旅游产品和企业在消费者心目中的良好形象。广告还能唤起消费者美好的联想，给消费者以某种美的享受，从而改变其对某些旅游产品的原有偏见或消极态度，激发其购买欲望和动机。

（三）旅游产品广告的教育功能

广告的教育功能包括两方面的内容：一是增加消费者的产品知识。质量上乘的广告以其科学、文明、健康、真实的内容与表现形式，可使消费者增加相关旅游产品知识，开阔视野，掌握正确的选购和使用知识，树立合理的消费观念。二是给消费者以美学教育。设计巧妙、制作精良的广告通过各种各样的艺术表现形式，使消费者在获得信息的同时，丰富精神文化生活，得到美的享受。旅游的教育性使得旅游产品广告的这种教育功能得到消费者更加的认可，这在旅游交易会现场得到充分展现。每年不同规模的旅游交易会上，制作精良、内容丰富的旅游广告宣传资料受到参观者极大的青睐。

（四）旅游产品广告的便利功能

这是指广告能及时、反复地传播旅游产品的信息，便于消费者收集有关资料，对各种旅游产品进行较为充分和有效的比较，为购买决策提供充分依据，从而替消费者节约购买时间，减少购买风险。为消费者提供信息选择的便利是广告的重要功能之一，也是消费者乐于接受广告的重要原因之一。在旅游开发方兴未艾、旅游新产品层出不穷、完全替代和半替代产品云集的今天，如果没有广告的介绍和指导，旅游者在选择旅游产品时将手足无措。而广告所具有的便利功能，成为解决这一困难的有力手段。

（五）旅游产品广告的促销功能

这是指广告通过媒体的传播，把旅游产品信息和企业信誉渗透到各目标区域和旅游消费者中，使引起旅游消费者的兴趣和注意，形成购买信念，从而促进销售。"酒好也怕巷子深，好山好水也要勤吆喝"，所以说促销是旅游企业对广告的最直接要求，也是广告的最基本功能之一。

三、旅游产品广告的心理效应测定

（一）广告心理效应的含义

广告的心理效应是指广告通过特定的媒体将有关信息传递给顾客后，对顾客的消费心理与购买行为的影响。它主要表现在对广告内容的感知反应、记忆程度、思维活动、情感体验和态度倾向等方面。这些心理效应相互联系、相互影响、相互促进。

调查研究表明，广告可以产生客观的心理效应，表现在可以与消费者进行传递沟通，可以提高消费者的品牌意识、增强消费者的品牌信任感，可以激发消费者的购买欲望、影响消费者的购买行为等方面。

但是，旅游产品广告的成功与否，很大程度上还取决于广告的心理效应大小。因此，旅游产品广告的心理效应大小是企业十分关心的问题。

（二）广告心理效应模式

广告心理效应的产生通常是多层次、多侧面的，对此广告研究者从 20 世纪初就开始进行了广泛的研究,至今已形成了一系列形形色色的广告心理效应模式。以下为其中具有代表性的两个模式。

1. AIDA 模式

在 20 世纪 50 年代出现的 AIDA 模式,相当简单,这部分地说明了它为何能持久存在并且得到广泛利用。

AIDA 模式表明,在考虑进行购买时,人的思考过程经历 4 个阶段:认知(awareness)、兴趣(interest)、欲望(desire)和行动(action)。

认知:意思是首先,在消费者做出购买决定之前,他们需要了解,这种旅游产品是否存在,它是什么东西,它有什么用途,或许还有能在何时何地得到它。

兴趣:意思是其次,消费者需要受到刺激,才能对这种旅游产品产生一定程度的兴趣。这种旅游产品具有什么特征?它能向消费者提供什么利益?它可能在多大程度上满足消费者也许具有的各种需求和欲望中的任何一种?在这个阶段,消费者形成对旅游产品的反应。这种反应通常不是良好的,就是不良的。

欲望:意思是如果以上的反应是良好的,广告在唤醒消费者的兴趣方面获得了成功,它接着尝试使消费者在内心产生购买的渴望。它通过成功地把旅游产品的利益与消费者的需求和欲望联系起来而做到这一点。这往往是广告设计最困难的方面:以激起消费者兴趣的吸引人的方式描述一种旅游产品是一回事,使他们相信他们确实需要这种旅游产品则完全是另一回事。

行动:意思是在广告向消费者表明他们能获得一种将满足其需求的旅游产品并且可以通过购买正被谈论的旅游产品来满足这种需求后,导致最后的行动阶段。在这个阶段,消费者确实站起身,走出门,积极地寻找这种旅游产品并且把它买下。

2. 勒韦兹(R. L. Lavidge)和斯坦纳(G. A. Steiner)模式

勒韦兹和斯坦纳认为,消费者对广告的反应由三个部分组成,即认知反应、情感反应和意向反应。认知反应包括知晓和了解。所谓知晓,是指消费者发觉旅游产品的存在,它发生于消费者与广告接触之际。了解是消费者对旅游产品性能、效用、品质等各方面特点的认识。情感反应包括喜欢和偏好。喜欢是消费者对旅游产品的良好态度;偏好是消费者对旅游产品的良好态度扩大到其他方面,喜欢和偏好是密切联系的两种反应,它们是消费者对旅游产品的评价,是旅游产品能否成为一种满意而合适的问题解决办法的衡量。意向反应包括信服和购买。由于偏好,消费者产生了购买欲望,而且认为购买这种旅游产品是明智的,这就是信服。信服代表决策的结果,它说明在做出决策之后,消费者已经坚信购买广告旅游产品,或者说有了购买广告旅游产品的动机;购买是由态度转变为实际的行为反应。

勒韦兹和斯坦纳还认为,广告活动要达到最终目的,就要促使消费者由知晓向购买进展。

(三)广告心理效应的测定

运用科学的方法来检测广告在消费者中引起的反应大小,并以此作为判断广告效果好与不好的标准,可以检验广告决策的正确与否,可以改进广告设计,可以了解广告给企业带来的经济效益,可以提高企业信心。广告心理效应测定包含以下几方面的内容。

1. 广告作品评价

广告作品评价就是对构成广告作品的各要素进行检验与测定,它有以下几项内容:

（1）广告主题评价。它是广告心理效果测定的第一个环节，是创意实施前对广告基本策略的检定与测定。对广告主题的评价，应选择广告的宣传对象，了解他们对广告主题的看法：他们是否认同这个广告的主题？广告所传递的相关信息如产品性能、用途、功效等是否是他们所关心的问题？广告宣传的旅游产品能否满足顾客的需求与符合他们的利益？等等。

（2）广告创意评价。在广告主题确定之后，广告策划、创作人员应根据主题进行广告创意，以便寻求表现广告内容的最佳形式。广告创意评价就是检验和测定表现广告主题的创意内容是否新颖、别致，能否吸收公众的注意，是否准确表现了主题，能否激发起顾客的购买热情等。通过广告创意评价，可以准确了解目标对象对不同创意的反应，使广告创意获得最佳成效。

（3）广告完成稿评价。由于广告制作复杂，还必须对广告完成稿进行评价。通常，邀请广告目标顾客和有关专家来观看完整的广告完成稿，如电视广告片、报纸刊登全部广告稿、听全部广告的电台播音，评价其优缺点并做修改，以求作品达到理想的效果。

2．广告媒体组合评价

对广告媒体组合的评价，主要是根据已经掌握的目标对象接受媒体的一般规律，来测定正在进行的广告活动或准备进行的广告活动在媒体组合过程中是否能与目标顾客的特点相吻合，是不是目标顾客最常接触的媒体，是否综合考虑到目标顾客的接受习惯等，以便确定本次广告活动媒体组合是否合适，下一次广告媒体组合是否要做调整。其评价的内容有：

（1）广告媒体选择是否正确。

（2）重点媒体与辅助媒体是否恰当。

（3）媒体组合是否合适。

（4）媒体近期视听率、阅读率是否有变化等。

3．广告目标效果测定

广告目标效果是指广告目标实现的程度。广告目标能否实现，可以从广告心理效应测定中体现出来。广告策划中，通常对广告目标做了具体的界定。其大致有以下七个方面：

（1）广告达到范围，即广告通过媒体传递到目标顾客的程度。

（2）广告传播的频率。

（3）广告接收的频率。

（4）广告的注意率。这是指广告发布后在顾客群体中引起注意的程度。广告接收率高，则引起注意的程度也高。

（5）广告的记忆率。这是指在接收广告的群体中能记住广告内容的人数比例。

（6）顾客对广告的印象。即广告对顾客的心理、观念的影响，产品和企业在顾客心目中的形象。

（7）销售增长情况。

4．广告活动影响力评价

广告活动影响力评价，是在广告活动全部结束后对广告活动传播效果的总体评价。广告活动影响力评价的主要内容有：

（1）广告接触率测定。测定目标群体中有多少人接触过广告，从什么媒体上接触的。

（2）知名度测定。测定目标群体中有多少人知晓广告宣传的旅游产品、品牌、企业，与其他品牌相比知名度如何。

（3）理解度测定。检测目标群体中对广告旅游产品的了解程度。对广告的不同诉求点中，哪些诉求点理解度高，哪些诉求点理解度低，目标顾客是否通过广告全面了解了旅游产品的特性。

（4）偏爱度测定。检测目标群体中对广告旅游产品信任、偏爱的人数与比例。

（5）欲望度测定。了解有多少人在接触广告之后产生了购买该旅游产品的愿望，这种愿望的程度大小，等等。

第二节　旅游广告的攻心策略

广告以引人入胜的形象、声音、语言或文字，借助有关媒体把产品信息传递给消费者。消费者通过听觉、视觉等感觉器官接受来自广告的信息，并在大脑中引起不同程度的反映从而形成的心理活动。若能使广告收到预期的效果，一般要从广告的策划、设计、制作以及广告"时空效应"的选择上考虑。怎样才能引起消费者注意，启发其联想，激发其情感，便于其记忆，从而诱发其需求并成功地引导其购买行为呢？这正是广告策略与技巧所要研究的内容。

一、引起注意策略

引起消费者注意是广告成功的基础。如果制作的旅游广告最终没能引起消费者注意，那必定是失败的广告。因此，应首先从研究消费者注意开始。

（一）注意概述

1. 有意注意与无意注意

注意是指心理活动对一定事物或行为的指向和集中。它反映人的意识对客观事物的警觉性与选择性。注意由两种因素引起：一是刺激的深刻性，指外界刺激的强度及刺激物的突然变化程度；二是指主体的意向性，指因主体的需要或兴趣而自觉地将意识集中于倾向某一事物。由于引起注意的因素不同，人的反映特点和反映时序也不同，因此形成了两种既有联系又有区别的注意，即有意注意和无意注意。

有意注意是一种自觉的、有目的的、必要时还需要一定的意志努力的注意，它是根据自己意识的需要，把精力集中在某一事物上的特有的心理活动。其特点是主体首先有内在要求，并把意识集中在已暴露的目标上或主动寻找目标。有意注意是在意识控制下受第二信号系统调节支配。人们还可以在没有具体事物存在的情况下，付出较大的意志努力，通过对某些事物的综合分析，反映或搜寻出尚未出现的潜在目标，把注意集中在意向中的目标上，而不是集中在可感知的事物上。

当消费者已经做出要在"十一"黄金周外出旅游决定时，为了选择一家自己更满意的旅行社，他会主动寻找有关旅行社的旅游广告信息，尤其是当他选择的外出旅游开支较大，或者这趟旅行意义不一般时，他更会主动地、有目的地注意有关广告，并用意志努力克服一定的困难,四处搜寻有关信息。这个时候,消费者对旅行社广告的注意就是有意注意。

无意注意是一种事先没有任何预定目的,也不需要任何意志努力的自发的注意,它是由外界突然刺激引起的,并伴随主体情绪上的反应。其特点是主体事先毫无准备。无意注意是一种定向反射,即环境变化引起有机体的对应性反应。当外界环境变化作用于有机体时,有机体便把相应的感觉器官集中于变化了的环境,并确定活动的方向。引起无意注意的主要原因:一是客观刺激物本身的特点;二是个体的倾向性和内部状态,如人对事物的需要、兴趣和态度,当环境改变时人的心境和情绪状态、人体的各种机能状态等。

一位观众看着电视剧忽略了剧情而专注于剧情发生的场景中的风光;一位读者在翻阅报纸的过程中,不期然地被某家旅行社的广告所吸引而注目阅读,这种注意的情形即是无目的、不需要意志努力的无意注意。

广告制作的第一标准,就是要抓住人的无意注意,而不是有意注意。因为人的有意注意一般先于他所注意的对象,外界事物对他所起的作用较小。美国心理学家做过这样的统计,杂志、报纸、电台、电视和招贴广告,使得一个美国人每天要被广告"袭击"达 1500 次之多,而引起他们无意注意的广告至多只有 100 余个,进而转为有意注意的广告仅为 12 个左右。

2. 注意的特点

在实际生活中,还有的情况是某些人对旅游广告有很浓厚的兴趣,对旅游广告的注意处在一种有目的、有意识的关注,但不需要意志努力克服困难的状态,这种注意称为有意后注意。许多旅游业人或者旅游爱好者对旅游广告的注意是处在这种有意后注意的状态。这种状态的存在使得消费者的有意注意和无意注意往往不能截然分开,它们总是相互影响、交替进行的,在某些时候两种注意还可以相互转化。注意的这种性质决定了它的两个明显特性:

(1)注意的指向性。它是指使人的心理活动指向意识所集中的方向,即在一瞬间把消费者的心理活动有选择地指向一定对象,同时避开其余对象。

(2)注意的集中性。它是指使人的心理活动只倾向于一定的对象,而对于该对象以外的其他事物不予关注,甚至是听而不闻、视而不见,用其全部精力来探究该对象,并使心理活动不断深入。

注意能使人的心理活动处于一种积极状态之中,对心理活动的进行具有组织和维持作用。只有集中注意,才能保证人们感知的形象清晰完整、记忆牢固。所以,注意在人的心理活动中占有重要位置。

(二)引起注意的心理策略

要使广告引起消费者注意,从心理学角度考察,应掌握以下原则:首先必须迎合消费者的某种兴趣;其次必须满足消费者的某种需要;最后必须适应消费者不断变化的心理欲望。因此,应从以下几方面来研究引起消费者注意的心理方法:

1. 加大刺激的强度

刺激物达到一定的强度,就能引起人的注意。在一定限度内,刺激物的强度愈大,人对这种刺激物的注意就愈集中。不仅刺激物的绝对强度有这种作用,相对强度亦然。如广告色彩艳丽、文字醒目、音乐优美动听、画面新颖脱俗、表现方法奇特等,都能以较强的刺激引起消费者注意。在广告设计中,可以采取有意识增大广告刺激性和识别性的方法,使消费者在无意中产生强烈注意。这里,应特别注意对色彩或光线、字体或图案及音响的合理运用,才能有效地刺激消费者的视觉和听觉,引起较大注意,使之心理活动处于积极的、兴奋的状态。

加大刺激的强度必须顺应消费者可能接受的限度,一旦超过消费者接受刺激的阈限范围,无论是音乐、色彩、光线等都会导致其逆反心理的产生。

2. 加大刺激元素间的对比

刺激物中各元素间显著的对比也容易引起注意。在一定限度内,这种对比度越大,人对刺激物形成的条件反射也越显著。在广告设计中,可以有意识地处理各种刺激物的对比关系和差别,提高消费者对比广告的注意程度。如画面布局上采用动静对比和空白对比、图案的大小对比和色调对比、色彩与光线的明暗对比和强弱对比、音响与语调的节奏对比和高低对比、语言文字的长短对比和轻重对比等。除广告本身各元素的对比外,还应注意与周围环境的对比,做到黑白相衬、红绿相映、浓淡相间、大小对照、高低交错、轻重有别,目的是把广告所要宣传的旅游产品突显出来。

在设计中值得注意的是,由于人的感觉的范围和知觉的容量是有限的,应根据不同的刺激物、刺激目的、刺激对象,合理地设计各种视觉、听觉元素,使之适应各种视听环境,恰当地运用各种对比方法,以使消费者容易感知,这样才能很好地抓住消费者的注意力。

3. 加大刺激物的感染力

有意识地加大广告各组成部分的感染力,以激发消费者对广告信息的兴趣,深化与维持注意的重要因素。增强刺激信号感染力的途径很多,如新奇有趣的构思、富于艺术的加工、诱人关心的题材等,都能增强广告的感染力。

新奇有趣的构思,可以在引起消费者注意后,进一步引起其兴趣。出人意料的表现形式,别具一格的标题,亲切生动、幽默诙谐与人格化的广告词,新颖奇异、情感动人的广告图案等,都具有较强的吸引力并使人产生兴趣。动态的广告画面还可以激发消费者兴趣,在其他条件基本相同的情况下,处于动态的物体比处于静态的物体更能引人入胜。如一亮一熄的霓虹灯广告、图案不断变化的广告、布置得动中有静与静中有动的橱窗广告等,都比单调的静态广告效果更好。这是由于消费者有大脑在受到动态广告刺激时,其心理活动总是处于积极、兴奋、活跃状态之中。

富于艺术的加工是广告制作中吸引消费者、激发其兴趣不可缺少的要素,它包括创造完美的色调、字样、造型、构图、言词和意境。通过色调的浓淡搭配,构图虚实疏密的处理,使广告旅游产品具有较强的真实感、整体感和立体感,重点突出。经过艺术加工的广告,能使消费者在艺术与美的欣赏和享受中,深刻而鲜明地感知广告的主题。在实践中,善于塑造产品的艺术形象,通过概括、提炼、修饰和适度夸张变形,把旅游产品的自然形象加工为艺术形象,赋予广告以较强的生命力与感染力,这样才能引起消费者的共鸣和兴趣。

诱人关心的题材对消费者更具吸引力、号召力和推动力,是维持消费者对广告较长时间注意和留下深刻印象的重要条件。任何广告题材如果不能在某种程度上满足消费者当前的需要或未来的需求,即使广告艺术形象具有引人注目的魅力,也不能起到持久吸引消费者的作用,也不能达到实现广告效果的真正目的,即实现旅游产品促销。因此,选择适合消费者心理欲望的广告题材,并将主题思想生动地体现在消费者面前,是增强广告效果的重要心理方法。

总之,一个企业所经营的旅游产品,如果能有可靠的质量保证及较高的实用性和适用性,再伴之以能引起消费者注意和兴趣的广告宣传,那么,该企业就一定会具有较强的竞争力。

二、启发联想策略

联想是指人由一事物想到另一事物的心理活动。事物之间存在着的共性和人对事物认识上的关联性,构成了联想的主观和客观基础,所以人才能由当前感知的事物"触景生情"地联想到有关的另一事物。

（一）联想的种类

人不但能从事物的接近点和相似点形成联想,也能从相反点和对立点产生联想。由于事物间的联系不同,联想可以分为四类:

1. 接近联想

接近联想是指人对时间、空间上接近的事物形成的联想。如盛夏酷暑,看到冷食、饮料广告,就会将其与消暑止渴联系起来。

2. 类比联想

类比联想也称相似联想,是指人由对一事物的感知,立即会引起与其在性质、形态等方面相类似事物的回忆与联想。如看到"黄浦源"的广告介绍,会让人想到相似的"长江源",进而形成对该景点资源观赏价值的信任。

3. 对比联想

对比联想是指人对某一事物的感知,会引起和它具有相反特点事物的联想。如看到自然景区的广告,会联想到城市环境给人们带来的不舒服感觉,从而激发选择自然景区度假休闲的欲望。

4. 关系联想

关系联想是指人依据事物间的各种关系而导致对其他事物的联想。由于事物之间的关系具有复杂性和多样性的特点,所以,引起的关系联想也是多角度的,有部分与整体关系的联想、因果关系的联想等。如看到广告模特穿着潜水装下海,会联想到自己如果也着此装备,将如何潇洒;看到搭乘某航空公司飞机的广告,会联想到由此带来的方便、省时。

人们通过联想,还会从其他事物中得到启迪,活跃思维,引起情感变化,并从中增进对事物的认识。在广告宣传中,充分利用联想的心理功能,能起到提示消费者回忆、增加记忆效果、拓展消费思路、促成消费欲望的心理作用。

（二）联想的心理策略

广告只有利用事物间的联系,以巧妙的象征、含蓄的语言、暗示或比拟的手法,才能激发消费者的联想,增加刺激的深度和广度。因此,必须合理运用联想的心理方法,其主要包括:

1. 形象法

形象法是指利用消费者熟悉的某些形象来比喻和提高广告旅游产品的形象。如酒店、餐馆常用的明星广告,正是利用影视明星来宣传旅游产品,其效果大大高于利用普通人物形象的广告。

2. 暗示法

暗示法也称暗喻法，即通过语言或画面创造出一种耐人寻味的意境，给消费者留下宽广的联想空间。如海南航空的广告：在蓝色天空的背景上有白云、钟、电话、茶壶和彩霞状的心，并在图案的边上配上后缀式的词，分别是准时、便捷、周到、体贴。后缀式句型加上强化画面意境的口号："清新自然、海南航空"，使人自然联想到海南航空让人感到亲切、安全、温馨、自然的服务功能。

3. 反衬法

反衬法是指广告旅游产品不直接对准传播对象，而以其他方法来表现广告旅游产品，以此影响真正的传播对象。如香港四季酒店服务广告用温情脉脉、体贴周到的广告语，形象地表现酒店体贴周到的服务。"对一家酒店害上相思病可能吗？"生动而略带夸张地表现了消费者享受了四季酒店服务后的感受——思念不已，居然"害上了相思病"。语言虽有些夸张，却也令人信服地表现了该酒店细致周到的服务令顾客念念不忘。

4. 讲述法

讲述法是指利用文字或画外音，叙述一个传说或典故，唤起消费者对旅游景点的向往，或向消费者表明名店的悠久历史。如云南石林的广告：以石林为背景，彝族小伙的一声"阿诗玛"出场，唤起人们心中所熟悉的叙事长诗《阿诗玛》、电影《阿诗玛》或舞剧《阿诗玛》，加上"远方的客人请你留下来"的音乐，使之对景点无限遐想。

5. 对比法

对比法是指利用同类旅游产品的优劣和使用同一旅游产品前后不同效果的对照比较。但须注意广告中的对比法切不可采取诋毁其他旅游产品信誉的做法。

广告联想的心理方法是以广告宣传所产生的联想为手段，借以加深消费者对广告旅游产品的认识与了解。

三、加深情感策略

广告宣传应激发消费者以下几方面的情感：

（一）信任感

广告激发消费者信任感的目的不在于自身，而在于其所宣传的旅游产品。因此，所谓信任感，即广告通过自身的媒介行为，使消费者已激发起的信赖心理，传导至所宣传的旅游产品或劳务之上。信任的基础在于真实，所以广告促成消费者信任感的渠道有两种：一是权威人士的科学评价或赞许；二是消费者使用后反馈的现身说法。而某些广告中的"誉满全球""驰名中外"等堂皇用语，其效果往往是适得其反。

（二）好奇感

好奇感即好奇心理，它是人们认识事物、探求真理的一种内在驱动力，是一种大众心理。广告宣传如果能诱发消费者的好奇心，使消费者产生尝试和探求的欲望与动力，便会产生某种特殊的心理效果。如天津"狗不理"包子，除制作工艺精湛外，其不雅之名也是促其名声远扬的一大缘由。这正是好奇心理作用的结果。

（三）安全感

消除消费者对旅游产品的不安全心理，增强心理安全感是广告宣传的重要内容。安全感一般可分为旅游产品使用过程中的安全感和旅游产品使用后的安全感。对于大多数出游的消费者来说,不安全心理多产生于使用过程中,如旅游线路是否合理、刚买的珍贵旅游纪念品是否为"一次性"物品等。对于食品、旅游土特产品等产品来说,往往更关心使用后是否会出现不安全因素,如食品、农产品中农药的残留量是否过高等。因此,广告宣传中不仅要宣传旅游产品本身,而且要介绍该旅游产品的使用效果。如新加坡的一则旅游广告:"不会潜水也能饱览海底世界风光/目睹食人鲨迎面掠食的刺激景象/不会潜水也能漫游于群鱼之间/悠游海底的奥妙世界/这就是新加坡",可以让向往海底世界又担心安全的人顾虑全无。

(四)美感

爱美是人类的天性,是促使人类社会生活日益丰富的心理基础。美好的事物会使人赏心悦目。在广告设计中,应巧妙地运用整齐一律、平衡对称、色调和谐、光线对比等美学手段,使消费者对广告产生"一见钟情"的心理感觉,才能使广告成为供人欣赏的艺术佳作。在广告宣传中,动态美与静态美、欢快美与稳重美、抒情美与滑稽美、平静美和起伏美等,对不同旅游产品、不同宣传对象产生的心理感受是完全不同的。旅游景点的"天生丽质",在广告中体现美感方面有其独到之处。

(五)亲切感

广告宣传如能给消费者以"关心、爱护、体贴"的心理感觉,便很容易产生某种亲切感,形成"自己人效应"。亲切感能使消费者加深记忆,达到增强信任的目的。现代广告用语都较多注意给消费者以体贴入微的感觉。前面所述的香港四季酒店还有另几则广告:"如果我们不给你提供这么舒适的床,我们晚上怎么睡得着",再配合服务小姐精心整理床铺的情景,消费者仿佛体验到酒店服务小姐体贴入微的服务。"环球旅行者在远航之后怎么生存",再配上远航者尽情享受的形象的画面,充分地表现了该酒店服务的高水准,给消费者带来了极大享受。三则广告分别从不同方面表现了香港四季酒店的服务给消费者带来的美好享受,能打动消费者的心。

四、增强记忆策略

记忆是人们已感知的事物在大脑中的反映,是人们对经历过的事物和感受由记住到回忆的一种心理过程。广告宣传要便于消费者对广告内容的记忆,因为人们接受了广告传递的旅游产品信息后,即使对某旅游产品产生了良好的印象,往往也不一定立即购买,时间稍长则可能忘记。

人的整个记忆过程是由识记开始的。识记可分为有意识记和无意识记两种。有意识记是一种有预定目的、需要做出某种意志努力的识记;无意识记是指没有预定目的的、不需要做出任何意志努力的识记,它是通过视、听、读后自然而然记住的。无意识记有明显的选择性,即凡是容易引起人们兴趣和注意的对象就容易引起无意识记。在生活中,消费者对广告的识记常常表现为无意识记。

人对事物的记忆有多种方法,主要包括:

(一)重复方法

重复是强化记忆的重要方法。科学研究证明,一次视听只能引起瞬时记忆,很容易忘记。人们对事物的记忆,事实上通常不是一次完成的,而是需要循环往复的多次刺激过程。重复必须适度和变化,而不能只是简单的重复。广告所采用的重复方法主要有三种:一是对广告重要部分的重复;二是在同一媒体上多次重复同一广告;三是在不同媒体上重复同一广告。

(二)比较方法

比较是人在头脑中对确定事物之间的异同和关系的思维过程。广告中采用比较的方法通常有两种:一是将互有替代关系或同一类旅游产品中不同品种者进行比较;二是对同一旅游产品使用前后的不同结果进行比较,以显示广告旅游产品的优点。两种或多种事物间的比较,可以给人以具体、形象的感受,而具体、形象的事物感受则更易记忆。

(三)现身说法

这种方法多以经验之谈、现场表演、故事广告及动态形式广告出现,使消费者看出、听到或感受到人们具体使用、尝试、摆弄、展示某种旅游产品时的形象,由此反映出旅游产品的优良品质和性能,以收到良好的记忆效果。

(四)音乐与艺术方法

音乐与艺术对增强记忆有特殊功效。优美的旋律、轻快的节奏很容易在人脑中形成较深的记忆,在旅游产品广告中加入音乐或歌曲,常常能使消费者不仅记住了乐曲,也记住了广告。许多地方使用传统音乐或请名家作词作曲用流行音乐来宣传,"我爱五指山、我爱万泉河""刘三姐""无锡之旅"等都很成功地起到了深入人心的效果。

(五)谐意方法

丰富的汉语词汇、语言、语音、方言为广告语言的美化和艺术化提供了得天独厚的条件。各地方言和中外语言的谐音、谐意使用,成为广告用语易读、易记、易传播的特殊手法。某旅行社抓住情人节短途旅游的商机,在节前推出价格为 1573 元针对情侣的短途旅游项目,取数字谐音叫"一往情深"。

总之,合理使用上述方法,对消费者接收、储存、记忆广告传播的信息是有一定帮助的。

第三节　旅游广告如何说服消费者

一、个性结构分析理论的应用

如何说服年龄、文化等背景各不相同的广告受众? 个性自我形态结构理论为我们找到了很好的切入点。

制作广告要涉及个人三种自我形态中的每一个形态。在三种自我形态中,最容易迎合的是儿童自我形态,因此广告的首要工作就是引起儿童自我的认同。旅游的娱乐性可以较轻易地满足儿童娱乐的动机,如在旅游胜地的广告中清楚地说明该旅游胜地可提供娱乐机会,展示人们尽情欢乐、笑逐颜开的图片等。

制作广告的第二项工作,就是满足父母自我形态,并促使其同意让儿童自我形态去尽情娱乐。有几种办法可以实现这个目的,其中最有效的办法就是做好属于父母自我形态的各种闲暇活动动机的工作。教育是一种有效的范例。在许多的父母自我形态中,有一种传统的看法,认为教育是人生中最有意义的事。当一个人反复考虑到某个旅游区去旅游,又重视父母自我形态启示时,如果他认为旅游区具有教育的意义,父母自我形态便可能同意儿童自我形态在这样一次旅行中尽情娱乐。

事实上,旅游的教育价值在旅游行为中一般起关键作用。对旅游者而言,参观主题公园可能比乘滑行铁道车、乘小汽车和吃棉花糖有意义得多。

当儿童自我形态想旅游时,教育不是唯一可能促使父母自我形态对此表示赞同的因素。例如,如果父母自我形态认为有义务让儿童自我形态定期地调节生活工作的节奏,或者认为旅游或多或少可以增进家庭团结,那么他很可能同意去旅游;如果父母自我形态认为支付一笔钱去旅游不算浪费,或者觉得某些声望和地位附属于某次特殊的旅游,那么他们也会表示同意去旅游。

总之,把属于父母自我形态的一些旅游动机激发起来,便会使父母同意。

即使同意了,他们还可能坚持做出诸如花多少钱、外出多少时间的规定。这些教诲可能表现为像不要浪费和当心钱被窃这样泛泛的话,或者可能像住便宜的汽车旅馆、乘坐减价的飞机或不要买贬值的纪念品这样具体的话。

一旦儿童自我形态得到了满足,有效的旅游广告便该致力于做成人自我形态的工作了。

如前所述,成人自我形态负责调解父母和儿童自我形态之间的冲突。他做一次决定,实际上就是向父母自我形态解释为什么这一次旅游在这个时候是个好主意。类似以下的旅游广告将激发父母有关教育的一面来增进对旅游要求的理解:"休息一下,你工作很辛苦"或"你应到阳光明媚的地方去做一次冬季旅行"。

成人自我形态也负责收集同意个人安排外出旅行所需的真实信息。这时,成人自我充当仲裁,力图取悦于要立即启程或在外久留,要把所有钱挥霍在世界各地的儿童自我形态,力图协调确实不想走,并无论如何坚持花钱要合理、时间安排要得当的父母自我形态。成人自我形态需要类似如何去旅游胜地,旅行可能花多长时间,要带多少钱,就近有哪些膳宿设施,费用多少等方面的信息,还要得到其他方面的能制订切合实际旅游计划的信息。成人自我形态在未得到必要的、可用的真实信息时,很可能会推迟旅行。写明"请打电话给旅行代理人"的旅游广告,有助于唤起成人自我形态。

二、旅游产品广告说服策略

广告说服究其实质,就是通过广告活动,让消费者对广告、品牌以及企业产生良好的态度,让消费者产生购买欲和购买行为。通常,说服的方式有以下两类。

(一)心理需要诉求策略

客观地说,消费者购买的旅游产品都是用来满足自己的某种需要,或者说,对旅游产品的购买都是有其内在动机的。然而,一个人往往有多种需要等待满足,如既有名利地位需要,又有开支节俭理性的需要;既有爱子女的需要,也有自己娱乐的需要。但在某一时刻这多种需要的组合是不同的,并且这种需要组合在某个消费者身上的自我意识程度也不相同。只有广告诉求的产品功效能满足当时消费者的需要组合时,消费者才能产生共鸣。因此,在广告的心理需要诉求方面存在以下不同的策略。

1. 诉诸特殊的需要

当一种产品具有某种特殊的功效,而这种功效又正好是唯一能满足消费者某种特殊需要的产品属性,那么广告就应该以消费者的这种特殊需要和产品的这一特征为诉求点。有许多旅游产品具有地域性,如旅游纪念品、代表性菜肴等,正好能满足旅游者体验当地文化的愿望,因此在做广告时,就要突出介绍这种"过了此村无此店"的产品特点以及产品所能满足消费者的特殊需要。

2. 诉诸低层次的需要

旅游作为满足精神享受性需要的产品,经营者有时会忽视了它满足人们低层次需要的功能。因此,在满足高层次需要被认可的同时,广告能诉诸消费者的低层次需要,其宣传效果可以大大提高。如新加坡航空公司的一则广告就是激发消费者低层次需要成功的典型案例。该公司的系列印刷广告既不是以飞机本身的特点如舒适为诉求点,也不是以一般航空公司所突出的服务特点如准时、航班多为诉求点。他们了解到在人的需要中,食物需要最为强烈。因此,他们的广告以精美的餐点为广告的宣传重点。在广告中,他们呈现给人精美的食品服务,因而招来了大量的旅客。

3. 诉诸重要的需要

每个消费者在做购买决策时,都会考虑到他们需要满足的各种需要。而在他们的各种需要中,总有他们认为首先应该满足的。广告宣传就应该尽力抓住消费者的这一需要。一直来人们把旅游满足都放在个人需要的满足上,忽略了中国传统思想中的"可怜天下父母"的"望子成龙"心。在广告中表现旅游产品的教育功能将增加对家庭型消费者的吸引力。小孩外出旅游最让父母担心的是安全,若在广告中能抓住消费者较强烈的动机——孩子的安全,将有助于小孩的出游成行。

4. 诉诸特定需要满足的重要性

每一种产品有其长处,也有其短处。然而产品的长处不一定是消费者最迫切需要的。在这种情况下,广告就要强调这种长处的重要性。例如,一些酒店在住宿收费上较高,但是服务带来的附加利益也高。要消费者接受较高的住宿费就要在广告宣传中着力强调服务的附加利益,消费者也会因此对这种附加利益引起重视。

5. 诉诸新需要

随着社会和科学技术的不断发展,用于丰富人们物质生活和精神文化生活的产品不断出现,对于一些新产品,消费者可能不了解,也不知道它们能满足什么需要;同时随着人们生活环境的改变,人们的需要也在不断地发展变化之中,一些原有产品会发现能满足新的需要。在这种情况下,广告就应该努力去激发人们新的需要。随着城市化进程的加快,原本给人欣赏自然风光的自然景区,会因空气清新、环境宜人而受到城市人的喜爱。原来只能满足人们观光需求的产品可以成为满足人们休闲度假的产品。

(二)理性诉求策略

理性诉求指的是广告诉求定位于受众的理智动机,通过真实、准确、公正地传达企业与产品的客观情况,使受众理智地做出决定。对于某些旅游产品的购买,消费者从感到需要某种产品到购买行为发生,需要很长的思考时间,消费者会主动比较各类产品的信息,不会仅仅因受到广告的某种煽情式诱导而发生冲动性购买。为了促成消费者的此类购买行为,广告大多以理性的诉求为主,对其晓之以理。

理性诉求广告欲达到预期的最佳效果,须注意以下策略:

1. 提供购买理由

理性购买者常常要找到一些合理的理由,才做出购买决定,所以广告必须把合情理的购买理由提供给消费者。例如,中国人一向是以节俭为美德的,一般工薪者要去高级饭店就餐,常常是借着某某人生日或其他理由,使这种奢侈变得心安理得。酒店广告可以提出"应该享受"这一宣传主题,为一些想消费又舍不得消费的人们提供一个恰当的理由。

2. 拟定说服的重点

文字广告不可能很长,形象广告呈现的时间亦很短。除了费用外,消费者也不可能花很多的时间与精力去研究某则广告。因此,有必要拟定一个十分明确的说服重点。这种重点的选择应当处于几个重要因素的交汇点,并且是这几个因素的有机交融。这些因素是:目标市场消费者的心理特点、目标市场消费者的需求状况、所欲宣传产品的优点与特点。如不能契合消费者的心理特点将会使之拒绝接受宣传内容,与其现时的需求状况相左则难以使之出现购买行为,自身产品的优点与特点未能彰显则会出现自己出钱为同行做广告的无奈。

3. 论据比论点、论证更重要

消费者对广告商家有一种天然的怀疑与抗拒心理。"卖瓜的不说瓜苦"这一心理无时无刻不在起作用。有鉴于此,在理性诉求广告中,提供论据比发表漂亮的说辞更重要,也更省力。

在广告中出现的论据可分为两大类:一类是人;另一类是物。人又可以分为两种:一种是本产品所属行业的权威人士;另一种是曾使用过该产品的消费者。旅游产品与其他一些产品使用权威人物做广告的不同之处在于,权威人士可以作为消费者"自己人"接受,并且名人使用的旅游产品其中包含的"名人效应"也可以成为旅游产品的附加值。如一般住店客人会因为该酒店有某名人住过而感到物有所值。

以物为论据比以人作为论据的诉求更具说服力。以物作为论据的形式有实物展示、实验数据、图表等。所有这些演示、数据、图表所反映的内容都必须是真实的、经得起重复实验的。如果消费者所购买的旅游产品与广告中表现的情况相距甚远,则产品企业的形象将会被破坏,甚至还会带来法律的纠纷。

4. 运用双向信息交流,增加可信度

在说服过程中,尤其是带有浓厚商业性色彩的广告宣传中,可信度一直是困扰着说服者的一个问题。明明自己绝无假话,可消费者就是不相信或半信半疑。如何解决这一矛盾呢? 一种可行的方式就是提供双向信息,即在大力彰显产品优点的同时,也说些产品的不足之处。在旅行社的一些旅游线路出游广告上,加上该旅行社的咨询电话和某旅游局的监督电话,都是增加可信度的一些技巧。

(三)情感诉求策略

美国市场营销学家科特勒(P. Kotler)曾把人们的消费行为大致分为三个阶段:第一阶段是量的消费阶段,第二阶段是质的消费阶段,第三阶段是感性消费阶段。在第三阶段,消费者所看中的已不是产品的数量和质量,而是与自己关系的密切程度。他们购物在很多时候是为了追求一种情感的满足,或者是追求一种旅游产品与理想的自我概念的吻合。从这种消费观发展的背景看,旅游产品是天生的感性消费品。因为旅游产品是经济发展到一定阶段的产物,同时旅游产品的很多功效也是围绕着消费者的情感满足或者追求自我而开发的。影视作品为了渲染情调，酒店、咖啡吧、度假胜地是必选场景；外出旅游回来所带的旅游纪念品包含了游人对家人、朋友的一份情……因此，在旅游产品广告中运用情感诉求是一举两得的策略，既向消费者展现了产品的功效，也借鉴了广告说服中的情感诉求策略。一些其他广告的情感诉求策略在此也值得参考。

1. 应采用充满情感的语言、文字、形象作用于顾客需求的兴奋点

消费者的需求是情绪、情感产生的直接基础，客观刺激必须通过以消费者的需求为中介才能发挥其决定作用。一旦触发了消费者的需求兴奋点，其情绪必然高涨，而情绪高涨则满足需要的行为也将更快、更强烈地出现。酒店推出的"年夜饭"近年来预订一直火爆，原因在于"年夜饭"三字把家人间想表达的浓情厚谊都囊括其中了，因此，酒店在推出年夜饭预订广告时几乎都不用再多加修饰。

2. 充分运用好晕轮效应

在广告中产生的晕轮效应有两种情形：一种是借助公众人物；另一种是借助产品或企业自身。

公众人物的行为直接影响到公众，使得公众会爱他们之所爱、喜他们之所喜、购他们之所购。公众通过与公众人物购买同类产品，在心理上便会把他们的优点转移到自己身上。如住总统套房、游"总统之旅"等的成功，反映了旅游产品通过晕轮效应带来了附加值。

一种产品若被公众接受了其有一种优点，那么它也易被公众认为有另一些优点。例如，在广告中打出"中国旅游知名品牌""全国用户满意服务单位""诚信经营单位"的某旅行社，易打动旅游者参加该旅行社组织的旅行团；"百年老店"会被认为产品一直过硬。

第十二章 经营交往冲突心理与经营策略

冲突,从心理学的角度讲,就是两种目标的互不相容和互相排斥,是矛盾激化的根源。在旅游产品经营中,经营者与消费者双方的矛盾随时存在,冲突时有发生,处理冲突的水平反映了一家酒店、一家旅行社、一个景区的服务质量好坏。因此,把握旅游经营交往冲突中的心理特点及其预防和处理策略,对提升旅游企业形象、培育消费者的忠诚度都有十分重要的意义。

第一节 妥善处理经营冲突的意义

企业经营成果的实现,离不开代表企业的经营者与消费者的交往,即使发明的自动售货机、自动取款机等代替了部分与人直接打交道的机会,但也在间接地与人打着交道。人与人间的交往在日常生活中也难免有所冲突,在经营中因为经营者与消费者站在不同的立场、不同利益的角度看问题,所以分歧更易造成彼此间的冲突。对于旅游产品经营者而言,这种冲突的机会更多,因为大多数旅游产品包含了大量的员工服务,经营者与消费者接触的时间更久,交往中彼此可能存在的分歧也会更多。因此,处理好经营交往中的冲突是旅游企业管理的重要环节。其意义具体体现在以下几个方面。

一、履行企业的社会责任

企业是一个取之于社会、予之于社会的社会组织,任何企业都负有一定的社会责任。作为旅游企业,廉价安全地供给消费者品质精良的旅游产品是企业最基本的社会责任,更进一步说,消费者满意是旅游企业存在于社会的基本价值。为了保障消费者的权益,实现企业的这种社会责任,旅游行业主管部门还专门设有旅游质量监督管理机构。

从这个角度来看,重视与妥善处理经营冲突是旅游企业在社会存在所应负的责任。

二、避免引起更大的纠纷

大的纠纷往往因小的冲突而起。当消费者向企业提出抱怨时,如果不善加处理,很可能促使消费者向消费者权益保护机构或大众传媒去表达自己的不满。如广州市消费者保护委员会公布 2003 年广州市消费者投诉排名前十位的行业,其中旅游业名列第十。很多企业就是因此而造成其公共关系的重大危机。化解消费者小的抱怨能有效降低公关危机产生的概率,为企业正常的经营活动提供保障。

三、提升企业形象

对于消费者的商量、询问甚至抱怨,如果企业方面能够恰当解决的话,则可使消费者对于该公司持有良好的印象。即使不是企业现实的消费者,其他潜在的消费者也会因看到完备的抱怨处理机构、制度及良好态度而对企业心生好感。这是许多导入 CI 的旅游企业经常用到的办法。

四、收集市场信息

之所以发生冲突,通常是消费者想把自己的不满、怨言告诉企业,希望旅游企业能够解决自己的问题。对旅游企业来说,消费者这些不满、怨言,可以提供在市场调查中所不能获得的活生生的信息及消费者的真心话,而且这是消费者不惜花费时间和精力自愿提供的宝贵信息。质量管理水平较高的旅游企业一向重视把来源于消费者的不满的重要信息用于改善产品,以及对于新产品开发的重要作用。

五、争取消费者

对于冲突处理感到满意的消费者,他们的再度购买比例比虽然怀有不满却未采取行动的消费者要高得多。这是一条重要的法则。据测算,要保留这些消费者所需的费用,仅是争取新消费者所需费用的 1/6。

第二节 经营交往冲突心理

一、引起经营交往冲突的因素

旅游经营涉及的面广、环节多,引起经营交往冲突的因素也多种多样。

(一)旅行社经营中常见的冲突

在旅游企业中,旅行社的经营冲突是遇到最多的,并且许多冲突因得不到及时解决而升级为诉诸旅游质监部门。常见的旅游冲突可分为降低等级标准、擅自增减旅游项目、导游未尽职责、未按合同约定延/变更日程等类别。特别是在黄金周期间,由于预计不足,签约后的转并团,使得在运行后出现诸多质量问题,尤其是在住宿、餐饮、车辆方面降低标准,同团不同价,漏游景区(点),导致冲突明显上升。

(二)酒店经营中常见的冲突

虽然旅游饭店服务水平已在逐年提高,但是饭店的总体服务水平仍不能满足国内外旅游者日渐提高的需求,主要集中在服务管理、安全保卫、设施维护保养、卫生管理四个方面。

1. 服务管理问题

服务管理问题是客人反映比较集中的问题,主要涉及服务不规范、服务态度差、收费不合理、服务失误、施工扰客及其他类投诉等方面的问题。

服务不规范方面:擅自移动客人物品;服务人员未敲门进入客人房间;临时取消客人的预定房;客房必备品不全;饭店不提供热水、不开空调等。

服务态度差方面:涉及电话总机、大堂经理、总服务台、客房、安全保卫、餐厅、商务中心等部门,主要反映服务人员态度生硬,遇到问题相互推诿、处理不及时。如态度恶劣,辱骂客人;电话无人接或转接时间过长;电话中有聊天声等。

收费不合理方面:主要反映在电话、客房、复印等收费标准不明确、不合理,多收客人费用。

服务失误方面:行李员丢失客人行李;总服务台丢失客人代为转交的物品;洗坏客人衣物等。

施工扰客方面:饭店在施工前未能及时通告客人;在施工过程中,时间安排不合理,噪声过大,干扰客人休息和工作

其他方面:饭店单方面不履行合同或不按合同的规定提供相应的服务;饭店对外包场地管理不严,承包人撤租后,饭店不能及时做好善后工作,使客人利益受到损害等。

2. 安全保卫问题

安全保卫问题发生在饭店丢失财物,饭店不能及时做好客人的安抚工作,不按规定程序处理,报案不及时。保安对客人态度生硬,引发客人不满,并进一步发展为激烈冲突。

3. 设施维护保养问题

饭店开业时间较长,设施设备老化,由于维修保养制度不健全,保养不及时,导致设备出现故障,给客人造成不便。如客人被困在电梯中;电话总机频繁出现故障;客房设施陈旧,空调无法使用等。

4. 卫生管理问题

在食品卫生方面会发生如使用食品过期、不洁等;饭店客房清扫不彻底,有蟑螂;服务员在客房卫生间内清洗口杯等问题。

二、经营交往冲突产生的原因

由于引起经营冲突的因素很多,所以发生冲突的原因也很多,既有主观因素,也有客观因素。其中主要的原因有以下几个方面:

(一)双方买卖关系造成的差距

旅游企业经营者与消费者双方在买卖关系中所扮演的社会角色不同,经营者处于卖方,消费者处在买方。两者所处地位不同,由此造成的差距是产生冲突的根本原因。具体地讲,这种角色差距体现在以下几处:

1. 双方的出发点不同

旅游企业员工期望把手中的旅游产品卖出去,而不在乎谁是买主;而消费者追求的是称心如意的旅游产品,在某种程度上说不管谁是卖主。这样,买卖的双方只注重旅游产品本身。卖方竭力推销的旅游产品并不被它的买主欣赏时,买卖不成怨恨生,冲突也就有可能爆发。

2. 双方的利益不同

服务人员希望多销售旅游产品,卖高价多赚钱。而消费者则愿意以最低价格购买最满意的旅游产品。利益的差距也会导致冲突。

3. 信息水平不同

生产厂家推销员或商店的售货员对产品或同类产品的生产、销售有较全面了解,熟知产品的性能、操作或维修。而消费者多数对旅游产品销售情况、质量好坏不了解。在购买高档旅游产品时,总喜欢向服务人员了解详情。这种日常式的、周而复始的答疑,会使服务人员失去耐心,与消费者发生摩擦,冲突也就在所难免了。

(二)双方的文化背景不同

服务人员与消费者存在着文化差异,各自的风俗不同,价值观不一样,特别是在国际交往中,双方存在着语言障碍,就可能引起冲突。

(三)销售工作中的原因

有的是由于旅游产品质量不过硬,价高质低;有的是由于节假日消费者拥挤,服务人员不足,导致消费者等待时间较长;有的消费者要求退换产品,服务人员不愿接受;有的是由于服务人员违反职业道德,服务态度恶劣,以次充好,引起冲突。

(四)双方对买卖活动中可能出现的现象预测,也会导致彼此之间的冲突爆发

在旅游产品买卖的活动过程中,无论是消费者还是服务人员都希望能够愉快地成交,买卖双方对交易过程中可能出现的现象的预测是不同的,如双方的预测结构能否优化实现等。这个原因表现得最为直接、具体。

对情境的估计,是指消费者与营业员对买卖活动中可能出现的现象的预测。

表12.1和表12.2中只是列出了消费者和营业员预测结构的一般内容,而不是标准化模式。事实上,每位消费者与营业员由于能力、气质、性格、兴趣的不同,常常都有已成习惯的、自己的、特殊的情境预测结构,或者是非常重视和突出其中的一些项目而舍弃其他的一些项目。

表 12.1 消费者对情境预测结构

分类	是(估计)	可能是(担心)
提供的服务	1. 迅速 2. 全面(包装好、交货快、实行三包) 3. 技术熟练、专业化	1. 缓慢(长时间排队、营业员离岗或不务正业) 2. 片面 3. 技术生疏、外行
营业员	4. 全神贯注 5. 客气 6. 和蔼可亲 7. 勤快 8. 熟知旅游产品 9. 诚实	4. 漫不经心 5. 生硬 6. 怀有恶意 7. 懒惰 8. 一知半解 9. 欺骗
所需要的旅游产品	10. 现货供应 11. 物美价廉 12. 品种齐全 13. 新颖流行	10. 只陈列不出售或无货 11. 质次价高 12. 无选择余地 13. 陈旧淘汰
其他方面	14. 环境优美 15. 设施先进 16. 多功能(购物、娱乐休息)	14. 肮脏混乱 15. 设施落后 16. 功能单调

表 12.2　服务人员对情境预测结构

是(估计)	可能是(担心)
1. 和蔼可亲的	1. 怀有恶意的
2. 客气的	2. 粗暴的
3. 容忍有耐心的	3. 爱咋呼的、毛手毛脚的
4. 安静的	4. 容易激动的
5. 一般挑选的	5. 吹毛求疵的
6. 富有同情感的	6. 不通情达理的
7. 谦虚谨慎的	7. 高傲自大的
8. 买而不挑的	8. 挑而不买的

当消费者与营业员各自情境预测结构中的某些项目不能实现或不能完全实现时,期望落空而不能自控,双方的冲突就会由潜伏准备→渐进表现→猛烈爆发。

三、经营交往冲突心理分析

从心理学的认知角度看,消费者在购买过程中,存在着对产品与服务人员认知而产生的四种不平衡与四种平衡心理状态。

(一)消费者可能产生的四种不平衡心理状态(一)

1. 因服务人员对旅游产品负面评价产生的不平衡心理状态(一)

消费者对旅游产品购买动机强烈(＋),同时对服务人员的接待服务也感到满意(＋),但服务人员对旅游产品的评价意见与消费者相反(一),消费者会出现犹豫、动摇,心理处于不平衡状态(一),如图 12.1 所示中的 1。

2. 因对服务人员的不满产生的不平衡心理状态(一)

消费者对旅游产品满意(＋),服务人员对旅游产品也持肯定态度(＋),但消费者由于某种原因对服务人员不满意(一),由此产生心理不平衡(一),如图 12.1 所示中的 2。

3. 因对旅游产品不满产生的不平衡心理状态(一)

消费者对服务人员的服务甚感满意,但旅游产品不能令其满意,服务人员极力推荐旅游产品,消费者进退两难,心理状态也难以平衡,如图 12.1 所示中的 3。

4. 对所遇情境都表示不满产生的不平衡心理状态(一)

消费者对旅游产品不中意,服务人员对他又冷嘲热讽,并对旅游产品也持否定态度,消费者会恼怒气愤,极为不悦,如图 12.1 所示中的 4。

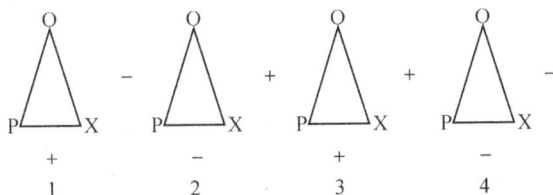

图 12.1　P 表示消费者,X 表示服务人员,O 表示旅游产品
＋表示肯定态度,一表示否定态度

心理不平衡状态下的消费者,由旅游产品因素体验到的不良感受,带来的结果是失望

而归,由服务因素体验到的不良感受,带来的结果是放弃购买并对旅游企业形成成见。

（二）消费者可能产生的四种平衡心理状态（＋）

1. 对所遇情境满意的平衡心理状态（＋）

消费者很喜欢旅游产品（＋）,服务人员服务态度热情（＋）,仔细介绍旅游产品,耐心帮助挑选,并肯定旅游产品（＋）,消费者会实现满意的购买,心理状态能平衡（＋）,如图 12.2 所示中的 1。

2. 对旅游产品称心的平衡心理状态（＋）

消费者感到旅游产品中意（＋）,但对服务人员不满意（－）,服务人员对旅游产品持否定态度,消费者会感到不快（－）,但由于旅游产品称心如意,得到极大心理安慰,心理状态也能平衡,如图 12.2 所示中的 2。

3. 不产生购买的平衡心理状态（＋）

消费者对旅游产品不满意,服务人员也对旅游产品持否定态度,很体谅消费者心情,消费者没买旅游产品觉得决策是正确的,虽有遗憾但心理是平衡的,如图 12.2 所示中的 3。

4. 不为服务人员所动的平衡心理状态（＋）

消费者讨厌旅游产品,由于某种原因对服务人员亦反感,服务人员极力推荐,促其购买,但消费者并不为之动心,是一种"我行我素"式的心理平衡,如图 12.2 所示中的 4。

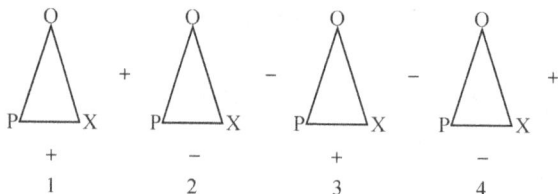

图 12.2　P 表示消费者,X 表示服务人员,O 表示旅游产品
＋表示肯定态度,－表示否定态度

当消费者的心态处于不平衡时,会导致对旅游产品或服务人员态度的改变和相应行为的发生,或能动地避开那些很可能使这种不平衡增加的情境因素和信息因素,使购物心理趋向平衡状态。在这个不平衡向平衡的转变过程中,由图 12.2 的四种平衡状态可知,图 12.2 所示中 1 的平衡是经营交往最理想的结果。在图 12.2 中 4 的平衡状态下,旅游企业会给消费者留下"王婆卖瓜"的恶劣形象。在图 12.2 中 2 的平衡状态下,虽然消费者购买了旅游产品却对服务人员产生了不好的印象;在图 12.2 中 3 的平衡状态下,虽然消费者对服务人员满意,但对旅游产品有不好的印象,这两种平衡都存在着有损旅游企业形象的后果。

第三节　经营交往沟通心理策略

客观上,消费者对旅游企业来说是不可控制的外部因素;旅游产品一旦生产出来,也已成事实,难以改变。因此,当消费者存在心理不平衡时,从旅游企业服务人员角度寻找如何使之向好的平衡状态转化,是避免和解决冲突的关键。

旅游心理学

一、旅游经营交往的特殊性

发挥旅游企业服务人员在经营交往中的主导作用,关键在于发挥服务人员的文化修养、自我控制、自我调节能力和遵循旅游经营交往中的一些心理策略,这是由旅游经营交往的特殊性决定的。

(一)短暂性

从旅游纪念品消费、酒店住宿到远程旅游消费,服务人员与消费者间交往的时间短则数分钟,长也不过十天半个月,可见服务人员与消费者交往的时间短,沟通机会少。这使得经营交往中的沟通与日常交往中的人际沟通相比,难度加大。如日常人际交往中的一些误会,可以有"路遥知马力,日久见人心"的机会得到诠释;在旅游经营交往中,消费者更受第一印象的深刻影响,因此需要服务人员不仅有热诚服务之心,还需要服务人员能在"出面""出口""出手"之初就让消费者及时地感受到这种热诚,这就需要讲究服务的表现技巧。

(二)不对等性

市场经济背景下的旅游经营中,消费者成了"上帝",消费者与经营人员所扮演的角色不再平等。这种不平等表现在经营交往过程中,只有消费者对旅游服务人员下达指令提出要求,而不存在相反过程的可能。服务人员必须服从和满足消费者的意愿,双方关系扮演的这种角色不平等,很自然会把它与"人与人是平等"理念相比较。对于一些传统观念较深的服务人员,常常由于不能正确理解和处理这种不平等关系而陷于自卑或产生逆反心理状态,对旅游企业管理和服务质量造成消极影响,不利于旅游企业的声誉。这就要求正确认识经营者与消费者这种临时性社会角色所处地位的不平等,并在经营交往中得到贯彻。

(三)公务性

在旅游经营交往中,由于是公务性的,交往双方加上彼此在个人利益上具有不一致性,这就使得交往双方在进入经营交往的过程时往往会产生互不信任的心理定式。

日常交往中,人有自己选择交往对象的权利,喜欢交往的对象通常是与自己有共同语言的、友好的、可信任的,所谓"物以类聚,人以群分"。作为公务性交往,男女老幼、三教九流,别无选择,若是不能把自己放在一个适当的位置与消费者交往,过分强调自己的主体性,就易导致经营交往过程的阻隔。服务人员应做到对待消费者"一视同仁"却又让每位消费者感受到服务人员的"特别照顾"。

二、旅游经营交往沟通的心理策略

(一)确立良好的第一印象

在与服务人员的初次接触时,消费者往往表现比较敏感。服务员的一张笑脸、一句亲切的话语会使消费者顿感值得信赖。如果接触时服务人员表情冷淡,马上就会使消费者觉得受到伤害。给消费者一个好的第一印象,还可以为以后各阶段的服务打下坚实的基础。为了创造良好的第一印象,服务员可以从以下几方面入手:

1. 明确的角色意识

作为服务员必须意识到自己在接待服务工作中扮演的是服务员的角色,即要摆好与客人的位置。服务员是为旅客服务的,不管在什么情况下,特别是在服务的初始阶段更是如此,他必须要尊重客人,要让客人比自己"高一点"。

2.敏锐的观察力和准确的辨别力

由于旅游消费者的职业、身份不同,住宿、游览动机各异,接待服务人员应用敏锐的观察力和准确的辨别力,在与旅客接触的较短时间内从客人的着装、表情、物品、口气、气质等方面做出准确的判断。判断是新客或是熟客,是什么身份和地位等,以便提供相应的接待和服务。

3.出色的表现力

服务人员与客人的交往是短暂的,不可能指望"日久见人心"。因此,服务员要想在接触的初期给旅客留下好的印象,就必须具有较强的表现能力,把自己对旅客的关心、体贴通过自己的言语、行动和表情表达出来。

4.较强的感染力

服务人员要精神饱满,应酬自然,表情和蔼可亲,言语精练,动作轻盈,以真挚的情感去感染旅客。

(二)尊重客人

尊重是人际友好交往的前提,在旅游服务中人们总结了许多让客人感到尊重的技巧。

1.用姓名去称呼客人

在旅游服务中,只用"先生""小姐""太太""同志"或"您好""欢迎光临"等之类的套话,显得过于呆板,如果能用客人的名字或带姓去称呼,会让客人感到熟悉与亲切。但也应看到,有些客人是不愿意在某一个地方让他人知道自己的姓名的。

2.保护客人的自尊心

在旅游服务中只要不让客人有失身份和伤脸面,就是保护了客人的自尊心。见到一些有虚荣心的旅客,本来经济不富有,但遇到有好的菜品、好玩的活动项目、好看的东西时,却以冠冕堂皇的话说自己"不喜欢吃""不愿意玩""不想买"等来掩饰内心的欲望。在此情况下,服务员能做到看穿但不"说穿",再加上"这个菜更合适您的胃口""那个项目更有利您的身体""这个商品更好看"之类的话为旅客解脱,即使客人没有表示感谢,他也会对服务留下一个好印象。

3.客人总是对的

有人提出"消费者就是上帝/上帝绝对不会有错/如果发现上帝有错,一定是我有错/如果上帝没有错,一定是我的错才害上帝犯错/如果是上帝自己的错,只要上帝不认错,上帝就没有错/如果上帝不认错,我还坚持上帝有错,那就是我的错"六大守则,这对理解"客人总是对的"有帮助。必须指出的是,"客人总是对的"这句话并不是对客观存在的事实所做的判断,它只是对服务人员应该如何去为客人服务提出了一种要求,提出了一个口号。

4.礼貌地接待客人

对客人的礼貌就是对客人的尊重,对客人的尊重是通过服务人员的言行和在各个服务环节上的服务表现出来的。比如说客人来了,接不接行李,打不打招呼,让不让座;进客人的房间,敲不敲门,要不要得到客人的允许;对客人的风俗习惯和宗教信仰要不要尊重;对客人的客人要不要热情接待;对客人的询问要不要耐心倾听和重视等,都能表现出对客人的礼貌和尊重。

(三)把握服务时机

服务时机把握得不好就体现不了服务的便利。服务时机的把握可分为主动把握和被动把握两种,并且这两种情况常常是并行的。主动性把握就是服务员主动自觉地去"寻找"和发现接待服务时机,以便提供相宜的服务。被动性把握就是消费者一旦提出某种合理的需求,服务员就应立即帮助其解决,毫不拖延地为其服务。时机的把握不是机械地靠时间、靠秒表所能做到的,它凭的是服务员的直觉或感觉,往往是需要多年丰富经验的积累以及个人的才智和灵性才能悟到的。从某种意义上说,它是服务员在服务工作上的主动进取精神的表现。

(四)规范服务与个性化服务

从激励的双因素理论角度看,规范化服务是消费者的基本期望,达到规范化服务的标准,只能让消费者感到"一视同仁""没有不满意",尚不能让消费者感到"特别关照""满意"。只有为消费者提供有针对性的个性化服务才能使消费者感到满意。在提供"特别关照"方面旅游业也积累了很多的经验,如提供消费者所要求的"分外"的服务、在消费者遇到特殊情况下主动提供"分外"服务、针对每个消费者的不同特点提供不同的服务、为消费者提供"时刻准备着"的服务、为消费者提供"心领神会"的服务、讲究说话艺术让客人感到"特别关照"等。

(五)提高沟通技能

在人际交往的信息传递过程中,词的作用只占7%,语调占38%,而55%的信息是靠无声语言来传递的。有声语言主要传递描述事物的信息,无声语言主要用来表达人际间的态度和感情信息,也可以部分替代有声语言的传递。因此,要提高沟通的效果就要善于将有声语言和无声语言结合起来进行沟通。

1. 有声语言沟通

俗话说:"同样的话,有不同的说法。"对于旅游业服务人员来说,讲究话的说法尤其重要,因为同样的、在形式逻辑上等值的话,用不同的说法去说,在心理上引起的反应,或者说是给人的感觉,常常是不一样的。

在日常生活中,人们也许不必这样谨小慎微,但是,在服务人员与客人打交道的时候,柔性的、听起来顺耳的说法和刚性、刺耳的说法一定要区分得很清楚。

以下是在服务中,人们总结的一些经验:

(1)使用服务用语。服务交往中的用语是相当丰富的,由于服务工作的特殊性,要求服务人员在服务中正确使用礼貌用语,常用的有:对不起、别客气、谢谢、您好、再见、欢迎再来、请。

(2)尽量避免说不。如遇到咨询时,服务人员即使真的不知道怎么回事,也不能说"不知道"。可以说:"我帮您问一下。"

(3)反话正说。如反说:对不起,您的房间还没收拾好。可以正说成:请稍等,您的房间马上就收拾好了。

(4)注意说话技巧。时时提醒自己注意说话的技巧,在实践中加以总结。

2. 无声语言沟通

说话包括两种:一种是用嘴巴来说话,说出来的是有声语言;另一种是用身体来说话,说出来的是无声语言,例如,对客人说"请坐",与此同时,做了一个掌心向上把手朝放着椅子的方向伸出去的动作。

在一般情况下,人们都能不假思索地把有声语言和无声语言配合得很好,别人听起来、看起来也觉得很自然。但是,当一个人抱着某种复杂的,或者是要别人隐瞒的想法时,他的有声语言和无声语言之间就很可能会出现矛盾,使人听起来、看起来总觉得有点不对头。

(1)表情语。通过自己的面部表情交流思想。它虽是一种无声语言,但它可使有声语言更富有感情色彩和表达力,在传达信息方面起着重要作用。微笑给消费者以亲切与甜美的感受。提倡微笑服务,而且强调不论遇到何种性格、何种要求的消费者,都要做到微笑迎接、微笑介绍、微笑解释、微笑送别,自始至终贯穿微笑服务。这使消费者在受到接待服务时,受尊重的需要得到满足,而对服务人员产生好感。服务人员使用微笑性的表情语,配以服务的文明用语,使无声语言与有声语言相得益彰。消费者不仅得到了满意的服务,而且带走了对服务人员以至整个酒店的美好印象,不仅有可能再做回头客,而且会做活广告,招徕更多的客人。

(2)手势语。说话配以适当的手势和姿态,不仅能吸引听话人的注意力,而且也能把话说得更有声有色,增强有声语言的表达力,使听者通过视觉的帮助而获得深刻的印象。提倡手势文明、姿态大方,反对手势粗野、姿态怪异。

(3)操作语。操作语表现为端菜、斟酒、打扫卫生、收款、找零、开票等。这些操作语不是用嘴说的,而是通过服务人员操作动作的重轻、快慢以及产生音响的大小,有意无意地向消费者说了话,表达了服务人员对消费者的礼貌或者不礼貌。操作语的要求:一是轻柔,二是程序化。

表情语、手势语、操作语都是无声语言,虽是无声,但是有时却能起到此时无声胜有声的作用。

第四节 经营交往冲突预防的心理策略

为旅游消费者提供质价相符的旅游产品,可以消除经营交往冲突的客观条件,服务人员若能注意一些预防的心理策略,可以尽可能地消除交往冲突的主观因素。

一、"成问题"的消费者

提出这个议题,并不是说消费者都是不正常的人,而是说作为消费者的特殊角色,与日常生活交往中的人所扮演的角色有所不同。把消费者想成"有问题"的人,万一发生冲突时,服务人员就会按"有问题的"人来解决,不至于措手不及。根据服务与生活经验,罗伯特·赫利列出了 26 种成问题的例子是一种启发性的见解:

A. 爱骂人的人	B. 惹人厌的人	C. 经常抱怨的人	D. 酒鬼
E. 上了年纪的人	F. 第一次旅行的人	G. 爱讲闲话的人	H. 疑病症患者
I. 内向性格者	J. 年资较低的职员	K. 爱挑剔的人	L. 有情人
M. 郁郁寡欢的人	N. 爱管闲事的人	O. 爱出头露面的人	P. 地道的美国人
Q. 爱提问题的人	R. 爱闹独立的人	S. 爱买东西的人	T. 惹是生非的人
U. 举止粗野的人	V. 样样都知道的人	W. 到处漫游者	X. 专家
Y. 不懂事的孩子	Z. 狂热的信仰者		

二、使消费者高兴必须首先自己高兴

生活中有一种经验，要想人家以怎样的方式待你，最好你首先以怎样的方式待他，所谓"投桃报李"。服务人员应怎样主动运用自己的情绪，可参考情绪谱理论。把情绪与色彩对应，有如下关系：

红色情绪————兴奋
橙色情绪————快乐
黄色情绪————明快、愉快
绿色情绪————安静、沉着
蓝色情绪————忧郁、悲伤
紫色情绪————焦虑、不满
黑色情绪————沮丧、颓废

一般说来，旅游服务人员在工作中的情绪状态应该处于绿色与橙色之间，接待客人时先以黄色为基调，需要让客人看到你特别高兴的时候，再变黄为橙。在遇到问题、遇到麻烦的时候，应该使自己处于绿色，这样才能避免忙中出错，避免因急躁而冲撞了客人。蓝色、紫色、黑色显然都是在工作中不应有的不良情绪状态；处于红色容易使人忘乎所以，失去控制。

三、不可表面恭恭敬敬内心却无礼

服务人员与消费者接触时的态度，尽管在表面上看来，好像很有礼貌似的，但是如果在内心有轻蔑对方的心理时，必定会在言词的片断及无声语言中露马脚，使对方非常不高兴。对于服务人员来说，处理消费者的不满是属于日常的业务，很容易会认为又有问题了而习以为常，随随便便地加以处理。但是，对于申诉者来说，那是在生活上所发生的异常情形，服务人员千万不要忘记这一点。尤其是在处理电话投诉的时候，由于它是仅凭听觉来做沟通的，所以服务人员即使说出同样的话，因为发声的太高或太低、用词欠妥等原因也会伤害到对方感情。

四、要认清消费者有听取说明的权利

在消费者的不满中，由消费者误会所引起的问题，绝对不在少数。例如，酒店客人说热水器坏了并大声叫嚷，服务人员过去一看，原来客人并没有把电源的插头插入插座。尽管消费者的申诉或不满没有正常的理由，消费者还是有听取适当说明的权利。服务人员要认为这是消费者所赐的一个启发消费者的绝好机会，应好好地把握，把事情说个清楚。而且以这种事情作为开端，服务人员与申诉人之间产生了信赖关系，以后可能还会有更进一步的接触，会引发消费者再次购买。

五、要精通专门知识及法律

服务人员假如不好好学习专门的知识，就很难处理好消费者的不满。因此，服务人员必须要精通有关企业所提供的旅游产品及服务的知识，熟知企业的流通系统、企业内的组织以及围绕旅游业界的各种讯息,尤其是与消费者相关的讯息。

服务人员,不但要理解消费者权益保护的精神所在,而且对于规定交易基本原则的民法、商法以及一般经济法令,与旅游业界有密切关系的法律、相关政令、规则等,都要掌握相关的知识。这是非常重要的事。经常可能遗憾地看到有许多冲突,真理掌握在消费者手中。但是,并不是要在法律所规定的范围内,凭死板的规矩来解决问题,重要的是以该法律规定作为基础,同时,考虑商业伦理、企业姿态以及社会观念等要素,来做有弹性的处理。

第五节　旅游消费投诉及处理心理策略

一、旅游消费者投诉心理特点

(一)冲突发生过程中的消费者心理

消费者的冲突心理发生发展过程是消费者与服务人员的互动过程,从开始发生冲突心理到冲突发生后,可分为以下三个阶段,认识这个过程既有助于服务人员意识到自身在冲突中扮演的是火上浇油的角色还是釜底抽薪的角色,也有助于服务人员适时地处理冲突,避免冲突扩大化。

1. 冲突的潜在阶段——产生感情抵触

消费者受到低于期望的服务或购买到劣质旅游产品,会产生挫折感,由此而对在场的服务人员产生感情抵触,这是冲突的潜在阶段。此时的消费者通常表现为自言自语状或与其他消费者交流状,表情上有不快之色。善于察言观色的服务人员,这时若能主动让步,及时改正工作中的缺点,表示歉意或微笑礼貌地婉转解释,可能会烟消云散。否则,将上升为爆发阶段。

2. 冲突的爆发阶段——感情冲动,行为失控

不同个性的消费者在此阶段的反应不同。道德修养较高或属安静型的客人,会据理力争,直截了当地提出服务人员的语言或行为等方面的过失。如果服务人员与客人作对,不做任何自我批评或表示歉意,就会使这样的客人强忍内心的愤怒,为避免更大的不愉快,只好主动退让,愤然离去,或找有关负责人投诉。对这样的消费者,服务人员千万不要以为自己胜利了,相反,是在众多的客人面前,扮演了一个极不光彩的角色。结果会受到其他客人的谴责,甚至引起公愤,给本人与企业的形象带来不可弥补的损失。

道德修养较差或性情暴躁的人,对服务人员的这种失礼会"回敬",更加粗野,怒不可遏,进而转向对服务人员的人身攻击或侮辱。这时,服务人员若不甘示弱,甚至与其他服务人员联合起来,群起攻之,冲突将愈演愈烈。

3. 冲突发生后——愤愤不平,或投诉,或报复

采取投诉方式反映情况的,多是道德修养较高、关心企业声誉的客人。对这样的客人应欢迎,并可采取有些饭店已实行的"有奖监督"的办法,热情接待,认真听取。

但个别旅游者,不是通过正常渠道进行投诉,而是伺机报复。这多属道德修养差、法制观念薄弱、文化水平低下者,应极力避免。

（二）投诉时消费者的需求

冲突发生后之所以要投诉，是因为消费者希望通过投诉满足自己的心理需求。如果不能充分认识消费者的投诉需求、满足这些需求，就无法圆满处理投诉事件。一般来说，消费者投诉时的需求主要有以下三种：

1. 尊重的需求

消费者最易受伤的是自尊心。当对产品或服务不满时，消费者就会认为经营者不把自己放在眼里，不尊重自己的权益。因此，冲突发生后求尊重的需求会油然而生。

2. 发泄的需求

冲突发生后，心里有不吐不快的感觉，找同行的消费者诉说、找服务人员诉说都是求发泄的一种表现。消费者向服务人员诉说时若不尽兴，还会把它归结为尊重需求没有得到满足。

3. 补偿的需求

对旅游产品或服务不满提出投诉，实质是消费者认为质价不相符、"缺斤短两"，期望把"缺少"的部分给补上，以求消费得物有所值。在实际投诉中，消费者求补偿时的物质补偿与心理补偿多与少因事因人而异。

二、旅游消费者投诉处理程序

投诉处理程序是根据消费者投诉心理特点而定的，把握处理投诉的程序，可以使服务人员处变不惊。

（一）耐心倾听，弄清真相

投诉对于经营者来说，可能是微不足道的事情，但对于消费者本人来说，却是极为重大的问题。当有消费者来投诉时，作为服务人员，最重要的事，是首先把自己的心胸打开，留神聆听对方的主张，切勿凭自己狭窄的经验或知识，来简单地判断对方所说的话。消费者之所以要申诉怨言、表达不满，是有与人沟通，即跟人说话，让自己以外的人知道某种事情，与人共享等潜在的欲望。服务人员在聆听所谓的忠言、怨言、要求、抗议、牢骚等时，必须保持极大的耐心。认真聆听，既可满足消费者求尊重的需求，也能弄清事情的真相。

（二）诚恳道歉，表示同情

并非所有的消费者投诉都是有理的，即使投诉时"理"在经营者一方，作为服务人员，也应当本着"客人总是对的"原则理解他们的消费立场，把"面子"尽可能地让给消费者。若是经营者的问题，服务人员更应像美国人际关系学专家卡耐基（D. Carnegie）指出的那样诚恳道歉——"假如我们知道我们势必要受责备了，先发制人，自己责备自己岂不是好得多？听自己的批评，难道不比忍受别人口中的责惩容易得多？"因此，加上同情的表示，更能满足消费者求尊重的需求。

（三）及时处理，满意处理

当客人投诉时，服务人员最好把事实的经过、原委，即"什么时候？什么地方？什么人？发生了什么事情？为什么？"都记录在案，以便客观地确定事实的真相。如果事实是本企业的服务质量出了问题，在可能的情况下，要对客人进行赔偿，并立即执行。如果某些企业的规则对服务人员对待投诉的处理办法有所限制，服务人员也必须当着投诉者的面表示歉意，确定解决问题的期限，并开始付诸行动。客人抱怨的最终目的是希望问题得到解决，所以,服务人员必须明白客人的要求,然后根据客人的愿望,提出一个解决问题的办法。如果客人对服务人员提出的建议仍然不满意,服务人员要尽可能地给予满足,直到客人满意为止。如果自己解决不了,可以请上级领导来处理。要把解决问题的方法、步骤和最后结果用书信或电话通知有关客人,要确保诺言的兑现,并追踪一下客人是否真正满意事情的处理结果。

（四）表示真诚的赞赏和谢意

这表明了经营者的一种礼节。而且,经营者也应该对投诉者表示感谢,因为这可以使经营者知道企业的产品与服务在哪些方面尚待提高,有助于提高服务质量,最终赢得客人的满意。

第十三章　旅游业服务心理

旅游业服务心理以旅游者为研究对象,对旅游者在旅游活动中的心理发展历程进行剖析,明其所思,知其所想。旅游服务人员要克服来自内部和外部的各种困难,提高自己的心理素质,遵循"顾客至上"等一系列旅游服务心理原则,提供令旅游者满意的各种服务。本章将从旅游服务工作的角度出发,着重探讨旅游业应怎样为旅游者提供最佳的服务,使旅游业的服务不断适应发展变化着的旅游者的需求,提高旅游企业的社会效益和经济效益,为旅游业拓展更大的发展空间。

第一节　旅行社服务心理

旅行社是旅游者在旅游过程中接触最早,接触时间也最长的旅游服务提供机构。从旅游咨询、接待、票务、订房等到组团出游、导游服务,旅行社几乎贯穿了旅行生活的始末。因此,旅行社服务质量的好坏在很大程度上决定着整个旅游过程的"输赢"。

一、接待服务心理

旅游者在旅游之前最先和最早接触到的是接待人员,他们提供咨询,解答疑惑。良好的接待服务会促成顾客对旅游产品的购买行为,相反,失败的接待服务会延缓顾客的购买行为,甚至导致顾客旅游动机的消失,使得旅行社失去销售的机会。因此,首先有必要分析一下旅游者在旅游的准备阶段的心理过程。

一般来说,潜在旅游者一旦决定进行一次旅行,就会处于比较兴奋的心理状态。此时,对于和旅游有关的信息,他们都会乐于和急于去接受和了解,并会在物质和精神两方面做好准备,比如会打算好花多少钱,和谁一起旅游,带什么行李,等等。他们同时会对将要前去的旅游目的地,以及相应的旅游活动、接待安排、住宿交通、气候条件等有很大的期待。确定要旅游之后,意味着旅游者将有一段时间能够脱离工作或者家庭的束缚,这种解脱使人产生对自由的急切向往,行为上体现为自由随意。但由于旅游者经验和个性的差异,这种自由和随意的表现程度是不一样的,有经验的或者团体旅游的消费者,自由随意度要高一些,初次旅游或者单身旅游的消费者,由于对未来旅游的不确定性,在自由放松感中还会带有些许的紧张感。旅行社接待服务人员要根据潜在旅游者的不同心理特点,"投其所好"地提供服务。

（一）热情接待，提供详尽信息

由于旅游准备阶段旅游者的兴奋心态，接待人员也要适应其心理状态，使其融于一种轻松愉快、热情洋溢的气氛当中，用微笑和欢声笑语接待顾客，这就好像是旅游者对未来旅行的一次预演，使其提前感受到了旅行生活的美妙和舒适，更加激起他们对旅游的向往，从而加快购买决策的进程。对于一切有关事项，要尽可能详细和明确地对旅游者加以解释，满足其对旅游有关信息的渴求感，同时也能够帮助旅游者为自己的旅行做更加充足的准备，为一次完美的旅行奠定基础。这不仅可以使旅游者的旅游过程更加顺利愉快，也使旅行社的投诉发生的可能性大大降低。

（二）以礼待客，积极引导消费

即将到来的旅行生活使旅游者产生了明显的自由随意的行为，在咨询接待人员的过程中，因个性和经验的差异，有的旅游者更多地表现出激动的言行。碰到这样的情况，接待人员应保持冷静，以礼待客，耐心讲解，引导旅游者做出正确的旅游购买决策。

（三）不同顾客，区别对待

人们的旅游经历不同，在做旅游决策之前所表现出来的心理特征也大不相同。初次旅游的人，更多表现出来的是对未来的担心和不确定，接待人员要主动地安慰，尽力使之消除不安心理，增强他们的信心，促成旅游购买行为；有过多次旅游经历的人们则表现出老练的心态，富有自信，这时，接待人员应该以"同行"的身份与他们沟通，争取在较短时间内使之完成购买行为。年龄、性别等因素也会造成旅游者心理的差异。比如男性顾客较为务实、独立，注重产品的使用价值和价格，接待人员应当在旅游产品的性价比上来说服男性顾客，但男性在女性面前又好出风头，接待人员要随机应变；而女性顾客较为感性，同时她们也比较注意细节，相对比较固执和狭隘，接待人员要注重启发其对旅游的想象力，采用不同的推销语言来说服她们。当然，除了性别和旅游经历的区别外，还应该意识到人的社会复合角色，职业、经历等都会影响人们旅游的心态。

二、导游服务心理

对于旅游者来说，"游"是旅行的核心要素，从这个角度来看，导游服务也可以被看作是旅行社提供的核心服务。虽然在自助游、散客旅游日益流行的今天，团队的导游服务已经没有往日那么重要，但其作为旅游过程中的重要要素之一，仍旧应当是旅游服务心理的重要研究对象。

"游"的过程本质上是旅游者的审美过程，因此要提供良好的导游服务，就必须了解旅游者的审美心理。旅游是一项集合了自然审美、社会审美和艺术审美的综合性审美活动，从旅游活动的具体内容看，还可以分为自然审美、社会审美、艺术审美、饮食审美等。大量研究表明，旅游者审美心理主要由四种因素构成，即感知、想象、情感、理解。

（一）审美感知

审美感知是指审美对象刺激人的感官而引起的各种感觉及与之而来的知觉的综合活动。感知是审美活动的先导。旅游者在游览过程中，感知和思维活动都是非常活跃的，这时候的感知已经不仅仅是一种认识和判断了，因为在到达旅游目的地之前，旅游者对目的地已有一定的了解和心理准备，他们会对实地的状况与自己心目中的想象做一个对比。因此作为导游，在安排旅游活动时，最好在初到异地时，给旅游者一个游览市容的机会，而不要急于进入景点。旅游者在异地的好奇心尤其突出,在游览过程中新奇的事物都会引起他们的注意。

（二）审美想象

由于思维的异常活跃,旅游者会在审美感知的同时,萌发自己对景观和景象的想象。审美想象是指在头脑中对已有表象进行加工改造而形成新的形象的心理过程。与表象不同,形象是过去感知过的事物的形象在头脑中的再现,而想象所形成的形象是新的,是想象者没有直接感知过的事物的形象。旅游者在看到景物时,自然而然产生的想象,称为无意想象,旅游者没有特定的目的,如看到钟乳石时,就会想到各种奇异的动植物,这无疑会增加游客的兴致。作为导游,应该在旅游者无意想象的基础之上,用语言的描述,引导旅游者进行有目的的再造想象。比如通过讲述某个民间传说、神话故事,使旅游者对一块看似普通的石头引发无穷美好的思绪,从而触景生情。

（三）审美情感

审美情感是指审美过程中直接产生的知觉情感,是人对客观事物主观情绪的反映。情感不是对客观对象本身的反映,而是主体和对象之间的某种关系、主体对客观对象的一定主观态度的反映。这种态度与人的需要、要求、理想密切相关。通过审美想象,旅游者对景物触景生情,从而使旅游从简单的审美转变成为情感上的一种经历,使旅游的作用上升一个层次,能够带给旅游者更深的印象和影响。导游要善于把握旅游者不同的情感需求,如对情侣可以讲述民间传说中的爱情故事;对受教育程度较高的旅游者,可以让景观和景物与历史故事中相联系。

（四）审美理解

审美理解是指在感觉、知觉、表象等感性认识基础上产生的理性认识活动,是使审美感受获得理性品质的心理因素。在旅游者的审美全过程中有两种理解因素:审美的前提性理解和情感性理解。审美的前提性理解与旅游者自身的审美经验、审美修养、文化知识、审美标准和世界观等主观因素密切相关,它是美感产生和深化的基础。旅游者的真正的审美理解是情感性理解,它是审美感受过程中的理解,它不以概念和抽象论证、逻辑推理等形式出现,一切理性的认识都化作情感,在情感中得到显现。旅游者的修养、个性等,都化成了情感,直接表现为对旅游吸引物所采取的好、恶、爱、憎的倾向和态度。

针对旅游者审美的心理过程和心理特征,导游人员应如何巧妙地向旅游者传递审美信息,满足他们的审美需求呢?

1. 根据旅游者的意愿进行导游和活动安排

一般情况下,导游人员只会根据目的地和景点去安排游览活动,殊不知旅游者在旅行途中对外界事物的感知很主动,好奇心理也尤为突出,任何突发的事件和途中的事物都会引起他们的兴趣。导游应该随时观察旅游者的情绪,善于把握旅游者对事物的反应,顺应旅游者的意愿和兴趣去导游。比如在遇到节日游行队伍的时候,引起了旅游者的注意,可以适时适当地停留观看。在进行解说时,如果方式适当,就能够吸引旅游者,如果纯粹地照本宣科,背诵解说词,必定失去听众。应当根据不同旅游者的兴趣和需要,采用对路的解说方法,可以随时按需要添加或删减导游词。必要时还可以采用提问的方式,激发游客的想象力和参与性。

2. 组织形式多样、富有情趣的游览活动

团队旅游中,旅游者可能来自不同的单位,年龄、性别也不尽相同。游乐参与型旅游活动可以满足年轻活力的旅游者；博物展览型旅游活动可以满足求知欲强的旅游者；购物活动可以满足女性游客的需要。导游人员应该站在旅游者的立场上来考虑和处理问题，竭尽所能地为旅游者设计和安排旅游活动，将知识性与趣味性、观赏性与参与性有机结合，寓知识于趣味之中，鼓励旅游者积极亲身参与活动，使他们能乘兴而来、满意而归。

3. 掌握游览活动的节奏

任何审美活动都会产生疲劳感，人的心理状态有起有伏。为了使旅游活动不出现明显的低潮，在游览活动的安排上，应当注意把具有代表性的、新奇的、独特的项目错开安排，同一类型的景点的游览活动也不能安排在一起。对象的差异性能提高旅游者知觉的敏感性和兴趣。比如先去游乐园，接着去博物馆，再去品尝风味美食，然后去海边戏水。旅游者的生理与思维活动是有节律的，导游人员的服务只有与旅游者的生理与思维活动节律合拍才能收到最佳效果。

4. 注意填补旅途的空虚

一般旅游者在旅行途中，会由于时间过长产生乏味和空虚的情绪，这些都会影响旅游的效果。导游人员可以利用这些时间向旅游者介绍一些具体实用的知识和应该注意的事项。例如，介绍当天当地的气象情况、饭店的位置、当地的风土人情、土特产、风俗习惯，或者组织一些参与型的活动，比如拉歌比赛、成语接龙等，还可以通过教旅游者学习当地的方言来消除他们的乏味情绪和疲惫感。

第二节　饭店服务心理

饭店是旅游者的"家外之家"，为旅游者提供了吃、住、购、娱等多种服务。如果说旅行社是旅游业的龙头企业，旅游景区是旅游业的核心部分，那么饭店就是旅游业不可缺少的后勤服务提供者。旅游者只有在最基本的吃、住等需求得到满足的基础之上，才能安心地进行旅游活动，获得审美和情感上的满足。

旅游心理学

一、前厅服务心理

前厅是饭店的门面，是旅游者与饭店最初接触的部门，前厅服务贯穿于客人住店过程的始终。虽然旅游者与前厅服务人员的接触时间不长，但是他们对旅游者的影响是很深的，旅游者对饭店的最初印象和最终印象都形成于此。旅游者在前厅的心理主要表现为：

（一）求尊重的心理

尊重的需求是人类较高层次的心理需求，饭店是高层次的消费场所，旅游是奢侈的消费类型，所以客人一进入饭店，就会确立起自己是被服务者、被尊重者的社会心理角色。前厅的接待人员，包括行李员等应该笑脸相迎，热情主动地为客人提供服务和帮助，不仅要尊重客人的人格、信仰，也要尊重客人的各种行为。不应该对不熟悉饭店的客人，或者是从偏远地区、落后地区来的客人表示出鄙视，而不提供应有的服务。

（二）求快捷的心理

长时间的旅途奔波使得旅游者渴望得到休息，解除疲劳，准备正式进入游览的步骤。

而且前台办理入住手续,只是饭店管理的必要手段,对客人而言并没有使用价值,因此,是越快越好,切忌拖延费事。因此,要简化登记入住的手续,减少客人需要填写的内容,最好只需要签名,拿房卡,客人就解快速进入客房休息。同样,客人离开饭店时,可能由于飞机或者其他交通工具的出发时间,也希望能够尽快地离开,结账的手续同样需要高效率。

（三）求新知的心理

前厅除了提供入住和结账服务之外,还要向客人提供信息咨询的服务。因为游客初来乍到,对本地的风土人情、交通状况、旅游景点等都需要了解,包括对饭店内各部门、各种服务点的分布也需要向前台服务员咨询。前台可以配备专门的咨询人员向客人提供相关信息,其他的服务人员也应该对以上这些旅游者最关心的问题有所了解,及时回答客人的疑问。

基于旅游者以上这些心理特征,前厅接待工作中应当注意些什么呢?

1. 美化仪表,注意言行

前台服务人员既然是饭店的门面,就应该对自己的外表进行适当的修饰,使自身的仪表与饭店的形象、与服务人员的形象相配合。因此,这种修饰应该是适度的,不能太过分,比如只能化淡妆,不能佩戴过于耀眼或夸张的金银首饰等。除了人工的修饰,前台的岗位对服务人员本身的外貌要求也比较高,即身高适当、外貌端庄。这些既是对客人的尊重,也是给客人以美的享受。这些都是静态的仪表美。前厅人员还要注意言行的动态美。举止既要大方、得体、优雅,又要体现热情主动,对客人要使用尊称,使用礼貌用语,最好能记住客人的姓名,在尊称前加上姓氏,这样可以给客人以亲切感。

2. 做好接待工作,提供周到服务

前厅是饭店服务的枢纽,工作内容多样而且重要,包括预订、登记入住、电话总机、行李寄存、保险箱服务、结账等,因此,要求服务人员具有娴熟的服务技能,能营造和谐的气氛,特别是前台服务人员要善于察言观色,从旅游者的表情、神态中了解其需要,尊重旅游者的心理需求,同时必须小心谨慎,做到准确、高效。由于客人的很多问题都要到前厅咨询,因此很多饭店在前厅设置了大堂副理的职位,随时处理各种突发事件,解决客人疑难,协调各方面的关系。"金钥匙"服务更是体现了饭店服务人员为客人提供细致入微、体贴周到服务的典范。

3. 美化大堂环境,创造良好氛围

旅游者对饭店第一印象不仅来自于前厅服务人员的仪表言行,也来自于对饭店环境的感受,它关系到客人第一与最后印象的建立,虽然在时间上只是一瞬间,但作为记忆表象却可保留很长时间。因此,在美化大堂环境时,要注意意境美、装饰陈设美、整体美以及设置标志的醒目。虽然不同的饭店有不同的大堂设计装修风格,但是给客人创造温馨、舒适、整洁的氛围,给客人带去宾至如归的感受,将永远是饭店大堂设计不变的宗旨。

二、客房服务心理

客房服务是饭店提供给旅游者的核心服务之一,它很大程度上影响着饭店产品的质量。做好客房服务工作,是饭店服务的重要内容。客人在饭店住宿,主要需求有安全、干净、安静、隐私和舒适五点。

（一）安全

安全是人类最基本的生理和心理需求。在异地他乡的旅游者,对安全的要求远远高于在自己的家中。他们既担心自己的生命安全,也担心自己的财物会受到威胁。因此,客房必须保安严密,严禁闲杂人等出入。对于客人的贵重物品,可以建议保存在前厅的保险柜中。饭店的保安、防火等系统和设备必须齐全、先进,确保在险情出现时能够及时将客人带到安全地带。除此以外,基本医疗和急救也是出门在外的旅游者必需的保障之一。

（二）干净

客房的家具、设备和部分客用品都是多次使用的,旅游者中难免有病菌的携带者。客人肯定不希望自己在旅途中染上传染性疾病。他们希望客房的用具都能够清洁卫生,与身体有直接接触的用品最好经过消毒。

（三）安静

旅途疲惫,游览也要消耗大量的体力和精力,所以能够休息好,是游客继续旅行的保证。如果休息不够充分,会影响整个旅游的质量。因此,客房必须要隔音,房内的设备设施也要不产生噪声,如空调的出风口。而服务人员在提供服务时,要注意不能影响客人休息。如客人挂上了请勿打扰的标志,就不要擅自敲门。

（四）隐私

饭店的客房相当于家庭中的卧室,其休息和睡眠的功能是主要的,其他作用就相对次要了。虽然在客房中也有接待来客的设施,但客人对自己的隐私还是相当注重的。客人在住店期间,拥有对客房的使用权,其就是客房的主人,服务人员要尊重这种权利,不管是清洁打扫,还是查房,都应该按照客人的要求来进行。对客人的私人物品不要私自移动位置,不要向客房探头探脑,也不要向其他人透露客人的任何信息,这同时也是维护客人安全的需要。

（五）舒适

高质量休息的必要条件是舒适的地点和用具。客房的硬件设施一定要优良,服务人员的服务水平和质量也要过硬。要让客人感受到生理和心理上的双重舒适感。

针对住店客人的需要,应如何做好客房服务工作呢?

1. 主动热情

在客房服务过程中,服务员要精神饱满,面带微笑,语言亲切,态度和蔼,举止大方,不卑不亢,乐于助人,不辞辛苦,为住客排忧解难。主动的服务态度是指服务要发生于客人提出要求之前。热情是服务态度的本质表现,是取悦客人的关键,不仅是服务员的事,也是管理人员的事。热情能使远离家乡的旅客获得一种他乡遇故知的亲切感,在心理上得到一种满足和放松。

2. 微笑礼貌

客房服务离不开微笑,微笑可以传递愉悦、友好、善意的信息,也可表达歉意、谅解,赋予旅游服务以生命力。同时,客房服务人员要注意文明礼貌,通过讲文明、讲礼貌体现出对客人的尊重、理解和善意。如与客人讲话时要轻声细语,注意礼貌用语;为客人服务时要聚精会神,彬彬有礼;打扫房间时要轻盈利落,避免干扰客人。

3. 耐心周到

在客房服务过程中,无论工作繁忙与否,都要有耐心以保持良好的情绪,不急躁,不慌乱,对爱挑剔的客人不厌烦,对客人的询问要做到百问不厌、有问必答;对客人的意见要耐心听取;对客人的表扬要不骄不躁。服务周到是客房服务优质化的保证,这就要服务人员具有细致观察的心理品质。而细致源于强烈的责任感、敏锐的观察力、出众的记忆力和勤于思索的能力。服务人员细致周到的辛勤劳动常能提高服务的质量,令宾客获得满足感。

4.服务操作娴熟

客房服务工作中每一个小小的疏漏都可能造成严重的后果,因此,客房服务人员不能有任何懈怠、偷懒、侥幸的心理,应在客房服务的各个方面体现出主动、热情、礼貌、耐心、周到,在客房服务的各个阶段尽可能地体现客房的超常、延伸服务。在实际操作中,永远保持一丝不苟的工作态度,为满足客人在客房阶段的需求,向服务操作系列化的方向努力。

三、餐饮服务心理

民以食为天,旅游者的餐饮需求是旅途中最基本的,他们既有普通人对餐饮的需求,也有旅途中特殊的心理需求。步入21世纪,旅游者的需求逐渐向多元化方向发展,他们对于饮食的追求已经不仅仅是停留在品尝美味佳肴的时代,更多的是享受一种体验,感受一种氛围,追求一种时尚。因此,针对旅游者的不同心理需求,采取相应的心理策略将是上上之策。

(一)讲究清洁卫生

当今人们对饮食卫生的注重超过了以往的任何年代,由于肝炎等传染病的大规模流行,以及疯牛病、口蹄疫等动物传染病对人们饮食的影响,以及非典型性肺炎的发生,使人们不敢对饮食卫生有所怠慢。饮食卫生主要体现在用餐环境、餐具以及食品三个方面。窗明几净的用餐环境使人放心,让人安心地在餐厅中进餐。餐厅应当随时保持干净整洁,包括墙壁、地面、窗户等容易让人忽略的部位,虽然不会和客人发生直接接触,但却是给客人最深刻、最直接印象的环境因素。餐具直接盛放食物,与客人直接接触,因此餐具卫生十分重要。餐厅里的很多餐具都是公用的,一定要经过严格的清洗和消毒,才能提供给客人使用。"病从口入",食物的卫生是饮食卫生的根本和核心所在。一定要保证原料的新鲜、无污染,在制作过程中注意防止交叉污染。

除了做到用餐环境、餐具和食物的卫生之外,服务人员和厨师的清洁卫生也是很重要的,否则前面的工作都会功亏一篑,因此厨师和服务人员应当穿着整洁的浅色服装,让客人感到他们的良好的卫生习惯。餐厅工作人员身体健康是招工时的首要条件,他们的操作规程也必须符合用餐卫生的要求,比如上菜时手指的位置、拿杯子的方法等。

(二)追求快捷方便

旅途用餐需要及时迅速,这样既能够及时补充能量,又不会耽误下一步的旅程。厨房和餐厅应该相互配合,尽可能快地提供质量合格的餐饮产品给旅游者食用。旅游者在用餐过程中提出来的其他要求,服务人员也应当及时反馈,满足客人的需求。

因此,为了提供快捷方便的餐饮服务,餐厅服务人员应该提高工作效率,从安排座位、点菜、下单、上菜到结账,及时提供服务,千万不要出现让客人等得不耐烦的情况。服务人员必须了解不同菜肴的烹饪方法和所需时间,并问清楚客人在时间上的需要,对于着急的客人,不要推荐费时的菜肴,给客人一个合理的心理期待。

(三)符合口味的要求

来自不同地区的旅游者有不同的口味,有各种不一样的饮食偏好和忌讳。为了让游客吃到合口味的食物,服务人员应该归纳各国各地旅游者的饮食习惯,并针对具体客人询问其具体的烹调要求,使客人不仅吃饱,还要吃好。特别值得注意的是,服务人员必须熟知客人的饮食忌讳,如西方人不吃动物的内脏等,在此基础上向客人推荐适合他们食用的菜肴,防止出现不必要的误会。

(四)迎合求尊重的心理

常言道:"宁喝顺心汤,不吃受气饭。"若旅游者在餐厅中未得到尊重,再好的美味佳肴也会食之无味,那么,餐厅的其他努力也都无效了。为迎合客人在餐厅中对尊重的强烈需要,餐厅服务人员对刚进餐厅的客人要微笑相迎,如果有较多的客人同时到达,服务人员不能一一迎接,在展现亲切的微笑时,最好能环顾四方,使每个人都感受到尊重,不至于顾此失彼。服务人员要根据不同客人的不同需要,恰当领座,尊重他们的要求与习俗,同时在客人整个用餐过程中,要多用"请"字,充分满足他们求尊重的心理。

(五)迎合求新、求知的心理

旅游者到异地旅行,不仅希望看到不一样的风景,还渴望品尝到地方风味食品。特别是有些旅游者,把品尝地方美食作为旅游的主要目的。餐厅应该能够提供多样的地方特色菜肴甚至是各地的特色菜肴,满足旅游者的猎奇求新的餐饮需求。在用餐的过程中,旅游者可能要求了解相关的烹饪方法和来历等,为满足他们求知的心理需求,服务人员应当熟悉本餐厅的菜肴及其制作方法、有关来历和传说等,能够流利地回答客人的提问,给他们一个满意的答案。

(六)满足美的追求

追求美已成为一种时尚,旅游者在餐厅用餐是一项综合性的审美活动,为了满足旅游者的求美心理,餐厅可以通过自然与人工装饰等艺术手法,使餐厅的内外环境舒适美观、优雅大方而达到统一的和谐美,树立起餐厅的形象美。餐厅人员特别要注意整洁卫生的美,服饰清爽、美观、素雅,给人以淡雅明快之感。餐厅的饮食产品以菜肴为主,因此餐厅的布景不仅要注重形式美,还要注重内容美。

四、商场服务心理

旅游者在旅途中购物,他们的心理活动与一般消费者的相比既有共性,又有着显著的不同于日常购物的心理特征。

(一)求纪念价值的心理

旅游者希望在商场能够买到具有地区特色和纪念价值的旅游商品,一方面可以留作纪念,另一方面还可以馈赠亲友。

(二)求新异的心理

在旅游的整个过程中,旅游者的好奇心都十分突出,在购物时也是如此,对自己从未见过的商品一般都喜欢购买。

(三)求知的心理

在购买一些特色工艺品时,旅游者还往往想要了解工艺制作的过程,艺术品的作者、年代等,以及玉器等商品的鉴别技巧。在参观完一些工艺品厂家之后,旅游者往往在求知心理得到满足的同时,产生购买的欲望。

（四）求利的心理

在一些商品的原产地，价格往往比较便宜，质量也能够得到保证，一些游客就会购买较多，以便带回家乡出售或者馈赠亲友，这也是购物游产生的原因之一。

（五）求实用的心理

一些价廉物美的商品也是旅游者选择的对象。不同旅游者对旅游商品的偏好是不同的，所做的购物决策过程也不一样。其主要有两种情形：一种是有意识的主动购物者，处处留意旅游商品；另一种是事先没有购物意向的购物者，只是在旅行中碰到心仪产品才产生了购买欲望，从而做出购买行为。但不管是哪一种情形，购买的心理活动过程都是一致的，大致都会经历如图 13.1 所示的过程。但是不同年龄、性别、职业的旅游者在购物行为中表现出来的特点具有较大差异。这里选取几个有代表性的群体进行分析。

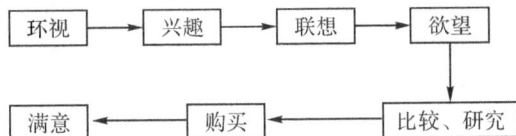

图 13.1　购物行为过程

1.青年旅游者的购物行为

他们是旅游市场上最为活跃的消费群体，对事物敏感、好奇心强，在购物时，较为冲动，受情绪的影响和群体行为的影响较大，喜好那些时尚、标新立异的商品。

2.老年旅游者的购物行为

老年旅游者接受新的商品较慢，不会购买不甚了解的商品，强调经济性和实用性，不注重包装和款式等。

3.女性旅游者的购物行为

女性旅游者是旅游购物的最重要人群。她们的购买行为具有明显的主动性，即主动去搜索自己想要的商品，也较容易产生购物冲动，购物金额和数量往往较大。

4.白领阶层的购物行为

他们收入较高，受教育水平也较高，追求时尚、高档的名牌商品，购买能力强，对新事物的接受能力也较强。

五、接待和推销工作

分析了旅游者购物心理的共性和差异性之后，我们来思考如何针对客人的心理，做好接待和推销工作。

（一）创造优良的购物环境，吸引游客的注意力

美观舒适的商场环境容易吸引游客驻足观看，从而进入购物的第一个环节：环视。如果商场本身没有吸引力，购物行为就不可能产生。同样，商场中商品的陈列也要井井有条，突出特色，便于客人观察和挑选。

（二）掌握熟练的销售技巧

商场的售货员是商品的介绍者和推销员，他们一定要了解顾客的心理，掌握商品的特性，从顾客和商品两方面入手，来促成有利于商场和顾客双方的购买行为，既使顾客满意，

又使商场得到利润。首先在接待客人时,不可盲目、主动接近客人,也不可对客人不理不睬。如果客人没有购物的兴趣,只是随便逛逛,售货员主动搭讪,反而会导致客人产生戒备心理,早早离开商场。最好是在客人处于兴趣过渡到联想阶段的时候,一边走近客人,一边热情地招呼。除此以外,在介绍商品和招呼客人时,应该注意语言艺术,比如不要说"你买什么?"这可能会得到"我不买"的回答。如果你说"您想看看什么?"客人就会感到没有压力,比较亲切,从而延长在商场的时间,使商场得到更多的销售机会。

向客人推销和展示商品时,应注意让客人用多种感官感受和了解商品。不仅可以让客人看,而且可以让他们打开包装,使商品呈现使用时的状态;可以允许他们触摸商品,或者演示商品的使用方法。售货员要有耐心,进行多种类展示,任客人挑选。

(三)不同类型的客人要区别对待

有的客人认牌子,有自己的购买习惯,售货员就不必向其推荐和介绍其他商品。有的客人比较理智,会花较长的时间比较和挑选,售货员要有耐心,做到百挑不厌。有的客人对价格很敏感,也有的喜欢高价商品,售货员要有针对性地推荐。当客人犹豫不决,很难下决心时,售货员要详细介绍商品特性,做好顾客的参谋,帮助客人选购,做好购物决策。

第三节　旅游景区服务心理

旅游景区产品表现形式尽管呈多样化,但其核心内容仍是服务。由于景区提供的是无形产品,无法像购买商品一样退货,服务过程一结束就无法恢复,所以每一次失误的服务就是一个不可"回炉"修复的废品。旅游者来景区旅游最希望得到的是精神上的满足,他们在消费服务产品的过程中反映出他们的态度、期望和经历。不同的旅游者对同一景区的看法可能不一致,他们凭自己的印象给景区服务定型。因此,服务工作必须重视旅游者的心理需求,提供针对性服务。

一、游客的景区心理需求

(一)求奇的心理

旅游者出发之前,通过媒介宣传或身边亲朋好友介绍等途径,已对旅游目的地产生了种种美好的想象。当旅游者抵达旅游景区进行参观游览,实现早已梦寐以求的欲望时,好奇和激动交织在一起,形成一种无比兴奋的心情。旅游者面对各种见所未见、闻所未闻的新奇、古老、壮观而引人入胜的自然景色、文物古迹、现代建筑与娱乐驱使自己尽情地观赏。这时,旅游者一般具有先睹为快的强烈兴趣,尔后才想知道根由。随着旅游活动的进一步展开,旅游者在情绪上逐渐活跃、轻松,个性的表露才有扩大的趋势。旅游者的好奇心在景区游览过程中,主要表现为求知、求解,渴望详尽地了解知晓感兴趣的故事、风俗习惯等。

(二)求助的心理

旅游者初到景区,对里面可谓一无所知,地理形态是他们最关心也是必须关心的方面之一,不同文化程度的旅游者由于自身知识结构的不同,会表现出不同的心理现象。文化水平相对较低的旅游者可能会对景区的平面地图产生迷惑,多走路、走错路的概率较高,这时他们的求助心理表现就比较突出,希望有热心的服务人员能耐心地为他们指点,使他们能既省时又省力地到达自己期望的景点进行游览。而且,具有相同文化程度的游客由于性格的不同,也会表现出不同的求助心理,外向型的游客趋向于主动向身边的服务人员询问打听,而内向型的游客则趋向于自己琢磨,因此,景区服务人员要善于观察,热心地向需要帮助的游客伸出援助之手。

(三)求美的心理

大量实践表明,审美动机是旅游者诸多旅游动机中的优势动机,具有审美心理的旅游者是旅游队伍的主力军。就目前国内外的游客而言,到各大城市和风景名胜区去搜奇览胜的游人仍占绝大多数,就是因为一个旅游地的历史文化、名胜古迹和风土人情,往往具有丰富的审美价值和强烈的吸引力,从而能最大限度地激起人们的观赏欲望与猎奇心理。一般来讲,旅游审美心理具有多重特性,它因人而异,比如同样具有审美目的的游客,有的偏好自然美,有的偏好社会美,有的偏好艺术美,等等。景区中的游客,具有不同的审美需求,会对同一景区的不同景点产生不同的对美的追求,从而形成有的景点游人如织,而有的景点却门可罗雀。

二、景区服务的心理对策

(一)合理运用身体语言

身体的无意识或习惯性动作,不经意中就给人留下深刻的印象,造成好的或不好的影响。服务人员要准确表达自己的想法,就必须学会对积极的和消极的姿势进行控制。

1. 树立良好的第一印象

良好的仪表仪态至关重要,给人的第一印象可能影响到一个人的一生。初次见面的 10 秒钟远比接下来的 10 分钟更为重要。注意衣着的整洁得体,细节和传统习惯方面不能出错,一个小小的错误都会给人留下不好的印象,交流沟通的效果也会大不一样。衣着的整洁得体是对别人的尊重,也是对自己的尊重,进入大门或走上工作岗位前,对着镜子进行检查,看看自己的外表有无差错,保证头发的整齐以及衣领、袖口、领带的整洁。

2. 举止文雅,动作大方

形体美不仅能使客人产生良好的第一印象,而且还有助于自身操作技能的发挥,关系着景区的形象。服务人员要保持饱满的精神状态,自信、自然,不可萎靡不振、打哈欠、抓耳挠腮。要尊重客人的生活、习惯、信仰和忌讳,给人热情洋溢、和蔼可亲之感。仪表端庄,举止得当。

3. 礼貌服务,不卑不亢

礼貌服务、礼貌待客是景区服务人员的基本素质,要求景区服务人员"主动、热情、耐心、周到",景区服务人员在礼貌服务时,应树立"宾客至上"的思想,使客人感到亲切。在服务中要尊重别人,特别是老人、妇女;尊重各国、各民族风俗习惯,同时,也应做到不卑不亢,讲自尊,讲尊严,讲人格,讲国格。

4. 服务规范,尊重游客

景区里与客人相遇时,服务人员应礼让客人先行,不应该鲁莽地抢行或在客人中间穿行。如有急事,先致歉,通过后回头致谢。引路时应走在游客左前方或右前方一米左右。行走速度要适宜,遇有拐弯或上下阶梯处,应用手势向客人提示。对于服饰、打扮、相貌奇特的游客不应该惊奇窃笑、交头接耳、品头论足。

（二）巧妙使用口头语言

1. 情感性

景区服务对象是人，是来旅游的客人，他们最希望的是得到精神上的满足，具有情感性的语言，能表达出景区对客人深厚美好的情感。具有感情色彩语言的运用，更能打动客人，但应注意不能虚情假意、惺惺作态，而应真诚，是内心真情实感的自然流露。

2. 文明性

景区服务本身就是文明、礼貌之举，景区的形象，景区服务员的形象，都需大家用一言一行去维护。对客服务中，应有积极、诚恳、彬彬有礼的态度和热情、文明、得体的语言。

3. 沟通性

景区服务中员工应注意观察游客的特点，并主动适应每一个特定的语言环境，运用规范的语言，多使用敬语，达到与游客沟通的目的。

4. 灵活性

灵活就是机灵、活泼，善于随机应变。景区服务人员每日面对来自四面八方、天南地北的客人，客人要求不同，性格各异，为求实际效果，让客人满意，灵活的应变、高超的说话艺术就必不可少。

5. 差异性

由于生活习惯，文化传统，生活方式以及宗教、政治、生活环境不一样，到景区旅游的游客，存在各自不同的语言忌讳。服务人员一定要注意分清不同国家、地区、阶层的客人，避免犯了客人的大忌，造成双方的不愉快。

（三）提供微笑、情感服务

微笑给人一种美感，微笑服务可以为游客奉献出一种爱心，一种充满热情、亲切、友善的感情，给人以温暖和美的享受。"微笑之邦"泰国，微笑服务发挥得淋漓尽致，泰国航空公司更是把微笑写入广告："请乘坐平软如沙的泰航飞机，到泰国享受温暖的阳光和难忘的微笑吧！"而景区服务的目的是吸引旅游者，获得收益。由于景区提供的是精神产品，是人对人、脸对脸的旅游服务，如果只有职业的微笑，没有真情实感的付出，微笑服务的魅力就很难有效发挥。因此，提倡微笑服务，首先须开发情感，不了解自己的情绪，不能控制自己的不良情绪，情感服务就不可能成功。实施情感服务，景区服务人员可把握以下几个步骤，达到与游客共悦的真实情感交流。

1. 吸引游客

在与游客相见时，第一眼就应吸引游客，游客走入景区大门时，服务人员不能不理不睬，冷落客人，应主动与客人打招呼，提供相应的帮助，以期把客人留下来。

2. 引导或激起游客兴趣

主动向客人介绍景区的环境、设施、旅游资源情况、康体娱乐场所，有目的试探客人的兴趣所在，结合景区特色，引导游客去关注景区提供的服务项目。通过初步的接触，可进一步详细说明介绍，激起游客的兴趣，使其产生强烈的购买欲望。引导时，应真实可信，不可胡吹乱夸，更不可刺激游客去干危险或有损社会公德的事。

3. 唤起情感共鸣

景区服务人员如果能迅速消除与游客的陌生感，尽快缩短与游客的心理情感距离，取得游客的信任，直接或间接地达到情感共鸣，服务就上升到了一个较高的层次。一次美好的景区旅游，是旅游者与景区员工共同的享受，双方愉快地交往，将会为以后的交往打下深厚的基础。

第十四章　旅游业服务人员的职业心理素质

　　旅游业服务人员是旅游服务的提供者,直接与客人发生接触。旅游服务工作和员工的心理品质关系非常密切,良好的、高度发展的员工心理品质是保证服务质量的重要前提。旅游服务工作对象纷繁复杂,由于旅游者知识水平、社会背景、行业、年龄等的不同,因此对员工的心理品质有着特别的要求。

　　前面讲到服务中双方的心理因素是服务成功与否的关键之一。在了解了顾客心理的基础上,研究服务人员的心理,使两者互相契合,是保证旅游服务质量的第二条必经之路。

　　从职业特点来看,可以分别从性格、情感、意志、气质和能力这几方面的心理品质来分析旅游业员工需要具备的职业心理素质。

第一节　成熟的心理素质

　　不管是哪一行业的从业人员,首先他们都是作为一个普通人的身份存在,他们心里存在普通人的弱点和优点,有喜怒哀乐。但是,作为服务业的从业人员,为了给客人提供满意的、舒心的服务,服务人员不能将私下生活的情感和情绪带到工作上来,这是任何一个旅游业服务人员都必须清楚的。因此,作为一名合格的服务人员,必须时时处处能够克制自己、控制感情,拥有成熟的心理素质。

　　什么才是成熟的心理素质呢? 根据弗洛伊德的理论,人有三个自我,即"成人自我"、"儿童自我"和"家长自我"。判断服务人员是否拥有成熟的心理素质,取决于他们的"成人自我"是否在三个"自我"中占到主导的地位。

　　儿童自我。这是一个人最早形成的自我,只在乎自己的感受和欲望。儿童自我表现为"我要","我不",随心所欲,不顾及他人的感受。儿童自我是以自我为中心的,是自私的,如果以这种心态去给客人服务,后果是无法想象的。

　　家长自我。模仿生活中权威人士的言行,形成了第二个自我。这时候的自我有了是非黑白,不再一味地想着自己,而能以一些标准去调整自己的行为,去教导和管束自己。

　　成人自我。当人不再只是服从于自己的欲望和权威,而是通过观察、分析和思考来做出对事物的判断时,他就拥有了成人自我。成人自我是理智的,也能够约束自我,但这种约束是经过思考的,是针对具体情况而言的。

　　服务人员只有"成人自我"占主导地位时,才能在工作当中具体问题具体分析,同时约束自己的情感和欲望,做好本职工作。

但这并非是否定了"儿童自我"和"家长自我",服务人员在"成人自我"占主导地位的同时,知道三个"自我"应该在何时适当地表现出来,是非常重要的。在工作当中应该是成人式的,在生活当中"儿童自我"和"家长自我"依旧存在。甚至在工作当中,"儿童自我"和"家长自我"的体现,也能对服务工作起到作用。实际上,在处理旅游服务当中复杂的人际关系时,心理成熟的服务人员首先是"成人自我",是明智而通情达理的,同时也应该有"儿童自我"的天真顺应,还可以有"家长自我"的威严和慈爱。何时该怎样表现,服务人员应该清楚,充分发挥三个"自我"的积极作用,把服务工作做到位,使自己成为一个有血有肉、性格鲜明的服务人员。

第二节　旅游业服务人员的性格特征要求

服务业由于其的特殊性质,对服务人员的性格也有特殊的要求。拥有冷淡、高傲、刻薄等性格特征的人不可能成为合格的服务人员。

服务人员必须有健康的心理和容易让人接受的性格,比如谦让、热情、团结、友好,这样不仅能服务好顾客,也能和同事建立良好的关系,精诚合作,共同做好服务工作。开朗的性格是旅游业员工应该具有的心理特征。性格开朗表现为热情坦率,喜欢与人交往,对生活和工作充满乐观的态度,关心周围发生的事情,热心公众或公益事业,对人具有爱心和同情心,乐于助人,等。

性格既受先天气质的影响,更受后天环境影响而逐渐形成个人较稳定的心理特征。开朗乐观的性格特征不仅对工作有利,而且对个人的健康有益,因此服务人员应给予游客关心与热情,避免狭隘、自私、骄傲、怠惰、斤斤计较、贪得无厌、孤僻等性格,而性格不够开朗的员工应努力设法改变现状,从沉默寡言、闷闷不乐的情绪中解脱出来,这对于其事业、工作及个人前途都是十分必要的。一个懦弱、胆小、自卑的人在服务岗位上是不会成功的。

各种不同的服务岗位,由于在工作特点上存在差异,其对于服务人员的性格要求也是不一样的。比如前台的工作人员应该外向、热情同时又冷静、细心,导游员应该合群、外向、果断,客房服务人员需要沉稳、耐心。

现代旅游业的服务人员要符合职业心理需要,提供优质的服务,应具备以下性格心理特征:对旅游业热情;对待学习工作严肃认真、踏实;对游客富有爱心与同情心;对自己保持谦虚谨慎,自尊自爱,不卑不亢。从旅游服务工作的客观角度看,旅游服务人员应具备宽容、团结、诚实、热情等良好的性格特征。只有具备这些性格特征,旅游服务者才能与游客建立起和谐的人际关系,保持最佳的服务状态,使游客感到亲切、满意,乐于接受服务。同时,旅游服务人员要具备独立,有恒心、事业心、责任心的性格特征。独立性强的人通常抱负高,适应能力强的人有应变能力和开拓精神,有事业心、责任心的人工作勤奋,效率高。

此外,还有两种性格特征对旅游服务人员来说是至关重要的,也是不可或缺的。

(1)敬业精神。敬业精神主要是对事业、对工作认真负责。这种精神状态是稳定的、经常的,已成为性格的组成部分。心理学原理关于性格的定义为:人对客观现实稳定的、经常的态度和习惯化的行为方式即是人的性格，其中对事物的态度首先是对工作、学习、劳动的态度。如果一个人对待任何工作和劳动总是认认真真、任劳任怨，那么这种态度就成为其性格的一部分。敬业精神也就是指一个人热爱工作的基本态度，旅游服务工作首先要求每个员工有认真的工作态度。有了这种精神或态度，才有工作的主动性和积极性。如果一个员工缺少敬业这种基本的心理品质，对任何工作都缺乏事业心、责任感，那么工作的质量就无法保证。所以，敬业精神是旅游员工最为重要的心理品质。

旅游服务接待单位应将敬业作为对员工的基本要求，同时也应作为思想教育工作的重要内容，在专业培训时进行敬业精神的教育，经常表扬工作态度认真的员工，激励员工从思想上热爱自己的工作。对工作态度不认真、缺乏敬业精神的员工，企业应严格要求，因势利导，使其逐渐树立起敬业的观念与态度。

（2）团队精神。旅游业员工想要出色地完成接待工作，单靠个人的力量是远远不够的，还必须有旅游业各相关部门的通力协调配合才行。每个员工在自己岗位上努力工作，是整体的有机组成部分，只有每位员工具有团队精神，乐于同其他人亲密合作、共同努力，才能创造良好的工作环境。大家团结友爱、众志成城，无疑会提高整体的工作效率和服务质量，从而圆满地实现组织目标。团队精神也因而是旅游业员工可贵的心理品质。

旅游服务人员为了塑造自己良好的性格特征，要认识到自己的性格特征虽有其稳定的一面，但在社会实践中仍有较大的可塑性。加强自身心理素质修养主要可通过以下三种途径来实现：首先应努力提高文化水平，加强职业道德修养，保持乐观的心境；其次要努力学习别人的优点与长处，诚心地接受他人的帮助；最后，还要积极参加社会实践，在实际工作中不断锻炼与修炼自己的心理素质。

第三节　旅游业服务人员的情感特征要求

心理学原理认为，情感是人对客观事物是否符合需要的态度体验。情感建立在认识的基础上，认识水平越高，需要的领域就越宽。人类有爱和恨、兴奋与低落、满意和反感、愉快和愤慨等情感。

消极的情感会使人压力增加，情绪低落；积极的情感会降低压力，使人情绪高涨。根据旅游业的要求，服务人员首先应该是积极情感占主要地位，这并非是说，不能有消极的情感，而是要有积极的心态，凡事往好的方向去想。

根据旅游职业的要求，服务人员的情感应具备以下几个方面的特征：

一、良好的情感倾向性

情感倾向性是指一个人的情感指向什么和为什么而引起。比如，同样是热情，指向旅游业本身或服务对象，这是高尚的情感；指向的是损害国家利益、企业利益或是能为自己提供私利的中间商，这就是卑劣的情感。旅游服务人员良好的情感倾向，应指向全心全意为国家、为游客服务上来，要与"两个文明建设"的宏伟目标相一致，即需要有"高尚的情感"。

所谓高尚的情感，就是热爱自己的工作、热爱所有的顾客、热爱集体、热爱祖国的情感。

具有爱国主义和民族尊严的情感在旅游接待工作中尤为重要。旅游服务工作具有国际性、涉外性，旅游服务人员要接待来自世界各国的宾客，他们不仅给我们带来经济效益，他们的文化和生活方式、思想观念等意识形态也会同时对我们施加影响。只有员工具有高尚的情感，才会头脑清醒、坦然处之。对待工作满怀豪情和激情，对待顾客满腔热情，对待别人具有同情心，能助人为乐，这都是情感高尚的具体体现。服务人员还应充分认识到旅游工作本来就是情感密集型行业，"微笑"服务之所以为服务业所必需，是因为它传递亲切、友好的感情。旅游业员工应努力提高自身的文化修养和精神境界，培养高尚的、健康的、积极向上的思想情感。高尚的情感既是专业工作的需要，也是为人处世之本。在旅游服务工作中，只要服务人员具有良好的情感倾向性，就可以焕发出对本职工作的热爱和对游客的尊重。

二、深厚的情感基础

深厚的情感是指旅游服务人员对旅游行业的热爱，热爱游客，热爱服务工作。具有深厚情感的服务人员是情感倾向性高尚的服务人员。他们在服务工作中的热情不是凭偶发的因素，他们对游客的热情也不是靠一时的冲动，而是能够在服务工作的方方面面均表现出来。只有具有深厚情感基础的服务人员才会真诚地将陌生人当成自己人，让客人有宾至如归的感觉。

三、稳定而持久的情感

稳定而持久的情感是与情感的深厚性联系在一起的，是在相当长一段时间内相对不变化的情感。具有稳定而持久的情感的旅游服务人员，常会把积极的情感稳定而持久地定位在对服务工作的热情上，积极的工作态度始终如一。服务行业是一个"情绪行业"，是靠服务人员热情、周到的服务手段去赢得宾客、赢得效益的。

四、较高的情感表现性

服务人员具有良好的情感固然重要，但不会恰当地表达情感，也会影响旅游服务质量。因为旅游服务人员与客人的交往是短暂的，客人需要在较短的时间内获得友好的服务，因此，只有那些富有爱心、善解人意而又善于表达的服务人员才能为客人提供一种贴切的、打动人心的个性化服务。

五、较强的情绪控制力

自制力是一种对个人感情、行为的自我约束力。自制力强的人能够控制自己的情绪，把欢乐的情绪情感带给客人，不以自己的负面情绪影响客人，使其感到难堪或不快。服务人员要有谦让忍耐性，无论在什么情况下都能镇定自若，善于把握自己的言语分寸，不卑不亢，同时还要能克制、调节自己的行为，遇到困难或繁重的任务不回避，对工作不挑拣，不感情用事。

第四节　旅游业服务人员的意志品质要求

旅游业面临着激烈的市场竞争,员工在工作中会经常遇到各种困难。旅游业的服务对象——游客性格各异、需求不一,这就为旅游接待服务工作带来了一定的复杂性。对于新职工来说,往往会遇到更多的困难,如工作技能、语言表达等方面不够熟练,由于工作量大身体易疲劳,棘手的特殊情况不知如何处理,等等。在这些情况下,员工就需要有坚定的意志去战胜这些困难。能力不能决定一切,意志品质在服务这项艰苦的工作当中起到了很大的作用。有很多服务人员,能力很强,技能很熟练,却还是不能成为优秀的服务人员,关键就在于没有优秀的意志品质。作为服务人员,首先要有吃苦耐劳的品质,要有韧劲,坚守岗位;其次要有主动服务的意识,有工作的自觉性,服务要做在客人开口之前;再次要有自控能力,要控制情绪,忍让谦逊,言行把握好分寸,不感情用事;最后还要果断,在服务过程中会碰到很多矛盾,要及时、全面考虑,迅速决定,不使事情拖延。

意志活动的进行在不同人身上有各种不同的表现:有人意志坚定,有人畏难退缩;有人独立性强,有人独立性则较差;有人处事果断,有人则优柔寡断;有人善于自制,有人则缺乏自制力。坚定的意志应以自觉性、果断性、坚定性和自制性等品质为基础,表现为任劳任怨、刻苦勤奋的奉献精神和顽强的工作作风,同时还表现在自觉抵制腐朽思想的腐蚀和诱惑,这在旅游服务工作中也特别重要。

第五节　旅游业服务人员的气质特征要求

优质服务是标准化加艺术化的服务,要求服务人员的气质具有如下的特点。

一、适当的感受性与灵敏性

感受性是指外界刺激达到多大强度时,才能引起人们的反应。灵敏性是指人的心理反应的速度和动作的敏捷程度。

在旅游活动中,旅游服务人员的服务工作处在一个经常变换的活动空间,同时又处于复杂多样的旅游者之间。如果旅游服务人员感受性太高,稍有刺激就引起心理反应,势必会造成精力分散,情绪不稳定,影响服务表现;相反,如果感受性较低,对周围发生的一切视而不见、听而不闻,将会怠慢客人,导致矛盾的产生,使客人产生不满。因此,在旅游服务工作中,服务人员的感受性不能过高也不能过低。同时,为了保证旅游服务人员能处在一个热情有序的工作状态中,旅游服务人员面对复杂多样的游客时,还必须具有一定程度的灵敏性。这也有一个"度"的把握问题:若服务人员灵敏性过低,会使客人感觉受到冷落;反之,若过于灵敏,则又会使客人觉得服务人员不够稳重或毛毛躁躁。因此,旅游服务人员的灵敏性不宜过低,也不宜过高,应保持在一个适当的程度上。

二、较高的忍耐性和情绪兴奋性

旅游服务人员所从事的工作与一般工作不同,无论是导游服务还是交通服务,客人总是处在不断变化之中,然而服务人员的服务工作基本上是常年不变的,在不同的旅游服务工作岗位上总是重复地进行单一工作。按照单一性需要理论,过分持久的单一性工作必然会产生厌倦,产生一种非同寻常的压力,使人难以继续承受该项工作。然而,一批批新来的游客却期望旅游服务人员能把各种旅游服务工作搞好,希望受到良好的待遇,获得满意的、愉悦的旅游体验,因此这就要求旅游服务人员必须具有较高的忍耐性和调动情绪兴奋性的本领,以及承受巨大压力的心理素质,精神饱满地将常年单一的服务接待工作搞好。另外,游客的素质、修养、文化层次不一样,需求也各有差异,这就要求服务人员透彻理解角色的任务,有较好的忍耐性来对待不同的游客需求,绝不能因情绪失控而得罪客人,影响企业形象。

三、较强的可塑性

可塑性是指服务人员对服务环境中出现的各种情况及其变化的适应程度。不同国家、不同地区、不同民族有不同的文化习俗,因此旅游服务没有固定模式。

在旅游服务工作中如果只提供同一种服务,不同国家、地区、民族的人是很难接受的。优质服务即体现在满足各类客人的需要上。为此,服务人员若没有较强的可塑性就很难提供优质的服务。

第六节 旅游业服务人员的能力要求

能力来自于智力、知识和实践的组合,加上个人的刻苦程度,造成了能力上的差异。旅游业的发展要求必须有高质量的员工队伍。服务人员的能力直接影响服务质量的好坏,员工智力的发达程度直接影响企业形象和服务质量,员工智力水平的提高将直接带来社会效益和经济效益。智力亦称智能,包括注意力、观察力、记忆力、想象力、思考力和语言表达能力等。每一种能力都与能否胜任旅游服务任务有关。高度发展的思维能力,能使员工科学地、实事求是地分析判断周围的事物。因而服务人员应该具备的基本能力如下。

一、观察力

察言观色是服务人员的基本能力,很多的信息和客人的要求不仅通过语言来表现,更多的会通过行为、表情和眼神来表现。观察力高度发展,就能随时观察并满足游客的个性化需要,服务人员要在其中发现客人内心的需求,从而能够为客人提供更加贴心的服务。在繁忙的餐厅工作当中,服务人员更是需要眼观六路,耳听八方,没有敏锐的观察能力是无法完成本职工作的。

二、记忆力

旅游服务工作涉及面广、内容多样，服务对象成百上千，服务人员可能同时要为很多客人服务，或为同一客人提供多种服务。记忆力在掌握知识技能、牢记游客特征和需求等方面是不可或缺的。服务人员若没有较好的记忆能力，必定是丢三落四，或者认错客人，或者上错菜。这种记忆能力需要其在工作过程当中有意识地加以锻炼，以至熟能生巧。

三、理解能力和操作能力

服务人员要能够准确地理解并实施领班或其他上级给自己的指令，这里就需要有良好好的理解能力和操作能力。

四、交际能力

服务客人就是和客人交际的过程。如果给客人留下良好印象，就可以使服务过程更加顺利。因此对于旅游服务工作来说，员工的语言艺术尤显重要。掌握语言表达的技巧，具有说服别人的本领，这些都是智慧和能力的表现。

五、处理突发事件的能力

旅游业员工不仅应耳聪目明，更应具有高度的智慧和处理实际问题的能力。处理突发的事件有两种类型：一种是在自己的权责范围之内，就要及时做决策；另一种是在自己的权责范围之外，就要及时向有关领导汇报。对于前一种，做决策时要考虑饭店、旅游者等多方的因素和利益，妥善处理，但不能思前想后，犹豫不决，要有果断决策的魄力。

此外，旅游业服务人员还应是一名"多面手"，具有广博的知识面。首先应该培养对专业的兴趣，学好与专业有关的知识，同时还应努力发展其他兴趣，扩大自己的知识面和信息储备。无论是政治、经济、历史、地理人文概况，还是文学艺术、戏剧歌舞等，旅游从业人员都应有一定的了解；相反，如果孤陋寡闻、对事物一知半解或全然不知，则接待工作就难以高质量地进行。

第十五章　员工个性心理倾向与管理

个性心理倾向是决定个人对事物的态度和行为的内部动力系统,它能使人的行为表现出积极性,主要包括需要、动机、兴趣等。个性心理倾向性的作用在于通过对心理活动的组织引导,使心理活动有目的的、有选择地对客观现实进行反映。员工个性心理倾向是个性结构中最活跃的因素,它组成了员工心理和行为的动力系统。

第一节　员工的需要

一、员工的需要类型

需要是人的属性之一,是指个体缺乏某种东西而又对此产生渴求和欲望时的一种主观心理状态,它是客观需求的反映,是主客观统一体。需要常以意向、愿望、动机等形式表现出来。我们通常把模糊意识到的需要称作"意向",把明确意识到并想实现的需要称作"愿望";而当愿望激起和维持人的心理活动时,需要就成为活动的动机了。人的需要是多种多样的,可以依据不同的标准对它们进行分类,为了便于分析,我们在这里把员工的工作需要分成两大类。

(一)生存性需要

生存性需要是指维持员工生命延续和生活保障的需要,这是员工最基本的需要,只有满足最基本的需要,才能产生高层次的需要。现阶段员工的生存性需要主要体现在增加收入、福利待遇、退休保障、良好环境、稳定工作、家庭美满等方面。

在现阶段的社会生产力水平下,劳动仍然是员工谋生的手段,几乎所有基层员工、绝大多数的中层管理人员及相当一部分高级管理者,他们从事某项职业的根本目的是以自己的劳动获取相应的报酬,以满足自身及家人所必需的衣食住行等基本生活需要。员工的职业生涯从青年到老年,其间婚姻、抚育后代、子女教育、养老等问题相继出现,生活负担不断加重,这就决定了生存性需要是贯穿员工整个职业生涯的基本需要,也是员工最大的工作动机之一。

(二)发展性需要

发展性需要是指生存性需要得到满足之后,员工所追求的高层次需要。如自我实现的需要,就是追求个人潜能得到充分发挥的高层次的需要。增加知识的需要和美的需要也属于高层次需要。现阶段员工的发展性需要主要包括参与管理、受到重用、学习进修、发挥特长、有所成就等。

员工的需要是分层次的,只有低级需要基本满足后,才会出现高一级的需要。只有所有基本的需要相继得到满足后,才会出现自我实现的需要。在生存性需要得到满足后,员工希望能不断地提高地位,产生对权力的欲望;希望个人的能力、成就得到组织与他人的认可;希望能受到别人的尊重,得到别人的信赖;希望能够实现自己的理想抱负,发挥个人的能力,承担富有挑战性的工作。

总之,这两方面的需要可以有效地激励员工,调动员工的积极性,激发员工的创造性,但并不是说两方面的需要都平均地作用于员工的积极性上。实际上,只有占优势的需要才能支配人的意识,成为组织行为的核心力量,不占优势的需要则往往被弱化。

现阶段,我国员工在工作需要上存在着三种典型的心理倾向,即求实惠、求发展、求稳定。求实惠是指追求近期经济收益最大化为主的一种员工需要,低收入员工的这一愿望特别强烈。求发展是指员工将目前工作看作是今后谋求更大发展的一个跳板和个人人力资本积累的一个过程的心理,这种心理需要使得员工十分重视通过工作来学习新的知识和技能,而把工作与学习等同起来,如果当前的工作不能使他们的能力和知识得到提高,他们就会另谋他职。求稳定是员工在权衡目前工作带来的经济利益、精神满足、自身实力、更好的工作机会等多种因素后,做出的将目前工作作为自己今后一段时期职业归属的一种心理选择。求稳定心理可能会出现在各类员工中间,这也反映出员工对工作前景的不确定性的担忧。这三种典型心理代表了我国当前企业员工的需要主流,但在我国企业员工身上,还有另外一些不是很普遍的心理需要,如求成就、求兴趣、求挑战,这些需要也一定程度上反映在特定的员工群体中,也是值得企业管理者重视的。

二、员工的需要差异与管理

(一)员工的需要差异

由于各国文化背景、经济发展水平、社会制度、法制环境、企业管理水平、员工个人成长经历、家庭背景等不同,员工需要存在着比较大的差异。坦姆仆(F. M. F. Tampoe)认为,美国知识型员工的需要由先往后依次为:个人成长、工作自主、业务成就、金钱财富。而在我国,知识型员工的需要依次为:工资报酬与奖励、个人成长与发展、工作有挑战性、公司前景、工作有保障和稳定。

关于我国员工的需要差异,国内许多学者针对新时期我国企业员工心理状况进行了调查,并做出实证研究。

王竹青采用《企业员工需要问卷》[①],设置了参与管理、良好环境、受到重用、福利待遇、退休保障、学习进修、稳定工作、家庭美满、发挥特长、有所成就十项指标,在对重庆市7家国有、民营企业高学历员工与低学历员工需要情况进行调查比较后,提出:

(1)追求福利待遇等生存性需要是企业员工的第一需要。

(2)企业高学历员工比低学历员工有更强的发展性需要。

(3)国有、集体、民营企业员工需要水平差异不大。

---

① 王竹青.企业高学历员工需要特征研究.探索,2002(2).

(4)不同性质的企业由于管理模式上的不同而形成需要上的差异。一般来说,国有、集体企业员工的生存性需要强于民营企业员工;而民营企业员工有更强的发展性需要。

在我国,企业员工由于不同职务、不同工作单位、不同年龄、不同教育背景、不同收入层次、不同工龄和不同岗龄,其工作关心点、优势需要及需要结构都有着不同程度的差异,而工作岗位、年龄、企业背景与员工需要的差异关系最为密切。马士华、袁声莉在《员工工作需要实证研究》一文中对这一问题有较好的阐释。

(1)不同年龄员工的需要结构差异。增加收入是我国企业各类员工最主要的需要,随着年龄的增加,员工对增加收入迫切程度逐步提高,到45岁以后,程度开始降低;在工作的挑战性、工作机会方面,不同年龄员工也显示出明显差异。成就需要最强烈的是35岁以下的青年员工,46岁及以上员工成就需要就比较低;而对工作的稳定性方面,年龄越是增加,员工对工作是否稳定有保障考虑得就越多。

(2)不同企业员工的需要结构差异。一般说来,高新技术企业员工在工作挑战性、学习机会、成就意识等内在要素方面的重视明显高于制造企业的员工;制造企业员工在工作稳定性、人际关系的和谐性、开展工作的物质条件等工作外在性要素上表现出更高的要求。

(3)不同教育背景员工的需要结构差异。教育背景对员工需要的影响力不十分显著,主要只反映在工作稳定保障和工作成就需要的迫切程度上。员工受教育程度越低,越看重工作稳定保障性。同时,学历也在一定程度上影响工作成就意识,接受过高等教育的员工的成就意识要远远高于未接受高等教育的员工。

(4)不同收入层次员工的需要结构差异。收入水平主要影响到员工对工作与个人兴趣是否符合、工作稳定保障性、工作成就机会、绩效考评与收入的公平性等方面的重视程度。收入水平越高,员工越是重视工作的趣味性;收入水平越低,员工越注重工作的稳定性及安全保障性。随着收入的增加,员工的成就意识增强,反之则降低。员工收入较低则更重视绩效考评的公平性和公正性。

(二)员工需要差异与管理

需要是个体行为和心理活动的内部动力,在人的活动、心理过程和个性中起着重要的作用。需要的满足,是人们从事生产的根本目的和动力。需要的现实性和差异性是客观存在的。人的本质是一切社会关系的总和,这决定了人的需要既反映了社会客观存在,又受社会现实的制约。人在采取一定行动满足正常生理需要时,会受到社会因素的制约,人的社会地位、所处的社会历史条件、文化水平、道德追求决定了一个人需要的范围和来源,也制约了一个人对需要的取舍。另外,在相同的历史时期,由于个人和社会的各种因素影响,所诱导出来的行为动机的主导需要也不尽相同,满足需要的内容和方式也不一样。这就要求在管理中,应该针对员工的需要特点,采取合理的措施加强管理引导。

1. 重视生存性需要的满足

员工的需要是其行为产生的动力,尤其是生存性的需要。马克思在《费尔巴哈》中指出:"一切人类存在的第一个前提就是人们为了能够创造历史必须能够生活,但是为了生活,首先就需要衣食住以及其他东西。"马斯洛认为,人们会系统地实现自己的需要,他们先解决最基本、最本能的需要,然后逐级向上发展。在完全实现一种特定类型的需要之前,人们的行为会被这种需要所主宰。饥饿与流离失所的人只有在填饱了肚子和找到了栖身之所的时候才会去追求更高层次的自尊和发展需要。可见,生存性需要是人类最原始的基本需要,它是推动人行动的最强大的力量,只要这一需要还没有得到满足,人们就会无视其他需要或把其他需要搁置一边。在任何旅游企业中,任何类型的员工,他们的生存性需要在其需要结构中都占据着首要地位,这就要求企业管理者重视生存性需要的满足。

2. 科学引导员工的需要

员工的需要类型多种多样,而且需要的层次也有高低。一般来说,生存性的需要属于低层次需要,成就需要、尊重需要则属于高层次需要,而真正能使员工产生持久积极性的是人的高层次的需要。如果企业员工追求的都是低层次的生存性需要,就不能形成持久的积极性,因此,企业应该科学引导,促使员工积极主动地追求高层次的需要。

3. 满足高层次需要的追求

不同的工作环境,对满足员工不同层次的需要的作用不同。一般来说,企业员工在生存性需要得到基本满足后,都有更强烈的发展性需要,他们希望在工作中得到信任、参与管理、发挥才干。因此,企业应该建立合理的制度,创设良好的环境,保障员工参与企业管理,能够充分地发表自己的意见,使他们感到在企业中是受重用的、有前途的。只有当他们的发展性需要得到应有满足,员工才能满腔热忱地投入到企业的发展之中。

4. 有效激励调动工作积极性

一种有效的激励手段必然是符合人的心理和行为活动规律的,不同员工在需要上呈现一定的差异性,因此不同的企业必然只有针对员工的需要特点,采取有效的激励措施,才能调动员工的工作积极性。应该加强国有企业、集体企业员工的退休保障,完善就业保障措施,增强员工的安全感,激发员工的竞争意识、危机意识和对发展性需要的内在动力。管理应该根据不同的员工采取不同的激励政策,重点抓住那些工作成就意识强、敢于接受挑战、有进取心的员工,满足他们的需要;当然也不能忽视一线员工的物质和精神需要,企业在为技术研发人员、管理人员创造发展机会的同时,也应该为一线员工的个人发展、收入提高创造条件,只有这样,企业才能在实现员工发展的同时,实现企业的发展。

第二节　员工的动机

一、员工工作动机的类型

动机是人的一种个性倾向,是人格心理中重要而又复杂的问题。人的行为产生于动机,动机是行为的内在动力,工作动机的性质和强度决定工作积极性、努力程度和效率。

动机的产生是以需要为基础的。当主体与环境发生矛盾,机体失去平衡或当主体想改造外界环境时,便产生了需要;而当需要达到一定的强度,并促使个体寻找满足的手段,从而激起相应的行为时,需要便转化为动机。当然,动机的产生也离不开外界的诱因。所谓诱因,实际上就是满足需要的对象和条件,即动机的定向目标,它包括物质环境的刺激因素和社会环境的刺激因素。诱因可分为正诱因和负诱因。凡是个体趋向或接受某种刺激获得满足的,称为正诱因;凡是个体逃离或躲避某种刺激获得满足的,称为负诱因。诱因可以是物质的,也可以是精神的。所以,动机便是有机体内部需要与外界诱因相结合的产物。

动机形成的原因中,内在需求属于心理类,一般可称为"推力";外界诱因属于目标类,一般可称为"拉力"。人们的行为就是在这样的"推""拉"合力下产生的。

动机一旦产生,就具有唤起人们行动,并使人们的行动指向明确目标的力量,而且还对人的活动方向进行控制。具体而言,动机具有以下三种功能:

(1)行为激活功能。动机是个体能动性的主要方面,它具有发动行为的始动作用。人的各种各样的活动总是由一定的动机引起的,没有动机也就没有活动。

(2)目标导向功能。导向功能也就是动机的方向性。动机不仅能激发行为,而且能将行为指向一定的对象或目标。它像指南针一样指引着活动的方向,引导行为朝着预定的目标前进。

(3)行为激励功能。当动机激发个体进行某种活动后,能否将这种活动坚持下去,同样受到动机的调节和支配。动机对活动具有维持和加强的作用,不同强度的动机,其对活动的激励作用也是不相同的,动机强比动机弱具有更大的激励作用。

从 19 世纪 40 年代起,国外就对工作动机进行了大量的研究,出现了以需求层次理论、ERG 理论、成就动机理论、双因素理论为代表的内容型工作理论;以及期望理论、公平理论、目标设置理论为代表的过程型动机理论;随着对工作动机研究的深入,还出现了工作动机的综合模型和一些更深入研究工作动机的小型理论以及测量方法。

一般说来,员工的工作动机指一系列激发与工作绩效相关的行为,并决定这些行为的形式、方向、强度和持续时间的内部和外部力量。工作动机是一种看不见的、内在的、假设的结构,是工作激励的心理基础。动机的分类方法有许多种:我们根据动机的起源划分,可以把动机分为生理性动机和社会性动机;根据动机的内容不同,可分为物质动机和精神动机;根据动机的社会来源,可分为外在动机和内在动机;根据动机在活动中所发挥的作用,可分为主导性动机和辅助性动机;还可以根据持续作用时间来划分,则有长远动机和短暂动机。在关于工作动机的个体差异研究中一般多采用内部工作动机和外部工作动机的划分方法。

(一)内部工作动机

内部工作动机指的是因为工作本身具有挑战性、趣味性等从而使个体产生工作欲望。也就是说,工作的积极性与工作本身有着直接性的关系,它与工作对象、过程、成果等相对应,是从工作本身追求种种内心感受,从而获得满足的动机,这种动机又可称作直接性工作动机。传统意义上的内部工作动机因素包括追求胜任、良好关系、自我决定、任务卷入、好奇心和兴趣。

(二)外部工作动机

外部工作动机指的是因为工作以外的内容,如工资、奖金、荣誉、人际关系或其他与结果相连的因素所导致的工作愿望。这种动机所追求的满足不在工作本身,而是在工作之外的附属事物上,所以又称作间接性工作动机。传统意义上的外部工作动机因素包括外在报酬、他人评价、竞争关注等。

内部工作动机与外部工作动机的关系如何?国内外有许多不同的看法。

一种观点认为:外部动机对立于内部动机,二者是连续的两个极端点,互不相容,是一种负相关的关系。另一种观点则提出:二者是共存的关系,在某些情况下内部动机对外部动机产生促进作用。

对于工作动机取向的研究,国外研究者一般比较一致地认为自我决定与胜任追求是内部动机的代表性成分,对报酬的追求和外在评价的关注是外在动机的代表性成分;除此之外,追求愉悦、刺激、兴奋等内在动机成分也是工作动机的主要部分。而在我国大多数企业中,员工受教育水平较低,所从事的工作内容比较单调,工作要求缺乏创造性活动特征,故较少有条件在工作中追求快乐与精神享受;同时,我国目前员工择业仍受到较多限制,人才流动机会相对较少,人们很难像国外企业员工那样,凭着自己的兴趣与爱好去选择工作岗位与工作内容,工作基本上还是维持生存的手段,追求愉悦、刺激和兴奋等内在体验还不能成为工作动机的主要成分。但是所不同的是,我国员工的工作动机中比较重视追求良好的关系,追求归属感、亲密感、与他人的和谐感,这在国外员工工作动机中比较少见,这是受传统家族文化、集体主义文化影响的中国企业员工在动机结构中显现出的独特性。

二、员工工作动机的激发

(一)员工工作动机强度与工作效率

对员工而言,工作动机是工作活动取得成功的一个重要因素。一般认为,动机的强度越高对行为的影响越大,工作效率也越高;反之,动机的强度越低则工作效率越低。但事实并非如此。美国心理学家耶克斯(R. M. Yerkes)和多德森(J. D. Dodson)曾就动机强度、课题类型与工作效率三者关系做过研究,结果如图 15.1 所示。

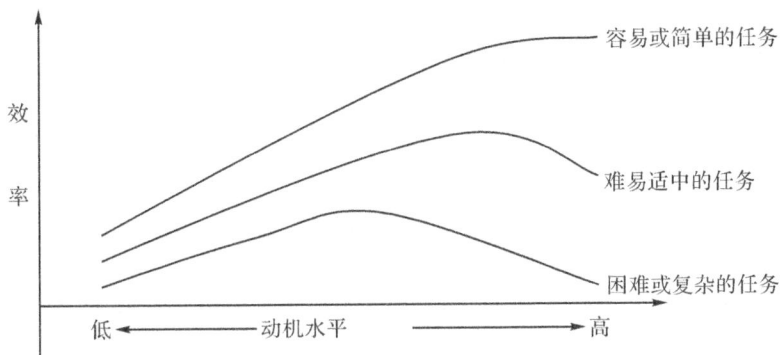

图 15.1　动机强度、课题类型与工作效率的关系

这是著名的耶克斯—多德森定律。它表明动机的强度与工作效率之间的关系不是一种线形关系,而是呈倒"U"字形关系。中等强度的动机最有利于任务的完成,工作效率最高;一旦超过了这个水平,对行为反而产生了一定的阻碍作用。有时准备太充足,认为一定能够取得好成绩的人,在实际工作中却不一定有理想的效果,这就是因为动机太强、急于求成而产生了紧张和焦虑,干扰了其能力水平的正常发挥。

(二)员工成就动机的激发

成就动机是指个人在从事某种重要活动时力求获得成功的内在动力。它使个人不断进取以追求新的目标,使人克服困难以实现既定的目标,更使人对所从事的活动精益求精,力求达到完善的地步。

我们知道,员工工作动机是直接推动员工工作活动的心理动力,员工有了工作动机,就愿意参与工作,努力实现组织的工作目标。然而,行为和动机的关系是十分复杂的。同一行为可能有不同的动机,不同的行为也可能有同一种或相似的动机。人的行动方式、行动的坚持性和行动的效果,在很大程度上受到动机性质的制约。动机的性质不同,对人的行为所具有的推动力量也不同。一般情况下,高尚的、正确的动机能持久地调动人的积极性,促使个体为社会发展做出贡献,产生良好的行为效果;而低级的、错误的动机则会产生不良的行为后果。此外,外在动机与内在动机的效应也不相同。外在动机的效应是较短暂的,内在动机有着较强烈、持久的推动力。这是因为外界诱因转化成为内部需要,形成了自觉的愿望。

因此,在员工的众多工作动机中,我们既要重视生理性的动机,更应该重视员工的社会性动机。生理性动机是与人的生理需要有关的初级的、原发性的动机,也被称为内驱力;而社会性动机则是与人的心理和社会需要有关的、后天习得的动机。在员工的社会动机中,成就动机和交往动机被认为是两种最主要的社会性动机。激发员工的正确的、高尚的动机,特别是高成就动机,对调动员工积极性、完成组织工作任务有着重大的意义。

国外对成就动机研究最有影响的是麦克米兰(D. C. Mecmelland),他在默里(H. A. Murry)和奥尔波特(E. W. Allport)研究的基础上,以投射法对成就动机展开研究,并做出开拓性的成就。麦克米兰将成就动机看作是一种很重要的个性特点,并认为成就动机是社会经济变化的主要原因,成就动机也是可以通过有计划的训练培养出来的。他认为在发展中国家中以及低层社会中增加进取机会,会引起人们态度和人格的改变以发展动机。成就动机训练可以分为以下四个步骤来实现:

第一步,确立信念。要使参加训练者相信,提高他们的成就动机水平是可能的。

第二步,树立榜样。尽力使参加者模仿成就感高的人去思考、去行动,并为参加者提供大量的游戏和锻炼的机会,以使他们观察自己在竞争状态下的行为。

第三步,制定目标和实现目标的计划。努力使参与者将自己的生活和工作与成就感联系起来。

第四步,"团体支援"的运用。主持者应该以接受的态度来给参与者以精神上的支援,形成一种友好的团结气氛,有助于参与者成就动机的发展。

受时代和个人世界观的局限,麦克米兰过分强调成就动机的力量,把成就动机看成是行为的决定性变量,这是他理论的一个不足之处,但是他的研究也确定了成就动机在心理学上的地位。

三、员工动机与人力资源管理

动机彼此不同是指动机所表现出的需要种类各异,动机所采取的形式不同,广泛性和狭隘性不同,动机赖以实现的活动的具体内容不同。复杂的活动通常不只是适应一种动机,而是适应几种同时起作用和相互影响的动机。将动机规律运用到人力资源管理的实践中去,应抓好以下工作。

(一)了解和满足员工的需要

人的需要是产生行为动机的基础,没有需要就不可能产生行为的动机。因此,对员工基本需要的了解和满足,是激发其行为动机,调动工作积极性,进而实行有效管理的重要方法和途径。

(1)管理者必须从调查研究入手。由于人的需要是复杂多样的,要解决好员工的需要问题,就必须进行调查研究。一位美国心理学家做过这样一个实验,让基层管理者设想自己是一个工人,然后按照自己满足需要的强度,把其由大到小地排列起来,结果排在最前面的三种需要是"高薪""安全的工作环境""升迁和发展"。而对真正的工人做调查后,却发现员工需要依次为"对所做工作的高度评价""对所做事的感情""表示同情和理解个人"。另外,不同的社会、不同的时代,甚至不同的企业里,员工的需要也各不相同。所以,管理者必须对员工的需要进行调查研究,加以综合分析,进而对其逐步解决。同时还应该尽量把企业的目标、经济需要与个人的生理、心理需要结合起来,有针对性地激发员工的行为动机。

(2)注重职务内需要的满足。满足员工需要的途径有两条:其一是职务外需要的满足,也叫间接满足,相应的激励措施是外在性激励,这种激励并不是从工作本身获得,而是在工作以后获得。其二是职务以内需要的满足,也叫直接满足,这类满足使员工在进行工作的同时就能得到,而相应的激励性的措施是内在性激励。工作本身作为一种强化物可以使员工持续保持工作的热情。许多员工专心于工作革新发明并不是为了名和利,而是工作本身所蕴含的价值、兴趣向他们提供了最大限度地发挥其潜能的机会,工作本身成为内在性奖酬,使员工乐在其中而不倦息。注重职务内需要的满足,也要求管理者在行为中,要尽可能地为员工创造一个既安全又舒畅的工作环境,不断扩大工作范围,丰富工作内容,使工作多样化、丰富化,并富有挑战性,使员工觉得工作本身就是一种享受。这样,既可以提高工作效率,又能够增进员工的满足感,激发其行为动机,调动其劳动积极性。

(二)进行有效的激励

充分调动人的积极性,最大限度地挖掘人的潜力,是人力资源开发和管理追求的目标。人的行为由动机支配,是在某种动机的策动下为达到某个目标的活动。一个组织管理者,就应该善于根据激励基本原理,利用员工的内心渴求,激发其动机,调动其积极性,使员工个人努力的方向与组织目标相一致,最后在达到组织目标后通过一定形式满足员工的需要,从而收到最佳的管理效果。通常管理者可以对员工进行如下方式的激励:

1. 知识激励

认识水平在很大程度上影响着员工的需要和动机,因此,提高员工的认识水平,即文化素质和业务素质,有助于管理工作者对员工行为动机的激发和积极性的调动。所谓知识激励,就是对员工给予求学的种种机会。企业的竞争也可以说是员工素质的竞争,知识越来越受到人们的普遍重视。对员工个体来说,当其收入达到一定水平后,知识的需要会超越一些较低层次的需要而成为一种更深刻、更高级的需要,知识使员工在工作中获得自信。因此,给员工提供求学进修的机会,进行知识激励,将激发其为企业做贡献的行为动机。

2. 目标激励

人的动机是由他所体验的某种未满足的需要或未达到的目标所引起的,目标是人类行为最直接的调节或决定因素,是引起行为的最直接动机。大量的心理学实验研究发现,大多数激励因素,如奖励、工作评价与反馈、期望、压力等,都是通过目标来影响工作动机的。有目标的任务比没有目标的任务要完成得好;有具体目标的任务要比空泛的、抽象的目标的任务完成得好;难度较大的但又能经过努力达到,能被执行者接受的目标要比没有困难、能轻易达到的任务要好。因此,企业管理者要善于利用目标来调整和控制人的行为。在利用目标进行管理时,应该注意:

(1)要让全体员工了解组织目标和个人的具体目标。向员工说明企业总目标的意义、价值及实现的可能性,要对目标进行层层分解,分设部门目标和个人目标。还应该根据员工的认识水平和抱负水平,把较抽象、长远的大目标分成若干个阶段性的小目标,使员工便于理解接受;把长远目标与近景目标结合起来,让员工通过阶段性小目标的实现,进而实现总目标,从而在工作中保持广大员工的劳动积极性,并使积极性维持在较高水平上。

（2）要有一套控制目标实施的方法。激励员工发挥各自的积极性去实现个人目标;并注意目标过程的反馈,不断修正和完善目标。

（3）目标效果与奖惩相联系。对照目标定期评定已获得的结果,分析原因,为下一个目标管理周期创造更好的条件。并根据目标效果评价,采取奖惩手段,鼓励员工完成目标,提高工作动机。

3. 物质激励与精神激励

生理性动机所追求的对象是物质的,心理性动机所追求的对象是精神的。物质需要是精神需要的基础,只有当物质需要满足后,精神方面的需要才能比较明显地凸现出来。因此不能无视员工的基本物质需要,只是一味片面地采取精神激励的办法,这样是不能激发员工行为动机的。在实际工作中,组织管理者时常遇到这样一些问题:员工的工资待遇并不低,员工福利也不错,可是,员工的工作积极性还是调动不起来,员工时常还会暴露出一些不满情绪,影响工作,耽误生产。究其原因,主要是管理者不善于准确把握员工的工作动机,只重视物质的满足而忽视员工的精神需要。现代激励理论认为仅靠物质利益驱动是不能全面调动人的积极性的,精神和心理等因素往往可以激发人的活力。

精神激励是指不断用正确的世界观、人生观去影响员工,通过宣传、表彰、提倡等手段来启发员工正确的高水平动机,引导其行为。一般来说,内在刺激的动机效应强烈而持久,外在刺激的动机效应弱而短暂,只有当外来的刺激转化为人的内在需求时,个体行为动机才能有效地被激发,并产生符合一定目标的自觉行为。精神激励正是要充分地发现和激发员工的内在积极性,把外来的刺激通过教育转化为内在的动机。

第三节　员工的兴趣

一、兴　趣

（一）什么是兴趣

兴趣是个体力求探索某种事物或从事某种活动的心理倾向,它表现为个体对某种事物、某种活动的选择性态度和积极的情绪反应。满足认识的需要就有助于填补知识上的空白,更好地定向、理解和认识具有意义的事实。人对有兴趣的东西会表现出巨大的积极性,并产生某种肯定的情绪体验,兴趣是人们从事活动的巨大动力。兴趣对于人的活动的作用主要有下列三种情况:①对未来活动的准备作用;②对正在进行的活动的推动作用;③促进对活动的创造性态度。个体一旦对某种活动产生了兴趣,就能提高这种活动的效率,成为影响活动效率的重要心理因素。

（二）兴趣的分类

1. 直接兴趣和间接兴趣

根据兴趣的起因或目的特征,兴趣可划分为直接兴趣和间接兴趣。直接兴趣是对活动过程本身的兴趣。如看电影、看小说的兴趣。这种兴趣是由事物本身的特点引起的,往往缺乏目的性。间接兴趣是对活动的结果有需要而产生的兴趣。如员工参与工作大部分是对工作的报酬、薪金感兴趣,而对繁重的劳动不感兴趣;科学实验过程中,可能对复杂的数据处理无兴趣,而对研究结果感兴趣。间接兴趣往往与个人明确的目标相联系,有较强的目的性。在实践中,直接兴趣和间接兴趣都是不可缺少的。没有直接兴趣的支持,活动会显得枯燥无味;没有间接兴趣的支持,活动也不可能长久持续下去,只有直接兴趣和间接兴趣相结合,才能充分发挥一个人的积极性。

2. 物质兴趣和精神兴趣

根据兴趣的内容,兴趣可分为物质兴趣和精神兴趣。物质兴趣表现为对食物、衣服、舒适的生活条件等方面的渴望。精神兴趣表现为对文化娱乐、艺术活动、体育健身等方面的兴趣。要正确引导员工的物质兴趣,防止物质兴趣的畸形发展,着重培养员工的精神兴趣,满足员工高尚的精神追求。

3. 稳定兴趣和暂时兴趣

根据兴趣持续时间的长短,兴趣可分为稳定兴趣和暂时兴趣。稳定兴趣是长期的、稳定的、能对一个人的活动产生积极作用的兴趣。暂时兴趣是随活动产生而产生、随活动结束而结束的兴趣。企业员工只有对工作、对事业有了稳定的兴趣,才能专心致志、持之以恒、热情充沛地从事工作,并最终取得成就。

（三）兴趣的品质

1. 兴趣的广阔性

兴趣的广阔性是指兴趣广泛程度,其存在着个别差异。一些人可能把兴趣集中在某个领域里,而另一些人则把兴趣分配在具有稳定意义的许多客体之间。兴趣广泛的人,对于一切事物都兴致勃勃,乐于探索;兴趣单调的人,则把自己限于狭小的空间内。但是,把兴趣的广泛看作是缺点是不正确的,广泛的兴趣不仅可以促使一个人多接触和多注意各方面事物,使生活丰富多彩,而且也为他的知识渊博奠定了基础。并且,个性的和谐发展也是以兴趣的广泛为前提的,不是以兴趣狭隘为前提的;个性的重要特点是兴趣的多中心,即内容丰富的兴趣分配在两个互不联系的活动领域中。许多历史上伟大的人物,包括卓越的科学家和艺术家,在他们青年时都有广泛的兴趣。但如果只是兴趣广泛而无中心兴趣,则可能会使这个人无专长。因此,一个人应该在广泛兴趣的基础上,建立一个中心兴趣,既博且专,才能在事业上取得成就。

2. 兴趣的稳定性

兴趣的稳定性是指一个人对某事物的兴趣在时间上的持久程度。最充分显示个性基本需要的从而成为个性心理特质的重要特点的兴趣是稳定的兴趣。有的人对感兴趣的事物能长时期保持稳定,坚持数年不变;有的人对事物的兴趣缺乏稳定性,见异思迁。稳定持久的兴趣,对工作学习都具有重要意义,它是人产生能力的一种证据。

兴趣的不稳定是青年员工的年龄特点所决定的。他们对事物往往具有热情,但只是短时迷恋,比如对许多工作都会热情地去参与,但不能深入持久地坚持,一旦遇到阻碍,或出现新的事物,马上又会产生新的兴趣。这种突发的兴趣和逐渐消失的兴趣保证青年员工积极地寻找志向,帮助青年员工表现和显示才能。因此,对青年的教育不在于只许青年从事他首先感兴趣的那种工作,而在于引导他,使他的兴趣深入和扩大,产生积极作用,变成志向,并使他爱好从事成为他兴趣中心的那种工作。

3. 兴趣的倾向性

兴趣的倾向性是指兴趣总是指向一定的事物。人的兴趣各不相同,有的人对自然科学感兴趣,有的人对社会科学感兴趣。人的兴趣的差异不是天生的,而是人的社会生活实践的不同所造成的。兴趣的倾向性在一定程度上反映出一个人的需要、知识水平、信念和世界观。但是,多方面的兴趣只有和某个中心兴趣相结合,才是一个珍贵的品质。中心兴趣使人获得深邃的知识,发展某个方面的特殊才能,使活动更具创造性。

4. 兴趣的效能性

兴趣的效能性是指兴趣对活动产生的效果的大小,即推动力量的大小。有些人的兴趣只停留在期望、等待或欣赏的状态中,不能成为其从事活动的动力,对活动不能产生实际的效果;有些人则不然,中心兴趣浓厚,有强烈的求知精神和探索毅力,内部推动力量大,能推动其去积极认识事物,激励其坚定不移地从事活动,并能产生效果,这种兴趣才是有效的兴趣。

二、兴趣与需要、动机

(一)兴趣与需要

兴趣是在需要的基础上,在实践活动中发生、发展起来的。人的需要具有多样性,人的兴趣也是多种多样的。需要和兴趣的对象是相一致的,人的需要所指向的对象,也正是兴趣的对象。兴趣是需要的一种表现形式,需要是兴趣的本质内涵。瑞士心理学家皮亚杰(J. Piaget)指出:"兴趣,实际上就是需要的延伸,它表现出对象与需要之间的关系,我们之所以对于一个对象发生兴趣,是由于它能满足我们的需要。"[①]不过,并非所有的需要都能发展成为兴趣,如果没有实践化,需要就不可能变为兴趣。

(二)兴趣与动机

兴趣与动机既有联系又有区别。首先,他们都起源于需要,均以需要为基础,是需要的表现形式,都是行为的动力因素。而且,当兴趣发展为从事实际活动的倾向时,就成为一种特殊的动机。其次,人对某种活动产生的动机,却未必一定能发展成为兴趣。

三、员工兴趣的培养

兴趣在活动过程中的作用是很大的,它能成为人们从事各种活动的一种强劲动力。兴趣会使人积极地寻找满足他所产生的认识和了解所需的途径和方法,通常具有稳定意义的客体的兴趣是不会消失的,反而会随内部兴趣的改变、丰富和深化,产生出与更高的认识活动水平相适应的新的兴趣。高尚和健康的兴趣能使人开阔眼界,生活充实;不健康的兴趣却会使人颓废、腐化、堕落。旅游企业的员工应当培养自己热爱旅游工作,研究旅游业问题,研究旅游服务接待艺术,学习旅游专业知识、相关知识、管理知识的兴趣。只有具备良

---

① 皮亚杰.儿童的心理发展.傅统先译.济南:山东教育出版社,1982:55.

好的兴趣品质,形成对工作的持久稳定、高效的中心兴趣,才能使工作成为员工的自觉行为,才能提高工作效率。

(一)结合个性的一般特点进行培养

兴趣和个性的其他方面的特点紧密联系、互相影响。管理人员掌握这一特点后,通过观察员工的注意特点、爱好特点、情感特点和思维特点,掌握员工兴趣的倾向,有针对性地加以引导,培养员工的中心兴趣,产生兴趣效能。

(二)通过理想教育进行培养

理想和抱负是促使中心兴趣稳定和持久的重要条件。法国寓言诗人拉封丹说:"耐心和持久胜过激烈和狂热。"持久稳定的中心兴趣是取得一项事业成功的关键,"三天打鱼,两天晒网",见异思迁,那是难以取得成就的。在工作中,应该通过树立先进典型,以模范行为和表率作用,对广大员工的兴趣形成进行正面引导。

(三)在工作实践中进行培养

在工作活动中,要根据员工的不同心理特点,潜移默化,因势利导,培养和激发员工对工作的兴趣。首先,经常性地进行工作目的教育,使员工产生工作需要和兴趣;其次,通过正面信息的及时反馈,对工作进行评价,满足员工寻求肯定的欲望,使他们在获得成就感的同时,稳固对工作已产生的兴趣;最后,通过设置挑战性的工作目标,引导员工的探索欲望、好奇欲望和挑战欲望,引发员工对工作任务的兴趣。

第十六章　员工个性心理特征与管理

个性心理特征是员工身上经常表现出来的本质的、稳定的心理特征,它与个性心理倾向一起构成员工的个性心理,是员工受社会制约或在群体的影响下所形成的心理现象。个性心理特征主要包括能力、气质、性格等,其中以性格为核心。这些特征影响着员工个体的言谈举止,反映出员工的基本精神面貌和意识倾向,体现了员工的心理活动的独特性。

第一节　能力差异与管理

一、能　力

在心理学上,能力是指人们能够顺利地完成某种活动的心理特征。它的含义有两个方面:一是指个人到目前为止所具有的知识、技能;二是指可造就性或潜能,也即人的能力的先天素质,它只是获得知识和技能的可能性,至于是否能获得这些知识和技能,可能性是否会变成现实性,则取决于许多条件。心理学上把前者称为"成就",后者称为"性向"。

能力是人的心理特点,是个性的个别心理特点,这些特点是顺利实现某种活动的条件,并且表现在掌握该活动所必需的知识、技能、熟练的动态差别上,但又不能把能力归结为具有这些知识、技能和熟练本身。能力是可能性,而从事某种工作所必需的技巧水平则是现实性。能力是表现在获得知识、技能的动态上,也即在其他条件相同的情况下,掌握该种活动最为重要的知识、技能的过程所表现出来的快慢程度、深浅程度、难易程度以及巩固程度上的差别。心理学反对把能力与活动的极其重要成分——知识、技能和熟练等同起来,但强调它们的统一。能力只有在活动中,而且只有在那种没有这些能力就不能实现的活动中表现出来。

以绘画为例。如果一个人没有受过绘画的训练,如果他没有得到绘画活动必需的任何训练,就不能谈论这个人的绘画能力。只有在进行专门的绘画和写生教学过程中才能揭示出学习者是否有能力。这表现在他掌握绘画方法、把握色彩对比规律的快慢和程度上,表现在他是否善于在周围世界中看出美好的东西。

以接受教育的能力为例。如果一个人的个性品质的某种总和是符合活动要求的,如果他能在规定的合理时间内经教育学习掌握这些动作,那么,这就有根据断定他具有从事该种活动的能力。如果另一个人在其他条件相同情况下不能适应活动对他提出的要求,这就有根据设想他缺乏相应的心理品质,换句话来说,缺乏能力。当然,这并不是说,这个人根本掌握不了必要的技能和知识,而是说,这个人掌握所花的时间及过程会延长,要求教育者付出更大的努力和更多的时间,但是收效可能较差。当然,这并不排除能力会随时间的推移而得到发展。

总之,能力是个别的心理特点,但不能把它与个性的其他品质和特性(如智力品质、记忆品质、性格特征、情绪特征等)对立起来,而应当把它与它们并列在一起。如果这些品质中某种品质或它们的总和适应于活动要求,或者在这些要求影响下形成,那么就有充分的根据把个性的这种个别心理特点看成是能力。旅游企业员工所具备的能力,可分为以下两大类:

(一)员工一般能力

一般能力是指在从事广泛的各种活动、专业和作业时表现出来的能力,它适应于多种活动的要求,如观察能力、记忆能力、思维能力、想象能力等。西方心理学则把一般能力称为"智力"。旅游企业员工应该具备的一般能力包括观察能力、决断能力、表达能力、运筹能力、调度能力和应变能力等。

(二)员工特殊能力

特殊能力是指表现在某些专业活动中的能力。它只适应某种狭窄活动范围的要求,如数学能力、音乐能力、专业技术能力、飞行能力等。

人们在进行具体活动时,往往需要把许多单独的能力有机地综合起来,才能获得成功。例如,完成某种学习任务,需要靠记忆力、观察力、理解力、逻辑推理能力等的结合。

(三)一般能力与特殊能力的关系

每个人的一般能力发展与特殊能力的提高存在着互相依存、互相联系、互相促进的辩证关系。一方面,特殊能力是特定活动所要求的多种基本能力的有机结合,是一般能力在活动中的具体化。员工所形成的特殊能力是建立在一般能力基础上的,如观察力只属于一般能力,但工人在操作机械时可把它转化为区别机器结构的细节和查看机器运动性能的敏锐的特殊观察能力。另一方面,特殊能力发展的同时,也发展了一般能力,提高了一般能力水平。如人们在操作中培养的精细的观察力,有可能转移到其他的活动领域,表现为他具有精细观察事物的个性特点,提高了一般能力的水平。

二、影响能力的因素

影响能力的因素很多,以素质、知识、技能、教育、社会实践等对能力的影响最为显著。

(一)素　质

素质即个体遗传因素,或称个体先天素质。这是作为能力发展的自然前提表现出来的大脑、感觉器官和运动器官的结构形态和生理的特点。素质是能力发展的自然前提,离开这个物质基础就谈不到能力的发展。生来或早期聋哑的人难以发展出音乐能力,双目失明者无法发展绘画才能,严重的早期脑损伤或脑发育不全的缺陷是智力发展的障碍。当然,素质是多义性的,在同一种素质基础上根据活动提出的要求可以发展成不同的能力。

(二)知识与技能

心理学的许多研究证明,人所具有的能力和他所掌握的知识和技能是互相联系、互相制约的。一方面,人们掌握知识和技能要以一定能力为前提,能力制约着人们掌握知识与技能的快慢、深浅和巩固程度。另一方面,能力是掌握知识和技能的结果。在掌握知识和技能的过程中能力形成并得到发展,而掌握知识和技能是发展能力的必经之路,知识的掌握又会推动能力的提高,促进能力的发展。

但是，人的能力和知识、技能毕竟不是一回事。能力是个体为了顺利地完成活动而经常地、稳定地表现出来的心理特点，它是个体固定的概括化的东西；而知识、技能则是具体的经验体系或具体的行动方式。知识是人类社会历史经验的总结和概括，技能是人们通过练习而获得的并在完成某种实际任务中所表现出来的一种活动方式。

在许多人身上，能力和知识、技能发展不是完全一致的，能力的发展要比知识的获得缓慢得多。表面上看具有相同文化水平的人或具有相同操作技能的人，他们的能力可能并不相同；而具有相同能力水平的人，因为思想觉悟不同、训练的时间不同，也会表现出不同的文化水平和技能水平。

（三）教　育

教育不仅在儿童和青少年的智力发展中起着主导作用，而且对能力的发展同样起着主导作用。教育是掌握知识和技能的具体途径和方法，教育对智力和能力的发展都起重要作用。因此，职业教育对现代企业的员工来讲是十分有意义的，现代企业的员工必须掌握多种知识、多种技能，并学会综合运用，只有这样，才能在竞争中立足。

（四）社会实践

在人的能力发展过程中，具有决定性意义的因素是社会实践。人的先天遗传素质只为人的能力的形成提供发展的自然基础。就如刚出生的婴儿是没有能力的，只有与生俱来的一定的解剖生理特点，使他具备能力发展的可能性。只有在后天的生活实践中，这些解剖生理素质才在活动中显露并发展起来，逐步形成能力。

三、能力结构理论

（一）二因素结构

英国统计学家和心理学家斯皮尔曼（C. Spearman）在20世纪初运用因素分析法，提出了能力的二因素结构理论。他认为能力是由普通因素（G）和特殊因素（S）组成的，完成任何一项作业都需要由这两种因素决定，这两种因素是保证人们完成某些特定的作业或活动所必需的。许多特殊因素与某种普通因素结合一起，就形成了人的智力。人们在完成任何一种作业时，都有 G 和 S 两种因素参加。但如果活动中包含的 G 因素越多，各种作业成绩的正相关就越高；相反，包含的 S 因素越多，成绩的正相关就越低，如图 16.1 所示。所以，这两种因素中，普通因素是第一位的，各种能力测验就是通过广泛取样而求出 G 因素。

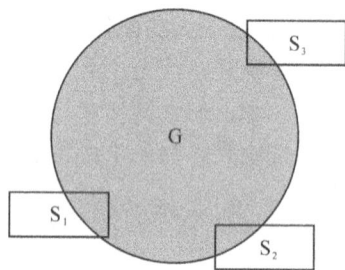

图 16.1　能力的二因素结构理论

（二）多因素结构

美国心理学家塞斯通（L. L. Thurstone）提出与二因素结构理论相反的多因素结构理论。塞斯登认为，能力是由许多彼此无关的原始能力构成的。他总结出七种原始因素，包括：计算（N）、词的流畅性（W）、词义理解（V）、记忆（M）、推理（R）、空

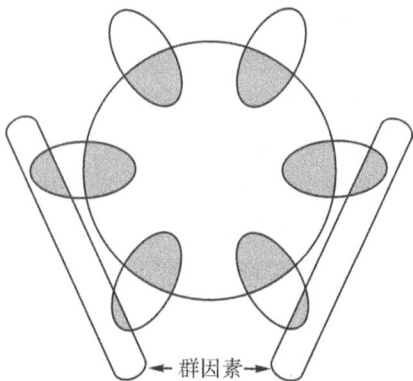

←群因素→

图 16.2　塞斯通的多因素结构论

旅游心理学

间关系(S)、知觉速度(P)。塞斯通的多因素论可用图 16.2 来表示。

（三）智力结构

美国心理学家吉尔福特(J. P. Guilford)也是一位多因素论者。他提出了智力三维结构模型，否认有普遍因素的存在。这种新的能力结构设想称为智力结构理论。他认为智力因素是由操作、材料内容和产品三个变项构成的。吉尔福特的智力三维结构模型可以用一个立方体来表示，立方体的三条边代表三个维度，每一个小立方体代表一种智力，如图 16.3 所示。

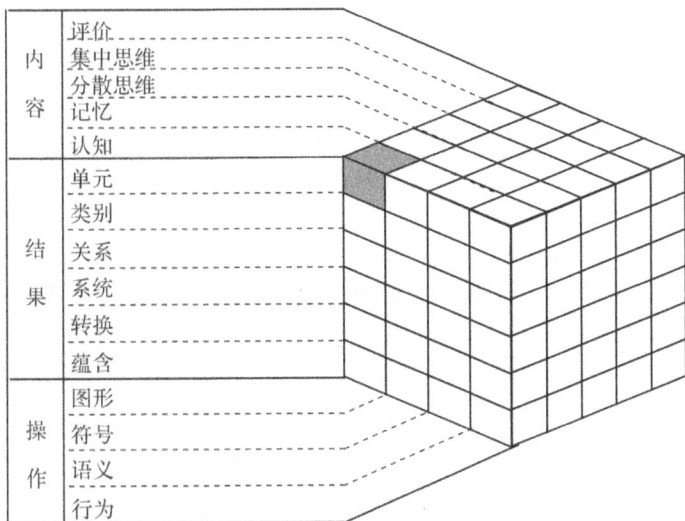

图 16.3　吉尔福特的智力三维结构模型

智力的第一个维度为操作。操作有认知、记忆、扩散思考、聚敛思考、评价五种能力类型。认知是发现或再发现；记忆是保持已经认知的信息；扩散思考和聚敛思考能从已知信息和回忆的信息中生成新的信息。在扩散思考中，人们沿着各种不同的方向去思考，探索新的远景或追求多样化；在聚敛思考中，全部信息导致一个正确的或最好的或最合乎惯例的答案；评价即做出决定。

智力的第二个维度为内容。内容有图形、符号、语义、行为四种能力类型。图形指形象的东西；符号指字母、单词和数字等；语义指词、句子意义及概念；行为指自己或别人的行为，即社会能力。

智力的第三个维度为产品，即能力活动的结果。产品包括单元、类别、关系、系统、转换、应用六大方面。单元如一个词、一句话；类别比单元范围要宽一点，可以指一类单元；关系指单元与单元之间的关系；系统指从一个事物的认识转到另一个事物上去；应用指从已知信息中观察某些结果。

在吉尔福特的智力理论中，形式上虽然包括三个维度，实际上真正代表智力高低的是他所指的思考动作。个人针对引起思考的情境，在行为上表现出思考结果之前，所经过的内在思考动作历程即代表个人的智力。

四、能力差异与管理

（一）能力差异的主要表现

人的能力是有个别差异的，其差异性主要表现在以下三个方面：

1. 能力发展水平的差异

能力发展水平的差异是指能力的程度差异。从能力水平上看，有人能力水平高，有人能力水平低；人与人之间的能力发展水平的差别可以体现在量上，还可以体现在质上。

所谓量的差别，例如正常人均具有记忆能力，但人与人之间的记忆力强度不同。一般来说，工作能力的高低等于智商与所受教育或训练的乘积。

"智商"是德国心理学家施塔恩（W. Stern）于1912年提出来的。"智商"（IQ）就是心理年龄（MA）与实际年龄（CA）之比再乘以100，其公式为：

$$IQ = \frac{MA}{CA} \times 100$$

施塔恩认为，智商的标数直接表示一个人的智力发展程度，即一个人聪明还是不聪明。凡是IQ等于100者，说明实际年龄与心理年龄相等，其智力发展水平属于平庸；凡是IQ超过100者，说明实际年龄小于心理年龄，其智力发展水平超常，尤其是儿童的IQ标数达到140以上者，可为超智儿童、神童；凡是IQ低于100者，说明实际年龄大于心理年龄，其智力发展水平是低下的。

能力定量分析的科学方法是进行智力测验。智力测验开始于1905年，法国心理学家比奈（A. Binet）和西蒙（T. Simon）编制了一套智力测验，称为比奈—西蒙量表。1916年，美国斯坦福大学的研究人员又对此做了进一步的完善修订，称为斯坦福—比奈量表。1949年，韦克斯勒量表（WAIS）问世，此表1974年又进行大规模的修订。我国心理学家林传鼎也组织全国心理学工作者，花了3年时间修订了中国的WAIS儿童智力量表，龚浩先修订了成人智力量表。

所谓质的差别，是指人与人之间所具备的各种能力品质、类型的不同。譬如两个管理者都具有良好的组织能力，甲可能在个人的技术能力、演说能力和人际关系能力等方面较出色；乙可能在调查能力、分析能力以及正确决策能力等方面较为出色。从质的特点来看，能力是作为保证活动成功的人的各种心理特性的复杂综合而表现出来的，是作为一组能通过不同方式达到目的的"变量"而表现出来的。一些能力借助另一些能力而得到补偿，通俗地说，即指人们在完成相同任务时，可以通过不同能力的综合而实现。假如两个管理者都具有卓越的组织能力，其中一个人的心理品质可能表现为主动、敏感、关心人，对人要求合理；另一个人则可能表现为严峻、善于思考、精明强干、贪权等；但最终这两个人在执行任务时都得到相同或相似的成就。

2. 智能类型的差异

能力类型的差异是指能力的方向差异。从能力类型上看，完成同一种活动、取得同样的成绩，不同的人可能采取不同的途径，有不同的能力结合。关于人的智能类型划分主要有以下两种观点：

观点一：是把智能类型按观察、记忆、思维三个方面进行划分。就观察而言，有综合型、分析型、分析综合型；就记忆而言，有视觉型、听觉型、混合型；就思维而言，有艺术型、抽象型、中间型。

观点二：是把智能类型按知觉、表象、记忆、语言思维四个方面进行划分。就知觉而言，有知觉综合型、知觉分析型、知觉分析综合型；就表象而言，有视觉型、运动型、混合型；就记忆而言，有直观记忆型、抽象记忆型、中间型；就语言思维而言，有形象思维型、抽象思维型。

3. 能力表现早晚差异

能力表现早晚差异是指能力发展的年龄差异，有的人能力发展较早，如少年天才、神童等；有的人能力发展较晚，如大器晚成的人等。

(二)能力差异与旅游企业管理

能力是一个人的重要的心理特征，每个人都有一定的能力。人的个性有差异，人的能力也有不同。因此，旅游企业管理者，应该研究能力的个别差异，掌握员工能力的特点，量才使用，使人尽其能。

1. 掌握特殊能力的要求

现代企业、现代化的工作都有自己独特的对人员能力的要求，在考核和选拔人才时，除一般能力外，还应该注意符合本企业或本工种特殊要求，应考核能力与知识的关系，进人不仅仅只看其学历，还应看其实际能力水平；企业用人既要具有大量的一般能力的员工，又需要掌握生产活动所要求的特殊能力的员工。

2. 掌握能力阈限，协调人与工作配合

能力阈限是指一个人从事某项工作，恰好具有完成某项工作的能力水平，不高不低。管理心理学研究表明，工作性质与人的能力发展水平之间存在着一个"镶嵌"现象，每一种工作都有一个能力阈限，既不需要超过这个阈限，也不能低于这个阈限。若一个人能力水平过高，去做一项平凡的工作，就造成人才浪费或使之不安心工作；反之，一个人能力水平较低，去做比较复杂或精尖的工作，则会感到压力很大，产生焦虑，甚至产生人格异常而导致严重事故。因此，一个好的旅游企业管理者，不在于聚集具备最优秀能力的人，而在于根据旅游企业的需要合理地组织和使用人才，尽量做到人机协调，人尽其才，才尽其用。

3. 合理分配工作，做到人尽其才

各旅游企业要有自己用人的能力标准，每个职能部门、每个工种都有自己相对独立的工作内容特性，当然也要有自己相对独立的对任职者的要求。因此，各级管理人员均要确定自己选人用人的能力标准，努力寻求各种职务、工种之间的相互关系。在招工时可以把文化考核或技术操作考核的成绩作为是否录用的主要指标，但不能当作唯一的指标。有条件的话，可配合工种或工作岗位对特殊能力搞些小型能力测验。如反应时间测验、空间关系测验、装备测验、兴趣分析测验等。

要注意用人之长，避人之短。样样精通、十全十美的人员不多，但擅长于某一方面的人才，适合于某项工作的人员则不少。尽量注意让人们所具有的文化水平、技术能力水平与实际工作所需要的智力、体力相匹配，能力过高或过低都不利于生产。美国建立第一个农业大工厂时，首先要雇用一批保安人员，因为当时劳力过剩，工厂制订雇用保安人员的最低标准为高中毕业生，并具有3年警察或工厂警卫的经验。但按这个标准雇用的保安人员工作后，感到农业工厂的保安工作(只检查进出门的证件)单调、乏味，表示无法容忍，因而对工作漠不关心、不负责，而且离职率很高。后来工厂聘用了只受过四五年初等教育的人来担任这个工作，他们对工作满意、责任心强、工作负责，缺勤率、离职率很低，保卫工作做得很出色。

4. 针对能力发展水平,实施职业教育和培训

心理学的许多研究证明,人所具有的能力和他所掌握的知识和技能是互相联系、互相制约的,知识的掌握会推动能力的提高,也会促进能力的发展。因此,旅游企业应该注意针对不同能力的从业人员进行不同层次的职业培训,提高从业人员的专门技能。在培训中,可以通过能力水平测验,然后根据能力差异分配适当的工作任务。对于能力水平高者,应该分配任务重的工作,能力中等者分配中等工作,能力低下者仅从事一些较简单的工作。

5. 完善组织机构,确立人才"金字塔"

任何一个组织,都应该存在能力高者、能力中等者和能力较低者三种类型的人,管理人员必须使这三部分人紧密结合,形成一个人才"金字塔",才能达到组织目标。当然,一个好的人才金字塔,塔的坡度不能太陡,否则智力相差太大,往往影响管理和沟通。智力差距太大,下级难以理解上级意图和组织目标,妨碍效率的发挥,甚至容易产生误会、曲解。

第二节　气质差异与管理

人的个性是在发展中逐渐形成的。然而婴儿生下来时,他的心理并不像一张白纸那样洁白无瑕,可以在上面描绘出任何花纹。其实每个人都具有一些先天性的心理特点,这些心理特点构成了每一个人独特的心理基础;而后,在这个基础上,依赖于客观世界的影响,依赖于个人的主观能动性,形成了仅为这个人所具有的个性特点。我们把一个人出生时所固有的这种稳定的心理特点叫作气质特性,它决定了人的心理活动动力方面的自然属性,决定了心理活动进行的速度、强度、指向性等特点。这些特点只反映了一个人情感与活动的外部表现形式,而不涉及情绪和活动的动机、内容。譬如,同样是热爱本职工作的人,有些人在工作中往往表现为精力充沛、热情洋溢;而有些人则表现为任劳任怨、踏实肯干。气质为每个人增添了独特的色彩。

一、气质类型

(一)员工气质

气质是人生来就有的心理活动的稳定的动力特征。每个人都有许多种不同的气质特点,但这些特点并非偶然地彼此结合,而是有规则地互相联系着,从而构成代表一定组织结构的气质类型。许多心理学家通过观察人们的心理活动在动力方面表现出来的特点,如感受性、耐受性、灵敏度、情绪兴奋性以及内倾性、外倾性等不同程度的结合,把人的气质分为不同类型。古希腊著名医生希波克拉底(Hippocrates)首先提出了气质学说,他认为,人体内有四种液体——血液、黏液、黄胆汁、黑胆汁,并以哪种液体的多少来划分说明人的气质。苏联生理学家巴甫洛夫通过对动物的研究,认为人的气质与人的高级神经活动类型密切相关,他根据高级神经活动的强度、平衡性和灵活性三个基本特征,把高级神经活动划分为四种基本类型:不可遏制型、活泼型、安静型、弱型。下面介绍四种典型的员工气质类型特征。

多血质的员工,是以强而平衡的、灵活的、活泼型的神经活动类型为基础的;这类人往

往活泼好动,情感变化快而不持久,动作敏捷而有可塑性,热情外倾。

胆汁质的员工,是以强而不平衡的、不可遏制型(兴奋型)的神经活动类型为基础;这类人往往精力充沛,情感和言语动作的发生强烈而难以控制,反应速度快,但不灵活,具有明显的外倾性。

黏液质的员工,是以强而平衡的、不灵活的、安静型的神经活动类型为基础;这类人往往安静、沉着,情感反应慢而持久,且不外露,动作迟缓而不灵活,具有明显的内倾性。

抑郁质的员工,是以弱而不平衡的、抑制型的神经活动类型为基础;这类人往往敏感、多疑,感情比较脆弱,情感体验丰富而不外露,严重内倾,反应速度慢,具有刻板性。

实际上,只有少数人是四种气质类型的典型代表,多数人的气质都介于各种类型之间,属于中间类型。每种气质的特点都具有好的一面,也具有不好的一面。如多血质的人情绪丰富,工作能力较强,容易适应新的环境,但注意力不稳定,兴趣容易转移。抑郁质的人工作中耐受能力差,容易感到疲劳,但感情较细腻,做事谨慎小心,观察力敏锐,善于觉察到别人不易觉察的细小事物。

(二)气质特征与职业要求

气质是各种职业选择的依据之一。在旅游企业中,人的气质特征与职业对人的气质要求往往成为"互补"和"相互适应"的关系。

1. 互补性

互补性是指人有一种不自觉地自动调节的功能,会用自己的长处来弥补自己的短处,从而适应工作。对旅游企业工作人员来说,服务工作既要求他具有注意力稳定、观察力敏锐等特性,又要求他具有注意力转移速度快的特性,以便高效率地为旅客服务。但在实际工作中,一般服务人员是很难同时兼具这两种相互对立的气质特征的,因此不少服务员是靠运用互补性来适应服务工作的。黏液质的服务人员运用自己注意力稳定的长处来弥补注意力不易转移的缺陷;多血质的服务人员则以他灵活、敏锐、快速的优点来弥补他注意力不够稳定的不足。虽然每种职业都要求人们具备相应的某种气质特点,但如果这些特点在某人身上表现较弱,此人就会依靠他的其他气质特点。

2. 相互适应性

人的气质特征与职业的相互适应是圆满完成工作任务的重要前提。虽然在不同的工作中,人们通过气质的互补作用,通过发挥主观能动性均能适应工作、圆满完成任务。但不能否定,在普通职业中,当一个人所具有的气质特点符合工作要求时,这个人比较容易适应,工作也比较轻松;反之则要困难些。

在旅游企业里,有些工作要求反应速度快,有些工作要求与更多的人交往,有些工作要求局限在一定范围内,如果一个人的气质特点符合工作要求时,他的工作速度就快,困难少,兴趣也高。因此管理者在对职工进行管理时,必须根据职工的不同气质特征,采取不同的管理方法,应当运用气质的差异妥善地安排人们的工作。对于要求人们做出迅速灵活反应的一些工作,就应该安排多血质和胆汁质的人去完成,而黏液质和抑郁质的人要完成它则相对困难些;反之,有些工作要求持久、细致、严谨,那么黏液质和抑郁质的人就比多血质、胆汁质的人容易适应一些。如果让多血质的人当会计,为克服粗心大意的坏习惯,养成工作细致的习惯,他就要比黏液质的人更加克制;而让黏液质的人来当采购员,那么为了培养交际能力、言语表达能力,他就需要改变内向、沉默、冷淡的气质特点,这也要比多血质的人经受更多的磨炼。

二、气质差异与旅游企业管理

气质是人的心理特征之一,每一种气质类型都有它的长处和短处;虽然气质在人们的实践中不起决定性作用,但却能影响活动效率,影响工作的适应性。因此,旅游企业管理者要根据员工的气质特点,搞好企业管理工作。

(一)气质与思想教育

气质是教育的依据。管理者对员工进行思想教育时,也应该考虑员工气质存在的差异。

(1)人与人之间的气质差异决定了员工的心理承受能力不同,故教育方法的选择要慎重,因人施教。一般来说,多血质、胆汁质的人心理承受能力较强,但容易犯错误,对批评教育往往容易激动,不服输,针对这一类型气质特点的人不必当即与其争个是非曲直,让其马上认错,而应待其冷静后,再进行严厉批评、耐心说服、晓之以理、动之以情,使其心服口服;而具有黏液质、抑郁质的人心理承受能力较差,爱面子,固执、任性,对这类人的批评教育不宜过于严格,也不宜在公开场合,教育要有耐心,不厌其烦,给予一定时间让其慢慢接受。

(2)每个员工的气质都有优势和不足,教育的内容应因人而异。气质无好坏之分,但有优劣之说,这要求管理者在进行思想教育时,对不同气质特点的员工要有所侧重,有针对性地培养优良品质,帮助员工发展气质的积极面,克服气质的消极面。如对胆汁质的员工要培养他们的自制力,使其改掉粗心的毛病;对多血质员工要培养专心、耐心及克服困难的勇气;对黏液质员工要培养他们的适应能力,使其克服守旧思想,不断更新观念;对抑郁质员工应鼓励其多参加集体活动,使其开阔心胸,培养坚强的意志力,增强自信心。

(二)气质与人际关系

心理学研究表明:人际关系是否和谐直接影响员工的身心健康,影响群体士气,影响工作效率。人际关系离不开一定的人际行为,而人际行为受气质影响。胆汁质的人在与人交往中热情、直率、开朗,但脾气暴躁、自制性差、性子急,往往不讲究与人交往方式,忽略别人的感受;多血质的人在与人交往时,不善于掩饰自己的内心情感变化,心直口快,可以在短时间内使人产生亲近感,但感情不专,缺乏深沉;黏液质的人与人交往时,善于忍让、克制,能体谅人,不轻易发脾气,而且一般不动真情,一旦建立感情则深厚持久,但不喜欢与人交往,比较拘谨、沉闷,往往冷场;抑郁质的人与人交往时,不会主动,不轻易信赖别人,缺乏自信、容易自卑,而且固执、敏感、多疑。这些气质类型上的特征在与人交往中表现得十分明显,直接影响到人际关系的质量。

人际关系的好坏,是决定一个企业整体效能高低的重要条件。企业在人员安排时,应注意到各种气质类型员工的适当搭配,以便在工作中形成相应的补偿。建立企业内部人际关系,要根据员工不同的气质特点,采取不同的方法。在调整机构或出台新的管理方案、执行新的管理制度时,不同气质类型的员工的反应也完全不同。所以在交代任务、提出问题时,管理者要有耐心,要有不同的方法,这样才能真正使不同气质的员工尽快适应新的变化。

(三)气质与人员的合理搭配

各个组织部门的成员应该由多种气质的人组成,人员的搭配也应该考虑到人的气质差异,考虑到不同气质特点的人的相容性。侧重于多血质气质的人善于交际,有进取心,有干劲,有号召力,这些优点在群体中有积极作用,但由于缺乏持久和坚持性,易半途而废,这又会影响士气;侧重于胆汁质的人富有生机,敢于创新,但急躁、粗心、无计划性、争强好胜,这些却不利于群体和谐与团结协作;侧重于黏液质与抑郁质的人,有耐心、稳重、持久、专一、计划性强的特点,对工作负责,但却保守、固执,工作不善于打开局面。因此,在人员搭配上应根据工作性质,充分利用气质互补的特性,充分调动群体中的每一个员工,发挥其优势,共同完成工作任务。

（四）气质与工作适应

气质对人的某些行为效率有着直接影响,人的气质之间的差异性决定了其工作效率及对工作的适应性,因此,在进行人员选拔、安排工作时,要考虑到人的气质特点,量人而用。当一个人的气质适合他的工作,他就能很快适应,工作起来比较轻松,效率较高;相反,如不适应,工作起来困难就多,必须付出更大的意志努力。如会计、统计、信号员等工作就需要有耐心、心细、意志力强、注意力长时间保持集中的人来做,而胆汁质、多血质的人则不适合从事这些工作;同样,把有一定难度、有挑战性的工作分配给胆汁质、多血质的人,就能激发其工作热情,充分发挥其积极性和创造性。

但是,我们在工作中也不能孤立地考虑人的气质特征,要使气质适应于学习和工作要求,不能让学习和工作迁就人的气质,我们可以通过教育,在原有气质基础上,形成特有的有助于取得成功的动作方式与方法系统。有些特殊行业、特殊工作对人的气质提出了特殊的要求,一般的人是不能适应的。这些特殊行业、工种就应该进行严格的气质测试,如通过耐受性、感受性、兴奋性、反应速度等方面测试,找到气质特性与工种相适应的人。

第三节　性格差异与管理

性格是个性的重要方面。它是一个人比较稳定的对现实的态度和习惯的行为方式所表现出来的个性心理特征。作为一个社会成员,人的性格不是天生的,它是在个体的发展过程中通过主体与客体的相互作用,使外界客观世界的影响在个体的反应机制中保存下来、固定下来,构成一定的态度体系,并以一定的形式表现在个体的行为之中,构成每个个体所特有的行为方式。这种主体对客体的态度体系和行为方式揭示了一个人的性格特点。

一、性格特征与类型

（一）性格特征

性格是个性中具有核心意义的个性心理特征。个性心理结构中的许多因素和特征都可以在性格中表现出来。如个性的倾向性可以表现在性格倾向之中,个性的气质特征也为人的性格特征增添特殊的动力色彩;个性的能力特征也在性格中表现并对性格的形成有着重要作用。因此,性格是个性的集中表现和核心特征。

人具有多种多样的性格特性。根据不同的态度体系,可把性格特征分为四大类:

第一类,表现一个人对待集体和他人的性格特征,如善良、同情心、热情、虚伪等。

第二类，表现一个人对待劳动的性格特征，如爱劳动、懒惰、认真、负责、马虎等。

第三类，表现一个人对待物品的性格特征，如有条不紊、邋遢、爱护财物、不爱护财物等。

第四类，表现一个人对待自己的性格特征，如自尊心强、自高自大、谦虚、骄傲等。

根据不同的行为方式，也可以把性格特征分为四大类，从而构成性格的意志特征。

第一类，表现一个人有明确的生活目的，同时又接受集体规范的约束的性格意志特征，如独立性、纪律性、依赖性、放荡等。

第二类，表现一个人对自己的行为控制上的性格意志特征，如主动性、自制力、被动性、缺乏自制力等。

第三类，表现一个人在紧急和困难情境中的性格意志特征，如果断、勇敢、优柔寡断、胆怯、冒失、鲁莽等。

第四类，表现一个人在经常性和长期工作中的性格意志特征，如严谨、坚忍不拔、坚持等。

人的性格具有社会历史性。首先，人的性格不是天生的、不变的。一个人并非天生就是爱劳动的或者懒惰的，也不可能天生就是诚实的或虚伪的。性格是在人的社会实践过程中形成和发展的。社会环境（包括社会制度、学校、家庭、生产集体等）对人的性格形成和发展起着重要作用。然而人并不是消极地、被动地接受外界环境的影响，人是有主观能动性的。人在实践活动中，在与外界环境相互作用过程中形成和发展自己的性格。因此，在大体相同的环境中生活和成长的人，由于他们实践活动的不同，主观努力的不同，会形成不同的性格。世界上没有两个性格完全相同的人。心理学的研究表明，即使在出生时素质完全相同的婴儿（如同卵双生子），也会发展成为不同的性格。其次，也应看到，在同样社会环境生活和发展的人，由于他们的生活条件和实践活动有许多共同的东西，因此他们的性格也会有一些共同的方面和特点。这就是人们性格上的共同性和典型性。性格的共同性和典型性包括广泛的内容，如性格的职业性、民族性，以及某一群体中人们性格的共同性等。由此可见，一个人的性格总和是个性和共性的统一、个别性与典型性的统一。正如恩格斯所说："每个人都是典型，然而同时又是一定的单个人。"

（二）性格类型

性格类型是指一类人身上所共有的性格特征的独特结合。由于性格本身的复杂性，所以分类的标准繁多，性格的种类也繁多。下面主要介绍员工性格及管理者性格类型。

1. 员工性格

从管理工作的需要出发，我们把员工性格划分为内控型和外控型。

内控型主要表现为一些人认为他们是自己命运的主宰者。研究表明，内控型的人在工作中表现较好，他们在做出决策之前，会积极地收集资料，会受到取得成就的鼓励，努力去控制外界环境。这种人适合于担任管理工作和专业性较强的工作，完成较复杂的任务，并在工作中表现出创造性和独立性。

外控型主要表现为一些人认为他们生活中的一切事情都是依靠运气和机遇的。研究表明，外控型的人对工作更不满意，缺勤率较高，不能像内控型的人那样全心全意地投入工作，因为他们认为自己的行为结果难以控制。

内控型的人面对同样情况总会把工作成绩归因于自己的努力，如果内控型的人工作成绩欠佳,他们会自责;如果他们对工作不满,会果断地自动离职,另谋他就。相对地说,外控型的人比较愿意听从别人指挥,适合于从事按规章制度办事的工作。

2. 管理者性格

管理者也是企业的高级员工。关于企业管理者的性格,我国管理心理学家俞文钊教授利用卡特尔(R. B. Cattell)16 个性格因素测量量表,对上海市部分企业领导人的性格进行测验,经过分析归纳,分为五种典型的性格类型,如表 16.1 所示。

表 16.1　企业领导人典型性格类型

型　号	名　称	情　绪	社会适应状况	向　性	含　义
A	平均型	平均	平均	平均	不引人注目的平均型
B	不稳定积极性	不稳定	不适应	外向	容易趋向异常行为的类型
C	稳定消极型	稳定	适应	内向	温顺被动的类型
D	稳定积极型	稳定	适应	外向	活跃实务类型
E	不稳定消极型	不稳定	不适应	内向	容易患神经症、心身疾病类型

二、性格与旅游企业管理

旅游企业人员要做好人力资源开发与管理,必须注意到所属员工的行为倾向,而性格正是决定这种行为倾向的最重要的心理特征之一。掌握员工的性格,可以有助于控制员工的行为,同时又有助于创造适宜的工作环境,使之与员工性格倾向相吻合。

(一)管理工作中的个性差异

心理学研究指出,人的性格差异是普遍存在的,它表现在性格特征的各方面。

性格的态度特征差异:表现为对工作勤恳或懒惰、认真或马虎、细致或粗心、进取创造或墨守成规等程度的不同。

性格的意志特征差异:表现为果断或犹豫不决、勇敢或怯懦、坚定性或动摇性、纪律性或散漫性、沉着冷静或鲁莽行事等差异。

性格的表情特性差异:在喜怒上、在眼神上、在身段动作上、在言语上、在声音上不同性格的人有不同的表现。

性格的理智特征差异:表现在认识过程中各种心理品质上。有的观察细致、思维深刻、富于创造性;有的则马虎、被动,不善于思考。

员工在工作中的性格差异还可以表现在其他方面:

成就需要差异。管理心理学的研究表明,人们的成就需要存在着个别差异,是影响人们工作行为的重要个性特征。具有高度成就需要的人会不断努力克服困难,把工作做得更好。这些人愿意从事难度适中的工作,从工作的完成中得到极大满足,适合于从事有竞争性的管理工作和经销工作。如果让他们从事一些常规性的、照章办事的工作,他们的工作成绩并不比低成就需要者更好。

自我肯定差异。人们在是否喜欢自己的程度上也各不相同。这种个性特征被称为自我肯定。研究表明,自我肯定与人们的成就期望有直接关系。高度自我肯定的人相信自己有足够的能力胜任工作,所以,他们在选择工作时,喜欢冒更大的风险,而且不愿从事性质单一的工作。低自我肯定者对外界的影响非常敏感,他们很注意别人对自己的评价,因此,他们总希望得到别人的肯定和赞同,模仿他们所尊重的人的行为举止。在管理岗位上,他们更易于采取别人所接受的观点和立场,而很少像高度自我肯定者那样采取独立的观点和立场。

自我警觉差异。这是一种个人及时调整自己的行为以便适应外界变化的能力。自我警觉能力高的人有很强的适应能力,这表现为他们能根据环境的变化来调整自己的行为。他们对外界变化的迹象有高度的敏感性,能在不同的情境中变换自己的行为方式,善于处理在公众面前扮演的角色与自己个人真实角色之间的冲突。自我警觉能力低的人则不善于掩盖自己,在任何场合中都显露出其真实的个性倾向和态度,缺乏适应环境变化的灵活性。

风险倾向差异。有的人喜欢冒较大的风险,有的人则倾向于回避同样的风险。如证券交易所的经纪人具有高风险倾向,可能会达到更高的工作绩效,但这种个性在会计师的审计活动中则是一种主要障碍。

在企业管理中,如果各级管理者掌握了员工的这些个性差异,那么在分析某一个员工具有某种性格特征时,根据性格形成特点,就可预见他在某种情况下将要怎么样去行动,依此作为管理的依据。

(二)个性与工作匹配理论

如果一个人的个性特点与工作的条件相适应,就可达到较高的生产率和工作满意感。美国学者霍兰德(J. Holland)对个性与工作匹配问题进行了深入的研究,他认为,一个人的志趣(即人的个性特点)跟他所从事的行业是否匹配,决定着他的工作满意感和离职倾向。他提出了六种个性类型及与之相匹配的职业,如表 16.2 所示。

表 16.2　个性与工作匹配类型

类　型	表　现	个　性　特　征	相　应　职　业
实际型	喜欢从事技术活动、体力活动	腼腆、诚实、有耐心、情绪稳定、顺从、实际	机械操作工、装配工、农民
研究型	喜欢思考,从事要求组织和理解的脑力活动	善于分析、创新,喜欢探索,善于独立思考	生物学家、经济学家、数学家、新闻撰稿人
社交型	喜欢交往,乐于助人	喜欢交际,友善、合群,善解人意	社会工作者、教师、咨询人员、临床心理学家
传统型	喜欢照章办事,从事有条理、有秩序、任务明确的活动	服从,讲求效率和实际,缺乏想象力,缺乏灵活性	会计、公司部门经理、银行出纳、档案保管员
有魄力型	喜欢说服别人、影响别人、获取权力	自信、雄心勃勃、精力充沛、独断专行	律师、房地产经纪人、公关专业人员、小型商场经理
艺术型	喜欢模糊的、无序的活动,发挥其创造性的表达能力	想象力丰富,超越常规,理想化、情绪化、不实际	画家、音乐家、作家、室内装潢设计人员

在现实生活中,纯属于某一类的个性是极为罕见的,大多数人都是几种类型的结合,或以其中某种类型为主导,而又有其他类型的某些特征。总之,个性与工作匹配的理论表明,

人们的个性各不相同,工作、职业的条件和要求也有极大差别,使个性与工作之间得到适当的匹配有利于提高工作绩效,增强工作满意感,降低离职倾向。

（三）性格"不成熟—成熟"理论

性格"不成熟—成熟"理论是美国哈佛大学心理学家阿吉里斯（C. Argyris）提出的,他长期从事工业组织的研究,以确定管理方式对个人行为及其在工作环境中成长的影响力。他的研究结果表明,一个人由不成熟向成熟的转变过程中,性格会发生七种变化,如表16.3所示。

表 16.3　阿吉里斯的性格发展过程

不成熟　　　　　　　→		成　熟
被动	→	主动
依赖	→	独立
少量的行为	→	能产生多种行为
错误而浅薄的兴趣	→	较深与较强的兴趣
时间知觉性短	→	时间知觉性较长
附属的地位	→	同等或优越的地位
不明白自我	→	明白自我,控制自我

阿吉里斯认为,这些改变是持续的,而健全的性格便是由不成熟趋于成熟。一个人的文化水平和个性可能使这些改变受到限制,但随着年龄的增长,人的性格总是有日趋成熟的倾向。他在观察分析工业界经常见到的工人对工作不努力和对某些事物漠不关心的情况,认为是因为管理方式的束缚而使性格不能成熟。在这样的组织里,工人对工作环境只有极少的控制力,他们被鼓励做一个被动、依赖及依附的人,因此他们的行为不易成熟。

正式组织的权力和权威需要掌握在少数高层人手中,因此,位居下层的人必须受上级或系统本身严密的控制。专业化通常使工作过于简单而重复、固定,不具有挑战性,这种专制型的、以工作为主的管理方式,使得上级就是决策者,下级只是执行这些决策而已,缺乏主动性。因此,阿吉斯要求管理者提供给员工一种易于成长与成熟的环境,使其在致力于组织成功的过程中亦可以获得需要的满足,只有这样,员工的性格才会趋向成熟。

第四节　气质仪表的培养途径

旅游业中90％以上的员工需要直接与顾客接触,因此员工的气质仪表在旅游业中的重要性不言而喻,那么怎样水准的气质仪表才可以称得上"过关"呢?

一、适当的感受性与灵敏性

在旅游活动中,旅游服务人员接触各种类型游客的概率较大,且经常处于一个变换的活动空间中,如果旅游服务人员感受性太高,稍有刺激就引起心理反应,势必会造成精力分散,情绪不稳定,影响服务表现;反之,则会怠慢客人。而为了保证旅游服务人员能处在一个热情饱满、有序的工作状态之中,旅游服务人员面对复杂多样的旅客,还必须具有一定程度的灵敏性。如果灵敏性低,会延误服务时机,使客人感到受冷落;但服务员过于灵敏,又会使客人觉得服务员不稳重或过急。

二、较高的忍耐性和情绪兴奋性

在旅游服务工作中，旅游服务人员所从事的工作与一般工作不同，不管是导游服务，还是饭店服务、交通服务，客人总是处在不断变换之中，然而服务人员的服务工作基本上是常年不变的。另外，游客的素质、修养、文化层次不一样，要求也不一样，这就要求服务人员透彻理解角色的任务，必须具有较高的忍耐性及调动情绪兴奋性的本领，以及克服巨大的心理压力的能力。

三、较强的可塑性

旅游服务工作需要针对不同国家、地区、民族的文化习俗采用不同的行为模式，如果只提供同一种服务，会导致不同国家、地区、民族的游客难以接受这种服务。在"客人是上帝""一切为了客人满意""客人总是对的"的服务宗旨下，优质服务就是体现在满足各类客人的需要上。为此，服务人员若没有较强的可塑性，就很难适应不同客人的需要。

四、大方得体的仪表

仪表的修饰要适合职业特点和出现的场合环境。要以整洁、干净、协调为原则，把大方得体放在第一位。例如，导游人员不可以穿奇装异服，这样往往给游客留下不稳重、轻浮的印象；酒店服务人员不可以穿便服，应该换上酒店的标准化、统一性的工作服，发型以清爽为标准，作为一线员工还需要画上淡妆表示对客人的尊敬。

旅游企业员工的气质仪表的培养应朝着上述所列标准努力，而培养的主要途径最终还是离不开培训以及平时的督促与提醒。

（一）加强企业内部的培训

气质仪表的培训并不是一朝一夕的事情，而是需要日积月累、潜移默化的。旅游企业内部可以定期开展培训，安排不同部门的员工一起学习探讨有关培养优良的气质仪表的内容，企业也可以聘请专家或者高校优秀教师来做讲座，给员工们指点迷津。在培训过程中可以通过录音、录像，让员工看到自己工作时的言语、教态、仪容和表情等，使他们为自己的不恰当语言和不雅观的动作而不安，以利于克服和纠正。

（二）到高校参加培训

可以让优秀的员工到高校接受专业化的短期强化培训，然后让他们为其他员工做示范，并在平时的工作中将他们所学到的知识教给身边的同事。这样的"传教"往往可以让其他员工领悟得更快，当然也更方便。

（三）注重提倡，营造氛围

什么样的企业就会有什么样的员工。一个企业如果十分提倡气质仪表美，那么这样的氛围就能感染它的员工，使大家一致认为气质仪表非常重要。如果一个企业平时就管理不严，对于仪表仪容也不重视，那么它的员工可能也会无所谓，兴许还会穿着拖鞋上班。因此，旅游企业应该时刻提醒自己的员工注重气质仪表，因为员工的形象代表企业的形象。比如，可以在员工入口处提醒他们"今天，您洗头了吗""今天，您是以饱满的精神来上班的吗""今天，您微笑了吗"等。

（四）积极吸纳高素质人才

一般来说,高素质的人才具有良好的气质仪表。旅游企业吸纳素质高的员工,不但可以花比较少的精力培训他们,更重要的是他们的行为可以影响和感染其他普通的员工,从而带动整个企业员工形成注重良好的气质仪表的氛围。

第十七章　员工挫折与管理

人生不可能是一帆风顺的,挫折将始终伴随着我们的生活和工作。因此,了解人的行为规律,从而改变人的行为,引导他们朝着积极乐观的方向前进是心理学研究挫折理论的意义所在。

第一节　挫　折

一、挫折的含义及特征

(一)挫折的含义

在日常生活中人们常用"挫折"来表示事情进行得不顺利或者失败,没有达到预期的目的。沈睿认为挫折感是一组包括沮丧、焦虑、失望、消沉、愤怒等的消极情绪体验;在心理学中挫折是指人们在某种动机的推动下,在实现目标的活动过程中,遇到了无法克服或自认为无法克服的障碍和干扰,使其动机不能实现、需要不能满足时,所产生的紧张状态和情绪反应。[①] 挫折的概念虽然很多,但是众多学者都认为挫折这个概念至少应该包括以下三个层面的内容:

(1)挫折是指导致自身的需要不能获得满足的内部或者外部障碍。比如,当人们面临失业、降职、降薪、上司的批评等情况时,都会产生挫折感,这个层面称为挫折情境。

(2)挫折是指对上述挫折情境的认识过程,称为挫折认知。挫折认知既可以是对实际遭遇到的挫折情境的知觉,也可以是对可能出现的障碍的想象。例如,有的人比较杞人忧天,老是怀疑自己不能胜任上司交给自己的任务,进而产生烦恼、焦虑等情绪,自然也就影响了他们完成任务的效果。

(3)由于产生了挫折认知,人们往往会产生诸如愤怒、焦虑、紧张、躲避甚至攻击等挫折反应。且不说每个人对待挫折的反应是不一样的,就算是同一个人在不同的阶段,面对不同性质的挫折也会产生不同的反应。比如,当某人连续遭受挫折的时候,他所能给予积极的挫折反应机会会越来越少。

一般而言,挫折情境、挫折认知和挫折反应三者同时存在的话就构成了人的心理问题。

旅游心理学

---

① 沈睿.员工挫折感的预防和消除.经营管理者,2002(10).

但并不是所有的挫折情境和挫折认知都会产生人的心理挫折。"战胜挫折,重新再来"是很多乐观的人面对挫折所采取的措施。他们虽然意识到了挫折的情境,但却以此作为自己前进的动力,以此锻炼自己的意志和才干,结果可能会做得更加出色。因此,只有当主体将挫折情境感知为挫折时,才会产生挫折反应。所以,在挫折情境、挫折认知和挫折反应这三个因素中,挫折认知是最重要的,它是连接挫折情境与挫折反应的桥梁。一般来说,挫折情境越严重,挫折认知也就会越强烈,主体采取的挫折反应就会越猛烈;反之,如果个体主观上将别人认为严重的挫折情境,认知、评价为不严重,他的挫折反应就会很微弱,甚至根本不会产生挫折反应。

（二）挫折的特征

每个人都会面临或多或少、或轻或重的挫折,因此从这个角度而言,挫折的产生与存在具有必然性和普遍性。但是,有的人在挫折面前就会一蹶不振,轻言放弃;有的人却面对挫折变得更加勇敢和成熟,从而走向了成功。可见,同样的挫折对人的作用往往具有两面性的特征。同时,个体主观对挫折认知的程度也是不一样的,在某人眼中的挫折在另一个人看来却是如此微不足道,正是人的认知的主观差异性决定了挫折也具有差异性的特征。

1. 挫折的必然性和普遍性

要分析挫折的必然性,可以从人的自然属性与社会属性两方面进行分析。人隶属于自然界,虽然经过长期进化,但人身上所具备的自然属性是永远不可磨灭的。人出于食欲、性欲和自我保护三种本能,为了维护自身的生存与繁衍,必须与自然界斗争,于是其中经历困难和挫折是不可避免的。同时,人之所以有别于其他的生物,那就是人除了具备自然属性之外,人还是社会的人,人的种种行为、理念等都要受到社会文化的制约。人类社会历经奴隶社会、封建社会、资本主义社会,有些进入了社会主义社会,社会模式有了很大的改变,这种改变本身就是矛盾与冲突的结果。既然矛盾的存在是客观的,那么挫折的产生也是必然的。

由于事物发展过程的不平衡性、偶然性和影响事物发展的多元性,很多事情的发展往往会违背人们种种美好的愿望,伴随而来的是危险、挫折和磨难。尽管人们不愿意面对挫折,但是经历挫折本来就是人生不可或缺的部分。

2. 挫折作用的两面性

挫折作用的两面性是指挫折对人的影响作用既有消极的一面,又有积极的一面。挫折的消极性在于它会引起人精神世界的痛苦,使神经系统处于紧张、焦虑状态,甚至使精神处于崩溃的边缘。一旦员工出现这样的情况,上司就应该在工作上和生活上给予适当的关怀,引导员工正确对待挫折,否则后果将不可设想。

中国有句成语"苦尽甘来",也许就体现了挫折积极的一面。大量的事实证明,人们成就事业的过程,往往也是战胜挫折的过程。越王勾践"卧薪尝胆",说明挫折的宝贵就在于它可以激发人的进取心,促使人们为改变境遇而斗争。同时,它也能磨炼人的性格和意志,增强人的创造力和智慧。

3. 挫折的差异性

不同的人对相同挫折情境的感受不一样,对某人构成挫折的情境,对另一个人也许并不成为挫折,所以不同的主观感受会受到每个人的性格特征、知识结构、期望目标等因素的影响。俗话说"希望越大,失望越大"似乎就说明了这个道理。

二、挫折的类型

在心理学有关挫折的研究中,挫折的类别有许多种。这里仅根据挫折产生的原因将挫折分为缺乏性挫折、损失性挫折和阻碍性挫折三类。

(一)缺乏性挫折

所谓缺乏性挫折,顾名思义就是指人们在生活或工作中因各种各样的资源缺乏所产生的挫折感,这种资源缺乏可以包括物资缺乏、能力缺乏、生理条件缺乏、经验缺乏、感情缺乏等。目前很多旅游企业的高学历员工的跳槽率很高,主要就是因为工资相对比较低所带来的物资缺乏和工作缺乏主动性的感情缺乏这两个原因所产生的缺乏性挫折。

(二)损失性挫折

损失性挫折,这里主要是指个体失去了他原本拥有的东西所产生的挫折的情绪。比如生活中亲人去世、离异、失恋等,工作中降薪、降职等,都是严重的损失性挫折。在现有组织管理中,很多企业想推行企业的组织再造,但是往往会受到来自各方面的抵制,原因就在于这种组织再造所导致的利益的重新分配会给原有的组织成员带来损失性挫折。

(三)阻碍性挫折

阻碍性挫折,这里主要是指在个体的需求和目标之间出现障碍时给个体带来的心理挫折。这种阻碍可能是客观的或物质性的,也可能是社会性的或观念性的,特别是观念性的障碍,比如风俗习惯或规范所造成的阻碍性挫折往往给人们造成更严重的心理挫折。

第二节　挫折产生的原因

分析挫折产生的原因可以说是非常复杂的,因为心理学研究的角度主要是从主观感受出发的。但是,目前的理论界一般在分析挫折产生的原因时,都从个人、社会和组织三个从小到大的层面来考虑的。

一、挫折产生的个人原因

就个人来说,挫折的产生主要来源于个体自身的因素和自然社会环境对个体的限制因素。

(一)个体自身因素

个体自身因素包括生理和心理因素两方面。生理因素的挫折,是指因自身生理素质、体力、外貌以及某些生理上的缺陷所带来的限制,导致需要不能满足或目标不能实现。现实社会中很多求职者会因为自己的相貌不佳、身材不佳而遭到用人单位的拒绝。另外,个体在更多的情况下会因为不同的心理因素导致自己的预期目标无法实现而产生挫折。在心理因素中,与挫折密切相关的主要有以下三点:

1. 个性完善程度

一个思想成熟、性格坚毅乐观、为人热情、人际关系良好、社会适应能力强的人,其动机实施就会相对顺利,挫折产生的概率也就比较低。但在工作中往往有部分员工由于个性方面的问题,不喜欢或者是不善于与人交往,因而导致人际关系紧张的同时,也得不到领导与同事的关注,自然动机实施的障碍就会增加,从而产生挫折。

2. 动机冲突

在实际生活中,人们常常同时存在若干动机,其中有些性质相似或相反而强度接近,使人难以取舍,便形成了动机的斗争。如在同一时间内,某人接到了两个领导的不同命令,但又不可能两全其美地把它们都完成,这样就会产生动机的矛盾斗争。动机冲突的实质是需要之间的冲突,大致有三种动机冲突形式:首先是双趋冲突,即在两个目标都符合需要并有相同强度的动机中,个体因迫于情势不能两者兼得,从而在心理上产生难以取舍的冲突情境。所谓"鱼和熊掌不可兼得"。其次是双避冲突,即两者同时违背需要,造成厌恶或威胁,产生同等强度的逃避动机,由于情势又不能同时避开,由此产生的难以抉择的斗争。最后是趋避冲突,即某一目标对个体既有利又有害,既有吸引力又有排斥力,让个体处于既爱又恨的矛盾状态。

3. 挫折容忍力

挫折容忍力即当个体受到挫折时其保持正常行为的能力,它包括体质承受力和意志承受力等。遗传及生理条件、生活经历和文化修养、对困难或障碍知觉程度以及个体的性格特征都决定了个体的挫折容忍力。身体条件好、生活经历丰富、文化修养高、性格开朗、意志坚强、有自信心的人往往对挫折的容忍力会相对比较强。

(二)环境因素

构成挫折的环境因素包括自然环境因素和社会环境因素。自然环境因素是指由于自然的或物理环境的限制,个体的动机不能获得满足。如任何人都不能实现长生不老、返老还童的愿望,大多难免遭到生离死别的境况和无法预料的天灾人祸的袭击。由自然发展规律和时空的限制而形成的心理挫折,对人类来说还不是主要的。由于社会因素制约形成的心理挫折,才是具有重大影响的。

社会环境内因素是指人在社会生活中所受到的人为因素的限制,其中包括一切政治、经济、民族习惯、宗教信仰、社会风尚、道德法律、文化教育的种种约束。如很多旅游专业毕业的学生在工作岗位上工作积极性比较差的原因就在于他们认为自己所学到的知识似乎在工作岗位上并不能充分发挥作用。凡此种种社会因素,不但对个人的动机构成挫折,而且挫折产生后对个体行为所发生的影响,也远比上述自然因素所产生的心理挫折的影响要大。

二、挫折产生的社会原因

除了上面提到的来自个人自身及环境的阻碍因素外,现代社会中存在的种种矛盾常常导致个体内心的心理冲突,从而引发挫折。其表现如下:

(一)竞争与合作的矛盾

现代社会充满竞争,无论是幼年时代的升学,还是步入社会后的就业、事业或是其他的社会活动,都逃脱不了竞争的命运。而竞争的结局也是残酷的,某些人成功的同时,却也导致了别人的失败,这种失败必然会导致挫折的产生。但是,我们不应该忽视的另外一个事实就是,现代社会在推崇竞争的同时,又提倡发扬合作、谦让的社会风尚,很多西方管理学者越来越推崇"团队合作"在企业中的作用。对于竞争和合作这种矛盾,很多人不知道该如何应对，以致构成内心剧烈冲突，引发挫折。

（二）激发需要与压抑欲望的矛盾

随着商品生产的发展，满足人们需要的商品越来越多，而人们的各种需要，甚至是不良的贪念和欲望也会越来越膨胀。当然，由于经济上、道德上、传统观念上的原因，人们又必须对这些被激发起来的欲望加以克制，这种矛盾也常常造成个人内心的冲突。

（三）自由与限制的矛盾

现代社会是一个推崇自由、创新的社会，但这并不意味着任何事情都可以凭个人的意愿行事。相反，现代人的很多事情，大到事业婚姻，小到行车娱乐都要受到社会道德的约束和法律的限制。这种矛盾也使人难以适应，造成个人的冲突，引发挫折。

三、挫折产生的组织原因

处在组织中的员工，其挫折产生还往往受到组织因素的影响，归纳起来大致有以下几个方面：

（一）工作岗位性质与员工的个性特点不相符合

工作首先给个人提供了表现个人才能与价值的机会，获得自我实现的满足；其次使个人在团体中表现自己，获得个人社会地位的提高。但是，如果管理者在分配员工工作时，对员工的心理承受水平和实际工作能力，尤其是员工的个性特点，比如兴趣、爱好、理想、能力气质等方面没有进行充分的了解，就很容易导致职业岗位对人的素质要求与员工本人的能力、个性不相匹配，因而使员工不能从工作中获得乐趣和成就感以及其他物质和精神上需要的满足，从而产生挫折感。[①]

（二）组织的管理方式和管理制度

目前仍有很多企业在沿袭传统的 X 理论，对企业员工进行以高度集权、权威控制、惩罚措施等为特征的管理方式，这种管理模式常常会导致组织目标与个人动机的冲突、员工工作满意感的下降。

（三）组织内的人际关系

员工对组织的忠诚感不仅取决于物质方面的需要，还取决于在组织中能享受到同事、上级之间相互合作、相互信任和相互尊重的企业氛围。海尔公司的张瑞敏提出："以人为本，以德为本，以诚为本，君子之争，和气为本。"管理者与部下及员工之间，彼此真诚相待是至关重要的，是工作开展的基本前提。在通用电气公司，从 CEO 到各级领导都实行"门户开放"政策，欢迎员工随时进入他们的办公室反映情况，对于员工的来信来访妥善处理，公司的最高首脑和公司的全体员工每年至少举办一次生动活泼的"自由讨论"。西门子公司采用"与员工对话"的方式，经理人员倾听员工的意愿，与员工共同商讨发展的渠道，最后双方再共同制订目标与计划。像通用电气公司和西门子公司，真诚地信任员工，使企业像一个和睦、奋进的大家庭，生活在这个大家庭的每位成员，都能互相尊重，彼此信赖，关系融洽，员工因此产生的挫折感就会大大降低。

（四）工作环境

工作场地的通风、照明、噪声、安全措施及卫生设备等实质环境不但会直接影响员工的

① 秦元元.雇员挫折的预防及管理.中国人力资源开发，2004(8).

身体健康,也会引起员工情绪上的不满和工作积极性的降低。

第三节　挫折的行为反应

当个人进行了挫折感知之后,就会相应地产生挫折反应。挫折反应主要分成三种类型:一是受到挫折感后自然产生的消极性情绪与行为反应;二是尽管受到挫折,但是在理智的控制下所做出积极性的行为反应;三是折中的方式,即妥协的自我防卫形式。

一、消极情绪与行为反应

消极的行为反应是指非理性的情绪冲动,是一种具有盲目性和冲动性的行为反应。[①]如果人们不能通过积极的自我防卫形式来实现其目标,心理就会持续紧张,若积累到一定的程度或者数量,人们往往会采取以下的消极心理防卫形式:

（一）焦　虑

"焦虑"这个词在我们的日常生活中被广泛使用,它是指一种缺乏明显客观原因的内心不安或无根据的恐惧,是预期即将面临不良处境的一种紧张情绪,表现为持续性精神紧张(紧张、担忧、不安全感)或发作性惊恐状态(运动性不安、小动作增多、坐卧不宁、激动哭泣),常伴有自主神经功能失调表现(口干、胸闷、心悸、出冷汗、双手震颤、厌食、便秘等)。由于焦虑带给人的是一种不可名状的十分烦躁的心境,所以焦虑者常常会多疑,动不动就会发怒,严重的还会造成精神上的抑郁,产生病态的心理。"焦虑症"已经成为现代社会普遍存在的心理疾病。

（二）攻　击

当个体的动机和目标受挫时,往往会在态度和情绪上产生敌视与报复心理的同时,在行为上产生过激的攻击性行为。攻击性行为包括直接性攻击和转向性攻击两种。

1. 直接性攻击

直接性攻击是指受挫者将愤怒的情绪直接转向阻碍目标实现的人或物。一般来说,对自己的容貌、才能、权力等方面比较有自信者,容易将愤怒的情绪向外发泄,而采取直接攻击的行为。

2. 转向性攻击

转向性攻击在下列三种情况下表现出来:首先对自己缺乏信心,这种悲观的情绪容易把攻击的对象转向自己,出现自残行为,甚至在极端的情况下出现自杀行为;其次当个体察觉到引起挫折的真正对象不能直接攻击时,便会把愤怒的情绪发泄到其他的人或物上,比如说有的人在公司里面受了老板的气,回家可能就会拿老婆孩子"开刀",去打老婆孩子,找"替罪羊"出气;最后可能只是生活中的许多小挫折的累积,或者根本找不到挫折的来源时,个体便将闷闷不乐的情绪发泄到不相干的人或物上。

---

① 秦元元.雇员挫折的预防及管理.中国人力资源开发,2004(8).

（三）退　缩

退缩是一种与上述攻击行为截然相反的情绪反应。当个体遭受挫折时,他选择以退缩的反应来适应挫折情境,主要表现为无动于衷、漠不关心的态度,有的企图以想象的虚构情境来应付挫折,借以逃避现实的困扰。一般来说,退缩有冷漠、幻想、依赖三种表现。

1. 冷　漠

冷漠是指个体对挫折情境表现出冷淡、无动于衷的态度。冷漠并非不包括愤怒的情绪成分,甚至当事人的内心痛苦可能更强烈,只是把愤怒暂时压抑或以间接的方式表现而已。个体以冷漠的态度去对待自己周围的人,甚至是对待自己非常亲近的人。这些人表现出对别人不信任、多疑、猜忌,同时对别人充满了一种批判性。如果这个特征比较严重,甚至会出现把人视为无生命的物体来看待的可怕现象。比如一个经常提出合理化建议的员工,不但他的建议不能被领导所接纳,而且还被同事说闲话,那么他对现实工作的积极性就会降低,会对工作、组织开始漠然。

2. 幻　想

白日梦是最常见的幻想之一,幻想就是指个体凭借自己想象的虚构情境来应对挫折,借以寻求对现实的逃避。由于幻想可以使人们暂时摆脱现实,因此有些人对自己在现实中总不能成功的事情喜欢在幻想中构造它的美妙情境和成功时的喜悦。但是我们应该认识到幻想只是暂时寻求心理安慰的方式,我们应该做的还是理智地面对现实中的挫折。

3. 依　赖

依赖是指当一个人遭受挫折的时候,千方百计地寻求精神寄托,以缓解受挫后的不安情绪,即依赖性的情绪反应。一个人受到挫折的时候,往往是他情感最脆弱的时候,这时很容易对他身边的安慰者产生依赖感,但是这种依赖只是一种暂时的退缩现象,当挫折完结之后或者个体自身强大之后,依赖感会慢慢消失。

（四）宣　泄

宣泄是指个体在受到挫折的时候,在一定程度上丧失了控制力所产生的情绪的向外展示。很多女性在工作中受挫或受到批评时,最先采取的反应就是像小孩子那样大声地哭泣;而很多男性却会为一点小事就暴跳如雷。这些都是面临挫折时采取的一种不成熟的宣泄方式。

（五）固　执

固执是指个体遭受到挫折后盲目地、反复地采取某种无效的行动。这往往是因为暂时找不到适当的应对行为所造成的,最典型的做法就是"破罐子破摔"的态度和行为。一个人如果屡遭挫折,一时又难以克服的话,他的自信心会一点一点慢慢地被磨灭,最后就形成了这种刻板化的反应方式。

（六）推诿责任

当遭遇挫折之后,为了逃避责任寻求心理安慰,个体不从自己出发找缺点,而是简单地把责任推给他人、埋怨他人,以减轻自己的焦虑和不安。

二、积极的行为方式

积极的行为反应,是指受挫者在理智的指导下进行的,一种不失常态的、通过积极进取

的方式摆脱挫折带来的不良情绪,恢复心理平衡,从失败中奋起的行为反应。[①]　其主要表现在以下几个方面:

(一)坚持目标,矢志不移

个体受挫后,通过冷静分析,仍然认为自己追求的目标是有可能实现的,挫折只是暂时的,是完全可以克服的话,个体就会坚定信心去排除障碍,坚定不移地朝既定的目标迈进,最终达到预定的目标。但是,在这个过程中也要善于分析挫折产生的原因,必要时应该改变实现的途径与方法,避免犯同样的错误。比如在工作中很多员工在改变了不被组织接纳的动机和行为之后,其需求得到了满足。

(二)调整目标,继续努力

个体在遭受挫折之后认识到由于自身条件或社会因素的限制,即使再多尝试几次也不可能将目标实现。此时,积极的个体并不是放弃自己的目标,而是通过调整目标以实现自己的愿望,使需要得到满足。

1. 降低目标

目标要与个体的能力相符合,因为每个人都有属于自己的能力阈限。当个体受挫后,应该仔细分析是否是因为原来制订的目标太高,不符合自己的实际能力,从而对原目标做适当的调整以实现自己的需求。当然关键还是要靠努力,不费吹灰之力实现的目标不能算是真正的目标。

2. 改换目标

改换目标是指个体在实现目标的过程中,发现原定目标凭借自己的能力难以实现,从而改换目标,以求实现新的目标。在组织中我们强调性格与工作的匹配,一旦发现自己的性格与工作不相适应时,要及时地改换目标,争取与自己性格匹配的工作。

(三)在挫折中升华

在挫折中升华是指在受挫者把挫折与失败引向更崇高的目标时,做出对社会、对他人更为有益的行动。在挫折中升华是需要坚强的意志和开阔的胸襟的。被授予"2005 年感动中国人物"的洪战辉在他还是一个孩子的时候,就对另一个更弱小的孩子担起了责任,就要撑起困境中的家庭,就要学会友善、勇敢和坚强。生活让他过早地开始经历挫折,也开始让他有所收获,他由此学会了在贫困中求学,在艰辛中自强。当他的事迹广为传颂的时候,人们纷纷伸出了援助之手,但是洪战辉却依然用人们的捐款成立了一个基金会用以帮助更困难的人。所以,在挫折中升华不仅仅是发生在伟人身上,平凡的人在平凡的生活中照样也能做到。

三、妥协的行为方式

这种形式既不积极也不消极,而是采取一种折中的办法来对待碰到的挫折,以消除心理上的不平衡。其后果是员工对工作丧失了热情,以致消极怠工。其主要有以下几种形式:

(一)阿 Q 精神

阿 Q 精神和正常的心理安慰是不一样的。生活中我们难免会遇到不开心的事,会遇到

---

① 秦元元.雇员挫折的预防及管理.中国人力资源开发,2004(8).

这样那样的失败,面对这种处境,现代人懂得用"退一步海阔天空"的方法来调节自己的情绪。但是如果在受到挫折后,个体无原则地退让,无原则地自宽自解,以减轻内心的焦虑,那就是不可取的阿Q精神了。

(二)压抑

有些受到挫折的员工把心理上的烦恼、焦虑、苦闷统统埋藏在内心深处,以掩盖失败带来的对自尊心的伤害,强制性地把危害性太强的冲动或记忆排除在意识之外。性格内向的员工、男性员工往往多会选择这种方式来面对挫折。

(三)否认

对很多受到挫折的员工而言,当外界的事实令他们过分痛苦而不敢正视时,他们可能会选择否认一切问题,选择逃避事实,对所遭遇的挫折不加以承认。

以上所提及的积极的、消极的和妥协的心理与行为反应,主要是针对特定条件下和具体情境中产生的挫折。我们应该认识到,随着具体情境和条件的改变,挫折感是会逐渐地、自然地消失的。但是现实生活中,人们也有可能遭遇重大挫折或连续挫折,从而处于持续紧张的状态,这就很不利于个体的心理发展。因此,旅游企业管理者应该重视员工的心理和行为表现,尤其是应当关注面对挫折的员工。管理者应该设法减少或消除挫折对员工的不利因素的影响,一旦发现员工产生挫折感,应及时采取有效的方式以减少员工负面的情绪反应和不当行为,帮助员工尽快摆脱困境。

第四节 员工挫折管理

挫折的普遍性与必然性决定了我们每个人都不可避免地会遭受挫折。挫折的两面性决定了一方面对于个体来讲,会经受不愉快的情绪体验,对于组织来讲,会导致生产效率低下,影响组织的正常运转,使组织目标无法实现;另一方面挫折可以促使人们为改变境遇而斗争,磨炼人的性格意志,激发人的创造力,这对于个体和组织来说都是非常有益的。因此,任何在管理中引导员工如何正确对待挫折均是值得研究的课题。对员工来讲,个体要努力提高自身的挫折承受力;对于管理者来讲,要及时、有效地做好挫折的预防、疏导、处理等工作,尽可能地减小或消除挫折带来的消极影响,并引导其向积极的方面转化。

一、个体自身挫折承受力的提高

(一)帮助员工正确认识挫折

要能够正确地认识挫折,并不是一件容易的事情。正所谓"当局者迷,旁观者清"。当自己处在旁观者的地位,看到别人遭遇挫折时,或许还能做出一些较为正确的分析;而当挫折降临到自己的身上时,要能做出正确而清醒的认识就很不容易了。在挫折情境中许多不理智的反应、不正确的行动,都是与自身缺乏对挫折的正确认识有关的。树立正确的挫折观,可以使个体从心理上克服惧怕挫折的障碍,提高挫折的承受能力。英国作家萨克雷有句名言:"生活是一面镜子,你对它笑,它就对你笑;你对它哭,它也对你哭。"同样是半杯水,有的人认为只剩下半杯了,而有的人却认为还有半杯呢。所以,对待挫折的乐观态度有助于提高面对挫折的心理承受能力。

（二）正确归因

要帮助受挫员工形成正确的归因。归因，就是人们对他人或自己的所作所为进行分析，指出或推论其原因的过程，也就是把他们或自己的行为的原因加以解释或推测，弄清挫折的原因到底是外部的，还是内部的，或是内外部两种因素相互交织、共同作用的。把成功归因于内部因素，如努力、能力强等因素，使人感到自豪和满意；而把失败归因于外部因素，则使人感到气愤和充满敌意。同时，若把失败归因于稳定因素，如任务难等，会降低其后在工作中的积极性；相反，若把失败归因于不稳定的因素，如运气不好，则可能会提高以后的工作积极性，也可能因为没有给予足够的重视，下次再犯同样的错误。因此，管理者对员工工作的失败，应引导他们将其归于内部的不稳定因素，而不宜归于内部的稳定因素。[①]

（三）帮助员工确定合适的抱负水平

抱负水平是人在从事某种实际活动之前，对自己所要达到的目标规定的标准。这个自定的标准，是个体对自己所达到某种成就的期望值。心理学的研究表明：在个体对挫折的心理体验中，个人的抱负水平具有十分重要的作用。这关键看个人所确立的抱负水平的高低相对于个人的能力水平是否合适。确定合适的抱负水平，是避免失败、重拾信心，使自己顺利发展的一个重要问题。所以，个体应该根据自身的工作表现和工作能力帮助员工确定合适的抱负水平，既能激励其工作积极性，又能避免抱负过高导致的挫折感。

（四）建立和谐的人际关系

美国心理学家马斯洛（A. H. Maslow）认为，人在生理的需要和安全的需要获得满足后，其社会性需要便会显现出来。社会性需要是指人对社会交往的需要、合群的需要、归属的需要以及对友谊、关爱等人与人之间深厚感情的渴望。人际关系和谐，能使员工在工作中与管理者和同事之间建立深厚的友谊，获得上级和同事的信任、尊重、帮助与支持，这是员工的一种基本要求。因此在旅游企业管理中，管理者及人力资源部门的人员都应重视人际的协调。

旅游企业人力资源管理部门应有效地加强管理者与员工的沟通，加强企业内部的信息沟通，包括上下级之间的双向沟通及员工与员工之间的平行沟通，促进理解与合作，以减少矛盾和冲突。

（五）善于发现自身美好的一面

遭遇挫折时，个体不仅会体验到情绪上的紧张不安，还会因此打击自身的自信心，丧失面对困难与挫折的勇气。因此，个体要善于发现自己的优势，找到自己的长处，建立良好的自信心，这是应对挫折的基本要求。

二、管理者对员工的挫折管理

（一）及时了解并排除挫折产生的根源

组织的各级管理人员对员工的情绪应有敏锐的观察，应把员工的种种不良适应性行为，如发牢骚、吵架、到处宣传不利于组织的消息等看作是存在问题的信号。组织的领导者还可以借助经常性的员工态度调查，及时发现员工心中的挫折，找出根源，予以解决，以免

① 刘廷华，马智利.挫折管理的三个流程.企业改革与管理，2004(2).

问题的累积造成负面影响的扩大化。

（二）改变挫折情境

挫折发生以后，人为地改变环境是非常有效的方法，它可以使员工尽快走出挫折的阴影，更加努力地投入到新的工作中去。其方法主要有两种：一是调离原来的工作岗位或居住地点；二是改变环境的心理气氛，给受挫者以广泛的同情和温暖。相反，管理者如果采取惩罚性的措施反而会加深挫折，员工会增加其不良适应的行为，造成恶性循环。

（三）对员工进行挫折心理矫治

（1）对员工采取宽容的态度。管理者应当把受挫者看成一个需要关心、需要照顾的心理病人。冷淡，歧视，以行政手段施加压力，只会使矛盾更加激化，甚至把受挫者推上绝路。唯有关怀和温暖的开导、劝慰才能帮助他恢复心理平衡，所谓"将心比心"。但是，宽容的态度并不等于不分是非，管理者应当在受挫者冷静下来的时候，以理服人地帮助他们提高认识，分清是非。

（2）让员工得到精神宣泄的机会。这是一种心理治疗的方法，主要是创造一种环境，让受挫者被压抑的情感自由顺畅地表达出来。人在受挫以后，心理会失去平衡，常常以紧张的情绪反应代替理智行为。这时唯有让紧张的情绪发泄出来，才能恢复理智状态，达到心理平衡。很多企业设置总经理信箱等让员工倾诉心中的不满就是很好的方式。当个体把不满情绪都写出来之后，也就心平气和了。当然对于那些情绪比较激动的员工也可以采取个别谈心的办法，加以正确的引导。良好的沟通在消除员工的挫折感过程中是十分有效的。

（3）对员工进行心理咨询和心理辅导。心理咨询与心理辅导往往是联系在一起的，它是指专业的心理咨询人员了解、分析咨询对象的受挫情境、原因、反应，提出解决受挫心理问题的途径与具体程序，这就和人生病了要去看医生的道理是一样的。目前，有学者已经指出，应该在企业内部设立总心理师的职位。这对于广泛提高员工的心理健康水平、解决心理问题无疑具有深远的意义。

（四）要创造条件，帮助受挫员工发展

员工遭遇挫折后，自我实现的需要得不到满足，心理处于缺损状态，不可能产生满意感，因而也得不到有效的激励，工作积极性得不到提高，自然不能取得骄人的成绩。解决此问题的最佳途径，莫过于创造出良好的学习条件，帮助员工发展。在工作方面，单位应该为员工准备必要的各种工作设施，同时不断地对他们进行各方面的技能和素质的培训，建立学习型组织，在组织内部形成良好的学习气氛，这样才能从根本上减少受挫行为的出现。[1]

① 刘廷华，马智利.挫折管理的三个流程.企业改革与管理,2004(2).

第十八章　员工的劳动心理

　　劳动心理学是研究人在劳动过程中心理活动的特点及其规律的工业心理学分支。它能提高劳动生产率,为保障劳动者的健康和安全服务。劳动心理学和工程心理学的研究对象都是人与机器和环境的关系,因此在研究内容上有着密切的联系。

　　劳动心理学是在20世纪初形成的,其前身是劳动技术学。采用劳动心理学这一名称的多为苏联、东欧国家和中国,研究者不仅关注人的劳动活动、自身的纪律,更着眼于提高生产效率。西方的工业心理学家在开展类似的劳动心理学方面的研究时,往往从工效学或人机工程学的角度进行,并注意它们与管理心理学的联系,一般较少采用劳动心理学的名称,而苏联的劳动心理学研究主要涉及生产力问题,与管理心理学没有直接联系。

　　劳动心理学的研究内容主要包括:动作与时间研究操作设计和劳动环境的合理化,产品质量、疲劳与工作安排、安全、事故与劳动保护,各种职业活动的特点及其对劳动者心理品质的要求,职业指导和人员选拔、技术培训、工作紧张和劳动群体、劳动态度问题等。

第一节　疲　劳

一、疲　劳

　　人们工作或运动到一定的时候都会出现组织、器官甚至整个机体工作能力暂时下降的现象,这一现象叫疲劳。疲劳是一种生理现象,经过休息疲劳消失,工作能力又重新得到恢复。一般说来,可以将疲劳分为生理疲劳和心理疲劳两种。

　　(一)生理疲劳

　　生理疲劳是指人由于长期持续活动使得人体生理功能失调而引起的疲劳。由于人们从事工作的性质不同,生理疲劳又可以分成体力疲劳和脑力疲劳。

　　1. 体力疲劳

　　体力疲劳是指由于肌肉持久重复地收缩,导致能量减弱,因而工作能力降低以致消失的现象。[①] 体力疲劳产生的原因是由于过分劳累,血液中二氧化碳和乳酸增多导致肌肉疲劳,表现为四肢乏力、肌肉酸疼,但精神上毫无痛苦,甚至还有几分惬意。

---

　　① 刘纯.旅游心理学.北京:科学出版社,2004:355.

2. 脑力疲劳

脑力疲劳是指长时间用脑,引起脑的血液和氧气供应不足,而出现大脑疲劳感。其主要表现为头昏脑涨、食欲不振、记忆力下降、注意力不集中等。从生物学角度出发,人的大脑是一个复杂而精密的组织,它在具有巨大的工作能力的同时,也很容易受到损伤。人在从事紧张脑力工作时,耗血量更大。人们在进行脑力劳动时,肌肉同样有所反应,那些细微的变化与体力劳动属于一个类型。实验证明,注意力越集中,肌肉越紧张,消耗的能量也越大。在脑力疲劳的情况下,许多在不疲劳时能够解决的问题,这时却不能解决。

体力疲劳和脑力疲劳是相互影响、紧密相关的。极度的体力疲劳不但降低直接参与工作的运动器官的效率,而且首先影响到大脑活动的工作效率。同样,极度的脑力疲劳也会造成精神不集中、神志混乱、全身疲倦无力,从而影响一个人感知速度和动作的准确性。[①]

(二)心理疲劳

心理疲劳是指人体虽然肌肉工作强度不大,但由于神经系统紧张程度过高或长时间从事单调、厌烦的工作而引起的疲劳。心理疲劳是在活动过程中过度使用心理能力而使其功能降低的现象,或长期单调重复作业而产生的单调厌倦感。从日常生活方面出发,心理疲劳是指长时期地思考、焦虑、恐惧或者在和别人激烈争吵之后,心理陷入"心力衰竭"状态。心理疲劳的本质应该是由于心理功能、神经系统方面利用过度、紧张过度从而导致其功能降低所产生的疲劳,或者是由单调、重复的工作所引起的一种厌倦感。2003年底,北京零点研究集团对415位公司白领(男性45.8%,女性54.2%)进行了一次网上调查。结果显示:41.1%的白领正面临着较大的工作压力,61.4%的白领正经历着不同程度的心理疲劳。心理疲劳是一种亚健康状态。[②]

生理疲劳和心理疲劳是有区别的,但两者又是联系的。生理疲劳是为工作所倦,不能再干;而心理疲劳则是倦于工作,不想再干。然而,轻度的生理疲劳,可以由意志努力来克服,而极度的生理疲劳,不但会降低运动器官的工作效率,而且还会使神经系统受到损伤,从而破坏正常的心理活动。心理疲劳也会减弱生理活动,如厌烦、忧虑等都会损害身体的健康,使器官的活动效率降低。

二、疲劳时的状态

从生理学角度理解疲劳现象是比较直观的。但从心理学角度去理解疲劳就不那么容易。因为它是一种主观的体验,它只能从主诉中被表达出来,当然也可以用实验心理学的方法加以证实。综合起来,可以把疲劳的体验归为以下几点:

(一)无力感

在活动中,原来可以完成的动作现在觉得无力完成,似乎"力量已经用尽"。甚至当劳动效率还没有下降的时候,员工已经感到劳动能力有所下降,这就是疲劳反应。

(二)注意的失调

员工在疲劳的时候往往感觉到自己的注意力不能集中,觉得萎靡不振、反应迟钝,思想不能集中在当前应完成的任务上。同时,注意的转换和分配也失去了应有的灵活性,原来

---

① 刘纯. 旅游心理学. 北京:科学出版社,2004:355.
② 张伟其,王力. 心理疲劳现象. 中国注册会计师,2004(6).

的工作能力再也无法保持下去。

（三）感觉的失调

各个感觉分析器的感受性下降，而感觉阈限升高。

（四）动作的紊乱

疲劳往往体现在运动和动作方面。疲劳时往往觉得自己变得很笨，在完成简单的或复杂的动作时，觉得几种动作无法配合得很好，"手脚不听使唤"。随着疲劳程度的增长，动作往往变得反常，错误数目增加。

（五）记忆和思维故障

疲劳的时候常常对过去的事难以回忆，对眼前的事难以记住。可以继续读书，但不知读的是什么；可以继续谈话，但往往前言不搭后语。同时由于传导性下降，思维变得刻板；或者由于注意力涣散，思维变得失去中心，漫无边际。

（六）睡　意

当疲劳体验达到很高的程度时，往往出现睡眠欲望。这是一条警戒线，在这时应当睡眠，以防止各种事故和精神的崩溃。这时的睡眠欲望是极强的，甚至在各种状态下都可以睡着，不管是站着、坐着或是在走动着，都可以进入睡眠。

综合生理和心理的特点，可以把疲劳划分为三种阶段或三种程度。

第一阶段的疲劳表现为精神不振、困倦、打盹等。这时仍能够在提高工作兴趣的情况下，用意志力量控制自己以保持原有的工作水平。当然，如果硬性地在这种疲劳状态下长时间坚持工作，将会引起"疲劳暴发"。

第二阶段的疲劳表现为准确性下降，工作中错误率提高，但工作速度往往仍然可以维持原有的水平。这时的准确性下降无法用意志力和加强外部刺激的办法得以改善。

第三阶段的疲劳是一种极度的疲劳体验。如果说前两种疲劳只是一种保护性反应，那么第三种疲劳就已经告诉我们：我们的身心已经受到伤害。在这种过度疲劳的情况下，工作能力急速下降，人们会体验到无法继续工作下去，对工作毫无兴趣，甚至厌倦、憎恨的感受，有的人可能进入歇斯底里状态。

疲劳发展的速度和程度，一方面取决于外部条件和工作量，另一方面也取决于主体的工作动机、对工作的兴趣和认识以及主体的健康状况等。

三、疲劳的生物学意义及产生疲劳的因素

生理疲劳是一种保护性反应，是由于刺激量超过大脑所能承受的程度而引起的超限抑制。人们在持续的强刺激下，因为工作能量消耗太多，大脑细胞受到破坏，由此而产生的保护性抑制使大脑神经细胞的活动和肌肉收缩被迫减慢直至停止工作，以便减少人体的能量消耗、保护营养物质的储存和氧代谢的正常状况，而有利于调节心、肺和神经系统的功能，为新的工作储备力量。生理疲劳是赢得充沛精力、保证未来工作效率的必然阶段。[①]

（一）产生生理疲劳的主要因素分析

劳动心理学的研究表明，产生生理疲劳的主要因素是紧张而持续的作业。具体可以从下面几点来分析：

---

① 刘纯.旅游心理学.北京：科学出版社，2004：337.

1. 作业强度和持续时间

作业强度是决定疲劳出现迟、早以及疲劳积累程度的主要因素。变动频繁、无章可循的工作造成生活节律紊乱，容易引起睡眠障碍、精神不安、食欲不振等症状。如昼、夜倒班者要经过较长时间的调节适应。流行病学调查表明，持续从事夜班的工人其神经系统病症、心脏病的发病率高于白班的工人。由于注意力不易集中、反应迟钝、判断能力受影响，故夜班工伤事故也较白班多。

2. 工作环境

隔离和孤独的环境（高山、远洋货轮、边远地区勤务、长年暗室和单仪表观察等），生活寂寞、单调，容易导致疲劳和厌倦。环境污染（如超量的噪声、振动、粉尘、气味、高温、冷冻、潮湿、拥挤、放射性等理化刺激的延续），会影响人的生理和心理状态，改变人的情绪和行动。例如，噪声会影响人对信息的感知和情绪，改变一个人的智能和操作反应能力，导致失误。据工伤事故原因分析，与噪声有关者所占比例很大。还应指出，那些突然来临的噪声对人的干扰更为严重。

（二）产生心理疲劳的主要因素分析

心理疲劳的产生，不仅与当时所处的情绪因素有关，而且与操作者的情绪状态有密切的关系，它受到诸多因素的影响。

1. 心理负荷情境

心理负荷可解释为单位时间内人体所承受的心理活动工作量。心理负荷过高或过低都极易引起心理疲劳。过高的心理负荷造成操作者高度的心理应激，使人体的紧张程度过高，心理能力使用过度，从而造成心理疲劳。同样，心理负荷过低也会引起心理疲劳。单调、乏味的长时间操作会引起操作者极度厌烦，它能引起和加速操作者心理疲劳的产生。单调往往与不变或仅仅以重复方式变化的情绪条件联系在一起。在单调情绪中，操作者对系统的"控制"程度减至最低水平，因而产生不愉快、不合作、缺乏兴趣和挑战、压抑以及觉得工作永无止境等消极情绪，从而产生心理疲劳。

2. 工作态度和动机

心理疲劳和人的工作态度与动机有很大关系。工作热情高、有积极工作动机的操作者可以忽视外界负荷对人体的影响而持续工作。工作热情低、毫无持续工作动机的操作者对外界负荷极为敏感，往往夸大或高估不利的效应。所以在有的情况下，一个人可能在工作过程中感到极度的疲劳，感觉"筋疲力尽"，但其操作效应却没有明显的下降。相反，在另外的情况中，操作者的绩效尽管已恶化，但主观疲劳体验较轻。其实，这也正是心理疲劳的特征之一，即疲劳体验与操作绩效并不一定具有对应关系。

美国心理学家迈尔（N. R. F. Maier）提出的疲劳动机理论认为，一个人在从事某项活动中体验到疲劳的程度，依赖于个体分配到任务的能量值，依赖于个体对完成这次任务的需要和动机的水平。这就是说，在实际工作中，具有高动机水平的工人从总能量中分配给工作的能量值比较高，他们在工作中干劲大、产量高，只要不把这些工作能量完全耗尽，一般不会感到极度疲劳。而低动机水平的工人，由于从总能量中分配的工作能量值比较低，他们虽然工作并不紧张，消耗的能量也并不太多，但也会感到非常劳累。

3. 期　望

期望对心理疲劳产生的影响也相当明显。许多研究者探索了 8 小时工作效率的变化规律,结果发现,随着工作时间的延续,工作效率逐渐下降;休息后继续工作,则工作效率有一定的回升。更令人感兴趣的现象是,每当工作日结束时,操作者的工作效率又会出现较明显的回升。毫无疑问,意识到结束时间快到、结束工作的期望很快就要实现,就会促使操作者的劳动积极性大大提高,从而使效绩得到提高。这里可以看出,由于期望的即将实现,操作者生理上可能很疲劳,但其心理的疲劳或者说是疲劳体验却不明显。

4. 情绪因素

心理疲劳与生理疲劳的不同点之一,就是心理疲劳易受情绪因素的影响。消极的情绪使操作者体验到更多的疲劳效应,积极的情绪往往使操作者将操作中积累的疲劳感冲得一干二净。当一场重大比赛结束之后,胜利的一方往往由于取得了胜利而兴奋、喜悦,比赛中的疲劳已忘了;而失败的一方由于失败而悲伤、消沉,比赛之后就愈感劳累。

5. 精神负重

精神负重也是心理疲劳产生的一个重要原因,尤其是中年人。中年人正处于社会、家庭、工作、生活的多重压力之中,长期背负着精神压力,在工作、事业开创、人际关系处理和家庭角色的扮演以及对家庭和事业的不断权衡方面,总是处于一种思考、焦虑、烦闷、恐惧、抑郁的压力之中,从而使心理陷入了"心力衰竭"的状态,这便是心理疲劳了。

除了上述因素之外,心理疲劳还受到许多方面的影响。如人的身体素质、性格特征、工作环境条件、睡眠状况及心理暗示等,这些方面对心理疲劳的产生和发展或多或少地产生着影响。另外,生理方面的疲劳同样对心理疲劳有影响。虽说生理疲劳与心理疲劳是有区别的,但是不能忘记两者又是联系的。因此,生理疲劳必定也是引起心理疲劳的一个方面的因素。

四、疲劳的消除

尽管生理性疲劳具有保护性的作用,但是人在疲劳过程中会出现注意力下降、操作速度缓慢、动作协调性和灵活性降低、事故频率增高的现象,这些现象无疑会降低员工的工作效率。因此,有必要对消除疲劳的措施进行探讨。一般来说,消除疲劳常用的措施有以下几项:

(一)合理安排休息

人疲劳就必须休息,但是,如何科学地休息确实是一个值得研究的问题。具体地说,就是如何根据工作和疲劳的情况确定休息时间的长短、频率以及什么时候开始安排休息。工作与休息的合理安排对于提高工作效率是非常重要的。很多人注意到长时间地休息之后再继续工作往往反而更容易疲劳,这就牵涉到如何确定合理的休息时间的问题。研究人员认为一般应根据疲劳积累和活动状况加以考虑。在活动初始阶段,操作者的工作能力逐级上升,这时一般不需要进行休息,因为不适当的休息反而会延缓操作者达到最大工作能力的时间。在进入最大工作能力阶段之后,操作者的疲劳逐渐积累,这时应开始安排休息。安排休息的原则应为"先少后多",即起先少安排休息时间,休息时间也可以缩短,以后慢慢增多。如果没有安排足够的休息致使工作过程提早进入下一期,即工作能力下降阶段,这时即使给予很多的休息时间也往往无法使操作者恢复。[①]

（二）提供足够的睡眠

睡眠是机体进行生活、工作、运动的支柱和动力。生活的节奏是极其符合大自然的昼夜规律的，即日出而作、日落而寝，这种作息规律使身体的各个功能协调和谐。彻夜不眠会给身体带来很多不良后果。首先它能使机体循环系统功能衰减，其次使中枢神经系统功能紊乱和心理精神活动能力减退，并使人非常痛苦等。因此，保证睡眠质量既是维护生理功能的必由之路，也是消除疲劳、恢复精力的有效手段。为了保证睡眠的效果，首先睡眠要有规律。对保证睡眠质量最重要的就是要养成定时入寝与定时起床的习惯；其次保证有足够的睡眠时间；最后是要优化睡眠环境，适宜的居室温度、湿度以及寝具的舒适程度对睡眠都有一定影响，应予以注意。

（三）合理设计工作环境

在工作环境的设计上，除了消除温度、噪声、粉尘等不利因素影响外，工作台、工作座椅等的合理设计也是消除疲劳的很重要的手段。工作台过高或过低往往会造成操作者在一种不舒适的姿态下工作的情况，从而引起局部肌肉疲劳。[②]

（四）工作内容丰富化

"工作内容丰富化"的理论基础是"用进废退"原理。它包括两层含义：一是指人的才能只有在使用过程中才能不断得到提高；二是指人的才能如果闲置不用就要逐渐退化。这一原理告诉我们，一个人如果长期固守在一个单调乏味的岗位上从事简单而重复的工作，他的能力非但不能提高，反而还会逐渐下降。根据这个原理，国外的人力资源专家创造了"工作内容丰富化"这种人才开发的新方法。

何为工作内容丰富化？西方学者提出了五条衡量标准，也就是说要让员工找到五种感觉：一是要让员工能够感觉到自己所从事的工作很重要、很有意义；二是要让员工能够感觉到上司一直在关注他、重视他；三是要让员工能够感觉到他所在的岗位最能发挥自己的聪明才智；四是要让员工能够感觉到自己所做的每一件事情都有反馈；五是要让员工能够感觉到工作成果的整体性。我们由此得到的启示是：努力做到让每一位员工的工作内容都能够丰富多彩，这是领导者和人力资源部门的一项重要职责。如果我们每一个员工都能深切地感受到他所从事的工作内容是丰富饱满的、色调是五彩缤纷的，那么他们就会越干越起劲，他们的才能就会不断地得到提高。

（五）正确认识自己

人对自我要有一个客观正确的估计和要求，不能对自己要求过高过急，凡事要讲求一个适度，根本办不到的事不要硬拼蛮干，避免长期超负荷运转。若心理疲劳是由于工作过于单调、机械所致，这说明你所从事的工作并不能把自己的价值和潜能充分地发挥出来，因此产生了厌烦的心理。在这种情况下，最好的方法是改变工作的性质，或者去另谋出路。

（六）自我心理训练

自我心理训练，也叫自我心理调节。这是运用思维等心理因素的作用，对自己进行良好的心理暗示，使大脑产生美好的想象，抑制大脑的紧张状况，有利于消除疲劳、提高工作

---

① 刘纯.旅游心理学.北京:科学出版社,2004:341—342.
② 刘纯.旅游心理学.北京:科学出版社,2004:342.

效率。自我心理训练的主要方法是:闭目养神,想象自己认为是最美好的事物,想着想着就会面带笑容;或者以意领气,采用自我调节的方法来使得自己全身放松。[①]

除了上面提及的方法外,还有一些立竿见影的消除心理疲劳的方法:开怀大笑,以发泄自己的负性情绪;沉着冷静地处理各种复杂问题,舒缓紧张压力;做错了事,要想到谁都有可能犯错误,不要耿耿于怀;不要害怕承认自己的能力有限,学会在适当的时候说"不";夜深人静时,悄悄地讲一些只给自己听的话,然后酣然入梦;遇到困难时,坚信"车到山前必有路"。

此外,从医学的角度出发,可通过按压劳宫穴来解除心理疲劳。劳宫穴在手掌正中的凹陷处,感到疲劳时,可用对侧的拇指按压劳宫穴。

第二节　旅游企业工作环境研究

旅游企业员工的活动始终离不开特定的环境。创造一个良好的工作环境将有助于保障员工的身心健康,提高工作效率和服务质量。在员工的作业活动中,人是活动的主体,而环境就是作业的条件。工作环境的好坏直接影响到员工的心理状况。工作环境按照其适应的程度可分为:不能容忍的工作环境、不舒适的工作环境、舒适的工作环境和最舒适的工作环境。同时工作环境也分成自然环境,包括照明、温度和噪声等;还包括社会环境,主要是营造和谐、尊重、合作、信任的工作氛围。

一、工作自然环境

(一)照　明

人的视觉在人对外界的五种刺激中是最敏感的。光有两种:天然光和人工光。天然光就是阳光;人工光主要是通过电光源发出的光,用以弥补天然光的不足。照明和采光在饭店中往往同时使用,光线太强或太弱都不利于视觉感受,而且还会加剧眼睛的疲劳,影响工作效率的提高和服务质量的提升。[②]

合适的采光是人们从事工作和生产的必要条件,光照太弱或太强都会降低工作效率,影响工作质量,引发视疲劳,甚至损害视力。但是,我们如何才能设置合理的照明呢? 合理的照明分为合理的照明强度和分配。

1. 照明强度

人们在得不到充足光线的情况下工作很容易产生视觉疲劳,甚至造成工作的失误。增加了照明强度后,人们的视觉疲劳现象就会减少。有调查显示,当光照不足的时候,有40%的员工感到轻微疲倦,有50%的员工不仅疲倦而且有眼晕的现象出现;有13%的员工的错误率明显提高,甚至有27%的员工发觉工作根本无法进行。由以上的数据我们可以看出,照明的强度严重地影响着人们的工作。

---

① 刘纯.旅游心理学.北京:科学出版社,2004:343.
② 刘纯.旅游心理学.北京:科学出版社,2004:344.

我国在 1975 年的《工业企业采光和照度标准审查稿》规定了标准的照度,如表 18.1 所示。

表 18.1　照度规定

视觉工作分级	视觉工作特征		照亮（勒克斯）
	工作精细度	识别物件细节大小 a(mm)	
1	特别精细工作	$a \leqslant 0.15$	250
2	很精细工作	$0.15 < a \leqslant 0.3$	150
3	精细工作	$0.3 < a \leqslant 10$	100
4	一般工作	$10 < a \leqslant 50$	50
5	粗糙工作	$a > 50$	25

2. 照明分配

工作环境不仅需要合理的照明强度,而且要有合理的照明分配。因为照明分配和眩目有密切联系。照明分配不合理,光线过分强烈或集中,就会造成眩目。有专家做实验证明:做精细工作时,眩目在 20 分钟内就会使差错明显增加。眩目不但会导致视疲劳,而且会影响视线,所以在工作自然环境设计中应该尽量采用间接照明。可以用灯罩罩住强光源,或把强光源安装在工人视线不能到达的地方,利用反射光达到光线的均匀分布的效果;还可以在异常光滑的表面上涂一层退光漆,消除反光现象。

(二)噪　声

心理学家把人们不需要的声音视为噪声。同样的一个声音在不同的环境下,会有不同的结果。当你心情愉悦时,美妙的音乐能让你身心得到彻底的放松;但是当你正在专心致志地看书时,那么对你而言这种美妙的音乐就成为一种噪声。

噪声是一种令人感到厌烦或者有害于耳朵的声音,它对人有各种程度的危害,轻则干扰视听,减低语言的清晰性;重则会损害耳朵,当噪声的分贝超过 150 时,耳朵会立即受到损坏。此外,噪声还可能影响睡眠质量,造成失眠甚至是神经衰弱。在工作中,噪声使人容易烦躁,降低劳动效率,容易引起事故的发生。下面是噪声烦躁度主观评价表,显示了人们在不同的环境中对声音的忍受程度。

噪声烦躁度主观评价(白天 7:00～9:00)如表 18.2 所示。

我国著名声学家马大猷教授总结了国内外现有各类噪声的危害标准,提出了以下建议:[①]

(1)为保护人们的听力和健康,噪声的允许值在 75～90dB。

(2)为保障交谈和通信联络,环境噪声的允许值在 45～60dB。

(3)在睡眠时间,环境噪声建议在 35～60dB。

ISO 在 1971 年提出的听力保护和环境噪声标准中也提出了 8 小时噪声暴露的听力保护标准为连续等效 A 声 85～90dBA。

旅游心理学

---

①　刘纯.旅游心理学.北京:科学出版社,2004:346—348.

表 18.2 噪声烦躁度主观评价

中心声级等儿声级（分贝）	感 觉					同志级组中反映烦恼的人数	同志级组总人数	烦心概率（%）
	安 静	比较安静	闹	很 闹	不可忍受			
45	3	6				0	9	0
50	14	55	16			16	85	18.82
55	30	143	66	11	2	79	252	31.35
60	29	101	136	17	7	160	290	55.17
65	3	10	71	54	18	143	156	91.67
70		3	41	39	23	103	106	97.17
75		2	115	117	10	242	244	99.18
80			18	39	25	82	82	100

要达到上述标准，就要对噪声进行控制，一般可从以下三个方面着手进行：

（1）降低声源的噪声辐射。防护噪声对员工危害最根本的方法就是使噪声本源减弱。如对噪声大的设备进行修理和改造，甚至停止使用；或者限制使用时间；或者加用消音器，使机器所辐射的噪声在一定范围内很快地减弱；或者将机器封闭，限制噪声大量向外辐射；或者给机器加上防震措施以减少因为震动而发出的声音。

（2）控制噪声的传播速度。比如在机器的布置上使噪声不直接向工作人员辐射；或者让声音尽可能地远离员工，使噪声减弱等。

（3）噪声接受者采取防护措施，比如适当调换工作或者使用耳塞等。

值得注意的是，也有专家提出短时间的噪声会对智力性工作造成影响。心理学家芬克曼要求被试者同时做两项工作：转动一个舵轮来跟踪一条移动的航线，同时从指挥话筒中重复听到的数字。实验结果表明，在嘈杂的环境下，第一项的工作很容易完成，但接下来工作的效率却极低。这次试验的结果表明，噪声对需要精神高度集中的敏感性工作的干扰很大，从而影响着这类工作的效率。同时还有一个观点，那就是噪声还可能降低帮助行为发生的可能性。马修斯（G. Matthews）在其 1975 年进行的实验中发现，被试所处环境的噪声越大，其对周围的人的帮助的可能性就越小。马修斯认为：当人们处于噪声之下时，最迫切的希望是尽快摆脱噪声，消除因此而产生的烦躁。因而对别人是否需要自己的帮助变得不关注了。一些团体的工作项目有时会因此而受到影响。

（三）功能音乐

许多人都喜欢在做家务的时候播放音乐，有的人甚至在从事比较复杂的事情时也喜欢听听音乐，因为音乐往往能够使人精神振奋和心情愉悦，从而对枯燥的工作不感到厌烦。美国心理学家詹姆斯（W. James）认为，不管何种操作，因为所达到的唤醒水平应使人有反应但又没有意识到音乐的存在，即所谓的背景音乐。

在这里有两个值得注意的问题：

首先就是应该在工作环境中播放什么音乐？有人经过调查，在回答"你最喜欢的音乐作品是什么"时，268 人中有 127 种不同的答案。因此，要想让大家喜欢同一首或几首音乐是非常困难的。根据科学家的调查,多数人在工作时喜欢听小乐队演奏的节奏明快的作品。许多的实验表明,在生产时间内不宜听交响乐和大型的乐曲,也不宜播放节奏缓慢或过分悲伤的乐曲。所以,根据音乐对人的心理功能的影响,饭店等一些工作场所可以播放欢快活泼、轻盈流畅的音乐,使员工感到轻松愉快和舒适安逸。

其次是何时播放音乐的效果最佳?不少研究认为,职工最迫切需要音乐的时间是上午工作2~3个小时之后和下班前的1~2个小时之中。每次播放的时间不超过30分钟,一个工作日的播放时间不超过2~5个小时,因为时间过长也是产生噪声的一个因素。还有人认为,用轻快动听的音乐迎接职工上班很有益处,它会给人一种迎接战斗的高昂情绪。

(四)色 彩

不同波长的可见光作用于人类的视觉系统,可产生各种不同颜色的感觉。不同的颜色对人的心理和生理都起着不同的刺激作用。

有些亮度比较高而鲜艳的暖色,比如红色、橙色等,给人以热烈、兴奋的感觉,同时也很容易形成视觉疲劳;红色给人压力,在红色的长期作用下,人的听力会大幅地下降,鲜红的墙壁会使人心跳加速。

相反,有些亮度比较低的冷色,比如蓝色、绿色等,给人以清爽的感觉,使人感到轻松愉快。绿色会降低人眼的压力,能提高人的听力,还能增强人的肌肉活动能力。这些因一种感觉而引起另一种感觉的心理现象叫联觉。一般,人们对不同的颜色会产生不同的联觉:

红色——兴奋、温暖、富丽

橙色——温暖、华美、动人

黄色——愉快、幻想、诱惑

绿色——安静、寒冷、快乐、安慰

紫色——镇定、哀悼、神秘

浅调——快活、年轻、活泼

暗调——成熟、端庄、稳重

对员工的工作环境,如果能巧妙地发挥色彩的积极作用,使周围环境的墙壁、走道、设备甚至工作服都配以恰当的、受人欢迎的色彩,就能提高工作效率。一些重要设备应该用鲜明的颜色加以突出,以便于识别。

在饭店安全方面,颜色也有其特殊作用。危险部位、讯号装置等都可以用专门的颜色,以引起人的注意。[①]

(五)温 度

人体总是要保持一个稳定的温度,一般和正常体温37℃差不多。这个温度稍有变化就会使人感到不舒服,会降低工作效率,甚至产生病理变化。人体通过食物的消化,持续地产生热量,又将多余热量不断地向周围散发,以保证体内的稳定程度。人体是靠对流、辐射、蒸发、传导四种方式散发热量的。一些研究资料表明,一个坐着从事轻度工作的人每小时散发热量为41800J。热量的散发与周围的温度、湿度有关系。温度过高会使人体内的热量无法向外散发,于是体温就会上升,心脏活动加大,人的作业行动减弱,在工作上表现为效率和质量下降。温度越低,则人体内的热量大量向四周散发,出现关节变硬、活动不方便、

① 刘纯.旅游心理学.北京:科学出版社,2004:349.

旅游心理学

注意力减退等现象。同时,当温度高的时候,人体的汗液蒸发太多,又很难散发,感觉郁闷、口干舌燥。[①]

2004年10月,美国康奈尔大学人类工程学教授赫基在进行试验之后,认为工作环境温度的高低会影响人们的工作效率。赫基分别在9间办公室里装上温度检测仪,并将记录下来的温度结果和工作人员的打字效率进行比较,从而得出它们之间的联系。在1个月的时间里,赫基发现,如果工作环境的温度从25℃下降到20℃,那么办公人员打字出错率会上升74%,工作效率同时会下降46%。赫基说:"研究显示,至少当工作人员感到寒冷时,他们将不能全力以赴地完成工作。"

总之,工作场地的温度对工作有直接影响。为了饭店员工有良好的温度条件,必须在饭店建筑设计时充分考虑这个问题,处理好门、窗、天窗的设置,考虑到房间的日照、阳光的辐射以及空气调节设备,以此来创造合适的温度和湿度条件。

二、工作社会环境

工作社会环境,是一种工作的氛围和条件。这种氛围和条件虽然是看不见的、摸不着的,但群体中的每个人都能亲身感受到,它既是一种相互间的信任与支持、理解与沟通、默契与配合、鼓励与帮助、开拓进取、紧张有序、和谐一致、团结协作的气氛,又是一种催人奋进、激人向上、鼓励成功者的竞争机制。[②]

(一)管理者应该充分理解人、尊重人、信任人

现代管理学家孔茨(H. Koontz)提出,要"了解下属,尊重人格"。群体中的每个人都是生活在现实中的,不是孤立地存在,是有各种各样需求的人。和马斯洛需求理论中指出的那样,人除了最基本的心理需求外,还有安全、社交、尊严和自我实现等诸多要求。作为管理者,就应该因时因地因条件尽可能了解下属,让他们各种合理的要求逐步得到满足。另外,作为管理者必须尊重人,必须摒弃群体中的尊卑之分。管理者不能居高临下,相反,应该时时处处以普通一员的身份与大家有福同享,有难同当。而信任人就是要信任那些勇于开拓、正直正派的能人,要亲贤人远小人,在群体中树立任人唯贤的工作氛围。

(二)管理者要善于激励人

一个好的管理者往往是善于激励下属的领导。激励的目的就是要让下属将自己的聪明才智充分地发挥出来。为了激励下属和发掘每个个人的能力,作为管理者还应该因地制宜地让下属经历不同危机的考验,以帮助下属尽快成熟。激励的手段当然是多种多样的,除了物质奖励之外,还应该更多地用成就感、荣誉感、事业心来激发下属。

(三)要善于上下沟通,使下属和同事之间形成良好的合作关系

好的工作环境还需要作为管理者的角色善于沟通。群体中的误解和意见分歧常常会发生,但这些误会很少能面对面地进行澄清,所以必须用最好的方式随时随地注意必要的沟通。当然在进行沟通的过程中,也要掌握一定的沟通原则,即准确性、即时性和完整性,这样才能达到沟通的效果,营造和谐的工作氛围。

(四)关于提高劳动效率并注意劳逸结合

古人云:"文武之道,一张一弛。"弦太紧易折,水至清则无鱼。在旅游企业中提高员工

---

① 刘纯.旅游心理学.北京:科学出版社,2004:350.
② 黄绍民.管理者应该怎样设计和改变工作环境.经济问题探索,1996(8).

的工作效率自然是无可厚非的,但是必须注意决策的可操作性,否则真的会"累死三军"。同时,人的体力是有限的,需要在紧张劳动之后得到充分的恢复和补充。所以,注意让下属劳逸结合也是维护好的工作环境的重要一环。

旅游心理学

第十九章　员工激励与管理

第一节　激　励

一、激励与激励因素

（一）激　励

激励是管理心理学的核心问题之一。作为劳动密集型的现代旅游企业的管理者，为了实现组织的目标就更加需要激励所有员工，充分调动他们的积极性和创造性。

激励就是激发、鼓励的意思。在管理心理学中激励的含义，主要是指激发人的潜能，使人有一股内在的动力，朝着所期望的目标前进的心理活动过程。也有学者将激励定义为通过高水平的努力实现组织目标的意愿，而这种努力以能够满足个体的某些需要为条件。[①]

（二）激励因素

激励因素是指那些能够吸引人们去获得各种需求的东西。薪酬激励、升职激励等不同的激励反映了不同的要求，而这些激励因素又强化了满足这些要求的动力。在陈景安等人主持的对企业知识型员工激励因素研究的问卷中发现，"业务成就""工作环境""薪酬福利"和"个人成长"是我国知识型员工的四个主要激励因素；而高级知识型员工偏好"业务成就"激励；中级知识型员工偏好"工作环境"激励；初级知识型员工偏好"薪酬福利"激励。

二、激励与满意

有很多学者认为激励本质上就是为满足一种欲望或目标的动力和努力。[②]

满意是指当一种欲望得到满足时所体验到的满足感。因此，激励是为取得结果所付出的努力，而满意则是对这个结果的快乐的体验感受，两者成正比例关系。

其实从现实的旅游企业的管理中看，员工受到的激励的多少和其对工作的满意程度并不是单纯的成正比关系的。员工可能受到的上级的激励很少，却因为职位比较高、薪水比较多而对工作相对比较满意，反之亦然。我们应该承认这种现象在实际工作中是非常正常的，也正是因为这种激励与满意的不成比例的关系会成为部分员工跳槽的原因之一。

---

① 赵西萍.旅游企业人力资源管理.天津:南开大学出版,2003:246.
② 刘纯.旅游心理学.北京:科学出版社,2004:249.

三、外在激励与内在激励

一个企业的激励体系不外乎包括外在激励和内在激励两种激励形式。外在激励主要来自于任务外部的工作环境、工资、附加补贴、公司政策、职务的晋升、培训的机会和各种形式的监督。内在激励是来自于人们和任务之间的直接联系，如完成工作本身产生的成就感、挑战感和胜任感以及工作本身的乐趣等可以成为某种内在激励因素。很多企业都非常重视外在激励形式，而对于内在的隐性激励形式却没有足够的重视。实际上，内在的激励形式操作起来要比外在的激励形式更难，所以也更应该被企业所注重。

四、激励与绩效

在组织环境中还存在这样的员工，这些人往往是"高激励的"，并且自身也很努力，但是却工作得并不是特别出色，这种现象就指出了绩效和激励之间的区别。绩效是组织成员为实现组织目标所做出的贡献。在组织环境中有助于个人绩效的因素如图19.1所示。从图中我们可以发现，绩效＝f（能力×激励×机会），只有当三者都具备的时候，工作的绩效才能得以淋漓尽致地发挥。[①]

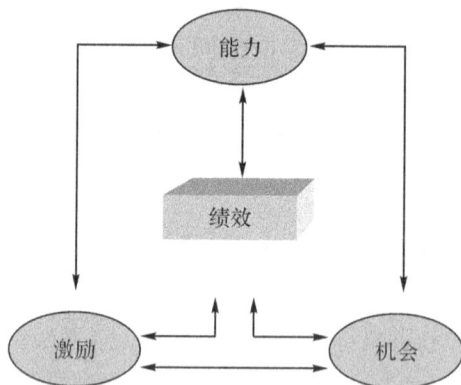

图 19.1　绩效维度

第二节　激励理论

一、早期的激励理论

20世纪50年代是激励理论发展卓有成效的阶段，这一时期形成了颇有影响力的几种理论，其中以需求层次理论和双因素理论最为著名。它们是当代激励理论产生的基础，而且在实际的管理中，管理者也往往更倾向于用这些理论对员工进行激励。

[①]　刘纯.旅游心理学.北京:科学出版社,2004:250.

（一）需求层次理论

美国的人本主义心理学家马斯洛（A. H. Maslow）在 1943 年所著的《人的动机理论》一书中首次提出了需求层次理论，并于 1954 年在其名著《动机与人格》中做了进一步阐述。目前马斯洛的需求层次理论是研究组织激励时应用得最广泛的理论。

马斯洛认为，人的基本需求可以归纳为生理、安全、社交、尊重和自我实现五个层次，由低到高呈梯状排列，如图 19.2 所示。这五个层次需求的内容是：

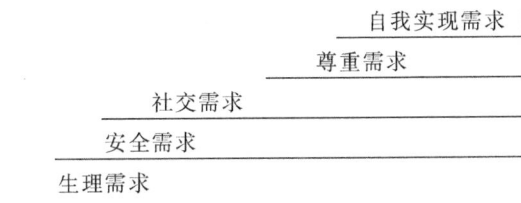

| |
| 自我实现需求 |
| 尊重需求 |
| 社交需求 |
| 安全需求 |
| 生理需求 |

图 19.2　马斯洛的需求层次理论

1. 生理需求

对食物、水、空气和住房等需求都属于生理需要，这类需求的级别最低，人们在转向较高层次的需求之前，总是尽力满足这类需求。一个人在饥饿时不会对其他任何事物感兴趣，他的主要动力是获得食物。即使在今天，还有许多人不能满足这些基本的生理需求。管理人员应该明白，如果员工还在为生理需要而忙碌时，他们所真正关心的问题就与他们所做的工作无关。当努力用满足这类需求来激励下属时，我们是基于这种假设，即人们为报酬而工作，主要关于收入、舒适等，所以激励时可利用增加工资、改善劳动条件、给予更多的业余时间和工间休息、提高福利待遇等来激励员工。

2. 安全需求

安全需求包括对人身安全、生活稳定以及免遭痛苦、威胁或疾病等的需求。和生理需求一样，在安全需求没有得到满足之前，人们唯一关心的就是这种需求。对许多员工而言，安全需求表现为安全而稳定以及有医疗保险、失业保险和退休福利等。主要受安全需求激励的人，在评估职业时，主要把它看作不致失去基本需求满足的保障。如果管理人员认为对员工来说安全需求最重要，他们就在管理中着重利用这种需要，强调规章制度、职业保障、福利待遇，并保护员工不致失业。如果员工对安全需求非常强烈时，管理者在处理问题时就不应标新立异，并应该避免或反对冒险，而员工们将循规蹈矩地完成工作。

3. 社交需求

社交需求包括对友谊、爱情以及隶属关系的需求。当生理需求和安全需求得到满足后，社交需求就会突显出来，进而产生激励作用。在马斯洛需求层次中，这一层次是与前两个层次截然不同的另一层次。这些需要如果得不到满足，就会影响员工的精神，导致高缺勤率、低生产率、对工作不满及情绪低落。管理者必须意识到，当社交需求成为主要的激励源时，工作被人们视为寻找和建立温馨和谐人际关系的机会，能够提供同事间社交往来机会的职业会受到重视。管理者感到下属努力追求满足这类需求时，通常会采取支持与赞许的态度，十分强调能为共事的人所接受，开展有组织的体育比赛和集体聚会等业务活动，并且遵从集体行为规范。

4. 尊重需求

尊重需求既包括对成就或自我价值的个人感觉,也包括他人对自己的认可与尊重。有尊重需求的人希望别人按照他们的实际形象来接受他们,并认为他们有能力、能胜任工作。他们关心的是成就、名声、地位和晋升机会。这是由于别人认识到他们的才能而得到的。当他们得到这些时,不仅赢得了人们的尊重,同时就其内心因对自己价值的满足而充满自信。不能满足这类需求,就会使他们感到沮丧。如果别人给予的荣誉不是根据其真才实学,而是徒有虚名,也会对他们的心理构成威胁。在激励员工时应特别注意有尊重需求的管理人员,应采取公开奖励和表扬的方式。布置工作要特别强调工作的艰巨性以及成功所需要的高超技巧等。颁发荣誉奖章、在公司的刊物上发表表扬文章、公布优秀员工光荣榜等手段都可以提高人们对自己工作的自豪感。

5. 自我实现需求

自我实现需求的目标是自我实现,或是发挥潜能。达到自我实现境界的人,接受自己也接受他人,解决问题能力增强,自觉性提高,善于独立处事,要求不受打扰地独处。要满足这种尽量发挥自己才能的需求,他应该已在某个时刻部分地满足了其他的需求。当然,自我实现的人可能过分关注这种最高层次的需求的满足,以至于自觉或不自觉地放弃满足较低层次的需求。自我实现需求占支配地位的人,受到激励后会在工作中运用最富于创造性和建设性的技巧。重视这种需求的管理者会认识到,无论哪种工作都可以进行创新,创造性并非管理人员独有,而是每个人都期望拥有的。为了使工作有意义,强调自我实现的管理者会在设计工作时考虑运用适应复杂情况的策略,会给身怀绝技的人委派特别任务以施展才华,或者在设计工作程序和制订执行计划时为员工群体留有余地。

当任何一种需要基本上得到满足后,下一个需要就成为主导需要,个体顺着需要层次的阶梯前进。从激励的观点来看,这种理论认为,虽然不存在完全获得满足的需要,但那些获得基本满足的需要也不再具有激励作用。所以,如果你要激励某个人,根据马斯洛的需求理论,你需要知道员工现在处于需求层次的哪个水平上,然后去满足这些需求及更高层次的需求。

马斯洛的需求理论得到了广泛的认可,尤其是在从事实际工作的管理者中,这可归结于该理论的直觉逻辑和易于理解。遗憾的是,研究未能对该理论提供经验性的支持。马斯洛没有提供实证材料,一些试图验证这个理论的研究也没有为它找到证据。

(二)X 理论和 Y 理论

麦格雷戈(D. M. McGregor)在 1957 年 11 月美国《管理评论》杂志上发表的《企业的人性面》一文中首先提出"X 理论—Y 理论"。麦格雷戈提出的这两种完全不同的人性假设,一种基本上是消极的,称为 X 理论;另一种基本上是积极的,称为 Y 理论。

X 理论是基于"经济人"的假设,认为员工天生讨厌工作,会尽可能地逃避工作;由于员工讨厌工作,对大多数人必须进行强制、控制或惩罚,迫使他们为实现目标而努力;员工宁愿接受别人的指挥和管理,也不愿主动承担责任;大多数员工认为安全感在工作相关因素中最为重要,他们没有什么雄心壮志,无进取心。麦格雷戈描绘的 X 理论可能最清楚地说明了"人们工作是因为他们不得不工作"的观点。因此,制订严格的规章制度,对消极懈怠的员工进行必要的惩罚都是这种人性假设所导出的管理方式。

与这些关于人性的消极假设相反,麦格雷戈还在前人研究的基础上提出了基于"自动人"假设的 Y 理论。他认为,只要工作环境合适,员工会把工作看成是很自然的事情并乐于去做;如果员工对工作做出承诺,他能自我引导和自我控制,而不仅仅依靠外来的控制;大多数人能学会接受甚至寻求责任;人们普遍具有创造性决策能力,这种想象力、独创性和创造力对组织会产生很大的作用。麦格雷戈的 Y 理论说明了"人们工作是因为他们喜欢工作"的观点,主张工作是能够受到内在激励的。

　　如上所述,麦格雷戈的两组假设是根本不同的,X 理论是悲观的、静态的和僵化的。控制主要来自外部,也就是由上级强制使下级工作。相反,Y 理论是乐观的、动态的和灵活的,它强调自我指导,并把个人需要与组织要求结合。无疑,每一组假设都会影响到管理人员履行他们的管理职能和管理活动时的做法。[①]

　　但是,这个理论有明显的漏洞,那就是任何有效的激励理论都应该涉及将激励因素运用于激励对象的环境,也应该涉及激励对象自我激励的情况。在这个方面,这个理论没有加以论证和分析。

（三）激励—保健因素理论

　　激励—保健因素理论是由美国的行为科学家赫茨伯格(F. Herzberg)提出来的,又称双因素理论,试图说明为什么员工会重视与工作有关的成果。20 世纪 50 年代末期,赫茨伯格和他的助手们在美国匹兹堡地区对 200 名工程师、会计师进行了调查访问。访问主要围绕两个问题:在工作中,哪些事项是让他们感到满意的,并估计这种积极情绪持续多长时间;又有哪些事项是让他们感到不满意的,并估计这种消极情绪持续多长时间。赫茨伯格以对这些问题的回答为材料,着手去研究哪些事情使人们在工作中快乐和满足,哪些事情造成不愉快和不满足。从经过分类的回答中,赫茨伯格总结出,人们对工作满意时的回答和对工作不满意时的回答大相径庭。某些特征总是与工作满意有关,比如工作富有成就感、工作成绩得到领导的认可、晋升机会等;而其他因素往往与工作不满意有关,比如领导的偏见、公司的政策以及工作条件等。

　　赫茨伯格认为,统计资料表明满意的对立面不是不满意,不像通常人们认为的那样。消除工作中的不满意因素并不会必然带来对工作的满意,如图 19.3 所示。赫茨伯格认为,这一发现表明了一个二元连续统一体的存在:"满意"的对立面是"没有满意","不满意"的对立面是"没有不满意"。[②]

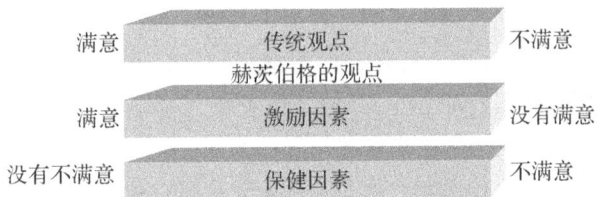

图 19.3　满意与不满意观点的对比

　　根据赫茨伯格的观点,导致工作满意和不满意的因素是截然不同的。因此,即使管理者努力消除带来工作不满意的因素,也不一定能起到激励作用。因此,他把包括公司政策、

　　①　刘纯. 旅游心理学. 北京:科学出版社,2004:256.
　　②　赵西萍. 旅游企业人力资源管理. 天津:南开大学出版社,2003:248.

管理措施、监督、人际关系、物质工作条件、工资、福利等因素称为保健因素。这些因素恶化到人们认为可以接受的水平以下时，人们就会产生对工作的不满意。但是，当人们认为这些因素很好时，它只是消除了不满意，并不会带来积极的态度，这就形成了某种既不是满意又不是不满意的中性状态。相反，那些能带来积极态度、满意和激励作用的因素就叫做"激励因素"，这是那些能满足个人自我实现需要的因素，包括：成就、赏识、挑战性的工作、增加的工作责任以及成长和发展的机会，这些因素能对人们产生更大的激励。从这个意义出发，赫茨伯格认为管理当局应该认识到保健因素是必需的，不过它一旦使不满意中和以后，就不能产生更积极的效果，只有"激励因素"才能使人们有更好的工作成绩。

赫茨伯格所提出的两类因素与马斯洛提出的理论是有些相类似的。他提出的保健因素相当于马斯洛提出的生理需求、安全需求、感情需求等较低级的需求；激励因素则相当于受人尊敬的需求、自我实现的需求等较高级的需求。当然，他们的具体分析和解释是不同的。但是，这两种理论都没有把"个人需求的满足"同"组织目标的达到"联系起来，如图19.4所示。

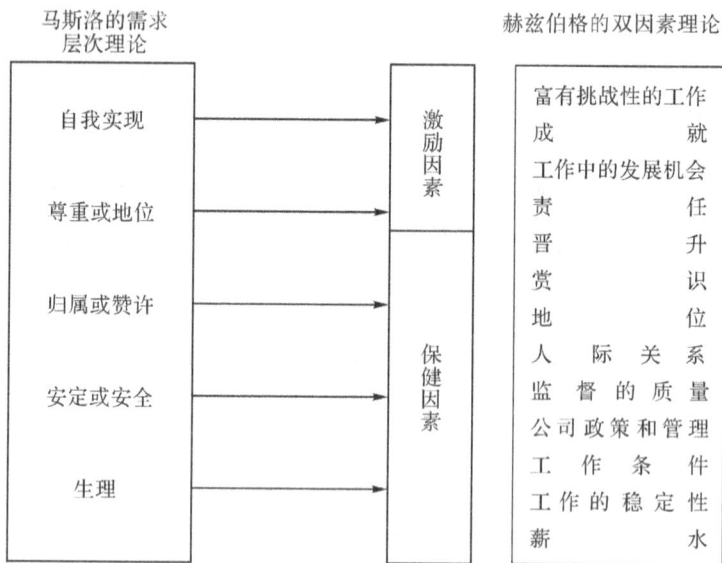

图 19.4 马斯洛及赫茨伯格的激励理论对比

尽管很多科学家对双因素理论持怀疑的态度，但是双因素理论促使企业管理人员注意工作内容方面因素的重要性，特别是它们同工作丰富化和工作满足的关系，因此是有积极意义的。赫茨伯格告诉我们物质需求的满足是必要的，没有它会导致不满；但是即使获得物质需求的满足，它的作用往往是很有限的、不能持久的。要调动人的积极性，更重要的是要注意工作的安排，注意对人进行精神鼓励，给予表扬和认可，注意给人以成长、发展、晋升的机会。

二、当代的激励理论

早期激励理论虽然广为人知，但遗憾的是都经不起严密的推敲。相反，许多当代理论都有一个共同点：每个理论都有相当确凿的支持性论据。以下理论代表了当前对员工激励艺术的解释状况：

旅游心理学

（一）ERG 理论

ERG（existence，relatedness，growth）理论是奥尔德弗（C. Alderfer）于 1969 年提出的，他把人的需要分为存在需要、关系需要和成长需要三类。

1. 存在需要

存在需要关系到机体的存在或生存，包括衣、食、住以及工作组织为使其得到这些因素而提供的手段。这实际上相当于马斯洛需求理论中的生理需求和安全需求。

2. 关系需要

关系需要是指发展人际关系的需要。这种需要通过工作中或工作以外与其他人的接触和交往得到满足。它相当于马斯洛需求理论中的感情上的需求和一部分尊重需求。

3. 成长需要

成长需要是个人自我发展和自我完善的需要。这种需要通过发展个人的潜力和才能，才能得到满足。这相当于马斯洛需求理论中的自我实现的需求和尊重的需求。

奥尔德弗的需要分类基本上没有违背马斯洛的分类。同时，他也赞成马斯洛所说的，当满足了较低层次的需要时，将增加满足较高层次需要的欲望。因此，当生存需要满足时，交往需要即得到激励的力量。奥尔德弗对此的解释是，当较"具体的"需要得到满足时，人们则开始注意满足不太具体的需要。最后，奥尔德弗与马斯洛一致的是，最不具体的需要，即成长的需要，在它们得到满足的时候，变得更能激发兴趣和更令人追求。不同的是，马斯洛的需求层次是一个严格的阶梯式序列；ERG 理论却不认为必须在低层次需要获得满足后才能进入高层次的需要。例如，在生命垂危的时候，也可能为了尊严而放弃对低层次需要的强求。同时 ERG 理论还认为，某种需要在得到基本满足后，其强烈程度不仅不会减弱，还可能会增强，这就与马斯洛的观点不一致了，如图19.5所示。[①]

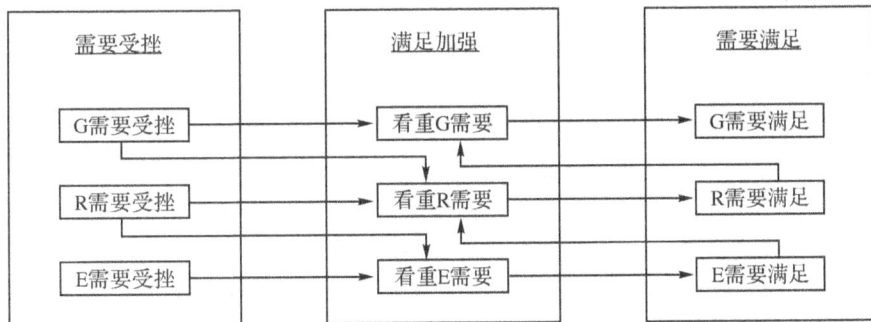

图 19.5　ERG 理论和马斯洛需要理论的差别

（二）麦克利兰的成就动机理论

美国哈佛大学教授麦克利兰（D. C. McClelland）是当代研究动机的权威心理学家。他从 20 世纪四五十年代开始对人的需要和动机进行研究，提出了著名的"三种需要理论"，并得出了一系列重要的研究结论。他认为人在生理需要基本得到满足的前提下，还有成就需要、权力需要和归属需要三种重要的需要。麦克利兰对检验人们关于这三类需要的方法，

---

① 刘正周.管理激励.上海：上海财经大学出版社，1999.

做了大量的研究,特别在成就的需要方面,麦克利兰和他的同事们做了实质性的研究。

所有这三种成就动机都与管理紧密相关,因为人们必须在认识了这三类需要以后,才能使一个组织起来的企业运转良好。因为任何组织起来的企业和企业的任何部门,都是为实现某些目标而在一起工作的个人所组成的集体,所以成就的需要就有首要的意义。

1. 成就的需要

麦克利兰认为具有强烈的成就需要的人渴望将事情做得更为完美,提高工作效率,获得更大的成功,他们追求的是在争取成功的过程中克服困难、解决难题、努力奋斗的乐趣,以及成功之后个人的成就感。麦克利兰发现高成就需要者的特点是他们寻求那种能发挥其独立处理问题能力的工作环境;他们希望得到有关工作绩效的及时明确的反馈信息,从而了解自己是否有所进步;他们喜欢设立具有适度挑战性的目标,不喜欢凭运气获得的成功,不喜欢接受那些在他们看来特别容易或特别困难的工作任务。高成就需要者事业心强,有进取心,敢冒一定的风险,比较实际,大多是进取的现实主义者。

高成就需要者对于自己感到成败机会各半的工作,表现得最为出色。他们不喜欢成功的可能性非常低的工作,这种工作碰运气的成分非常大,那种带有偶然性的成功机会无法满足他们的成就需要;同样,他们也不喜欢成功的可能性很高的工作,因为这种轻而易举就取得的成功对于他们的自身能力不具有挑战性。对他们而言,当成败可能性均等时,才是一种能从自身的奋斗中体验成功的喜悦与满足的最佳机会。

2. 权力的需要

权力需要是指影响和控制别人的一种愿望或驱动力。不同人对权力的渴望程度也有所不同。权力需要较高的人喜欢支配、影响他人,喜欢对别人"发号施令",注重争取地位和影响力。他们喜欢具有竞争性和能体现较高地位的场合或情境,他们也会追求出色的成绩,但他们这样做并不像高成就需要的人那样是为了个人的成就感,而是为了获得地位和权力或与自己已具有的权力和地位相称。权力需要是管理成功的基本要素之一。

3. 归属的需要

归属需要就是寻求被他人喜爱和接纳的一种愿望。具有高归属动机的人更倾向于与他人进行交往,至少是为他人着想,这种交往会给他带来愉快。他们渴望友谊,喜欢合作而不是竞争的工作环境,希望彼此之间的沟通与理解,他们对环境中的人际关系更为敏感。归属需要是保持社会交往和人际关系和谐的重要条件。

通过大量广泛的研究,可以在成就需要和工作绩效的关系基础上得出一些有相当可信度的预言。尽管对权力需要和归属需要的研究较少,但也得到了一些有一致性的发现。①

(1)如图 19.6 所示,具有高成就需要的人更喜欢具有个人责任、能够获得工作反馈和适度的冒险性的环境。当具备了这些特征,高成就者的激励水平会很高。例如,不少证据表明,高成就需要者在创造性活动中更容易获得成功。

(2)高成就需要的人不一定就是一个优秀的管理者,尤其是在一个大组织中。高成就需要者感兴趣的是他们个人如何做好,而不是如何影响其他人做好。高成就需要的销售人员不一定必然是优秀的销售管理者,大型组织中出色的总经理也并不一定是高成就需要的人。

---

① 刘纯.旅游心理学.北京:科学出版社,2004:262.

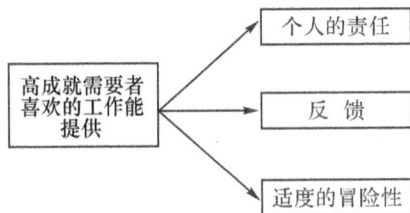

图 19.6 高成就需要者的特征

(3)归属和权力需要与管理者的成功有密切关系。最优秀的管理者有高权力需要和低归属需要。实际上,高权力动机可能是管理有效性的一个必要条件。当然,两者之间什么是因什么是果还有待确定。有人曾经提出,高权力需要可能仅仅是一个人在层级组织中的地位的产物。这种观点认为,一个人在组织中的位置越高,权力动机就越强。结果是,有权力的职位会成为高权力动机的刺激因素。

(4)已经有成功的办法可以训练员工激发自己的成就需要。培训者指导个人根据成就、胜利和成功来思考问题;然后帮助他们学习如何通过寻求具有个人责任、反馈和适度的冒险性的环境并以高成就需要者的方式行动。所以,如果工作需要高成就需要者,管理者可以选拔具有高成就需要的人,也可以通过成就培训来开发原有的下属。

麦克利兰的动机理论在企业管理中很有应用价值。首先,在人员的选拔和安置上,通过测量和评价一个人动机体系的特征对于如何分派工作和安排职位有重要的意义。其次,由于具有不同需要的人需要不同的激励方式,所以了解员工的需要与动机有利于合理建立激励机制。最后,麦克利兰认为动机是可以训练和激发的,因此可以训练和提高员工的成就动机,以提高生产率。

(三)期望理论

维克托·弗鲁姆(V. H. Vroom)是著名心理学家和行为科学家,早年于加拿大麦吉尔大学先后获得学士及硕士学位,后于美国密歇根大学获得博士学位。他曾在宾州大学和卡内基·梅隆大学执教,并长期担任耶鲁大学管理科学"约翰塞尔"讲座教授兼心理学教授。弗鲁姆对管理思想发展的贡献主要在于他深入研究组织中个人的激励和动机,率先提出了形态比较完备的期望理论模式。弗鲁姆在他最重要的著作《工作与激励》中就阐述了期望理论模式。弗鲁姆提出的期望理论的基础是:人之所以能够从事某项工作并达成组织目标,是因为这些工作和组织目标会帮助他们达成自己的目标,满足自己某方面的需要。弗鲁姆认为,人们采取某项行动的动力或激励力取决于其对行动结果的价值评价和预期达成该结果可能性的估计。比如当员工认为努力会带来良好的绩效评价,并且良好的绩效评价会带来组织奖励,如奖金、加薪或晋升,该奖励能够满足员工的个人目标时,就会受到激励而付出更大的努力。根据弗鲁姆的理论,期望值与效价的乘积决定激励强度,如:

$$M(激励强度)=E(期望值)×V(效价)$$

如果效价和期望值等于零,则激励强度即动力也等于零。十分希望得到却无机会得到的成果在大多数情况下是不能激励人的。[1]

---

① 赵西萍. 旅游企业人力资源管理. 天津:南开大学出版社,2003:250.

其中,M 为激励力量,是直接推动或使人们采取某一行动的内驱力。这是指调动一个人的积极性,激发出人的潜力的强度。V 为目标效价,是指达到目标后对于满足个人需要其价值的大小,它反映个人对某一成果或奖酬的重视与渴望程度。E 为期望值,是指根据以往的经验做出主观判断:达到目标并能导致某种结果的概率,是个人对某一行为导致特定成果的可能性或概率的估计与判断;显然,只有当人们对某一行动成果的效价和期望值同时处于较高水平时,才有可能产生强大的激励力。

运用期望理论实现激励员工的目的要着眼于解决三种关系,如图 19.7 所示。[①]

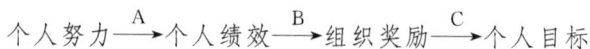

$$个人努力 \xrightarrow{A} 个人绩效 \xrightarrow{B} 组织奖励 \xrightarrow{C} 个人目标$$

图 19.7　三种关系图示

A:努力—绩效关系:个人认为通过一定努力会带来一定绩效的可能性。

B:绩效—奖励关系:个人相信一定水平的绩效会带来所希望的奖励结果的程度。

C:奖励—个人目标关系:组织奖励满足个人目标或需要的程度以及这些潜在的奖励对个人的吸引力。

弗鲁姆的期望理论辩证地提出了在进行激励时要处理好以下三方面的关系,这些也是调动人们工作积极性的三个条件:第一,努力与绩效的关系。人们总是希望通过一定的努力达到预期的目标,如果个人主观认为达到目标的概率很高,就会有信心,并激发出很强的工作力量;反之,如果他认为目标太高,通过努力也不会有很好绩效时,就失去了内在的动力,导致工作消极。第二,绩效与奖励的关系。人总是希望取得成绩后能够得到奖励,当然这个奖励也是综合的,既包括物质上的,也包括精神上的。如果他认为取得绩效后能得到合理的奖励,就可能产生工作热情,否则就可能没有积极性。第三,奖励与满足个人需要的关系。人总是希望自己所获得的奖励能满足自己某方面的需要。然而由于人们在年龄、性别、资历、社会地位和经济条件等方面都存在着差异,他们对各种需要要求得到满足的程度就不同。因此,对于不同的人,采用同一种奖励办法能满足的需要程度不同,能激发出的工作动力也就不同。

对期望理论的应用主要体现在激励方面,这启示管理者不要泛泛地采用一般的激励措施,而应当采用多数组织成员认为效价最大的激励措施,而且在设置某一激励目标时应尽可能加大其效价的综合值,加大组织期望行为与非期望行为之间的效价差值。在激励过程中,还要适当控制期望概率和实际概率,加强期望心理的疏导。期望概率过大,容易产生挫折,期望概率过小,又会减少激励力量;而实际概率应使大多数人受益,最好实际概率大于平均的个人期望概率,并与效价相适应。

（四）斯金纳的强化理论

强化理论是美国心理学家和行为科学家斯金纳(B. F. Skinner)、赫西(P. Hersey)、布兰查德(K. Blanchard)等人提出的一种理论。所谓强化,从其最基本的形式来讲,指的是对一种行为的肯定或否定的后果(报酬或惩罚),它至少在一定程度上会决定这种行为在今后是否会重复发生。强化理论是一种行为主义观点,强化理论家把行为看成是由环境引起的,认为人们不必关心内部认知活动,控制行为的因素是外部强化物,行为结果之后如果能马

① 赵西萍.旅游企业人力资源管理.天津:南开大学出版社,2003:251.

上跟随一个反应,则会提高行为被重复的可能性。所以,这个理论最大的不足就是忽视了人的内部状态,仅仅关注一个人采取一定行为时会出现什么结果。严格地说,它不是一种激励理论;但是它确实为控制行为的因素提供了有力的分析工具,也正因如此,人们才把它当作一种激励理论看待。

强化理论塑造行为有四种方法:积极强化、消极强化、惩罚和忽视。[①]

当一种反应伴随着愉快事件时,称之为积极强化,反之就称为消极强化。积极强化和消极强化都会推动学习行为,它们强化了反应,可以增进其重复的可能性。表扬增强了做好工作的行为,因为表扬是令人愉快的。惩罚是指为了减少不良行为的不愉快手段,很多饭店会因为员工无故旷工和迟到早退对员工进行扣发当月工资的惩罚,这种行为就是典型的惩罚行为。而忽视则是对行为的不闻不问。

如果按照发生的频率,强化可以分为两种类型:连续强化和间断强化。连续强化是指每一次理想行为出现时,都给予强化。间断强化是指不对每一次理想行为给予强化,但为了使行为能够重复,要保证强化次数是充分的。由于间断强化中个体更倾向于不愿意放弃活动,所以它的时间意义很大。表 19.1 就间断强化的四种类型在旅游企业中的运用做了举例说明。[②]

表 19.1　旅游企业运用间断强化应用举例

强化类型	特　　征	应用举例
固定时距	隔一点的固定时间强化	每月或每周固定时间拿到奖金,每年都定期表彰先进
可变时距	隔一定的时间强化,但时间不固定	规定每月根据 4 次抽查质量的结果评定当月主管的奖金,以此使主管重视质量
固定比率	个体反应达到了一定数目后,给予奖励	客房计件奖励
可变比率	奖励根据个人行为的变化	如果销售员根据谈成的业务量计酬,那么与客户交谈次数便是一个变数

连续强化程序容易导致过早的满足感,此时,强化物一旦消失,行为倾向于迅速减少,所以连续强化方式适合于新出现的不稳定的或低概率的反应。与之对应,间断强化程序不容易产生过早的满足感,因为它并不是每一次反应之后都有强化,这种方式适用于稳定的或高频的反应。

在间断强化程序中可变程序比固定程序更能激发更高的绩效水平,因为可变时距方式会产生更高的反应概率和更稳定一致的行为,体现出绩效与奖励之间的高相关性。组织中的大多数员工以固定时距的强化方式得到报酬,但是这种方式并未明确绩效和奖励之间的清晰关系;相反,可变程序中包括不确定性的因素则更容易被员工注意。

(五)综合激励模式

从以上分析得知,激励理论有很多种,但其中许多得到支持的理论只不过使事情变得更复杂了。波特(L.Porter)和劳勒(E.E.Lawler)改进和扩展了前人的模型后建立一个新

---

①　赵西萍.旅游企业人力资源管理.天津:南开大学出版社,2003:252.

②　赵西萍.旅游企业人力资源管理.天津:南开大学出版社,2003:253.

的激励理论来说明满足感和绩效之间的关系。他们是从激励并不等于满足或绩效这一假定出发的。激励、满足和绩效是三种截然不同的概念，它们之间的关系与传统上的假定不一样。在实质上，他们认为，与其说满足感是工作绩效的原因，不如说是工作绩效的结果；也就是说，工作绩效导致满足感，不同的绩效决定不同的奖酬，不同的奖酬又在员工中产生不同的满足感。[①]

如图 19.8 所示是一个理解激励、满足和绩效之间关系的模型。

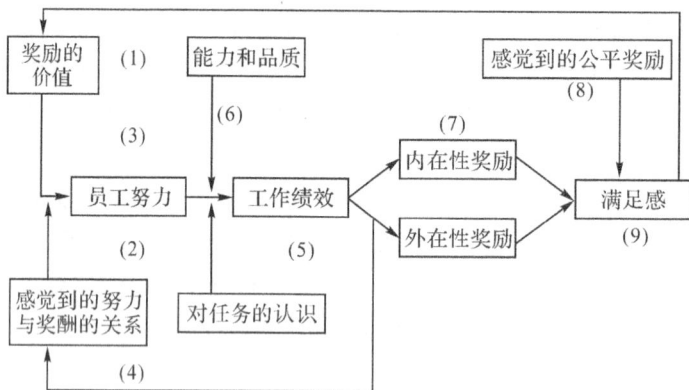

图 19.8　激励、满足和绩效关系模型

1. 奖励的价值（方框 1）

每个人都希望从工作中得到数量不等的各种奖励：同事们的友谊、晋升、因功绩而加薪、成就感等。对某个员工来说，他可能很想获得同事们的友谊，这种奖励对其有很高的吸引力。奖酬的价值反映个人的需要满足的状态。

2. 感觉到的努力与奖励的关系（方框 2）

这是指一个人希望付出一定的努力能带来一定数量的奖励。假设一位服务员想通过自己的努力从工作很辛苦的一线部门调到工作时间有规律的相对轻松的二线部门，但饭店最近并不进行调动，而且即使二线部门有缺额，人员也会通过其他途径来补充。在这种情况下，这个员工就会觉得努力与奖励的关系不大。

3. 员工努力（方框 3）

员工努力是指一个人在任何一种情况下所花费的精力的大小，即尽力的程度。某员工可能在工作上花了很多时间和精力，但是他的绩效考评却还是不理想，因此努力的大小取决于奖酬的价值与感觉到的努力与奖酬之间的相互作用。

4. 能力和品质（方框 4）

按照波特和劳勒的观点，激励并不直接提升绩效，比如，人的智力等都能影响完成任务的能力。一般都认为，这类特点相对独立于环境。

5. 对任务的认识（方框 5）

对任务的认识是指人们想要成功地完成哪些活动。在饭店，一些管理人员认为干好工作得到晋升和加薪的有效办法是要在自己的专业上出类拔萃，如果上级也是这样认为的话，那么他在增加自己专业知识上的努力就不会白费。但是，如果上级不是这样认为的话，

228

旅游心理学

① 赵西萍.旅游企业人力资源管理.天津:南开大学出版社,2003:254—257.

他也许就不能得到晋升的机会。总之,对任务的认识说的是人们如何确定自己的工作范围以及如何确定做好工作所要努力的方向。

6. 工作绩效(方框 6)

工作绩效不仅仅取决于人们所尽努力的大小,而且取决于自身能力,以及对任务的认识。换句话说,即使员工尽了很大努力,可是如果工作能力本身比较缺乏,或者在对组织中取得成功的做事方法不能很好估计,那么最终取得的绩效也是不高的。

7. 奖酬(方框 7)

奖酬即希望获得成果。起初,波特和劳勒在他们的模型中,并没有将奖酬进行分类,但是后来的测试表明,这个变量应该更精确地分为外在性奖酬和内在性奖酬。外在性奖酬是组织授予的,包括诸如上下级关系、工作条件、薪金、地位等这些与工作有关的奖酬,和赫茨伯格的保健因素比较类似。内在性奖酬则是受个人自身所控制的,比如成就感、自我欣赏、工作本身、责任和个人成长等,也就是赫茨伯格所说的激励因素。内在性和外在性奖酬都是人们希望得到的。但是,研究工作同时也表明,内在性奖酬可以由组织通过工作的重新设计来提高,而绩效与内在性奖酬之间的关系取决于工作责任的性质。

8. 感觉到的公平奖励(方框 8)

人们觉得一定水平的绩效所应得到的奖酬的数量,就是他们所感觉到的公平奖励。在大多数职业中,对于一个按照要求的标准完成了任务的人,应该得到多少奖励是没有硬性规定的。这种公平性是以个人对工作要求的感受、工作对个人的要求以及个人对公司所做贡献为基础的。在实质上,这些看法反映出个人感到在某一工作中取得优异成绩后应获得的公平的奖励。

9. 满足感(方框 9)

满足感是一种个人内心的状态,人们所估计的奖励超过实际的奖励越多,就越不满足。满足感之所以重要是因为满足感不仅部分地决定于实际到手的奖励;还决定于组织对一定水平的绩效应付给的奖励。同时,满足感依赖于绩效的程度高于绩效依赖于满足感的程度。只有通过一个反馈的环道,满足感才能影响绩效。

第三节　激励理论的运用

在介绍了很多关于激励的理论之后,我们应该认识到如何在具体管理中运用相关的理论,达到更佳的管理效果。在组织中通过激励员工的动力来提高绩效,无疑也是一项重要的任务。

一、目标管理

目标管理是美国著名管理学家德鲁克(P. E. Drucker)的首创,1954 年,他在《管理实践》一书中,首先提出"目标管理与自我控制"的主张,随后在《管理——任务、责任、实践》一书中对此做了进一步阐述。德鲁克认为,并不是有了工作才有目标,而是相反,有了目标才能确定每个人的工作。所以"企业的使命和任务,必须转化为目标",如果一个领域没有目标,这个领域的工作必然被忽视。因此,管理者应该通过目标对下级进行管理,当组织高层管理者确定了组织目标后,必须对其进行有效分解,转变成各部门以及各个人的分目标,管理者根据分目标的完成情况对下级进行考核、评价和奖惩。德鲁克认为,如果一个领域没有特定的目标,这个领域必然会被忽视。如果没有方向一致的分目标指示每个人的工作,则企业的规模越大,人员越多,专业分工越细,发生冲突和浪费的可能性就越大。企业每个管理人员和工人的分目标就是企业总目标对他的要求,同时也是员工对企业总目标的贡献。只有完成每一个目标,企业总目标才有完成的希望,而分目标又是各级领导人员对下属人员进行考核的主要依据。德鲁克还认为,目标管理的最大优点在于它能使人们用自我控制的管理来代替受他人支配的管理,激发人们发挥最大的能力把事情做好。

目标管理是以相信人的积极性和能力为基础的,企业各级领导者对下属人员的领导,不是简单地依靠行政命令强迫他们去干,而是运用激励理论,引导职工自己制订工作目标,自主进行自我控制,自觉采取措施完成目标,自动进行自我评价。目标管理通过诱导启发职工自觉地去干,其最大特征是通过激发员工的生产潜能、提高员工的效率来促进企业总体目标的实现。

它与传统管理方法相比有许多优点,概括起来主要有以下几个方面:

（一）权力责任明确

目标管理通过自上而下或自下而上层层制订目标,在企业内部建立起纵横联结的完整的目标体系,把企业中各部门、各类人员都严密地组织在目标体系之中,明确职责、划清关系,使每个员工的工作直接或间接地同企业总目标联系起来,从而使员工看清个人工作目标和企业目标的关系,了解自己的工作价值,激发大家关心企业目标的热情。这样,就可以更有效地把全体员工的力量和才能集中起来,以提高企业的工作成果。

（二）强调职工参与

目标管理非常重视上下级之间的协商、共同讨论和意见交流。通过协商,加深对目标的了解,消除上下级之间的意见分歧,取得上下级目标的统一。由于目标管理吸收了企业全体人员参与目标管理实施的全过程,尊重职工的个人意志和愿望,充分发挥职工的自主性,实行自我控制,改变了由上而下摊派工作任务的传统做法,调动了职工的主动性、积极性和创造性。

（三）注重结果

目标管理所追求的目标,就是企业和每个职工在一定时期应该达到的工作成果。目标管理不以行动表现为满足,而以实际成果为目的。工作成果对目标管理来说,既是评定目标完成程度的根据,又是奖惩和人事考核的主要依据。因此,目标管理又叫成果管理,离开工作成果,就不能称其为目标管理。

由于任务管理法既规定了工作任务,又规定了完成任务的方法,而且任务和方法都有标准,职工按标准化的要求进行培训,并按标准化的要求进行操作,所以他们的工作积极性和创造性受到严重的限制;而人本管理法又过于强调领导对职工的信任,放手让职工自主地去工作,这又难以保证任务的完成。目标管理法将两者综合起来,即组织规定总目标,各部门依据总目标规定部门目标,把部门目标分解落实到人,至于如何达到目标则放手让工作人员自己做主。这样,既能保证完成组织的任务,又能充分发挥职工的主动性、积极性,因而目标管理法与任务管理法和行为管理法相比,是更为优越的管理方法。

旅游心理学

目标管理提出以后,便在美国迅速流传。在第二次世界大战后各国经济由恢复转向迅速发展的时期,企业急需采用新的方法调动员工积极性以提高竞争能力,目标管理的出现可谓应运而生,于是被广泛应用,并很快为日本、西欧和其他国家的企业所仿效,在世界范围内大行其道。

目标管理可能看起来简单,但要把它付诸实施,管理者必须对它有很好的领会和理解。首先,管理者必须知道什么是目标管理,为什么要实行目标管理。如果管理者本身不能很好地理解和掌握目标管理的原理,那么,由其来组织实施目标管理也是一件不可能的事。其次,管理者必须知道公司的目标是什么,以及他们自己的活动怎样适应这些目标。如果公司的一些目标含糊不清、不现实或不协调一致,那么主管人员想同这些目标协调一致,实际上是不可能的。再次,目标管理所设置的目标必须是正确的、合理的。所谓正确,是指目标的设定应符合企业的长远利益,与企业的目的相一致,而不能是短期的。所谓合理,是指设置目标的数量和标准应当是科学的,因为过于强调工作成果会给人的行为带来压力,导致不择手段的行为产生。为了减少选择不道德手段去达到这些效果的可能性,管理者必须确定合理的目标,明确表示行为的期望,使得员工始终具有正常的"紧张"和"费力"程度。最后,所设目标无论在数量或质量方面都具备可考核性,也许是目标管理成功的关键。任何目标都应该在数量上或质量上具有可考核性。有些目标,如"时刻注意顾客的需求并很好地为他们服务",或"使信用损失达到最小",或"提高人事部门的效率"等,都没多大意义,因为在将来某一特定时间没有人能准确地回答他们是否实现了这些目标。如果目标管理不可考核,就无益于管理工作或工作效果的评价。

二、员工参与方案

员工参与已成为一个包含一系列方法的、内容广泛的词,是指为了发挥员工所有的能力,并激励员工为组织工作做出更多努力而设计的一种参与过程。[①] 员工当家做主有三层含义:从政治上讲是一个"翻身"的概念;从企业行为上讲是一个"参与"的概念;从员工行为上讲是指员工成为自己的主人。员工中蕴藏着无穷的智慧和力量,通过员工参与可把这笔财富发掘出来。[②]

（一）资本参与是基本的参与

一个公司离不开股东和员工,股东出资组成公司的框架;产生企业法人,形成权力机构和决策机构。公司要运转,股东的资本要生"金蛋",离不开员工,员工的人力(人才)资源使资本运动,使资本产生活力。首先,员工入股参与是权利公平的需要。股东在公司内不仅有分享股利的权利、剩余资产分配权,而且还有做出决策的权利以及优先认购权、质询权等自益权和共益权;而员工为公司出力流汗,却只有领取工资的权利,出人力(人才)资本的员工同股东的权利显然不平等,权利向股东倾斜对员工而言是不公平的。平衡企业员工和股东权利的途径是"劳者有其股",让员工拥有部分股权,即员工不仅以人力(人才)资本投资公司,而且以资本的形式投资公司,使自己成为"双料货"——员工与股东一肩挑。其次,员工入股参与是经济利益的需要。企业经理实行年薪制,其薪酬中股票期权占很大的比重。

---

①　刘纯.旅游心理学.北京:科学出版社,2004:279.

②　http://www.hroot.com,提高企业员工参与满意感,2004-10-30

经理人员的酬金通过股票期权与公司的利益紧密联系,与公司共荣辱。若员工入股参与,公司采取所有权分担制,则员工有股份分红使员工与公司的经济利益紧密连成一体,员工与公司通过股份纽带成为一根藤上的两只瓜。经理、一般员工同公司间的经济利益是水涨船高,一荣皆荣,一损皆损。可见,员工入股参与是提高员工的工作积极性,让员工在物质参与方面满意的前提和保证,起着很重要的激励作用。

(二)授权参与是激励的有效途径

企业的组织结构发生了实质性变化,使参与式管理大行其道,这表现在:其一,授权是参与式管理的基本特征。越来越多的旅游企业组织结构由金字塔式的、层层垂直命令式的管理,变为扁平式的分权、授权管理,员工的自由度加大。企业组织结构出现"中层革命",即减少中间管理层。管理者的管理幅度加大,权力下放。企业组织结构的扁平化发展,意味着管理方式由权力型向参与型转变。权力型管理方式的基本特征是上级管下级、一级管一级,排斥员工参与。参与型管理方式的基本特征是将所有能下放到基层的管理权限都下放到基层,使管理者在遇到困难时得到员工的广泛支持,上情很快下达,下情迅速上报,反应灵敏效益高。其二,授权是不花钱的参与激励手段。赋予员工权利与义务,其回报是企业和管理者将获得更多支持与帮助,同时也可以在一定程度上从某个方面缓和劳资矛盾,并改变管理层与操作层泾渭分明的局面,减少企业的内耗。

(三)沟通参与是心灵的参与

员工最渴望的就是在工作中能够做到人与人之间真诚、信任和尊重。要做到这一点,就必须达成良好的沟通。基本的沟通参与方式可概括为如下几种:其一,倾听员工的意见和建议式的沟通参与。关心员工,善于听取员工的意见和建议,充分发挥其聪明才智与积极性。企业决策广泛征求员工的意见,参与的员工越多,获得支持的员工越多。其二,"透明度"沟通参与。透明度第一方面是指公司规章制度、决策的透明度,即让员工知晓;第二方面是指员工的奖惩、升降的透明度;第三方面是指员工考核、工资收入的透明度;第四方面是指经营管理者"开放式"办公。其三,集思广益式的沟通参与。"一言堂"排斥参与,只有争议、争辩、"斗智",才能增强员工的主人翁意识,才能集思广益,才是真正的沟通参与。其四,合理化建议的沟通参与。其五,家庭座谈式沟通参与等方式。沟通参与从心灵上挖掘员工的内驱力,为其提供施展才华的舞台。它缩短了员工与管理者间的距离,使员工充分发挥能动性,使企业发展获得强大的原动力。

第二十章　员工群体心理与管理

第一节　群体动力

一、群体的概念和分类

（一）群体的概念

人类是社会的群体。每个人都属于一定的群体，每个人都试图取悦别人，并且通过身边人们的行为来接受关于如何行动的暗示。因为人们往往要求"介入"或认同处于他们期盼中的个人或群体的愿望。

"群体"这个词语的运用范围很广。一个群体通常是由两个或两个以上的，为了达到一个共同目标而相互作用、相互依赖的个体所组成的。[1]　群体成员的相互作用不一定是面对面的，也不一定是言语形式的。当发生火灾时，人们通过传递水桶来灭火，尽管这种相互配合没有事先的约定，在活动过程中也没有言语的交流，但是这些人还是自然而然地形成了群体。

上面提及的，群体是两个及以上人的集合，但个人的简单集合并不等于群体。例如，球赛的观众、候车的乘客、围观的人群等，都不认为是群体。这些偶然聚集在一起的人群，虽然在时间、空间及某些目标上有某些共同的特点，但这些人在心理上缺乏内在的共同点，行动上也不存在直接的相互影响、相互依赖和相互作用的关系，因而只是个人的集合体，而不是群体。

群体与一般人的集合体相比具有以下特征：

（1）群体成员有着共同的目标或利益，这些目标被成员们清晰地意识到，并由共同的活动结合在一起。

（2）各成员之间相互依赖，在心理上彼此意识到群体中的其他个体，也意识到自己是群体的一分子，具有"我们同属一个群体"的感受，即成员具有群体意识，具有归属感。

（3）各成员在行为上相互交往、相互作用、相互影响，成员之间有信息、思想和感情上的交流。

（4）群体成员具有一定的组织性，每个成员在群体中均占有一定的地位，担当一定的角色，有一定的权利与义务。

---

[1]　刘纯.旅游心理学.北京：科学出版社，2004：160.

(5)群体中有一定的规范和规则,要求每个成员必须遵守。

(二)群体的分类

群体的类型很复杂,根据不同的标准可以进行不同的分类。通过对群体分类的研究可以便于人们掌握不同群体形式的发生及其发展规律,加深对群体安全行为的了解。常见的群体类型可分为大小型群体、正式与非正式群体、假设与实际群体、实属与参照群体、永久性与临时性群体等几种。

1. 大型群体和小型群体

大小群体划分的标准是:群体成员的数量及成员之间是否存在直接的、面对面的接触和联系。一般来说,小型群体可由2~20人组成,其成员具有直接的接触和联系特征,如企业中的生产班组、工段、职能科室、小型车间等;大型群体的成员之间的接触和联系是间接的,主要通过共同的目标、群体规范和机构间信息交流来与各组织机构相联系,如工厂企业、公司、大型车间等。大型和小型群体的划分并无严格的界线。划分出这两种群体的意义在于,有利于研究不同的内部联系方式对不同规模的群体的行为及对群体成员产生的不同影响。在小型群体中,由于成员之间有直接接触,成员间存在着感情上和心理上的联系,因而相互行为影响的作用较之大型群体中的作用要大得多。

另外,从社会心理学的角度来看,小型群体中成员之间有直接的、个人间的、面对面的接触和联系,大型群体中的成员只能以间接的方式联系。相对来说,在小型群体中,成员之间因素的作用要大于其在大型群体中的作用。

大型群体还可以分为两种类型:一类是偶然、自发产生的,存在时间相当短,如一群人、观众、听众等;另一类是名副其实的社会群体,即在社会历史发展进程中形成、在每一具体社会类型的社会关系中占有一定地位、在相当长的存在时期内颇为稳定的群体,如社会阶级、职业性群体、民族群体等。

旅游企业的规章制度一般都是由大型群体制定的,而遵守与执行规章制度却是在小型群体中实现的。

2. 正式群体和非正式群体

正式群体是指由一定社会组织认可的、有明文规定的群体。上至国家、企业、集团公司,下至饭店的部门、班组等,都属于正式群体。这类群体有既定的目标和完备的规章制度,其成员有固定的编制,有明确规定的权利与义务以及明确的职责分工。由于受组织纪律的严格约束,所以成员对群体有一种明显的服从心理。通过群体成员的相互作用,促使组织目标的实现。在企业中,正式群体占主导地位,饭店的安全组织与制度管理就是依附于正式群体而实施的。

非正式群体的概念是美国哈佛大学教授梅奥(G. M. Mayo)通过霍桑实验首次提出来的,是指人们在相互交往中,建立在某种共同利益的基础上自发形成的、没有正式明文规定的群体,如在一个部门共同工作的志趣相投的伙伴、业余兴趣小组等。非正式群体有这样一些特点:很强的凝聚力、浓厚的群体意识、有自然形成的核心(领袖)人物、信息沟通灵敏和群体效率高等。非正式群体的作用可能是积极的,也可能是消极的。当它的目标与正式群体目标一致时,就会起到积极作用;当它的目标与正式群体目标相抵触时,就会起到消极作用。对安全管理者来说,既要充分认识非正式群体的作用,又要利用组织力量,促进正式群体与非正式群体之间的协调,形成一个合力,以调动一切积极因素,为实现旅游企业的目标服务。

3. 假设群体和实际群体

假设群体是指为便于研究和分析的需要按某种特征而划分出来的群体,如企业经常会按年龄划分出青年、中年和老年职工等群体。假设群体中的职工可能互不相识,并没有实际联系和交往,但由于某些方面具有相近的特征,在分析企业管理问题时可以把他们当作群体来看待。

实际群体是指现实存在着的;群体的成员之间有着直接的或间接的联系和沟通;由共同的目标和活动将其成员相互结合在一起的群体,如前所述的大型群体和小型群体、正式群体和非正式群体均属实际群体。本书所涉及的群体,主要指的是实际群体。

4. 实属群体和参照群体

实属群体又称"隶属群体",是指个体属于其正式成员,行为应服从其纪律约束的群体,如个体所在的班组、部门等。参照群体也可称为榜样群体或标准群体,是指个体并未真正参加,而又自觉接受其制订规范、准则,并以此指导自己的行为的群体。实验研究发现,很多群体成员所采用的行为规范,是其他某个参照群体的。参照群体具有比较职能,即个体可用它对自己的行为进行标准评价,如果发现不符合参照群体的标准,个体就会修正自己的行为。

5. 永久性群体和临时性群体

永久性群体是指时间上存在较长久的一种群体,如工厂、公司、机关单位、科研院所、学校社团等。永久性群体中的成员可能会有所变化,但是群体形态是相对恒定的。临时性群体是指为了完成某一临时的任务而形成的群体。这类群体存在的时间较短,几个月、几周、几天,甚至几个小时不等,一旦任务完成,群体即行解散。

此外,根据群体发展的水平和群体成员之间联系的密切程度,可分为松散型群体、联合型群体和合作型群体等。

二、群体的规范和压力

群体规范主要是指为了保证目标的实现,每个群体成员都必须严格遵守的思想、信念和行为准则。

群体规范的基本作用是对成员具有比较和评价的作用,它可以提供认知标准和行为准则,用以调节、制约成员的思想和行为,使保持一致。群体规范还可以作为成员们彼此认同的依据。但是,群体并不是对成员的一言一行都加以约束,而是规定了成员的思想行为的可接受与不可接受的范围。群体规范因群体存在的正式性和非正式性,以及有无明文的规定和监督、处罚,而分为正式和非正式规范。

(一)规范的形成

规范所起的最重要的作用是提供行为的准则和预示。规范所规定的行为的一致性提供了重要的心理安全感,并且可以使我们有条理地从事我们的日常事务。

个人形成的态度是信念和价值观的函数,在许多情况下,个人的态度影响个人的行为。当一个群体的成员共同具有相关的信念和价值观时,我们可以预料,他们共同具有作为结果而产生的态度。这些共同具有的态度就形成规范的基础。也就是说,群体规范是在群体成员的共同活动中形成的,它受一定心理机制的制约。人们在共同生活中对于外界事物的经验,将其格式化、规范化,社会学家把这种规范化的经验称为定型,群体规范就是定性。

与此同时,群体之间还存在非正式规范,这种群体的非正式规范与它所从属的组织的官方规则常常可能发生矛盾。这之间的冲突常常会导致混乱。

多群体规范表现为各种角色的形式和人们在群体中担任的职务。群体角色多是自发产生的。哈佛大学的罗伯特发现,每个群体都会产生出同样的基本角色,每个角色都在群体的任务活动中发挥一定的作用。

(二)典型的群体规范

在各种规模、类型的组织中,存在于正式群体、非正式群体和各级组织中的规范类型复杂得令人难以找到规律。然而,有某些规范类型似乎在大多数组织中都存在,影响成员的行为。它们包括以下几点:[①]

1. 群体规范与群体绩效活动有关

群体会通过群体规范告诉他们的成员他们应该努力工作,应该达到怎么样的产出水平,应该如何在工作中与别人建立良好的人际关系等。这种规范对员工的绩效会产生巨大的影响。很多企业注重企业的文化建设就是基于这个道理。

2. 群体规范体现在群体成员的形象方面

社会规范常常支配工作中穿戴的服装类型。银行、航空公司、商场售货员、清洁工人、警察等很多职业都有固定的制服着装要求,旅游企业尤其是饭店也是这样的。

3. 群体规范是非正式的社交约定

群体规范主要来自于非正式群体,主要是用来约束非正式群体内部成员的相互作用。比如群体成员的社交活动等都要受到这些规范的制约。

(三)群体规范的功能

1. 群体支柱功能

群体规范是一切社会群体得以维持、巩固和发展的支柱。群体规范被成员接受的程度越高,异质性越强,关系越密切,群体也越团结。

2. 评价准则的功能

群体规范是成员的行为准则,因此可以用来评价自己和他人的行为。

3. 对群体成员的约束功能

群体规范的约束功能主要表现在舆论。这种舆论是大多数成员对某种行为的共同评论意见。这种往往带有情绪色彩的共同意见对个人行为有约束作用,使其不至于违反群体规范。

群体规范代表的是群体中多数人的意见,反映的是中等水平,因此,这种约束作用既有监督、促进后进的作用,又有打击先进的保守作用,这是管理中应该特别注意的。

4. 行为矫正功能

群体成员如果违反了群体规范就会受到群体舆论的压力,迫使他改变行为,与群体成员保持一致,因而群体规范有矫正个体行为的功能。

(四)群体压力

当一个人在群体中与多数人的意见有分歧时,会感到群体的压力。有时这种压力非常

① 刘纯.旅游心理学.北京:科学出版社,2004:369.

大,会迫使群体的成员违背自己的意愿产生完全相反的行为。社会心理学中把这种行为叫作"顺从"或"从众"。在企业管理中应重视群体压力和顺从现象。一般来说,应避免采取群体压力的方式压制群体成员的独创精神,但也不能认为群体压力只有消极作用。对于群体成员的不良行为给予适当的压力是必要的。

1. 压　力

压力是常见的社会心理现象,是指个体在环境中受到各种刺激因素的影响而产生的情绪上和身体上的紧张反应。[①]

在心理学中,"压力"一词有以下三种解释:①环境中客观存在的某种具有威胁性的刺激。如地震、火灾、车祸等现场。②某种具有威胁性的刺激引起的一种反应组织。只要类似刺激出现,就会引起同类型的反应。这种反应组型,称为压力反应组型。③刺激与反应的交互关系。个体对环境中具有威胁性的刺激,经认知其性质后所表现出的反应。我们这里所研究的压力,多数指第三种解释。

2. 员工压力的来源

在现实生活中,每个人的遭遇不同,有的人因上进不成而有生活压力,有的人因健康问题而有生活压力,有的人因经济问题而有生活压力,有的人因夫妻关系而有生活压力。心理学家研究压力时,企图分析构成压力的来源,以了解一般人在不同生活层面上有哪些生活事件会构成他的压力。

(1)工作压力源。引起工作压力的因素主要有:工作特性,如工作超载、工作欠载、工作条件恶劣、时间压力等;员工在组织中的角色,如角色冲突、角色模糊、个人职责、无法参与决策等;事业生涯开发,如晋升迟缓、缺乏工作安全感、抱负受挫等;人际关系,如与上司、同事、下属关系紧张,不善于授权等;工作与家庭的冲突;组织变革,如并购、重组、裁员等使许多员工不得不重新考虑自己的事业发展,学习新技能、适应新角色、结识新同事等,这都将引起很大的心理压力。

(2)生活压力源。美国著名精神病学家霍尔姆斯(Holmes)列出了43种生活危机事件,按对压力影响程度排列主要为:配偶死亡、离婚、夫妻分居、拘禁、家庭成员死亡、外伤或生病、结婚、解雇、复婚、退休等。可见,生活中的每一件事情都可能会成为生活压力源。

(3)社会压力源。每位员工都是社会的一员,自然会感受到社会的压力。社会压力源诸如社会地位、经济实力、生活条件、财务问题、住房问题等。

3. 管理者的压力因素

中国科学院心理研究所根据对31875名不同职业人士的调查数据统计分析,二三十岁的年轻人是当前中国各年龄段中压力感受最大的人群,同时在众多职位中,管理中层人员的压力感受排在第一位。

(1)沉重的、无休止的工作负担。明茨伯格(H. Mintzberg)主张,管理工作无休止的性质造成这种沉重的和持续的工作负担。管理是一个不断发展的过程,几乎没有什么标志可以表明一项任务已经完成,已允许休息和放松。另外,沉重的工作负担可能使管理者发展他们的技能和兴趣的意图遇到挫折。同时,沉重的工作负担常常使人在作为一名组织成员的经理角色和作为一名爱人或父母的角色发生冲突,这种角色冲突特别可能产生压力,因

---

　　① 曹红霞.略论市场经济条件下员工的压力及其调适.中国农业银行武汉管理干部学院学报,2001(2).

为它们使人陷入互相矛盾的要求中。

（2）沉重的职责。企业总经理可能最后要拍板决定是否贯彻执行一个价值百万元的营销计划，并对其结果负责。这些不是成功就是失败的职责使管理者面临乞求回避冲突的严重的心理逃避情况，因为每一种不同的策略都有正反两个方面，并且必须根据不完全的信息息做出决定。

4. 一线员工的压力因素

除了管理人员，旅游企业中还有大量的一线服务人员，他们也会面对一组特殊的压力因素。

（1）恶劣的工作环境。一线员工比经理更容易遇到不利于身体的，甚至危险的工作条件。尽管近几年来，工作条件已经有所改善，但是，许多员工，特别是饭店的厨房工作人员仍然面临高温、噪声、污染和发生事故的危险。

（2）人才的不合理利用。人才的高消费导致现在很多不需要高学历的职位都找大学生来任职，这使得很多员工认为相对于自己的教育水平，所任的职位的工作丝毫没有挑战性。有人也许认为，过于简单的或缺乏挑战性的工作不会成为压力因素。但是，我们可以证明，单调和枯燥的工作使那些认为自己有能力处理更复杂的任务的人产生挫折感，从而产生压力。

5. 一般压力因素

（1）工作无保证。对每一个人来说，工作有保证几乎是最基本的目标，如果工作都得不到最起码的保证，那么也就意味着失去了最基本的经济来源，所体验到的压力是可想而知的。

（2）受多重领导。当员工不明确工作目标或者不明确完成这一目标的方法时，存在角色模棱两可问题。缺乏明确指导会造成压力，特别是对于角色模棱两可承受力低的人更是如此。当一个人先被告知做某事，过一会儿又被告知做另一件相互矛盾的事，那么他可能会遇到严重压力。因此在实际工作中，垂直领导是非常重要的。

（3）人际关系不相容。所谓"个性不和"，是非常令人不愉快的，可能会产生显著的压力。当这种现象发生在组织内部时，有可能引起更大的压力。首先，在组织外部，一个人常常能够停止和不喜欢的人交往。当人们在一起工作的时候，这种选择常常是做不到的。其次，人际关系不相容的压力会在组织中蔓延。换句话说，人际关系不相容不仅本身正在产生压力，而且能够通过影响工作绩效造成进一步的压力。下属同上级个性不和，可能会使上级给下属做出不好的绩效评定，加大下属的压力。另外，下属可能花费很多时间抱怨领导或者试图"加强防御"，使其实际工作受到损害。显然，组织成员和其同事、上级及下属的人际关系问题能够从一线服务部门扩展到管理阶层。

（五）群体减少压力的策略

谈及群体中的压力，必然要研究群体减少员工压力的策略。下面列举的方法是直观性的。

1. 改善组织的工作环境和条件，减轻或消除工作条件恶劣给员工带来的压力

领导者或管理者力求创造高效率的工作环境并严格控制打扰。如关注噪声、光线、舒适、整洁、装饰等方面，给员工提供一个赏心悦目的工作空间，有利于达到员工与工作环境相适应，提高员工的安全感和舒适感，减轻压力。同时也要确保员工拥有做好工作的良好

的工具、设备。如及时更新陈旧的电脑、复印机、传真机等。

　　2. 从企业文化氛围上鼓励并帮助员工提高心理保健能力,学会缓解压力、自我放松

　　(1)企业可以向员工提供压力管理的信息、知识。企业可为员工订阅有关保持心理健康与卫生的期刊、杂志,让员工免费阅读。这也能体现企业对员工成长与健康的真正关心,使员工感受到关怀与尊重,从而也会成为一种有效的激励手段,激发员工提高绩效进而提高整个组织的绩效。

　　(2)企业可开设宣传专栏,普及员工的心理健康知识,有条件的企业还可开设有关压力管理的课程或定期邀请专家做讲座、报告。可告知员工诸如压力的严重后果、代价(如疾病、工作中死亡、事故受伤、医疗花费、生产率下降而造成潜在收入损失等);压力的早期预警信号(如生理症状、情绪症状、行为症状、精神症状);压力的自我调适方法(如健康食谱、有规律锻炼身体、学着放松和睡个好觉、发展个人兴趣爱好等),让员工筑起"心理免疫"的堤坝,增强心理"抗震"能力。

　　(3)企业还可以向员工提供保健或健康项目,鼓励员工养成良好的、健康的生活方式。如有些企业建立了专门的保健室,向员工提供各种锻炼、放松设备,让员工免费使用,还有一名专职的健康指导员去监督锻炼计划和活动,美国一些著名公司还为有健身习惯的人发放资金从而鼓励健身。通过健身、运动不仅保持了员工的生理健康(这是心理健康的基础),而且还可使员工的压力很大程度上得到释放和宣泄。

　　(4)有条件的企业可聘请资深专业人士为心理咨询员,免费向承受压力的员工提供心理咨询,使员工达成一种共识:"身体不适,找内外科医生,心理不适,找心理医生"。心理咨询活动可以通过咨询者与咨询对象的沟通矫正其心理偏差,对改善组织关系有十分重要的作用。[①]

　　3. 工作再设计

　　群体可以运用工作再设计的计划,减少工作中的压力。在理论上说,为了这一目的,对群体中任何一个方面的工作都可进行再设计。在实践中,工作再设计一般局限于"丰富"一线员工的工作,使之更具有挑战性和刺激性。实现这一目的的方法通常是使员工更多地控制他们的工作进度,允许他们更多地运用自己的技能和能力。

　　4. 带薪休假

　　从某种意义上说,带薪休假是因为员工"行为可嘉"而离开组织环境休息一段时间。比如教师可以有两个月的时间脱离他们平时的职责,专门从事研究、写作或旅游。旅游企业偶尔也采用带薪休假,但通常是在管理层中实行。不难想象,摆脱了正式工作的压力将促进个人自我发展和恢复活力。

　　三、群体决策

　　决策是制订赞成某一行动方案的发展过程。这个定义有三个方面值得注意:第一,决策是指在几种行动方案中做出选择。第二,决策不仅仅是一种在诸多方案中做出最后选择的过程。第三,在定义中所提到的"赞成",常常包括对时间、费用或人员等资源的赞成。许多组织决策事实上通常是由群体而不是个人做出的。

---

　　① 曹红霞.略论市场经济条件下员工的压力及其调适.中国农业银行武汉管理干部学院学报,2001(2).

管理心理学的研究表明,积极的群体决策对于群体成员在价值观念、认知和工作动机方面都有重要作用:群体决策可以增强积极的价值观念;在认知方面,有利于提高随后的工作效率;在工作动机方面,群体决策增加了成员的相互了解和信任。

(一)群体决策的优点

1. 信息全面、完整

群体决策可以发现多个人的意见,利用每个群体成员所拥有的专业知识、技能和经验等资源,综合多人掌握的信息。

2. 选择余地大

来自不同背景的人,可以从各自擅长的角度、方面提出可能的方案,使决策有更多的选择余地。

3. 可以降低错误发生率

某些群体成员的决策错误可能被其他成员发现。

4. 提高对最终决策的认同感

让更多的人来参与决策,既可以使决策更为稳妥、合理,同时也会增加人们对决策认同的可能性,接收并支持决策,促成决策的执行。而且,如果决策的执行人同时也是决策的参与者,可以增加他们的满足感。

5. 增加决策的合法性

群体决策符合民主社会的理念,同时,下级甚至上司都愿意接受群体决策。他们感觉由于这类决策建立在集思广益的基础之上,不带有个人偏见,不是独裁的产物。

(二)群体决策的缺点

1. 决策成本较高

群体决策在组织决策群体,开展决策过程中,耗费时间多,直接或间接的人工成本和办公费用较高。组织一个群体既需要时间又需要费用,效率也往往不尽如人意。决策群体成员都有权陈述自己的观点,让群体讨论和询问,即使是一些微不足道的观点,也必须经过会议讨论、记录,然后对各种观点进行分析、评价、综合,最后形成一种集体的观点,这是一个很长的过程,需要花费许多时间及费用。

2. 决策速度慢,快速反应差

群体决策一般需要其成员充分发表意见,对每一个意见都进行讨论,不同意见集中后才能形成决策。此过程不仅耗费时间,而且还可能在进行中转移话题、离题太远或不着边际,从而使一项决策议而不决,拖延时间,限制了相关人员在必要时做出快速反应的能力。

3. 从众压力

如前所述,群体中存在着群体压力,群体成员因为有希望被群体接受和重视的愿望而可能导致其产生从众行为。群体决策同样会出现个人屈服于群体压力的现象。群体压力会迫使个体在群体决策时追求观点的统一。个人的创见往往与众不同,个人在决策时会由于群体的压力而放弃自己的不同意见,去附和主流意见。

4. 少数人控制

群体决策的少数人控制是指在群体决策时,群体中的负责人或少数人由于实际的权力、权威、手腕、资源等原因,控制着整个群体或操纵了群体决策过程。群体成员由于惧怕权威或避免冲突而放弃自己的观点,附和专权者。如此一来,群体决策就无法发挥集体决策的作用,成为操纵者的一种伪装。如果控制者的水平很低,就会十分消极地影响群体的运行效率。

5. 折中方案

群体决策时,由于各个成员常常对于某些问题有着不同的见解,为了取得集体一致的解决问题的办法和协议,经常需要采用某种妥协或折中方案来使各方认可并执行。这是从最佳或最合理决策"退而求其次""退而求其和"的折中性决策。

6. 责任不清

群体决策常常是集体讨论、集体决定(如表决通过)、集体负责。责任分散、个人责任不够明晰的决策则往往导致"有人拍板,无人负责"的后果。

四、群体的内聚力

群体内聚力是指群体在其规范的基础上,使其全体成员情感共鸣、价值定向相同、行为保持一致的内在聚合力量。[①] 刘纯认为,群体内聚力是指群体成员之间相互吸引并愿意留在群体中的程度。[②]

(一)影响内聚力的因素

没有任何因素可以单独使某一群体具有高内聚力,确切地说,若干因素结合在一起促进了群体的内聚力。

1. 群体目标

群体成员拥有相似的态度与目标,有利于增强群体的内聚力。群体目标对群体内聚力的质和量都有影响,即影响群体内聚力的方向及内聚力的高低。群体内聚力可理解为群体成员彼此吸引以及他们分担目标的程度,成员分担群体目标的程度越高,群体内聚力就越高。如果群体目标不现实、不明确、不能内化为群体的自觉目标,这样的群体就很难有较高的内聚力。

2. 成功的经验

当一个群体一贯有成功的表现,它无疑会对这个群体中的成员更加有吸引力,因为它比较容易建立起群体合作精神来吸引和团结群体成员。所以,很多成功的企业,比如联想公司、宝洁公司通常都很容易招聘到最出色的员工,因为他们成功的经验对员工有很大的吸引力。

3. 成员的相似性

中国有句俗语:"物以类聚,人以群分。"相同的世界观、人生观、价值观,相似的年龄、民族和教育背景等也有可能增加内聚力。

4. 群体的核心人物

一个群体内聚力的强弱,与这个群体的核心有直接的联系。有些群体领导者是尽心尽力也是尽职的,然而由于能力、水平、性格、气质等条件的限制,不能成为群体的核心,不能将群体成员紧紧团结在自己周围。没有核心的群体,内聚力就不强;有什么样的核心人物,往往就有什么样的群体内聚力。

---

① 陈炳亮.试论群体内聚力.苏州大学学报(哲学社会科学版),1996(2).
② 刘纯.旅游心理学.北京:科学出版社,2004:389.

5. 群体规模

一般讲,小群体成员有更多彼此交流的机会,因而比大群体内聚力高。况且群体越大,成员的态度和价值观差异也增大,异质也增多。各种研究也都证明了这点,群体规模的增大,群体成员之间的交流等都会变得相对困难,所以群体保持共同目标的能力也会相对减弱。

6. 群体外部威胁

每个群体都会受到外在的威胁,于是为了同其他群体之间进行竞争,保证本群体的生存与发展,群体成员不得不加强沟通和协调,以便应付现有的威胁甚至是夺取属于本群体的胜利。但是,当群体内部成员感觉到自己的群体根本没有能力去抵抗这种外部威胁的时候,群体的内聚力反而会下降。

(二)内聚力和生产率的关系

很多研究人员都在试图说明群体内聚力高是否就说明群体的生产效率会比较高的道理。

很多研究表明,一般而言,群体内聚力高的群体往往比那些内聚力低的群体的生产效率要高,但是我们却不能简单地说两者就一定存在正比例关系。事实上内聚力和生产率的关系的研究结果表明,群体内聚力与生产率之间存在两种相反的关系,就是内聚力高既可能提高生产率,也可能降低生产率。简单地说,群体的内聚力是高生产率的必要条件而不是充分条件。

刘纯认为,内聚力与群体生产率的关系取决于群体的绩效规范。群体的凝聚力越强,群体成员就越乐于认同其目标,所以,一旦群体的绩效规范比较高的话,那么其群体的生产率也就比较高。[①]

第二节　群体管理中的人际关系

一、群体中的人际关系

人际关系是影响群体心理的一个重要因素,也是决定旅游企业成败的重要因素之一。因此,现代管理学都非常重视人际关系的研究。

(一)人际关系

只要生活在这个社会之中,人们必定会在学习、生活、工作中结成各种各样的人际关系。人际关系的外延十分广泛,从个人之间的关系、家庭关系到集体关系与社会关系,都属于人际关系的范畴。从心理学的角度来看,人际关系是指人与人之间心理上的关系、心理上的距离。而管理心理学认为,人际关系是组织环境中人与人之间的交往和联系。它既包括心理关系,也包括行为关系,是一群相互认同、情感相互包容、行为相互近似的人与人之间联结成的关系。

---

① 刘纯.旅游心理学.北京:科学出版社,2004:391.

（二）群体中人际关系类型

在群体中，我们探讨的人际关系主要有领导和成员之间的关系、成员和成员之间的关系以及成员与群体之间的关系。这些关系的形成和调整，对群体的士气和效益会产生不同程度的影响。

1. 领导和成员之间的关系

在正式群体中，领导往往是处于核心地位的。领导在群体中主要负责提出和制订群体的目标，并对群体活动进行组织、管理和控制。同时，领导的一言一行对群体成员有很大影响。成员情绪的高低、能力的发挥、需要的满足、期望的实现等都与此密切相关。[①]一般来说，在群体中领导和成员之间的关系绩效主要取决于领导者和成员在心理上是否一致以及一致的程度如何。一致的程度越高，关系就越融洽，相互肯定性的反应也就越高。反之，领导和群体成员之间就会出现冷淡甚至是敌视等反应，造成人际关系的恶化。

2. 成员与群体之间的关系

正式群体往往有严格的组织系统和规章制度，也有群体认同和群体舆论。社会心理学认为，要了解一个人、改变一个人和发展一个人都最好从他所属的群体着手，因为"近朱者赤，近墨者黑"。另外，人们只有在群体中才能彼此认识，并结成密切的关系。因此，群体不仅影响个体的行为，而且也影响个体之间的关系。

不可否认的是群体有良莠之分。一般来说，良好的群体对人际关系有积极的影响，由于群体取得了一定的成就，社会声誉较高，所以群体成员也会自然产生一种自豪感，这种自豪感可以产生较强的内聚力，成员较容易达到彼此的心理相容，结成融洽的人际关系。相反，不良的群体对人际关系产生消极作用，因为它没有明确的方向，也没有共同的目标和严格的纪律，成员之间矛盾重重、互相猜疑，从而破坏了良好的人际关系的建立。

3. 成员之间的关系

这是指在群体内通过个体之间的交往而形成的人际关系。需要是人们互相交往的根本原因。心理学家认为，每个人都需要别人，因此都具有人际关系的需求。但每个人需求的方式和内容不同。一般而言，人际关系的需求类型应该可以分为包容需求、控制需求和感情需求三种。

（三）人际关系的特点

人际交往作为一种社会现象，具有以下显著的特点：

1. 社会性

所谓社会性，是指人际交往本质上是社会的，是人通过社会关系表现出来的属性。人的社会性决定了人际交往的社会性。一个人从诞生之日起，就处在一个多维度的关系系统之中，而人的社会化过程就是社会关系扩展的过程。既有从血缘关系、地缘关系到业缘关系、趣缘关系、志缘关系，再到情缘关系、偶缘关系等的纵向发展，也有经济关系、政治关系、法律关系、伦理关系等的横向展开。在一个人的一生中，没有也不可能有无社会性的人际交往。

首先，人际交往的社会性由劳动决定。人们在劳动过程中，不仅要与自然界发生一定的关系，而且人与人之间也要发生一定的联系。劳动在促进人产生的同时，也使人际交往和人际关系得以产生。其次，人际交往总是在一定社会中进行的，受到各种各样的社会条

① 刘纯.旅游心理学.北京:科学出版社,2004:474.

件的制约。人际交往的广度和深度都与一定的社会生产力水平和生产关系状况联系在一起,超越一定社会历史条件的交往是不存在的。最后,人际交往的社会性是随着社会的进步而发展的。古代社会,人际交往的自然性大于社会性;现代社会,人际交往的社会性大大增强了。这是因为,现代科学技术使人得到了延伸,人与人之间交流和沟通的途径和手段越来越多,所涉及的交往范围也更加广泛,交往的内容更加丰富。正如人们所描述的,地球正在成为一个"村庄",个人也正在成为"国际人",通过现代交通工具和信息传递方式,"天涯若比邻"已经成为现实。

2. 主观性

所谓主观性,主要是指人际交往是以交往主体的心理需要为前提,以交往主客体是否获得满足的主观感受为尺度。主观性首先表现为选择性,也就是说,人际交往通常是基于人们的某种需要或为了满足某种目的而进行的有意识的活动,交往的需要和目的决定了人际交往具有选择性的特点。人们在交往过程中,由于需要满足的程度不同而产生的态度和体验就是情感。情感一般可以分为结合性情感和分离性情感。结合性情感表现为热情、友谊、喜欢、亲密、爱恋等,程度不同地带有相互吸引的特质。分离性情感表现为冷漠、嫌弃、厌恶、憎恨、敌对等,程度不同地带有相互排斥的特质。当然,肯定人际交往的主观性并不排斥它的客观性。

3. 复杂性

人际交往的复杂性首先表现为人际角色的复杂性。所谓人际角色,是指在个性的心理特点的基础上产生的与某一特殊位置有关联的行为模式。不同的关系主体分属不同的人际角色。不同的人际角色有不同的人际关系。尤其需要注意的是,同一关系主体,会表现出不同的人际角色,从而形成更为复杂的人际关系。关于这一点,美国社会心理学家 J. 霍姆斯的研究很有说服力。他曾描述了两个人组合交往的情境,如一个人叫约翰,另一个叫亨利。表面上看来,是约翰和亨利两个人在交往,实际是 6 个人在交往,即实际中的约翰(或亨利)、自我意识的约翰(或亨利)、亨利(或约翰)印象中的约翰(或亨利)。如果 3 个人、4 个人或更多的人进行交往,那么人际关系就会变得更加复杂了。法国管理学家格兰库纳斯提(V. A. Graicunas)出了一个计算群体中人际关系的公式:

$$人际关系 = n(2^{n-1} + n - 1)$$

其中,n 指一个群体的人数。

按照这个公式计算,2 个人交往时是 6 种关系,3 个人时是 18 种关系,4 个人时是 44 种关系,5 个人时是 100 种关系;当群体人数增加到 10 个人时,则人际关系变成 5210 种。

人际交往的复杂性还表现为人际交往的动态性。在一定意义上,人际交往是不断变化的,这种变化同人类发展的过程相似。一个人从出生开始,要经历少年、青年、成年等阶段,直到死亡。在此期间,人的社会关系处于变化之中,人们的交往环境也在变化。人们在变化中不断地结识新的交往对象,扮演新的交往角色,从而导致人际交往越来越复杂。

(四)人际交往的功能

所谓人际交往的功能,就是人际交往在现实生活中所显示出来的作用。从影响的范围分析,人际交往具有个体性功能和社会性功能两个方面。

人际交往的个体性功能是指人际交往对个人生存和发展的影响作用。其主要表现在以下三个方面:

1. 人际交往是促进个体社会化的主要途径

新生儿来到人世间时,对周围的事物一无所知,如果没有别人的帮助,连几个小时都活不成。人的这种先天不足只有通过社会化才能改善。所谓个体的社会化,是指个人通过加入社会环境、社会关系以及同社会环境、社会关系相互作用,由单纯的自然人转变为社会人的过程。一个人社会化程度的高低是衡量其成熟程度的尺度之一。

个体社会化的途径包括社会教化和个体内化两个方面。社会教化就是教育的过程,在这个过程中诱导个体去做那些保证使社会正常延续而必须做的事情。个体内化是个体接受社会影响并形成内在素质的过程,从这个角度来讲,社会化就是人们借以获得个性并学会其社会的生活方式的相互作用过程。社会教化和个体内化是相辅相成的,没有社会教化就谈不上个体内化;没有个体内化,社会教化也不可能实现。

人际交往是个体学习社会文化、掌握社会生存技能的必经途径。从个体生命诞生开始,父母就成为自己的交往对象,抚养和教育成为交往内容。蹒跚学步,牙牙学语,都离不开亲人的关怀。而亲人的关爱程度、行为方式又反过来成为自己学习的内容,影响到此后的成长。一旦个体的活动空间从家庭转移到学校,交往的对象也从亲人扩展到老师和同学,学习生活不仅是接受知识的过程,也是学习社会规范、学习如何做人的过程。进入社会以后,需要学习的内容更加丰富,人际交往的范围也更加大,人际交往在个体社会化方面的意义也从适应社会发展到改造社会。恰如古人所说:"三人行必有吾师,择其善者而从之,其不善者而改之。"

2. 人际交往有利于健全的自我意识的形成和发展

健全的自我意识和不健全的自我意识的区别,通常是以自我意识是否具有客观性、稳定性和内部结构的协调性来衡量。客观性是指自我意识与自我实际状况相符;稳定性是指自我意识前后一贯;内部结构的协调性是指自我认识、自我体验和自我调节之间的和谐与平衡状态。影响主体自我意识形成的因素很多,其中人际交往是不可缺少的方面。

首先,自我评价离不开人际交往。马克思指出:"人首先是把自己反映在另一个人身上。一个名叫彼得的人所以会把自己当作一个人来看,只是因为他把那一个名叫保罗的人看作自己的同种。"[①]就是说,一个人通过别人来认识自己,别人就是自己的镜子。这是因为,人的主体性产生了自我评价的可能性,人的社会性决定了自我对他人评价的依赖性。其次,自我体验离不开人际交往。个人对自己的态度体验,也是以他人对自己的态度为依据的。一个人从周围对自己的好感与恶感、喜欢与讨厌等态度中体验到自尊与自卑、自爱与自贱等自我情感。再次,自我调节受到人际交往的影响。在人际交往中,亲人、师长、朋友、同学等人对自己的期待会影响自我应有的期待。

3. 人际交往有益于个体的身心健康

美国心理学家马斯洛把爱与归属的需要列入人的基本需要之一。如果一个人在彻底的孤独中待很长时间,就会产生孤独感、空虚感,最后导致精神失常。动物学家曾经以恒河猴做过一个著名的"社会剥夺"试验。试验将猴子喂养工作全部自动化,隔绝猴子与其他猴子或人的交往,结果与有正常交往机会的猴子比较,缺乏交往的猴子明显缺乏安全感,不能与同类进行正常的交往,甚至本能的行为表现也受到严重影响。人际交往使人在情感交流

---

① 马克思. 资本论(第1卷). 北京:人民出版社,1963:25.

的过程中消除孤独感,增加快乐。培根曾经说过:"把你的快乐告诉一个朋友,你将得到两个快乐;而你如果把忧愁向一个朋友倾吐,你将被分掉一半忧愁。"

人际交往的社会性功能是指其对社会的存在和发展所产生的影响或作用,主要表现为:

(1)创造良好社会的心理气氛,净化单位人际环境。人与人的交往产生一定的社会心理气氛。良好的社会心理气氛使人心态平和,情绪开朗、乐观,单位的群体关系和谐有序;恶劣的社会心理气氛,使人心理焦躁,情绪压抑、苦闷,单位的群体关系紧张。正是基于这个认识,现代的企业管理把良好的人际环境营造作为管理的重要内容。

(2)增强群体合力,优化单位整体效应。恩格斯曾经说过,许多人协作,许多力量融合为一个总的力量,就造成了一个新的力量,这种力量和它的一个一个力量的总和有本质的差别。在现实中,整体效应主要表现为三种情况:整体大于部分之和;整体等于部分之和;整体小于部分之和。影响整体效应的因素很多,而良好的人际关系有利于增强群体的合力。这种合力的优势依赖于消除内耗、增大内聚力;形成互补,建立学习型机制;合理竞争、互相激励等。

二、人际关系的障碍及影响因素

人与人之间既有相互依存、相互吸引的一面,也有相互分离、相互排斥的一面。当相互依存占支配地位的时候,就表现为人际吸引;当相互分离占支配地位的时候,就表现为人际排斥。引起人际排斥的各种因素就是人际关系的阻碍。研究并消除人际关系阻碍,是增强人际吸引,改善人际关系的必要条件。[①]

造成人际关系障碍的因素有主观因素和客观因素两大类。

(一)主观因素

1. 性格因素

良好的性格会使人建立起广泛而和谐的人际关系,但自私、贪婪、虚伪、骄傲、阴冷等不良性格是发展人际关系的严重障碍,将成为人际排斥的主要根源。

2. 认识因素

认识因素是由于人们认识上的分歧而产生的人机排斥。人们对客观事物的认识不可能完全一致,认识上的分歧越大,态度的相似性就越小,自尊的需要就越不能得到满足,彼此之间就会相互疏远、相互排斥。

3. 情感因素

情感是建立人际关系的基础,积极的情感可以加深人际吸引,消极的情感是建立良好人际关系的障碍。如淡漠、厌恶、嫉妒等,都会严重破坏人际关系。

(二)客观因素

1. 社会因素

人际关系是社会关系的反映,它受到各种社会条件的制约。如阶级对立、行政限制、旧的传统习惯等都严重阻碍了人际关系的健康发展。

旅游心理学

---

① 刘纯.旅游心理学.北京:科学出版社,2004:486—487.

2. 阶层因素

阶层是一种普遍的社会现象,每个人都归属一定的社会阶层之中。从行政关系来讲,有官民之异;从经济关系来讲,有贫富之分。阶层差距越大,相互交往的可能性就越小。中国古代讲究的"门当户对"就是这种阶层因素的典型代表。在群体中,职务高者在职务低的人面前往往庄重一些,职务低的人在职务高的人面前往往拘谨一些。为了消除这种阶层障碍,组织的领导应注重上下沟通。

3. 职业因素

现代化生产的高度分工与协作,使人们长期局限于特定的社会领域进行独特的工作,往往个人交往受到很大限制。同时,职业的差异性也会导致人们相互之间往往缺乏共同的理想和语言,这样要发生交往自然也就比较困难。当然,就算是相同的职业,在竞争条件下也会产生对立,从而构成人际关系健康发展的障碍。

4. 年龄因素

人际吸引力一般来说随着年龄差别的扩大而减弱。人们的生理制约着人们的心理年龄。青年人朝气蓬勃、向往未来、追求明天;老年人情系往昔、缅怀昨天,他们的思想情趣、思维方式和行为方式有很大的差别,这就构成了两代人之间的隔膜与冲突。当然,年龄差别并不是不可逾越的障碍,人们的思想情绪、思维方法和行为方式并不仅仅是由年龄或生理状况所决定的。事业的共同需要和认识上的一致性不仅可以保证老中青团结奋斗,还可以促进老少之间的"忘年交"的结成。

三、建立良好的人际关系

(一)良好的人际关系的调节原则

1. 情感性原则

情感性原则是指建立人际关系必须以情感的融洽性为基础。人际关系不同于其他社会关系的根本特点就在于它是建立在人们的好恶情感基础之上的。建立良好的人际关系,不能靠政治制度、工作规范、工作纪律的强制性,更重要的是要真心实意地尊重、热爱、体贴别人。[①]

2. 主体性原则

主体性原则是指建立人际关系的主动性和主导性。每个人都应该去主动亲近别人、协调关系,如果谁也不愿意迈出第一步,那么要想建立良好的人际关系是根本不可能的。各级领导应充分发挥自己的主动性和主导性,打破办公室、会议室的禁锢,主动与广大群众建立良好的人际关系,并用自己正确的认识、健康的情绪和适合的行为引导交往的健康发展。

3. 择善而行原则

所谓择善原则,就是在人际交往中不能盲从行事,而要有选择地进行。不仅要"择其善者而从之,择其不善者而弃之",而且要"两害相权取其轻,两利相权取其重"。这里所说的善者,是指对社会、对他人、对自己无害或有益的人及其关系;所说的不善者,是指对社会、对他人、对自己无益或有害的人及其关系。首先,择善原则要考虑自己与交往对象相互的需要和行为是否有利于社会、有利于他人。有益则积极处之,有害则坚决放弃。其次,坚持

---

① 刘纯. 旅游心理学. 北京:科学出版社,2004:488.

择善原则,不仅要在善与恶、真与假、美与丑、是与非之间进行质的选择,而且要在善与善、真与真、美与美、是与是之间进行量的选择。选择即是舍弃。现代社会里,人际关系的复杂性和开放性使学会选择显得越来越重要。

4. 尊重性原则

尊重包括互相联系的两个方面:一是自尊;二是尊重他人。自尊就是在各种场合自重自爱,维护自己的人格;尊重他人就是重视他人的人格、习惯与价值,承认人际交往中双方的平等地位。尽管由于主客观因素影响,人在气质、性格、能力、知识等方面存在差异,但在人格上是平等的。人格平等一般是指尊重他人的自尊心和感情,不干涉他人的私生活,不践踏他人的人生权利。只有尊重他人才能得到他人的尊重。正所谓"不敬他人,是自不敬也"。与人相交要做到"高上等贵,不以骄人,聪明圣知,不以穷人,齐给速通,不争先人,刚毅勇敢,不以伤人"。

5. 宽容性原则

宽容性原则是指在处理人际关系时宽容厚道,对他人予以充分理解、体谅,不求全责备,要多看他人的善和功,多想他人的恩与德,做到宽以待人。的确,在人际交往中由于经历、文化、修养等差异的存在,因误会、不理解而产生矛盾是不可避免的。这就要求交往主体遵循宽容的原则,宽以待人,求同存异。宽容不是懦弱,懦弱是由于自身无力量而怕受别人欺负的人。宽容则是指具有宽阔的胸怀、对人豁达。心理学的研究证明,自信心越高的人,宽容度就越强。宽容是建立在理解和尊重基础上的,不仅能够容人所长,善于欣赏别人;也要容人所短,善于体谅别人。孔子说:"人不知而不愠,不亦君子乎?"当然,宽容并不意味着无原则的调和,中国传统道德在强调忠恕之时,更强调"宽而疾恶"。正是在这样的基础上,宽容有助于扩大交往空间,也有助于消除人与人之间的紧张和矛盾。

6. 适度性原则

所谓适度原则,主要是指人际交往中要注意行为得体、合乎分寸、恰到好处。也就是古人所讲的不偏不倚。适度原则制约和影响着其他原则,具有很强的普遍性。事实证明,许多人没有处理好人际关系的重要原因是不同程度地忽略了适度原则。适度原则体现在许多方面,其中常见的有:自尊适度、表现适度、忍让适度、热情适度、信任适度、谨慎适度、谦虚适度、幽默适度、豪爽适度、期望适度、言谈适度等。

(二)人际关系调节的方法

人际关系的调节,包括工作环境因素的改善和个性心理修养两个方面。从工作环境的改善来讲,主要调节以下方面:

1. 建立一个善于协调人际关系的领导核心

如果领导办事公道,就能促进友好和谐人际关系的建立。因此,在对管理者进行选拔的过程中,要求他们不仅是本行业的业务高手,还必须懂得管理,懂得如何将手下的员工紧密地团结在一起。有了这种管理能力,才能使组织成员行动协调、关系融洽,使整个群体处于一个"人和"环境之中。

2. 建立合理高效的群体结构

群体中如果结构合理,上下左右信息畅通,每位成员都能各得其所,各司其职,在工作岗位中发挥自己的才能,人际关系自然良好;相反,组织机构杂乱,成员之间责任心差,一旦发生问题就相互推诿责任,那么整体的工作效率自然低下,人际关系就会遭到严重的破坏。

3. 推行参与管理

在现代管理中,我们强调每个员工都是群体的主人翁,应该对群体的发展提出自己的建议,鼓励员工亲自参与企业的管理,让员工从中体会到自己的价值和责任,从而提高满足感;同时,这种参与管理也能促使管理者与被管理者之间的人际关系加以改善,使管理措施的执行也具有较可靠的基础。

4. 正确运用语言艺术加以沟通

语言是社会交往的工具,在交往中起重要作用。讲究语言的艺术,是培养交往能力的重要内容。首先,应正确运用语言,学会用清楚、简练、生动的语言表达自己的思想,养成对人用敬语、自己用谦语的习惯。其次,领导者要学会有效地聆听,耐心虚心倾听群体成员的讲话。最后,把握谈话技巧,要能吸引和抓住对方。交往中的话题内容和形式应适应对方的知识范围、经验,合乎对方的心理需要和兴趣;妥善运用赞扬和批评,使交往的氛围和谐友善;谈话要有幽默感等。同时还应注意讲话时的表情,掌握好节奏。

当然,语言沟通离不开非语言沟通,在某些情境下,非语言沟通的作用反而居于主导地位。中国有句古话"此时无声胜有声"就是这个意思。非语言沟通表现在面部表情、目光、微笑、手势、体态等。恰当地运用语言艺术,可以在交往中收到意想不到的效果。

5. 角色扮演

在人际关系中,假如每个人都能站在别人的立场上设身处地地为别人着想,那么肯定可以减少很多不必要的误会和冲突,维持和谐的人际关系。角色扮演法就是把人们从交往的主体角色转变为客体角色,通过体验客体角色的心理感受来调节自己的心理与行为,使人际关系不断改善。[①]

第三节　群体管理中的信息沟通

一、信息沟通的功能

沟通是人类社会交往的基本行为过程,人们具体沟通的方式、形式也多种多样。美国学者一项研究结果表明,对于什么是沟通,各家有各家的说法,关于沟通的定义竟然达一两百种之多。应该说,每种定义都从某个角度揭示出了沟通的部分真理。

《大英百科全书》认为:"沟通就是用任何方法,彼此交换信息,即指一个人与另一个人之间用视觉、符号、电话、电报、收音机、电视或其他工具为媒介,所从事之交换消息的方法。"

《韦氏大辞典》认为:"沟通就是文字、文句或消息之交通,思想或意见之交换。"

苏勇从管理学的角度,特别是从领导工作职能特性的要求出发,吸收了信息学的研究成果,认为:"沟通是信息凭借一定符号载体,在个人或群体间从发送者到接受者进行传递,并获取理解的过程。"

---

① 刘纯.旅游心理学.北京:科学出版社,2004:490.

美国学者黑贝尔斯（S. Hybels）、威沃尔（R. L. Weaver Ⅱ）在其最新的《有效沟通》一书中，将沟通进一步定义为："沟通是人们分享信息、思想和情感的任何过程。这种过程不仅包含口头语言和书面语言，也包含形体语言、个人的习气和方式、物质环境，即赋予信息含义的任何东西。"

对于一般沟通的定义，纵观以上一些定义，笔者认为，最后一个定义比较全面、确切和具有代表性。对于一般沟通，原则上完全可定义为：任何的一种信息交换的过程。沟通的过程必须由一些要素组成，沟通过程有失败与成功之分。从结果上讲，沟通存在着有效沟通与无效沟通两种。

在现代旅游企业中，沟通有很多的作用。

（一）沟通有利于决策的科学化

现代化管理的核心就是决策，而决策的过程，实际上就是对信息的控制和管理的过程。企业决策所需要的信息主要有两类：一是内部信息，包括管理队伍的结构和水平，各个部门之间的有机协调，企业的技术状况及经营成果等；二是外部信息，主要是指国家的政策、方针、法规以及市场信息等。对于管理者来说，信息掌握得越是全面，越是及时，决策的正确性也就越高。

（二）沟通有助于管理的民主化

沟通是员工参与民主管理的一个重要手段。在现代化管理中，光靠几个人的智慧进行决策总是具有一定的局限性的。因此，管理者应该利用各种渠道收集员工的意见。而且员工是生产服务在第一线的执行者，他们对旅游企业的各个环节比较了解，最有发言权。这样既有利于发挥群体的集体智慧，形成员工参与民主管理的集体气氛，又可以让员工了解管理者的意图，明确企业的目标，从而调动员工的积极性和创造性，充分发挥员工的主人翁责任感和自豪感。

（三）沟通有利于改善群体的人际关系

如上所述，沟通是群体成员的一种基本的心理需要，它是员工表达思想感情、寻求友谊和支持的重要手段。如果沟通渠道顺畅，那么就会增加群体成员之间的了解和信任，群体的人际关系也就会得到改善。

（四）沟通有利于改变员工的态度和行为

信息可以改变人们的知识结构。人们接收不同的信息，会形成不同的态度、产生不同的行为。在现代管理中，管理者要有的放矢，利用沟通这一媒介，发送适当的信息，以改变员工的态度和行为方式。

（五）沟通有利于促进管理体制的改革

一个企业想进行成功的改革，就必须充分利用各种信息渠道，发送大量的信息，创造出有利于改革的群体气氛，促进员工形成对改革的积极态度，提高员工对改革的"心理承受力"，也就是提高员工对于改革的适应、理解和支持程度。员工的心理承受力强一些，改革就会顺利一些。

（六）沟通有利于适应市场变化，有利于竞争

良好的沟通可以使企业在有关投资项目、产品服务销售等方面的决策适应市场变化的需要，从而避免时间和资金上的浪费，提高工作效率。如果离开了信息沟通，企业就会难以适应市场变化的形势，不能在竞争中取胜。

二、信息沟通的形式

(一)正式沟通和非正式沟通

1. 正式沟通

正式沟通是指按照组织文明规定的原则、方式进行的信息传递与交流,如组织内的文件传达、定期召开的会议、上下级之间的定期汇报以及组织间的公函来往等。正式沟通的优点是:沟通效果好,比较严肃,约束力强,易于保密,可以使信息沟通保持权威性。重要的消息和文件的传达都建议采取这种方式。其缺点就是因为依靠群体系统层层传递,所以相对刻板,沟通速度也比较慢。

2. 非正式沟通

非正式沟通指的是正式沟通渠道以外的信息交流和传递,它不受群体监督,自由选择沟通渠道。如群体成员私下交换看法、朋友聚会、传播谣言和小道消息等都属于非正式沟通。非正式沟通是正式沟通的有机补充,现代管理理论对此非常重视,认为非正式沟通往往能更灵活迅速地适应事态的变化,省略许多繁琐的程序;并且常常能获得大量通过正式沟通渠道难以获得的信息,真实地反映员工的思想、态度和动机。非正式沟通最大的缺点就是难以控制,传递的信息不确切,易于失真、曲解,而且它可能导致小集团的产生,影响群体的内聚力。

此外,非正式沟通还具有以下几个特点:第一,消息越新鲜,人们谈论得也就越多;第二,对人们工作有影响者,最容易招致人们谈论;第三,最为人们所熟悉者,最多为人们所谈论;第四,在工作中有关系的人,往往容易被牵涉到同一传闻中去;第五,在工作中接触多的人,最可能被牵涉到同一传闻中去。对于非正式沟通的这些规律,管理者应该给予充分肯定,以杜绝起消极作用的谣言的流传。[①]

(二)单向沟通和双向沟通

1. 单向沟通

单向沟通指的是信息发送者背向或以命令的方式面向接收者,一方只发送信息,一方只接收信息,双方无论在语言上还是感情上都不需要信息反馈。发布命令就是典型的单向沟通。

2. 双向沟通

双向沟通指的是信息的发送者以协商和讨论的姿态面对接收者,信息发送以后,还要及时听取反馈意见。必要的时候,发送者和反馈者还要进行多次重复交流,直到双方共同明确为止。与员工谈心、开座谈会、听取情况汇报等都属于双向沟通。

单向沟通与双向沟通各有利弊。从速度上看,单向沟通要比双向沟通快;从内容的正确性来看,双向沟通比单向沟通要准确;从表面的秩序来看,单向沟通显得安静规矩,而双向沟通则较吵闹、无秩序;在双向沟通中,发送信息的人所感到的心理压力较大,因为随时可能受到接收者的批评和挑剔。

根据上述分析,在管理中采取哪种沟通方式较为合适,必须因人因场合而定。[②]

---

①　刘纯.旅游心理学.北京:科学出版社,2004:413.
②　刘纯.旅游心理学.北京:科学出版社,2004:418.

（1）如果只重视信息传递的快捷与成员的秩序，采用单向沟通比较合适；

（2）大家熟悉的例行公事，向下级的命令传递也可采用单向沟通；

（3）如果要求工作的正确性高，重视成员的人际关系则宜采用双向沟通；

（4）处理新问题和上级组织的决策，双向沟通效果较好。

（三）横向沟通和纵向沟通 [①]

1. 横向沟通

横向沟通指的是在群体系统中层次相当的个人及群体之间所进行的信息传递和交流。在企业管理中，横向沟通又可分为四种类型：一是企业决策阶层与工会系统之间的信息沟通；二是高层管理员之间的信息沟通；三是企业内各部门的信息沟通与中层管理人员之间的信息沟通；四是一般员工在工作和思想上的信息沟通。横向沟通既可以采用正式沟通的形式，也可以采取非正式沟通的形式。

横向沟通具有很多优点：第一，它可以加速信息的流动，使办事程序、手续简化，节省时间，提高工作效率。第二，它可以使企业各个部门之间相互了解，有助于培养整体观念和团结合作精神，并为实现组织的目标而协调各方面的努力。第三，它可以增加员工之间的互谅互让，培养员工之间的友谊，满足员工的社会需要，使员工提高工作兴趣，改善工作态度。其缺点表现为：横向沟通头绪过多，信息量大，容易造成混乱。此外，横向沟通尤其是个体之间的沟通也可能成为职工发牢骚、传播小道消息的一条途径，造成涣散士气的消极影响。

2. 纵向沟通

纵向沟通可分为下行沟通和上行沟通。

（1）下行沟通。下行沟通主要是指群体中的上级对下级所进行的沟通。例如将群体的目标、计划、方针等传达到基层，发布任免消息等。下行沟通的优点是它可以使下级主管部门和群体成员及时了解组织的目标和领导意图，增加群体的向心力和成员的归属感。它可以协调内部各个层次的活动，加强组织原则和纪律性，使组织机器正常运转。下行沟通的缺点是：如果这种渠道使用过多，会在下属中造成上级高高在上、独裁专横的印象，使下属产生心理抵触情绪，影响群体的士气。此外，由于来自最高决策层的信息需要经过层层传递，容易被耽误，有可能出现信息遗漏或信息曲解、失真的情况。

（2）上行沟通。上行沟通主要是指群体成员和基层管理人员通过一定的渠道与管理决策层所进行的信息交流。它有两种表现形式：一是层层传递，即依据一定的组织原则和组织程序逐级向上反映。二是越级反映，指的是减少中间层次，让决策者和群体成员直接对话。上行沟通的优点是：员工可以把自己的意向向上级反映，获得一定程度的心理满足；管理者也可以利用这种方式了解企业的经营状况，与下属形成良好的关系，提高管理水平。上行沟通的缺点是：在沟通的过程中，下属因为级别不同造成心理距离，形成一些心理障碍，或者因为种种顾虑不愿意反映意见。同时，有时由于特殊的原因经过层层过滤，导致信息的歪曲，出现适得其反的结局。这种沟通经常受到沟通环节上的主管人员的阻碍，他们不把所有的信息，特别是不利的消息向有关方面传送。

就比较而言，下行沟通比较容易，居高临下，甚至可以利用广播、电视等通信设施；上行沟通则困难一些，它要求基层领导深入实际，及时了解情况，做细致的工作。一般说来，传

① 刘纯.旅游心理学.北京：科学出版社，2004：418—419.

统的管理方式偏重于下行沟通,管理风格也比较专制;而现代化管理方式则是下行沟通与上行沟通并用,增加员工参与管理的机会,同时也十分强调信息反馈。

（四）书面沟通和口头沟通[①]

1. 书面沟通

书面沟通是用书面形式所进行的信息传递与交流。在群体内书面沟通有备忘录、简报、书面通知、刊物、调查报告等。对外则有市场调查文卷、广告、员工招聘启事及发布新闻等。

书面沟通的优点是:它可以长期保存下来,具有一定的严肃性和规范性,不容易在传递过程中被歪曲;书面沟通能促进政策和程序的一致,在有些情况下,还能减少费用。在表达方式上,它往往比口头表达更为详细,接收者可以按照自己的速度慢慢阅读。其缺点是:书面沟通的时效有限,不能及时提供反馈信息,适应情况的应变能力,往往难以达到预期的效果。

2. 口头沟通

口头沟通是运用口头表达来进行的信息传递与交流。在群体内有面对面的谈话,各种会议、教育培训中心的授课、演讲等;对外则有街头宣传、推销访问、口头调查、与其他组织间的洽谈会谈、向外发表演说等。

口头沟通的优点是:能够充分、迅速地交换意见,人们可以提问并澄清疑点,并可马上获得对方的反应,具有双向沟通的好处,且富有弹性,可以随机应变;沟通双方可以进行情感交流,增加亲切感,提高沟通效果。口头沟通的缺点主要是:沟通范围有限,尤其是在群体沟通场合使用起来有困难;由于沟通双方缺乏深思熟虑而且口头沟通的随机性较强,使得发送者和接收者有时会提出一些不应提的问题,传递一些"多余的"信息而影响效率;此外由于采取的是面对面的交流方式,所以也会增加彼此的心理压力,造成心理紧张,影响沟通效果。

传统的管理方式比较重视对物的控制,而忽视人的因素,因此一般比较强调书面沟通。而在现代管理中,口头沟通的作用得到了重视。因为利用适当的口头语言,面对面地交换意见,不仅可以及时地传递信息,而且可以联络感情,融洽人际关系,此外还可以确保信息的准确性。

三、信息沟通的网络

在沟通的过程中,信息传递者直接或间接地将信息传给接收者,这就产生了沟通渠道的问题,所以不同的沟通渠道就组成了不同的结构形式,称为沟通网络。

（一）正式沟通网络

正式沟通网络一般是垂直的,以遵循权力系统。在正式沟通网络中,一般可分为五种基本类型:链式信息沟通网络、环式信息沟通网络、Y式信息沟通网络、轮式信息沟通网络和全通道式信息沟通网络。任何一种信息沟通网络都有其优点,也有其不足之处,应该在管理中根据实际情况加以选择运用。

---

①　刘纯.旅游心理学.北京:科学出版社,2004:414—415.

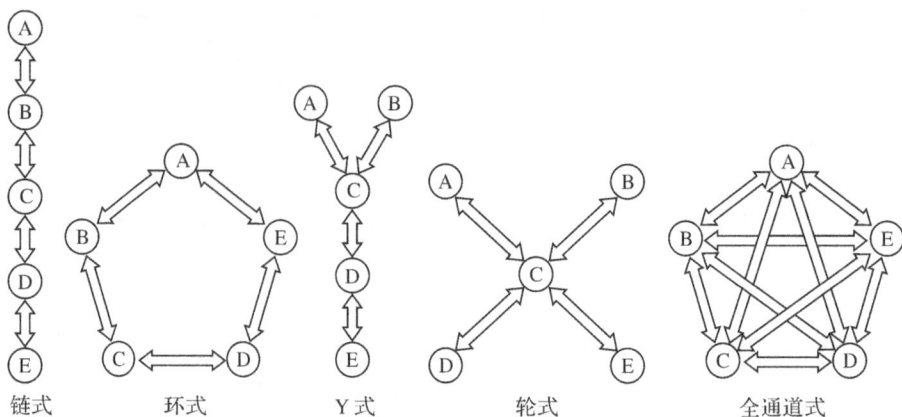

| 链式 | 环式 | Y式 | 轮式 | 全通道式 |

图 12-1　正式沟通网络的五种类型

1. 链式信息沟通网络

这是一个平行网络,其中居于两端的人只能与内侧的一个成员联系,居中的人则可分别与两人沟通信息。在一个公司系统中,它相当于一个纵向沟通系统,代表一个等级层次,逐级传递,即信息可自上而下或自下而上进行传递。在这个网络中,信息经层层传递,容易失真,各个信息传递者所接受的信息差异很大,平均满意程度有较大差距。此外,这种网络还可表示组织中主管人员和下级部属之间中间管理者的组织系统,属控制结构。

在管理中,如果某一组织系统过于庞大,需要实行分权授权管理,那么链式的沟通网络是一种行之有效的方法。

2. 环式信息沟通网络

此形态可以看成是链式形态的一个封闭控制结构,表示 5 个人之间依次联络和沟通。其中,每个人都可以同时与两个人沟通信息。在这个网络中,组织的集中化程度和领导人的预测程度都较低,畅通渠道不多,组织中成员具有比较一致的满意度,组织士气高昂。如果在组织中需要创造出一种高昂的士气来实现组织目标,环式沟通是一种行之有效的措施。

3. Y式信息沟通网络

这是一个纵向沟通网络,其中只有一个成员位于沟通内的中心,成为沟通的媒介。在组织中,这一网络大体相当于组织领导、秘书班子再到下级主管人员或一般成员之间的纵向关系。这种网络集中化程度高,解决问题速度快,组织中领导人员预测程度高。除中心人员外,组织成员的平均满意程度较低。此网络适用于主管人员的工作任务十分繁重,需要有人选择信息,提供决策依据,节省时间,而又要对组织实行有效的控制。但此网络易于导致信息曲解或失真,影响组织中成员的士气,阻碍组织提高工作效率。

4. 轮式信息沟通网络

这种沟通网络属于控制型网络,其中只有一个成员是各种信息的汇集点与传递中心。在组织中,大体相当于一个主管领导直接管理几个部门的权威控制系统。此网络集中化程度高,解决问题的速度快。但沟通的渠道很少,组织成员的满意程度低,士气低落。

该网络是加强组织控制、争时间、抢速度的一个有效方法。如果组织接受紧急任务,要求进行严密控制,则可采取这种网络。

5. 全通道式信息沟通网络

这是一个开放式的网络系统,特别是在互联网(Internet)和内联网(Intranet)应用日益广泛的今天。其中每个成员之间都有一定的联系,彼此了解。此网络中组织的集中程度很低。由于沟通渠道很多,组织成员的平均满意程度高且差异小,所以士气高昂,合作气氛浓厚。这对于解决复杂问题,增强组织合作精神,提高士气均有很大作用。但是,由于这种网络沟通渠道太多,易造成混乱,且又费时,所以影响工作效率。

(二)非正式沟通网络

群体中有些消息往往不是通过正式渠道进行传播的,而是通过非正式渠道传播的。非正式沟通网络常常被称为小道消息的传播,它可以自由地向任何方向运动,跳过权力等级,在促进任务完成的同时,满足群体成员的社会需要。其中最为典型的就是小道消息。小道消息常常与管理部门承认的正式的沟通路线相交叉。小道消息的传播方式有很多种。首先是单线式传播方式,它通过一连串的人把消息传播给最终的接受者;其次是流言式,主要指的是一个人主动把小道消息传播给其他人;再次是偶发式,是一种因偶然的机会传播的小道消息;最后是集束式,指的是把小道消息具有选择性地告诉自己的朋友或有关的人。

通过观察,可提出小道消息系统的几个特点:[①]

(1)一般认为,小道消息是通过口头交谈沟通信息的。无论如何,文字性的便函和电报通信等也有助于信息传递。

(2)组织常常有几个小道消息系统,其中某些可能松散地联系着。

(3)小道消息既可以传递与组织工作有关的信息,也可以传递与个人有关的流言蜚语。在许多时候,这两种情况很难区分。

四、沟通的障碍和控制

(一)沟通障碍

沟通障碍是管理人员最关注的问题之一,因为沟通障碍往往是那些深层次问题的征兆。因此,有见识的管理人员首先去寻找沟通发生问题的原因,而不是处理表面现象。障碍可能存在于发送者方面,或存在于接收者方面,或存在于信息反馈方面。

1. 个人因素

个人因素包括个体的个性差异、个体的心理素质和心理品质以及个体对信息的态度等。

(1)个性因素所引起的障碍。信息沟通在很大程度上受个人心理因素的制约。个体的性格、气质、态度、情绪、见解等的差别,都会成为信息沟通的障碍。

(2)沟通者的畏惧感以及个人心理品质也会造成沟通障碍。在管理实践中,信息沟通的成败主要取决于上级与下级、领导与员工之间的全面有效的合作。但在很多情况下,这些合作往往会因下属的恐惧心理以及沟通双方的个人心理品质而形成障碍。一方面,如果主管过分威严,给人造成难以接近的印象,或者管理人员缺乏必要的同情心,不愿体恤下情,都容易造成下级人员的恐惧心理,影响信息沟通的正常进行。另一方面,不良的心理品质也是造成沟通障碍的因素。

---

① 刘纯.旅游心理学.北京:科学出版社,2004:424

（3）对信息的态度不同所造成的障碍。这又可分为不同的层次来考虑：一是认识差异。在管理活动中，不少员工和管理者忽视信息作用的现象还很普遍，这就为正常的信息沟通造成了很大的障碍。二是利益观念。在团体中，不同的成员对信息有不同的看法，所选择的侧重点也不相同。很多员工只关心与他们的物质利益有关的信息，而不关心组织目标、管理决策等方面的信息，这也成了信息沟通的障碍。

（4）知觉选择偏差所造成的障碍。接收和发送信息也是一种知觉形式。但是，由于种种原因，人们总是习惯接收部分信息，而摒弃另一部分信息，这就是知觉的选择性。知觉选择性所造成的障碍既有客观方面的因素，又有主观方面的因素。客观因素如组成信息的各个部分的强度不同、对受讯人的价值大小不同等，都会致使一部分信息容易引人注意而为人接受，另一部分则被忽视。主观因素也与知觉选择时的个人心理品质有关。在接受或转述一个信息时，符合自己需要的、与自己有切身利害关系的，很容易听进去，而对自己不利的、有可能损害自身利益的，则不容易听进去。凡此种种，都会导致信息歪曲，影响信息沟通的顺利进行。

（5）个体记忆不佳所造成的障碍。

2. 人际因素

人际因素主要包括以下两个方面：

（1）沟通双方的相互信任程度和相似程度。沟通是发送者与接收者之间"给"与"受"的过程。信息传递不是单方面，而是双方的事情，因此，沟通双方的诚意和相互信任至关重要。在组织沟通中，当面对来源不同的同一信息时，员工最可能相信他们认为的最值得信任的那个来源的信息。上下级之间的猜疑只会增加抵触情绪，减少坦率交谈的机会，也就不可能进行有效的沟通。沟通的准确性与沟通双方间的相似性也有着直接的关系。沟通双方的特征，包括性别、年龄、智力、种族、社会地位、兴趣、价值观、能力等相似性越大，沟通的效果也会越好。

（2）知识、经验水平的差距所导致的障碍。在信息沟通中，如果双方经验水平和知识水平差距过大，就会产生沟通障碍。

3. 结构因素

（1）信息传递者在组织中的地位、信息传递链、团体规模等结构因素也都影响了有效的沟通。许多研究表明，地位的高低对沟通的方向和频率有很大的影响。例如，人们一般愿意与地位较高的人沟通。地位悬殊越大，信息趋向于从地位高的流向地位低的。信息传递层次越多，它到达目的地的时间也越长，信息失真率则越大，越不利于沟通。

（2）组织机构庞大，层次太多，也影响信息沟通的及时性和真实性。合理的组织机构有利于信息沟通。但是，如果组织机构过于庞大，中间层次太多，那么，信息从最高决策传递到下属单位不仅容易产生信息的失真，而且还会浪费大量时间，影响信息的及时性。同时，自上而下的信息沟通，如果中间层次过多，同样也浪费时间，影响效率。有的学者统计，如果一个信息在高层管理者那里的正确性是100％，那么到了信息的接收者那里可能只剩下20％的正确性。这是因为，在进行这种信息沟通时，各级主管部门都会花时间把接收到的信息进行甄别，一层一层过滤，然后有可能将断章取义的信息上报。此外，在甄选过程中，还掺杂了大量的主观因素，尤其是当发送的信息涉及传递者本身时，往往会由于心理方面的原因造成信息失真。这种情况也会使信息的提供者望而却步，不愿提供关键的信息。因此,如果组织机构臃肿,机构设置不合理,各部门之间职责不清,分工不明,形成多头领导,或因人设事,人浮于事,就会给沟通双方造成一定的心理压力,影响沟通的进行。

（二）建立有效的沟通制度

沟通的技巧和方法固然重要,但我们应该明白沟通不仅仅是一种临时性的技巧和方法,而且是一种组织制度,要获得有效的沟通效果必须有制度性的措施。因此,旅游企业应该针对本企业的特点及发展的需要,对企业内原有的沟通制度进行不断的改革和补充。

1. 建立常用沟通形式

为使管理人员和全体员工更好地了解企业的情况,可以在公司的内部刊物中开辟一个专栏,刊载员工们的不满和意见,或是印发一些小册子等,还可以建立定期的例会制度,使有关的工作情况在会上得到及时沟通。经常召开员工会议,让各类员工聚集在一起,发表意见和提出看法,这是非常有价值的沟通形式。这种员工会议不是指每年一两次的员工代表大会,而是针对具体问题,利用会议形式鼓励大家发表意见。例会制度在企业中一般都有,但绝大多数例会属于同级人员的聚会,信息沟通因此而受到限制。相反,员工会议则应由一定范围内的管理人员和普通员工共同参加,实行不同等级的成员直接接触、直接沟通。

2. 建立合适的建议制度

这项制度主要针对企业内的普通员工,鼓励他们就任何关心的问题提出意见,实际上也是为了避免向上沟通的信息被滤掉所采取的强行向上沟通的办法。因此,单纯的鼓励是不够的,因为等级和权力的差别肯定会形成阻碍。企业内必须建立一套有效的建议制度,保证强行向上沟通,诸如接待日、意见箱、领导者直接深入基层、物质奖励等。只要有经常性的沟通制度,公司员工的向心力和凝聚力就会增强,员工就会把公司看成自己的家,就会热心参与公司的一切事务。由于员工们心情舒畅了,所以工作效率和机构效能也会提高。

3. 注重沟通的艺术性,提高沟通的效果

在沟通中,首先要学会控制自己的情绪,这就是所谓的情商的高低问题。要能控制自己的情绪,即使对方有些蛮不讲理,也不可大动干戈,气恼不止,而应冷静应付,必要时以不变应万变。由于应变环境在变化,对方也是运动多变的,所以自己应有应急思维和能力,及时调整对策,善于在变化中把握自己,知识面要广、反应要快,所需的论据和材料能信手拈来。

另外,在沟通的过程中可以巧妙地运用恰当的手势、神态、表情,这些方式能有效增强讲话的信度和力度,如手掌的挥动、头部的轻度偏移、掌合胸前、微笑等,但要避免双手交叉于胸(有防范之意)、抖动二郎腿(有高傲或无聊之嫌)。

4. 沟通的过程中要注意尊重别人,尤其是在个别谈话中

个别谈话要尽量使人更觉私人化,同时也能照顾对方的面子和感受,使对方易于接受。特别是批评对方时,此法能收到事半功倍之效。搭台唱戏,如某些谈判场合,有位长者在座,虽不需多语,却能收效多多;重要的谈判场合,有两人一唱一和,更觉合璧生辉。对事不对人,凡事要冷静正确对待,就事论事,公正公平,求大同存小异,绝不能带有个人偏见或成见。礼轻意重,恰当得体的一声问候、一件小礼物,更能唤起人的亲切之感,拉近距离,为将来的愉快沟通做好铺垫。节日前夕、生日之时,是采用此法的最佳时机。

总之,要实现高效的沟通,领导者还须在实践中不断提高自己。作为领导,工作思路要清晰,态度要诚恳,特别是应急思维要强,以便及时调整应对策略。

第二十一章 青年和女性员工的心理特点与管理

青年和女性员工是旅游企业从业人员中的主力军,由于年龄和性别因素,他们有着自身独特的心理特点。掌握其心理规律,对旅游人力资源管理有着十分重要的意义。

第一节 青年员工的心理特点

一、青年的一般心理特点

人自出生以来,一般要经历婴幼儿、童年、少年、青年、中年、老年各个阶段。青年期一般指 15 到 25 岁,青年期又可分为青年初期和青年晚年。前者指 18 岁以前的一段时期,相当于高中学习时期,这也是青春发育时期;后者指 18 岁以后,进入大学学习或社会参加工作时期。随着青年身体上的发育成熟,心理方面也具备此阶段的独特性。

（一）个性基本形成

青年有自己的理想,憧憬美好的未来。这增强了他们的进取心,使他们积极向上,奋发有为,充满青春活力;但是,也使他们急于求成,脱离实际,甚至在踏上社会遇到困难与挫折时,产生徘徊、苦闷与失望的心境。青年的兴趣更加广泛而稳定;自我意识已基本成熟,青年的自我评价、自我教育与自我控制的能力已达到较高的水平;青年的世界观正逐步形成,他们对自然、社会、生活、学习与工作都逐步形成比较稳定、比较系统的观念。

（二）智力发展已达高峰

人的智力发展在青年期已达到成熟阶段。青年的感知觉在内容上更丰富,在范围上更复杂,在感受性方面更敏锐;青年的观察力更富有目的性与系统化,观察更全面、深刻;青年期是记忆发展的黄金时代,识记快、保持久、回忆准确;青年的抽象思维已经形成,这标志着青年智力发展成熟;青年的思维批判性与思维独立性有明显的增强,广阔性与深刻性随着生活与实践的范围扩大而得到发展,青年开始用批判的眼光看待周围事物,他们有自己的独立见解,喜欢怀疑和争论,但有时却显得较为固执。

（三）情感日益丰富

青年的情绪表现出丰富性、强烈性、不稳定性、心境化等特点。青年的集体主义、爱国主义情感、义务感、道德感、美感已有了很大发展,爱情体验也已出现。青年遇事容易激动,或者兴奋、振奋，或者消沉、泄气，情绪稳定性较差，有时还出现盲目性。

（四）意志行动目的性与坚持性获得重要发展

青年的意志行动目的性是明确的，在青年采取意志行动时，已经意识到动机与效果的统一；由于知识经验的丰富、抽象思维的成熟，青年在执行意志行动的决定中是比较稳定的。随着青年的认识水平与自我意识的进一步发展，他们对生活、学习与工作的目的性与自觉性有了很大的提高，他们在自己理想的支配下，能够克服前进道路上的困难，排除外因的引诱，表现出坚强的毅力。

二、青年的职业心理特点

青年群体是一个特殊的年龄群体。青年员工是生产经营活动中的一支生力军，是企业发展的希望。目前，大多数企业 35 岁以下的青年员工占职工总数的 80％。因此，了解青年员工的心理特点，对于企业生产发展和技术进步有着十分重大的意义。在中国社会转型时期，青年群体也由过去的青年学生、青年农民、青年工人、青年知识分子演变成多种职业、多种身份的群体。进入社会各个不同的阶层，分析当代青年的职业心理，发现其主要有以下特点：

（一）自我意识增强

自我意识是一个人对于自身的认识，对于自己与周围人、事物的关系的认识。它包括认识上的自我观察、自我分析、自我评价，感情上的自信感、自尊感，以及意志与活动方面的自我检查、自我控制。这是人类特有的高级心理活动形式，它是社会的产物，反过来又作用于社会，指导个体适应社会生活，并对周围环境产生积极影响和作用。由于青年员工的文化素养和科技素质的不断提高，认识事物和适应环境的能力日益增强，因而自我意识也逐渐得到增强。在价值取向上，青年员工呈现出务实、宽容和多元的特点。青年员工十分注重自我价值的实现，希望并渴望有一个能够充分发挥自己才能的空间，做自己想做的事，并能得到社会的承认和尊重。

（二）集体意识增强

现代化的大生产实行流水作业，以群体方式进行，这就要求员工间必须相互配合、协调一致。工作环境使青年员工逐步养成团结协作精神和组织纪律性，集体意识逐步增强。一般来说，青年员工在对集体劳动适应后，心理最大的变化是集体荣誉感和集体意识的显著增强。首先，青年员工在适应集体劳动过程中，已经与自己的集体建立了感情，树立起干好自己工作的信心和为集体争光的决心；其次，青年员工的劳动方式和青年人特有的好胜心进一步强化了他们的集体荣誉感和集体意识。

（三）富有理想与讲求实际并存

自我意识增强是青年员工产生理想的心理基础，个人理想总是在一定社会影响下形成的。一般说来，青年时期往往开始思索人生的意义及自己在社会中应起的作用，并展望未来，由此产生了高于生活的理想。这种理想，对青年的活动有着重大影响，可以推动他们去克服困难，不断创造开拓，使理想变为现实。青年员工一方面与其他青年一样处于富于理想阶段，另一方面在实际生活中，青年员工，不仅要看你怎么说，还要看你怎么做，十分注重实际。他们在对待语言与行动、理想与现实、理论与实践、精神与物质、长远与当前等关系上，往往既看前者，又看后者，他们评价政策和个人行为往往以能否创造价值、满足社会需要为尺度,这是一种"求实"的心理倾向。

(四)自尊心与自卑感并存

青年时期,由于身心的迅速发展,带来了自我认识上的强化,因此对别人如何评价自己比较敏感,自尊心和自信心明显增强。要强好胜是青年员工自尊心的突出表现。他们希望领导采纳自己的建议,希望领导以平等的态度对待他们,希望不要在公开场合批评自己;更要求自己的劳动成果和付出的努力得到集体和社会的承认;对社会、对国家、对工作、对人生、对婚姻以及个人的生活方式都有自己的认识。青年员工的自尊心比一般人更突出。但是,在一部分青年员工身上,由于过度的自尊,又容易滑向自卑。特别是一些青年员工,由于文化程度不高,从事一些基层工作,看不起自己的职业,感到工种差,低人一等,常常流露出自卑情绪,缺乏青年应有的锐气和上进心。因此,教育青年员工克服自卑心理,关键在于因势利导地发挥青年员工的自尊心中的积极因素,克服自尊心中的消极因素。

(五)兴趣广泛与职业化并存

青年的兴趣有着鲜明的时代感,并深深烙着时代的痕迹。青年员工普遍具有求知、求富、求乐、求异的兴趣特点。一方面,他们同其他青年一样对自然世界和社会生活的各个方面都会产生兴趣;另一方面,由于他们走上工作岗位,职业确定下来,一切变得实在、具体,所以他们把主要精力投入到所从事的工作中。

从青年生理、心理特点来看,青年时期是一个人身体迅速发育成长、心理日臻成熟时期,是富于好奇心、幻想与发散思维时期,也是理想、信念和世界观逐步形成时期。青年思维的发散性特点,会使其兴趣呈现易逆反走向的多样性、时新性。爱因斯坦说过:热爱是最好的老师。兴趣是事业的入门向导,青年多样的、广泛的、热烈的、时新的兴趣特点,是推动青年成才、事业成功的巨大动力。

近年来,青年的物质兴趣向着"实惠"方面发展,出现了对身体健康投资和高档用品投资的倾向;对精神方面的兴趣更加突出与广泛,求知欲强,视野开阔,不少青年业余文化生活的兴趣热点呈现出"知识型"特色;青年职工渴望信息交流,渴望被人所理解,对社交活动的兴趣浓厚。青年兴趣是青年心理动力结构中的重要成分,它既有积极的方面,也有着不可低估的消极方面。因此,必须针对不同类型青年员工的兴趣特点采取不同的方法进行思想工作。

260

第二节　青年员工的异常心理分析与管理

一、青年员工的异常心理表现

在中国,青年在工作经验、知识积累、财富、住房、人际关系资源等方面并不占优势,正如《到 2000 年及其后世界青年行动纲领》所指出的:青年是社会重大变革的推动者、受益者和受害者。由于自身生理因素和社会因素的共同影响,青年也出现了一些异常心理。

（一）青年员工一般异常心理

1. 冲动性与散漫性

青年很容易动感情，情绪、情感比较强烈，遇事缺乏冷静、容易冲动，处理问题冒失、轻率、不顾后果；往往遇到一件稍为触动感情的事，就容易被感动，或者振奋起来，或者极为伤感。青年的情绪来得快，平息得也快，常常是暴风骤雨式。有心理学家说过："青年期是疾风怒涛的时期。"这种特点有时也会带来情绪上的不稳定，好冲动、盲目的狂热和不顾后果的蛮干，这是一种非常有害的性格表现。

一些青年员工还常常表现出散漫性格。这类人最典型的特征是不愿意受集体组织的约束，目无组织，目无领导，各行其是，最好是谁也管不着自己，把集体约束看成是痛苦。对组织分配的工作，讨价还价，甚至不愿意参加集体生活，乐于个人单独行动。

2. 动摇性与盲目性

自觉地调节自己行为的心理过程是意志过程。一个青年的性格有没有自觉性的意志特征，一般可以从三个方面来区分：一要看他是否有远大的目标；二要看他是有计划性还是盲目性；三要看他是积极主动还是消极被动。行动的目标性是具有自觉性的主要特征，没有行动的目标性，就谈不上什么计划性和主动性。一个青年没有目标就没有前进的方向，就会陷入盲目。

动摇性是与果断性相反的心理特点。不果断的人容易动摇。这种动摇的人，往往对一件事，或是轻率、匆忙地做出决定，表现为轻举妄动；或是犹豫不决，迟迟不能做出决定，表现为患得患失，踌躇不前；这样动摇的性格是消极不利的。

3. 顺从性与怯懦性

顺从性是与独立性相反的性格特征。具有顺从性格的青年员工，容易受到别人的暗示，别人说什么他就听什么，没有自己的主见，容易立场动摇，成为人云亦云的"墙头草"，这种性格是意志薄弱的表现。

性格上的勇敢，是指一个人不怕威胁生命或个人幸福的危险，而力求达到目标的决心和技能；和勇敢相反的性格是胆小、怯懦。这种人遇到危险就恐惧、躲避，很容易做出违背自己本分的行为。

（二）青年员工心理危机的时代特点

心理危机是指个人愿望未能实现、需要不能满足时所引起的主观体验和相应的一系列反应，包括生理变化和外部行为的非正常表现。凯普兰（G. Caplan）是心理危机干预研究的鼻祖，他认为，当一个人面对困难情境，而他先前处理问题的方式及其惯常的支持系统不足以应对眼前的处境，即他必须面对的困难情境超过了他的能力时，这个人就会产生暂时的心理困扰，这种暂时性的心理失衡状态就是心理危机。心理危机标志着一个人正在经历生命中的剧变和动荡，它会暂时地干扰或破坏一个人习以为常的生活模式，其特征是高度紧张，伴之以焦虑、挫折感和迷茫感。心理危机会造成员工心理上的伤害，导致行为上的缺陷，甚至导致精神分裂、心理疾病或行为失常；对企业而言，员工的心理危机还会影响企业的工作效率，引发各类事故，有损企业信誉和形象，妨碍企业发展，因此对员工的心理危机要引起高度的重视。

困难情境是指一个人赖以生存和发展的基本需要和供给发生了变化。这些变化可能是负面的，如天灾人祸造成的损失；也可能是正面的，如一夜暴富、没有做好心理准备的升迁、搬家等;有的变化是已经发生了的,有的变化是尚未发生的。一般来说,个体赖以生存和发展的基本供给包括生理供给、心理供给和文化供给三个方面。当然,一个人能否产生心理危机,不仅取决于他是否正在经历或即将经历基本供给的改变,更重要的是取决于他对自己应对困难情境能力的评估。心理危机研究者们常常根据危机刺激的来源将危机分为两大类:

第一类,成长性危机。也称为发展性或内源性危机、内部危机、常规性危机。人生是由一系列连续的发展阶段组成的,每个阶段都有其特定的身心发展课题。当一个人从某一个发展阶段转入下一发展阶段时,他原有的行为和能力不足以完成新的课题,新的行为和能力尚未建立起来,于是会使他陷入行为和情绪的混乱无序状态。青年进入社会后,其角色发生了变化,但其心理却仍未准备好迎接这种变化,常常会出现一些危机。

第二类,境遇性危机。也称外源性危机,或环境性危机,或适应性危机,是指由外部事件引起的心理危机,这也是青年员工经常遭遇到的。青年员工在进入社会后,其角色发生了变化,面对改革开放的社会,心理上出现了种种危机。

归纳当代青年心理危机的种种表现,有以下时代特点。

1. 软弱性

在社会转型中,一部分青年员工由于各种原因,发展不顺,表现出悲观、失望、消沉情绪,缺乏战胜困难的坚强意志和信念,其意志品质表现出软弱的一面。

2. 认知困惑

改革开放后,面对纷呈繁复的现象,表现出认知价值的困惑,对国家未来前景的预期较为模糊;而对社会中存在的种种丑恶现象,看不惯、想不通、不理解,继而出现了认知方面的困惑。

3. 自我为中心

当代青年员工的自主和独立意识明显增强,但是激烈的竞争却造成了人际关系紧张,带来青年以自我为中心的个性特征,往往只关心自我而不顾及他人、集体利益,希望挣脱组织纪律的约束。

4. 抗挫折力弱

人生难免有挫折,青年员工,尤其是新一代独生子女青年,由于社会环境和家庭教育环境,他们抗挫折的耐受力普遍弱。不受挫折是不理想的,也是不可能的;超过容忍力的挫折,又会引起心理失常,甚至心理疾病,从而导致情绪低落、意志消沉,甚至发生自杀等意外事故。这是青年员工心理不成熟、认知水平低、意志较为薄弱,且缺少磨砺,加上社会各方面的压力过大,超过青年员工的心理承受能力所造成的。

5. 心理失衡

在社会转型时期,商品经济和东西方文化观念冲突,造成了整个社会价值观念较为混乱,使得青年员工的价值困惑不断加剧,部分青年员工出现理想淡化、精神失落、心理失衡的情况,有的甚至沉溺于物质享受之中。

二、青年员工心理危机原因分析

(一)自身原因

青年员工从年龄上讲是一个特殊的群体,从身体成长角度来说,这是一个转折期,是身体发展定型阶段；从心理发展角度来说，青年个性基本形成，智力发展也已达到高峰，情感、意志目的性与坚持性都得到了重要发展，但是也显示出一些不稳定性、软弱性等特征，这是造成青年员工心理危机的内在因素。

（二）社会原因

改革开放后，伴随着西方发达国家的先进技术、设备及管理经验的引进，西方的文化、价值观和道德水准也被裹挟而来，并渗透到社会生活的各个角落，在一定程度上影响了人们的心理，使人们的思想处于一种复杂、茫然的状态。

改革开放三十多年，随着社会主义市场经济发展，我国社会的经济成分、组织形式、就业方式、利益分配方式日益多样化，我国的社会主义建设事业已进入全面转型时期。按照经济—政治—文化的逻辑结构，文化意义上的社会转型促使了原有的社会阶层重新分化融合，在中国大地上，快速涌现出越来越多的新阶层，这势必造成人们心理的变化。

（三）企业内部原因

企业内部深化改革，随着下岗培训、减员增效、转岗分流、竞争上岗等经营机制的建立，工资、奖金分配档次不断拉大，致使员工心里充满疑惑和危机感；同时，随着商品意识和竞争观念的增强，企业中人际关系也发生了新的调整，误解、猜疑甚至敌视也相应增多，造成人际关系的紧张气氛；另外，企业在竞争中效益和风险并存，一切市场活动在提供盈利可能性的同时，也隐藏着亏损、破产的风险，盈利的可能性越大，风险也越大。以上各方面都必然给企业和员工带来巨大的压力。

（四）家庭方面原因

家庭生活的好坏会直接影响人们的精神状态和心理健康。近年来，随着就业压力的增加、下岗人员的增多以及受商品经济和西方文化观念的影响，家庭经济收入结构及生活方式也发生了变化，传统家庭观念受到一定的冲击。个别家庭一时适应不了这种变化，造成心理失衡，尤其是在婚丧嫁娶、生老病死等问题上处理得不好。如此一来，青年员工的心理也会背上沉重的精神包袱，长时间的精神压抑导致了心理危机的发生。

三、青年员工心理危机解决出路

（一）提高心理承受力

企业管理者应该及时向员工宣传新时期党的路线、方针、政策，在学习中提高员工自身素质，让员工树立正确的人生观、价值观，以此提高心理承受力。特别是企业内部每项重大举措出台时，更应及时组织员工进行广泛学习讨论，深入细致地讲解和分析，让员工有一个认识、接受的准备过程，以便在贯彻时心理能保持平衡。

（二）调适心理状态

企业可以通过举办形式多样的活动，调试员工心理状态，增强员工的工作热情和生活乐趣，培养集体观念和荣誉感，增强自信心，陶冶情操，锻炼体魄，放松精神压力，以充沛的精力全身心地投入到工作中去。

（三）强化理想教育

要使青年员工树立正确的价值观、人生观，帮助青年员工正确评价、认识自己，实现自我价值。宣传鼓励是心理兴奋剂，它可以把人的感知、记忆、想象、思维等心理活动组织起来，产生顽强的毅力和旺盛的情感，维持良好的心理状态。但宣传鼓励工作也要注重理论与实际的结合,要帮助员工提高自身素质,使员工在思想上、技术业务上和心理上都能适应目前激烈的市场竞争的需要。

（四）缓解心理冲突

改变环境,缓解青年员工的心理冲突。环境因素对员工的心理健康是非常重要的。员工长时间在一个环境中工作久了,难免与周围人产生一些摩擦,造成人际关系紧张。适当改变一下个别员工的工作环境,对其保持心理平衡十分有好处。当然,改变环境也应该顾全大局,在企业工作允许的情况下进行调整,还要考虑到员工今后的发展。对个别员工的无理要求,则不仅不能照顾,应该明确地给予适当批评。

（五）提供"精神发泄"渠道

员工产生心理危机,常常情绪紧张,行为不理智,这时只有让紧张的情绪发泄出来,让被压抑的情感表达出来,才能使其恢复理智,达到心理平衡。让员工进行"精神发泄"时,要注意地点和场所,要注意避开公众场合。

（六）培养良好心理品质

良好的心理品质和高尚的自我价值观是避免产生心理危机的内在防御机制。对青年员工进行教育,不能千篇一律,要根据青年员工不同的思想实际,提出不同的教育内容和采取不同的教育方式。要帮助青年员工确立自己的奋斗目标,注意目标的客观性和可操作性,并把远景目标和近期目标统一于工作、学习和生活中;要帮助青年员工处理好理想与现实的关系,提高他们对本职工作的社会价值的认识,树立正确的人生观;要尽力满足青年员工的需要,正确认识、了解青年员工的需要结构,尤其是对于他们的优势需要进行正确的引导,帮助青年发挥意识对需要的调节作用,使一些不正当的、不合理的需要逐渐得到抑制并消逝。

第三节 女性职工的一般心理特点

职业女性在社会生活中占据着特殊的地位,她们的状况预示着妇女发展的未来,影响着整个社会的发展和整个人类的走向。面对瞬息万变的社会发展和日益加快的生活节奏,职业女性所承受的压力也与日俱增。了解女性职工的心理特点,有助于管理者更好地发挥女性职工的主观能力,提高企业管理水平,争取更高的生产效率。

一、人格特点

（一）自我意识

自我意识是人格特征的一个重要组成部分,也是推动人格发展的重要因素。女性职工自我意识有一个发展过程。一般在成年早期,其自我意识的发展在于主动地认识自己,把原来主要朝向外界的目光转向自己,转向了解自己的内心世界,这使自我意识发生了明显分化,分化为处于不同地位的两部分:一部分是处于观察者地位的自我,另一部分是处于被观察者地位的自我;前者是理想的自我,后者便是现实的自我。由于现实的自我总是落后于理想的自我,这就导致女性自我意识矛盾的出现,使得女性常常感到人生的矛盾太多,内心痛苦和茫然；她们苦苦思索，力求摆脱这种痛苦和不安，使自我意识达到新的统一。经过分化，矛盾统一的自我意识会渐趋稳定，自我意识也逐渐成熟定型。

(二)友爱亲密—孤独疏离

女性职工在成年早期是建立家庭生活，获得亲密感，避免孤独感的阶段。这一阶段人格发展上的主要矛盾或面临的心理社会危机是友爱亲密对孤独疏离。如果解决了这一对矛盾，那么，女性职工在社会生活中即可与人建立友爱亲密的人际关系，逐渐形成健康成熟的品格；反之，若女性职工社会生活失败，造成人际关系冲突的结果，就会陷入孤独疏离的心理困境，导致人格不健全，为以后的发展带来困难。

(三)理想和人生观

女性职工的理想具有摆脱个人具体目标的局限，将向往的目标指向社会和自己为此而奋斗的目标，她们逐渐结合国家的需要和个人的条件形成比较稳定的专一的理想。女性职工的人生观、世界观比较稳定，她们能够较客观地、理智地分析和认识各种社会问题，对人的价值的看法和对生活意义的评价也有自己明确的观念和标准，并逐步将社会的需要内化为个体的内在需求，使自己的人生观与社会的规范和要求相一致。

二、认知特点

(一)认知能力特点

女性职工的感知觉已达到更为成熟的水平。感知觉内容更丰富，范围更广泛，感受性更敏锐。由于抽象思维的发展，女性的观察力水平也有了很大的提高。研究表明，在社会知觉的观察能力和直接思维能力方面，女性比男性在社交活动方面更容易采取主动并取得成效。

在思维发展上，成年早期的女性职工，其抽象逻辑思维占据主导地位，思维的抽象性和概括性已发展到理论型；创造性思维也得到了发展，发散性思维提高较快。

在具体的认识技能方面，两性之间存在着一些差别：第一，在言语能力方面，女性职工要优于男性职工。第二，在数学能力方面，则是男性比女性占优势。第三，女性的立体观察能力不如男性。

(二)认知方法特点

一般认为，男性与女性在认知方法上也有差别。女性视野依赖性较强，而男性视野独立性较强，女性的认识受所认识事物的环境影响。这种差别使人们相信在认识方法上，男性具有分析能力，而女性具有综合能力。

三、情感特点

(一)情绪特征

女性职工的情绪逐渐显现出平衡、和谐和稳定的特点，强烈、粗暴的情绪表现减少，温和、细腻的情绪占主导地位。她们的情绪更易转化为心境，且持续时间较长，对其心理状态和行为的影响较大。女性职工的情绪体验更深刻，她们能有意识地控制，避免直接的、冲动性和爆发性的情绪外露。

(二)高级情感—情操的发展

情操是同正确的价值及社会性需要结合在一起的高级情感体验，是情感成熟的标志，是人类特有的社会性。高尚情操包括道德情操、理智情操和美的情操,它反映着人们的社会关系和社会生活状况。

（三）婚恋心理

女性的情绪、情感特征在恋爱、婚姻中表现得极为突出。女性在择偶时,有着与男性不同的心理特点。从择偶对象看,女性往往把意中人偶像化,并采取受其受教育程度、生活环境、经历和所接触的文学艺术作品的影响而形成的一种理想化的认知模式。一旦发现对方与"偶像"存在差距时,她们常常能调整自己头脑中的固有看法,缩小理想与现实的差距,使理想与客观现实协调统一。

婚姻是爱情发展进入一个崭新阶段的开始,小家庭的建立带来了夫妻双方心理上的变化,最典型的就是心理上所谓的相属感带来的"视而不见"心理。在婚姻中,若因为相对的稳定感而忽略对方的存在,久而久之会酿成感情危机。

四、意志行为特点

（一）一般意志特征

女性职工的意志特征主要表现为:首先,意志行动的动机不断发展。女性职工的主导动机较明确,在采取行动时,能意识到动机和效果的统一。她们的意志行动的动机是一个发展过程,其趋势一般是从比较短近、狭隘的动机逐步向比较自觉、远大的动机发展;从较具体的、错误的、比较模糊的动机向比较抽象的、正确的、较明朗的动机发展,并逐步成为主导动机。其次,女性职工的意志行动的多变性和稳定性是交织在一起的,意志行动的社会性不断提高,坚定性也逐渐形成。

（二）就业、工作心理

我国是女性就业率最高的国家之一,在城市,男女就业比例无明显的差异,甚至女性高于男性。但是,大多数女性根据自己担任的妻子—母亲角色来确立自我,因此,她们的工作成就感往往被压抑,而心甘情愿去完成贤妻良母的使命。有研究表明,做妻子的常常通过丈夫的工作来体验"替代性成就"的感觉,将丈夫的工作当作是"两个人的事业"。有工作的母亲,即使自己不受传统观念影响,也依然受社会中性别角色观念的束缚,要比男性付出更多的心血和代价,才能取得同样的成就。

近年来,随着西方女权运动的开展,女性的社会地位在世界范围内得到了基本认可,女性员工在组织中的数量及总就业人数中的比例日益增多。归纳起来,现代女性的职业心理主要涉及以下几个方面:

（1）工作进取心。根据传统思想,人们认为女性的社会角色属于家庭范畴,她们比男性缺乏进取心,相对来讲不具备工作所要求的能力、技术。然而事实上,女性与男性在工作表现上并没有明显的差别,她们同样渴望成功,渴望通过自身努力实现自身的价值。

（2）心理敏感度。女性一般比男性更为敏感,她们能够体察到周围环境的细微变化,并能对之做出迅速的反应。

（3）工作稳定感。由于社会角色的局限,女性更渴望工作的稳定,因此,组织中女性员工的流失率一般是不高的;但随着女性在工作中日趋成熟,她们对于工作稳定感的渴求也不像从前那样强烈了,其工作转换频率也不亚于男性员工。

（4）人际亲和度。现代企业管理比较强调"团队管理",在男性成员占多数的团队中,女性成员的作用不容忽视。女性具有较高的亲和力,可灵活地处理与各成员间的关系,调节团队的气氛,调动积极性,增强团队凝聚力,这对于提高团队的工作效率和工作效果至关重要。

(5)竞争意识。传统观念认为女性的竞争意识是很弱的,即使有,也集中于容貌、恋爱等方面。随着社会的发展,生活节奏的加快,女性也开始产生竞争意识。

第四节 女性干部心理障碍与消除

女性参政是我国政治民主化的标志。女性干部就普通女性而言是其中的精英分子,同时也是一个具有多重角色的特殊社会群体。她们勇敢而艰难地走在男性占主导地位的政坛,以女性智慧和才华为政坛添上"娘子军"柔性的风采。但是,由于社会中的多重角色冲突和自身的心理品质,女性干部成才出现了一些阻碍因素。

一、女性干部心理障碍

(一)自卑感

自卑感是指个体与他人比较时,由于过低估价自己、轻视自己而产生的一种心理状态。一般来说,女性比男性的自卑感强。中国是一个有着两千多年封建历史的国家,传统观念深厚。男尊女卑、"男主外,女主内"的意识和旧观念成了一种文化模式,不仅为男性所肯定,也被女性内化为自己的行为准则。这些传统文化模式和旧观念深深地影响着女性对自身的估量,并沉淀为女性的一种深层的自卑心理意识,成为女性干部成长的最大障碍。

消极的自我意识导致了女性干部自我评价偏差和自我激励不足,对自己的期望值低,自我激励的内驱力低。消极的自我意识还影响女性内省的自觉性。内省是批判性的反思,它使个体处于一种不断调整自我、改变自我的动态中,个体会时刻处于一种奋发向上的状态。而女性内省的自觉性往往严重不足,其突出表现在摆脱传统的女性形象的步履过于迟缓,或顾影自怜,或自暴自弃,或自我满足,这严重影响了女性潜能发挥和才能的表现。

女性具有寻求稳定和易产生转移的成就感特性,滋生了安于现状心理,不愿冒尖、恐招是非、故步自封,影响了她们继续大胆开拓进取的步伐。女性的成就动机偏低,其自觉性、主动性欠缺,容易自我满足。譬如有的女性进入领导班子,但对自己要求不严,工作无建树;有的女性干部求实惠、图安逸、保家庭,缺乏上进意识和参政热情,不愿到基层锻炼。

我国学者王极盛从三方面阐述了自卑感对女性成就的影响:①女性在成才道路上的自卑感使她们对成才失去信心。信心对人的创造性思维与创造性想象的发挥有着重要作用,而女性的自卑感抑制了女性创造性思维与创造性想象的发挥,阻碍了女性的成就发展。②女性自卑感容易使女性的荣誉感淡漠,难以体验到由荣誉感带来的激励作用,致使竞争信心缺乏,影响自己的智力因素和非智力因素的调动。③女性在成才道路上的自卑感易使女性产生孤立感,使她们在集体中失去与同事的合作,影响她们的成长。

(二)依赖性

女性的依赖心理不是自然属性决定的,而是男权社会文化结构的产物。在漫长的封建社会，三纲五常、男尊女卑、森严的宗法等级，阻碍了女性走向社会的努力，女性从生活上对男性的依赖发展到思想上、心理上的依赖。当代女性虽然对男性的依赖逐渐减少，但依赖心理在潜意识中仍然左右着女性的行动。有人对天水市700名女性干部进行了调查，其中认为女性成才的自身障碍是依赖性的占58％，可见依赖性是束缚女性干部成才的重要心理因素。一些成功的女性，惧怕戴上"女强人"帽子，认为女性在事业上太强会影响家庭生活。

一般来说，女性干部比男性要更具软弱性和依赖性，尤其依赖心理使之在成才道路上难以发挥独立性和创造性。这一方面使她们容易与正职合作，诚心诚意地当好副手，另一方面这种依赖心理也限制了女性干部打破常规、敢于发表独立见解的闯劲，压缩了她们独当一面的潜能。这正是目前我国女性参政"基层多、高层少，低职多、高职少，副职多、正职少"的"三多三少"现象的原因之一。

（三）嫉妒心理

嫉妒心理主要体现在与他人比较，发现自己的才能、名誉、地位、境遇等方面不如他人时而产生的抱怨、愤怒等组成的复杂心理。这是一种消极的、有害的心理。嫉妒行为主要表现为：喜欢表现自己，什么都想比别人抢先；凡事以自我为中心，从自身利益出发，对他人缺乏理解与认同，缺乏善意；富于攻击性，揽功推过；缺乏自信而又惴惴不安，对竞争者虎视眈眈。个别女性干部嫉妒心较强，尤其是对同性干部的升迁，阻碍提职、获奖等不服气，背后不顾影响地乱做评价；对于才智比自己强的下属想方设法地压制其提拔或重用。这种种表现造成了社会对女性领导的评价：心胸狭小，成不了大事。嫉妒心理给别人和自己都会带来痛苦，不利于女性干部成才。

（四）成功恐惧心理

开拓创新和不断地迎接挑战是领导干部工作的内在要求，是领导者的职业素质，但就女性来说，干部角色与社会对女性角色期待的反差较大。社会对女性干部是十分挑剔的，性格活泼、活动能力强，被人说成"疯"；工作有了成绩，显得太出众，常常是众人议论的中心。社会舆论的严酷使女性干部出现成功恐惧心理，潜意识里回避成功。她们即使担任了领导职务，也是"让我参政"或"选我参政"，很少要求竞选参政；即使是被推上领导岗位后，也往往得过且过，甘当配角，或墨守成规，四平八稳，瞻前顾后；而对于承担挑战性强的工作，或者下基层独立地担负起一方责任，或者放弃眼前的安逸生活去学习进修，往往从心底里排斥，结果丧失了提高领导素质的机会，难以成为一个独领风骚的女性领导干部。

（五）退缩心理

女性干部往往比男性干部显得缺乏勇气、魄力和斗志，造成这种社会印象的主要原因是女性领导干部缺少强烈的心理动机，缺少较高的成就需要。成就动机是推动一个人努力获得成就、达到目标的一种欲望，是推动一个人完成某项任务的内部动力。它对工作、学习起着定向和推动。高成就动机的人会比期望值低的人表现得更出色，女性成就动机的高低影响着其真正实现内心目标的可能性。女性干部在心理上往往缺乏自信，认定自己难以应付激烈、紧张的挑战和竞争，这必然会影响其实际水平和作用的发挥。现实社会中，相当多的女性干部抱负不高，她们将领导工作视为一般性的事务工作，按部就班，勤勤恳恳地完成分内工作，而对于开拓性工作、创新性工作、挑战性和风险性强的工作则在潜意识中加以回避，这样就失去了许多取得成功的机会。

（六）内疚心理

俗话说，女性干部要有所作为，得比男性领导多付出"三分汗水、五分勇气、七分毅力、十二分艰辛"。这话充分反映出中国女性干部成长的艰难性。社会对女性提出了多重角色要求，推动了女性的价值观念的多元化，她们常常因角色身份处理不当而陷入两难境地，家庭和事业顾此失彼。工作中女性干部要与男性干部一样奋力拼搏，做出优异成绩，以获得社会的认可；生活中女性干部又极力要求自己成为贤妻良母，为家庭尽心尽责。领导工作的复杂性使女性干部投入更多的精力而忽视家庭，于是在多重角色的冲突中女性干部产生了内疚心理。这种心理使女性干部在多重角色冲突和价值观的矛盾中苦苦挣扎，影响了女性自身的生活质量，也影响了女性参政的后劲。

二、女性干部心理障碍的消除

女性从政，不仅是个人成长和发展的问题，更是广大女性整体价值在社会中的体现。因此，女性干部要深刻认识到自己肩负的重任，培养良好的心理素质，为实现自我价值做出努力。

（一）树立自立自强意识，克服依赖心理

女性的依赖性强，成就动机更多的是由获得他人赞许的愿望所驱使。女性常常被别人的态度所左右，其成就动机主要指向人际关系领域，如果她觉得别人需要她、喜欢她，她就会感到心满意足。实践证明，独立自主的思维品格是事业成功的必备条件，它对于女性干部来说十分重要。

树立自立自强意识，可以从生活中的小事做起，逐步培养自己的独立能力。遇到各种矛盾和困难时，不要急于求人，而养成独立思考的习惯，尽量靠自己的力量解决。这样，女性干部就会从中获得成就感，久而久之，就会逐步树立起自信心。在工作中，对每件事多想多思，力求拿出自己的主意，要敢于负责任，切不可敷衍塞责、推卸逃避。女性干部要取得领导成就，受人拥戴，依靠的不是他人的照顾和恩赐，只能是自己的才华与贡献，有作为才会有地位。

（二）培养自信心理，克服自卑感

在现实中，许多女性看不到自己的社会价值，对自身的期望值过低，造成自信心不足，遇到困难容易退缩和回避的现象，这都严重地影响了女性潜力和才能的发挥。自信心是女性干部实现自我价值的初始动力。女性干部要相信自己的力量，坚定自己的信念，不自卑、自怜；要正确评价自己，敢于表现自己，以长处与人竞争，还要善于补偿，优化不足。女性干部要树立事业心和社会责任感，就要强化社会角色意识，将自身与整个社会、整个民族的兴衰融合在一起，才能激发起自身强烈的事业心和责任感，产生自强不息的动力，成为事业上的强者。

女性干部应该解放思想，相信自己，敢想敢干，主动参政。确立"自主开发"意识，可以使女性干部找回自信，勇敢面对现实的挑战。美国人马尔顿强调："坚决的信心，能使平凡的人们做出惊人的事业。"现代心理学证明，男女的智力水平是相等的，女性干部应该彻底摆脱偏见和旧观念，树立自强不息的新女性精神，与时俱进，才能增强自信心。

（三）锻造坚忍毅力，提高心理承受力

事业的成功，需要勇往直前、百折不挠的精神，这种精神又是坚强意志的自然表现。就女性干部而言,培养坚忍毅力十分重要。由于女性自身生理和心理上的特点和弱势,也由于社会和传统对女性的各种偏见,当今女性负担着沉重的担子,既要承担繁重的家务劳动和抚育子女的重任,又要对自己的工作尽职尽责。若要成为事业上的强者,要想扎实从政,干出一番业绩,需用百折不挠的毅力去奋斗。

（四）增强竞争意识,培养创新思维

女性干部要增强竞争意识,要敢于冒险、敢于挑战新事物,充分发挥自己的优势和力量,从而超越自我,有所作为。女性干部树立了竞争意识后,就要努力培养创新思维。由于谦逊、谨慎、害羞、内向、单纯、专一的性格,女性的思维多单调、直向,少变通和创造性,这种思维弱势对女性干部的发展是一个很大的障碍。因此,女性干部必须努力克服和改变这种思维弱势,培养创新思维能力,开阔视野,博采众长,使自己的竞争素质得到全面提高。

第五节　女性干部心理素质培养

一、女性干部心理素质

根据领导干部活动的特点和女性干部在履行职责时心理因素所起的作用,女性干部应具备的心理素质主要包括以下三个方面:

（一）智力因素的素质

智力因素是女性干部从事本职工作、履行义务的必备心理素质。就认识过程而言,女性干部的智力因素包括观察力、注意力、记忆力和思维能力。作为管理工作者,其认识过程较之普通人,应该始终是积极活跃的。

客观、全面的观察力。女性干部在观察事物的过程中,要能够克服各种因素造成的错觉和偏见,找出事物的本来面貌,并能把握事物之间的相互联系;要有敏锐的目光,能够及时发现潜在有用的信息,并做出快速反应。

集中的注意力。要具备按预定目的在特定时间内把心理活动指向特定对象的能力。女性干部在从事管理工作中,要高度投入地认识对象,猎取相关信息,以便更好地了解事实,寻找解决问题的最佳方法。

持久准确的记忆力。记忆是过去经验在头脑中的反映,它包括识记、保持、再现和再认四个环节。女性干部要对所经历的事物有准确而牢固的记忆,才能不断积累和储备,成为经验和知识丰富的人。

清晰广阔的思维。思维是认识的高级阶段。女性领导要善于进行抽象思维,力求把握事物的本质和规律。思维要具备逻辑性,思维还要有创新,不能拘泥于现状。

（二）非智力因素的素质

现代心理学研究表明:在决定一个人成功的要素中,智商数只起20%的作用,而情商数则起80%的作用。仅仅有高智商,难以成就事业;只有智商和情商都高的人,才能在现代社会里自由翱翔。我国女性干部较男性有着智力因素以外的优点,如对工作高度的责任心、进取心、主动性和敬业勤勉精神;女性天生的直觉力、理解力、亲和力、柔性、细腻、协调沟通能力；她们在工作中表现出来的倾听、关爱、激励、支持和女性信用水平等因素，都是男性干部所无法比拟的。女性干部非智力因素的素质主要表现在以下几个方面：

稳定的情绪。领导干部的情绪包括激情、心境和应激三种状态。激情是一种强烈的、爆发性的、短促的情绪，女性干部一定要控制好情绪，保持克制、不能冲动，要让理性始终占据主导地位。女性干部的心境最好是平和自在、稳定而安详的，能不为各种不良诱惑所动。应激是由于意外的紧张情况所引起的情绪状态。女性干部在面对突如其来的事件时，要能快速调适心理，保持思维的冷静，有条不紊地采取应对措施，从容战胜困难。

高尚的情操。情操属于情感的高级层次，是由社会需要而产生的情感。女性干部要做一个情操高尚的人，能够用社会认定的规范要求和约束自己，对国家、对集体怀有强烈的情感。

自觉、果断和坚定的意志品质。意志过程是为了达到预期目标而为实际行为提供强有力支持的全过程，它关系到管理效能和目标。自觉性是指对自己组织中的责任和使命有清醒的认识，能主动调节和支配自己的行为，使目标和行动达到高度统一；果断性是指当机立断，当目标确定后，果断实施决策，推进决策的落实，并能根据实际及时调整决策；坚定性是一种顽强和执着，女性干部应该保持强烈的自信心、旺盛的精力和持久的毅力，不因外在因素的变化而改变自己的信念。

健康、优秀的个性。女性干部只有具备健康、优秀的个性，其形象才越加鲜活和丰满。广泛的兴趣表明女性干部有一种了解事物、同身外现实世界进行广泛交流的倾向，是热爱生活、充满激情和活力的标志。爱好健康是女性干部生活高雅的表现，它既可以缓解工作所带来的压力，也使生活变得有情趣，生命更有意义。

（三）组织管理素质

女性干部还需要具备组织管理能力。决策能力是管理者必备的最主要能力，要做出正确决策，必须善于分析、善于判断、善于创造。指挥能力是指管理者必须善于调动全体员工的积极性，协调好人力、物力、财力，处理好国家、集体、他人、自身之间的关系，带领群体有效地完成组织目标。交往能力是指要善于与人打交道，这样才能使企业在大家的努力下蓬勃发展。交往能力主要体现在待人热情、处事公平、善于聆听意见、真诚关心他人等方面。

二、女性干部心理素质培养

女性干部的心理素质是在科学理论指导下，经过主观努力逐步培养起来的。

（一）要唤起女性干部主体意识的觉醒

在提高素质的过程中，首先要努力唤起女性干部的主体意识，充分认识自己作为独立人和社会人，要增强社会责任感、历史使命感和紧迫感，把自己放在当今正在迅速变化的发展趋势中去考虑、去交流。激发女性干部自觉接受教育和提高素质的主观能动性，真正确立"我学习、我努力、我成功"的思维方式，从而充分实现自我价值。

另外，还要培养女性干部良好的心理素质。要提高和增强心理承受力，不自弃、自卑、自弱，树立自信心、上进心；要培养广泛交往的开放品格，增加新知识、新思想，不断完善和充实自己，用更宽阔的胸襟面对社会的方方面面；要加强心理疏导工作，使女性干部有一个健康乐观向上的心理。

（二）不断改造主观世界

女性干部心理素质培养离不开主观的努力。女性干部要在改造客观世界的同时，不断改造主观世界，树立起崇高的精神境界，以完善自己的心理品质，树立起正确的世界观和人生观。近年来，许多领导干部心理扭曲，欲望无节，究其原因，都是忽视了思想改造、追求资产阶级生活方式所造成的。因此，要加强思想品德修养，确立健康的追求目标，正确运用手中的权力，廉洁自律，用社会主义和共产主义道德约束行为，使之心理品质日渐完善。

（三）加强女性干部情商的培养

1. 要加强"官德"修养

女性干部的健康心理素质，很大程度来自于良好的工作作风。"心底无私天地宽"，女性干部要正确运用好手中的权力，做到勤政为民，清正廉洁，经得起各种风险的考验和各种腐朽思想的侵袭、诱惑，树立为民服务的意识，只有这样才能得到属下的拥护、领导的信任，从而获得良好的外部工作环境和内部心境。

2. 要提高女性干部的科学文化素质

政府部门应该从知识经济时代对女性干部素质要求的战略高度提出面向21世纪的女性干部教育发展规划，重点放在提高女性干部科技素质和人文素质上，把普通教育、学历教育与人格塑造结合起来。女性干部要学会用马列主义立场分析问题、解决问题，要善于钻研最新的科学技术，掌握本职岗位所需要的业务知识和技能，要加强人文科学知识的学习。科技知识主要致力于智商的提高，人文教育主要促使情商的提高。女性干部要有意识地、不断地增加心理学、社会学、人际关系学、心理咨询学、文学艺术、行政科学及管理学等知识的容量，这是保证女性干部具有渊博的文化底蕴、健全的人格、高雅脱俗的内在气质、独特的领导魅力，以适应新时期管理工作要求的必备条件。

3. 在实践中学习和提高

实践是培养和发展情商的基础。女性干部要自觉在社会实践和广泛的人际关系交往中提高自我，充实自我，改造自我，完善自我。情商的提高不是一蹴而就的，女性干部必须学会合理地调节自己的期望值，科学地制订自己的职业目标，恰当地分配自己的时间。只有积极主动地实践才能保持良好的职业心态，才能使心理品质逐渐成熟，才能发挥出最大的潜能。

第二十二章　领导心理

任何一个组织中,领导者都居于独特的地位,发挥着独特的作用,他们往往成为影响组织工作成败的重要因素,因此领导心理的研究也成为管理心理学中一个重要的课题。旅游心理学研究领导心理,是加强旅游企业管理工作的重要内容之一。

第一节　领导理论

一、领导的一般含义

(一)领　导

关于领导的定义,各国管理学家、心理学家和组织行为学家有着不同的认识和表述。

斯托格狄尔(R. M. Stogdill)认为:领导是对组织内群体或个人施行影响的活动过程。

孔兹(H. Koontz)认为:领导是一门促使其部属充满信心、满怀热情来完成他们任务的艺术。

泰瑞(G. R. Terry)认为:领导是影响人们自动为达成群体目标努力的一种行为。

坦南鲍姆(R. Tannenbaum)等认为:领导是在某种条件下,经由意见交流过程所表现出来的一种为了达成某种目标的影响力。

戴维斯(K. Davis)认为:领导是一种说服他人热心于一定目标的能力。

虽然各国学者从不同的研究角度出发,对领导的定义做出了不同解释,但是多数人认为:领导是指引和影响个人或组织,在一定条件下实现某种目标的行动过程;致力于实现这个过程的人,即为领导者。这样,实质上把领导看成了一个动态的过程,而该过程是由领导者、被领导者及其所处环境三个因素所组成的复合函数。可用公式表示如下:

　　　　领导＝f(领导者、被领导者、环境)

在日常生活中,人们常常把领导和管理当作同义词,好像领导过程就是管理过程,领导就是管理者。实际上,领导与管理是两个具有不同含义的概念。

领导与管理的区别在于:管理的范围小于领导的范围,而管理者的范围大于领导者的范围。定义中所指的"目标",它可能是组织目标,可能是小集团的目标,也可能是个人的目标。而管理就不同了,它是一种特殊的领导,是指引和影响个人或组织,在一定条件下实现组织目标的过程。由此可见,凡是指引和影响个人或组织行为达成个人目标或小群体目标而奋斗的行为过程,只能属于领导过程,而不是管理过程。我们把企业中具有法定的领导地位和影响的个人称为领导者,而把领导者和所有从事管理工作的职能人员统称为管理者,如会计、统计、功效劳资员等。可见,管理者的范围大大地超过了领导者的范围。

从近代到现代,领导体制发展经历了以下四个阶段:

1. 家长制行政领导

老板既是企业财产的所有者,同时也是企业的经营管理者;一切由老板说了算,一切以老板个人的经验为转移。在资本主义社会发展的初期,不论是经济企业的领导还是科技部门的领导都采用了家长制,因为当时生产和科研的规模不大,科技也不发达。

2. 经理阶层的兴起

1841 年 10 月 5 日,在美国马萨诸塞州至纽约的一条铁路上,两列客车迎头相撞,造成 2 人死亡,71 人受伤。这次事故在社会上引起了极大的反响,人们严厉谴责老板没有能力领导现代化企业。在州议会推动下,对这个铁路公司的领导体制进行了大胆改革,建立了各级责任制,选拔有管理才能的技术专家担任领导,而老板只拿红利,不插手具体的经营管理业务。这就是美国第一家由全部拿薪水的经理通过正式管理机构管理的企业。

这种领导体制的改革具有两个特点:第一,使企业的财产所有权与经营管理权分开;第二,管理企业的领导者都是从精通本行业生产过程的技术专家中选拔的,也就是说由"硬专家"转行的。

随着社会的发展经理制得到不断改革和完善,其中影响最大的是 1923 年通用汽车公司的改革。他们第一个实行了"集中政策,分散管理"的所谓事业部制,把政策经营与具体管理分开,使经理等公司一级领导摆脱日常的管理事务,主要致力于研究和制订各种经营政策,而日常生产、销售等具体管理活动则由各个事业部承担。这个制度很快被各大公司采用。据统计,1969 年,美国最大的 500 家公司中有 76% 采用了事业部制。

3. 职业"软专家"领导

随着现代化大生产的发展,现代科学技术与生产进一步结合,经营管理的作用日益扩大,任务也日益繁重复杂。因此,精通某一专业技术的"硬专家"越来越不适应现代化大企业的管理了。与此同时,管理逐渐成为一门科学,许多"管理学院""工商管理研究所"等专业机构相继成立,从而使以经营管理为专长的职业"软专家"应运而生,他们逐渐走上管理第一线,代替"硬专家"的领导。1976 年,在对美国最大 500 家工业公司及 50 家商业银行、金融公司中的 800 位首脑的调查中发现,这些首脑一半以上受过商业或经济学高等教育,1/4 曾在工商研究院学习过,还有 2/5 是学金融和法律的。

4. 专家集团领导

第二次世界大战后,特别是近 30 年来,随着现代化生产与科学技术的高度分化与高度综合,只靠职业"软专家"的个人领导已不能胜任组织管理需要了,许多企业出现了集体领导的趋势。公司组成了总经理办公室、董事长办公室、公司办公室、总经理委员会等组织,用集体领导的形式代替过去董事长、总经理一两个人负责决策经营的传统方式,重大决策都要经过共同讨论后才能决定。与此同时出现了大批"智囊团""思想库",他们给领导机构提供大量信息和资料,起着顾问作用。

(二)领导功能与作用

领导者是指在群体中处于法定或实际的领导地位,力图影响群体行为的人。这种人在群体或组织中,能够把其他成员吸引到自己周围,是别人所追随的对象;领导者致力于向下属施加影响,将他们按照适当的方式组织起来,朝着既定的方向努力。领导者之所以能够实施领导,其领导基础是权威。领导者正是靠自己所拥有的这种权威来控制和指挥别人的。因此,一个正确、有效的领导者必须同时集工作领袖和情绪领袖两种角色于一身,充分发挥指挥作用和协调作用。领导者的主要功能如下:

(1)组织功能。这是指领导者领导群体成员采取一定的手段实现组织目标。它包括确立组织目标而做出的决策;提高管理有效性的努力;合理组织、利用资源,保证组织目标的实现。

(2)激励功能。这是领导的基本功能,也是实现领导组织功能所必然具备的条件。它包括提高被领导者接受和执行目标的自觉程度,激发被领导者实现组织目标的热情,提高被领导者的行为效率三个方面。一个领导如果仅缺乏技术性知识和能力,尚不足以动摇他继续担任领导者的可能,但若缺乏调动全体员工的聪明才智来实现领导组织功能的激励手段,则就不能实现企业的组织目标,就不能胜任领导岗位了。因为激励功能必须由领导者自身来完成,是不能借助别人的能力来实现的。

二、领导理论

(一)特性理论

特性理论是研究领导者的个性,以期预测什么样的人当领导最合适。其研究途径是一种最古老的研究途径。

1. 传统特性理论

这种理论认为领导者的特性是生而具有的,生而不具有这种领导特性的人就不能当领导。譬如领导应该具备善言、外表英俊潇洒、智力过人、具有自信心、心理健康、有支配他人倾向、外向敏感等特性。

2. 现代特性理论

现代人认为领导是一种动态的过程,领导者的特性品质是在实践中形成的,是可以通过训练和培养加以造就的。他们认为,有良心、可靠、勇敢、责任心强、有胆识、力求革新进步、直率、自律、有理想、良好的人际关系、风度优雅、身体健壮、智力过人、有组织力、有判断力等是领导应该具备的特性。

为了满足实际工作需要,选择领导要有明确的标准,培训领导要有具体的方向,考核领导要有严格的指标。各国心理学家分别根据本国的具体条件,研究领导者应该具备的个人特性,并提出了合格的领导者应该具备的特性条件。

(二)作风理论

作风理论是研究领导者工作作风的类型以及不同工作作风对职工的影响,以期寻求最佳的领导作风。该理论的创始人是社会心理学家勒温(K. Lewin)。他以权力定位为基本变量,把领导者在领导过程中表现出来的极端的工作作风分为以下三种类型:

1. 专制作风

权力定位于领导者个人手中,他决定设计工作的一切方针,讲解种种技术与活动,指定课题及搭配人员,还亲自进行批评与表扬;同时还与人员保持一定的距离,没有感情交流。实行这种作风,虽通过严格管理,使群体达到工作目标,但成员的消极态度和对抗情绪也在不断增长。

2.民主作风

权力定位于群体,实行群体参与,把权力交给群体。领导者与组织群体成员共同讨论工作计划和目标,鼓励他们积极表达自己的意见,让他们自己选择课题和工作伙伴;关心他人,尊重他人,把自己看成群体的一员。这种作风的工作效率最高,能够达到工作目标。

3.放任自流作风

权力定位于每个职工手中,实行无政府管理。领导者既不想评价或管理群体活动,也不关心群体成员的需要和态度,一切尽可能放任群体自理。这种作风的工作效率最低。他领导的群体只能达到社交目标,而不能达到工作目标。

勒温认为在实际工作中,三种极端的工作作风并不常见,大量的领导人采纳的工作作风往往是处于两种极端类型之间的混合型。

(三)行为理论

行为理论是研究领导者在领导过程中所采取的领导行为以及不同领导行为对职工的影响,以期寻求最佳领导行为。行为研究开始于20世纪40年代,最典型的有以下三种研究:

1.密歇根大学的领导行为研究

研究者在大量调查的基础上,把领导者的领导行为分为员工导向与生产导向两个维度。他们认为领导者若倾向于员工导向,就特别重视工作中的人际关系,表现出关心人、重视人的个性与需要。而领导者若倾向于生产导向,则将特别重视工作中的生产与技术,把职工看成是实现组织目标的工具。

2.俄亥俄州立大学的领导行为研究

一开始,研究者列出了1000多种刻画领导行为的因素,通过逐步概括,最后归纳为"抓组织"和"关心人"两大类。

"抓组织"主要包括组织设计、明确职责和关系、确定工作目标等。

"关心人"主要包括建立互信气氛、尊重下属意见、注意下属的感情问题等。

按照这两类内容,他们设计了《领导行为描述问卷》,每类列举了15个问题,分发调查。根据调查结果,他们发现两种领导行为在一个领导者身上有时一致,有时并不一致,因此他们认为领导行为是两种行为的个体结合。他们用领导行为四分图把这一概念加以表示,如图22.1所示,并可以根据调查结果在图上评定领导的类型。

图22.1　领导行为四分图

3. 管理方格图

管理方格图是在俄亥俄州立大学四分图的基础上,由布莱克(R. Blake)和莫顿(S. Mouton)于 1964 年提出的。这是一张九等分的方格图,横坐标表示管理者对生产的关心程度,纵坐标表示管理者对人的关心程度。评价管理人员时,就按他两方面的行为,寻找交叉点,这个交叉点就是他的类型,如图 22.2 所示。

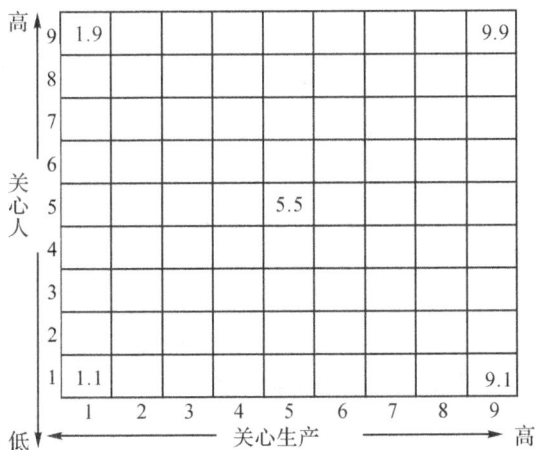

图 22.2　管理方格图

管理方格图中有五种管理典型:

1.1 型,即所谓"贫乏管理型"。管理者对职工和生产都不关心,领导做出最低限度的努力以完成任务。

9.1 型,即"任务管理型"。管理者只抓生产任务,不关心人,只注重完成任务的效率。

1.9 型,即"俱乐部式管理型"。领导集中注意对雇员的支持和体谅,企业内部充满轻松友好气氛,但是生产任务得不到关心。

9.9 型,即"战斗集体管理型"。领导通过协调与工作有关的活动促进生产和士气,企业生产任务完成得好,职工关系协调,士气旺盛,职工利益与企业目标相结合。

5.5 型,即"中间式管理型"。多数属于"仁慈式独裁型",完成任务过得去、不突出。

(四)领导的权变理论

近年来,不少心理学家认为,领导的效率如何,既不取决于领导者个人的品质、才能,也不取决于某种固定不变的领导行为,而是取决于领导者所处的具体环境,如被领导者的条件、工作性质、时间要求、组织气氛等,因而提出了权变理论。

1. 专制—民主连续统一体模型(见图 22.3)

坦南鲍姆(R. Tannenbaum)和施密特(W. H. Schmidt)于 1958 年提出了这个模型。该模型把专制的领导行为和民主的领导行为描述为一个连续统一体中的两个极端点,而在这两个极端点之间,领导行为又存在着许多种不同的专制与民主水平,因而在管理工作中,领导者行使权力的范围与下级自由活动的范围,形成了一方得益、另一方则损失的复杂关系。领导者应该根据具体的情境,如自身能力、问题性质、工作的时间性等条件,适当地选择图 22.3 中的某种领导行为,才能达到有效的领导。

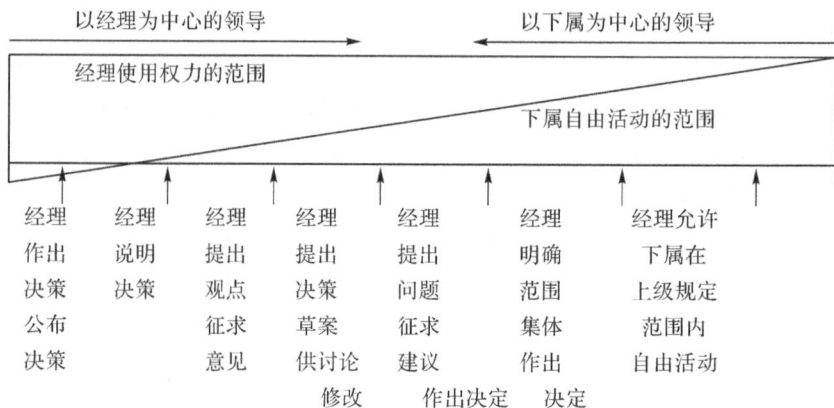

图 22.3　专制—民主连续统一体模型

2. 菲德勒模型(见图 22.4)

菲德勒(F. Fiedler)是第一个把个性测量与情境分类联系起来研究领导效率的心理学家。他通过 15 年的调查之后提出:有效的领导行为,依赖于领导者与被领导者相互影响的方式以及情境给予领导者的控制和影响程度的一致性。

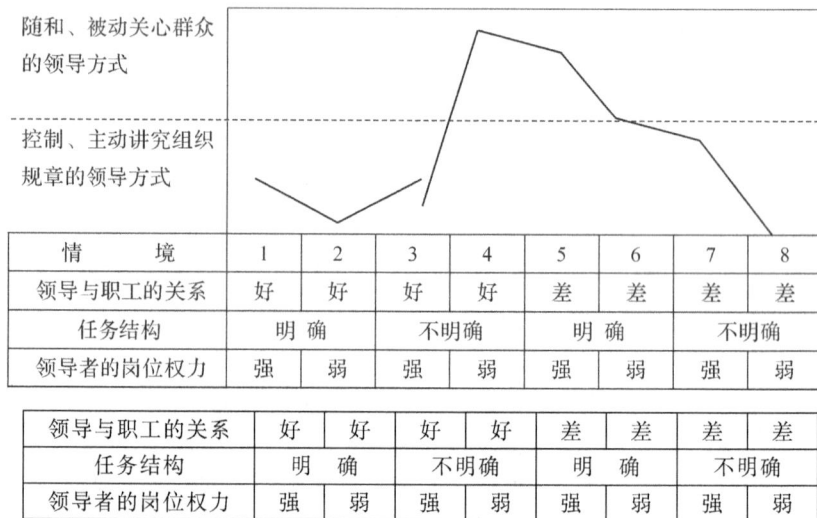

情　　境	1	2	3	4	5	6	7	8
领导与职工的关系	好	好	好	好	差	差	差	差
任务结构	明　确		不明确		明　确		不明确	
领导者的岗位权力	强	弱	强	弱	强	弱	强	弱

领导与职工的关系	好	好	好	好	差	差	差	差
任务结构	明　确		不明确		明　确		不明确	
领导者的岗位权力	强	弱	强	弱	强	弱	强	弱

图 22.4　菲德勒八种情境类型模型

他认为,每个领导者的个性特性基本上处于稳定状态,因而可以运用一种工具,即 LPC 问卷(最不受欢迎的共事者问卷)进行测量。根据领导者的测验成绩就可以确定每个领导者在领导行为方面的个性特性。其中,高 LPC 成绩的领导人具有面向关系的个性特征,低 LPC 成绩的领导人则具有面向生产的个性特性。此外,他还通过调查,离析出三种基本情境因素,并根据每一基本因素的多种组合,把群体所处的情境条件分为八种类型(见图 22-4)。

这三种情境因素:一为领导与职工的关系;二为任务结构;三为领导者的岗位权力。

菲德勒认为在上述八种类型情境中,三种条件基本具备的情境(情境 1、2、3)是最有利的领导情境;三种条件都不具备的情境(情境 8)是最不利的领导情境。

3. 通路—目标模型

通路—目标模型由加拿大多伦多大学教授豪斯(R. J. House)和米切尔(T. R. Michell)

于 20 世纪 70 年代提出。该理论主要研究领导行为、领导的情境因素和领导效应，以及三者之间的关系。他把弗鲁姆的期望理论（努力—成绩和成绩—目标）和俄亥俄州立大学的行为理论（"抓组织"与"关心人"）结合起来，创造了这个模型。

豪斯通过调查和研究指出，俄亥俄州立大学的领导行为四分图中高工作、高关系的组合，不一定就是最有效的领导行为，这里应当补充考虑情境因素，看在什么情境下适合采用高工作的领导行为，在什么情况下适合采用高关系的领导行为。他认为，当工作任务模糊不清、职工无所适从的时候，他们希望有高工作的领导，帮助他们对工作做出明确的规定和安排；对例行性工作或者内容已经明确的工作，领导者还在喋喋不休地发布指示，员工就会感到厌烦，甚至认为是侮辱。

该模型的核心是要求领导者用抓组织、关心生产的办法帮助员工扫清达到目标的通路，用体贴精神关心人，满足人的需要，帮助员工通向自己预定的目标。

4. 领导参与模型

领导参与模型是弗鲁姆（V. H. Vroom）和耶顿（P. W. Yetton）于 1973 年提出的最新的应变模型。

该模型把领导行为与参与决策联系起来，指出有效的领导者应该根据不同情况让员工不同程度地参与决策，领导者应根据不同情况来选择最为合适的领导风格。

领导参与模型与菲德勒模型的区别是：菲德勒把领导者的人格特性看作是固定不变的，因而主张改变情境以配合领导者本身的特点；而领导参与模型则认为领导者的行为并不是机械的，应该根据环境的需要而随时变动。

5. 领导生命周期理论

心理学家卡曼（A. K. Karman）把俄亥俄州立大学的领导行为四分法与阿吉里斯（C. Argyris）的"不成熟—成熟"理论结合起来，创造了三度空间领导效率模型。

该理论认为，有效的领导行为，应该把工作行为、关系行为和被领导者的成熟程度结合起来加以考虑，要根据下级不同年龄、成就感、工作经验、技术水平、受教育程度和自我控制能力、不同的责任心与能力等条件，采取不同的领导行为，才能取得预期的效果。

（五）最新的领导理论

1. 领导—成员交换理论

以前的领导理论都假设领导者是以一视同仁的态度和作风对待下级的。实际上，领导者对待其下级是有区别的，是有亲疏之分的。这种理论被称为领导—成员交换理论，或"领导的垂直双向连接模型"。该理论认为，领导者与下级个人的关系各不相同，领导者将根据自己与下级的亲疏关系施以不同风格的领导，而这种关系基本上分为以下两大类：

一类是与"圈内"人的关系。领导对这类人委以重任，给予较多的关心、帮助和支持，对他们更加信任，对他们的需要也更为敏感，提供较多的参与决策的机会。而这些下级则以更加努力工作、愿意承担重大责任和取得优异成绩予以回报。双方行为依靠的是这种人际交换而不是正式岗位职权的运用，因而这种非正式的、"圈内"的下级往往具有较高的工作绩效、较高的工作满意感和较低的离职率。

另一类是与"圈外"人的关系。在这种关系中，下级接受上级的正式职权以换取应得的工资报酬。这虽然也是一种交换关系，但没有密切的私人友谊，他们之间是一种职务上的正式关系。比较而言，"圈外"人的工作绩效和工作满意感要低于"圈内"人。

2. 领导归因理论

该理论主要用于研究领导者对成绩不佳的下级的"病因"如何判断,并据此做出反应。领导归因的主要过程是:领导根据对后进下级行为表现及所处环境的观察,做出归因的分析与判断,再据归因结果,做出相应的行为反应。

这种理论就强化领导对下级绩效的控制很有启发。若领导能准确诊断(归因),并能对症下药,自然能药到病除。但要做到这一点,须尽量消除偏见,以便能做出客观正确的归因。

3. 领导魅力理论

近年来,不少学者对"魅力型领导"这一概念发生了兴趣,并在科学的基础上赋予它新的含义。如高度自信、具有支配他人的倾向和对自己信念坚定不移等都被看作是领导人的主要魅力。也有极少数人认为这种魅力是生而有之的,一般人是无法学会的,但多数学者认为有魅力的领导行为是可以通过训练而习得的。

4. 转变型领导理论

转变型领导者是指能激励下级把组织的利益置于个人利益之上、对下级有巨大影响力的领导者。这种领导者具有魅力型领导者的各种特征,他们会向下级提出远大的目标,能获得下级的尊重和信任,能用简明的方式表达重大目标,激励下级思考问题和慎重处理问题,帮助下级从新的视角看待原问题。这是一种改革型、创新型的领导者。

5. 超越型领导理论

超越型领导比转变型领导更进一步。这种领导会帮助下级发现、利用和最大限度地发挥自己的能力,他们会授权下级对组织做出充分贡献。这种领导方式的关键是要求下级进行自我领导,把下级培养成自我领导者;训练下级自我设置目标,对行为进行内在强化;自我安排职务,同时进行自我批评和表扬。另外,超越型领导本人还能为下级做出自我领导的榜样,通过令人信服的榜样力量显示自我领导,鼓励下级按这种方式进行演练,形成自我领导和创新的思维模式。

第二节　领导行为

一、领导者的心理素质

心理学家和管理学家对领导者应具备的心理素质有许多表述,现列举几种。

六类素质论。这是西拉季(A. D. Szilagy)和华莱士(Wallace)提出的,他们认为领导者的素质可分为体质特征、社会背景、智力、性格、与工作相关特征和社会特征,如表 22.1 所示。

十大条件论。这是美国普林斯顿大学教授鲍莫尔(W. J. Baumol)提出的,他认为企业领导人应具有下列十大条件:合作精神、决策才能、组织能力、恰当授权、善于应变、勇于负责、敢于创新、敢冒风险、尊重他人、品德超人。

可见,领导功效就是领导行为的成功性和有效性,领导的心理品质是决定领导者有效性的一个重要方面。领导者的心理品质由多种因素组成,而且不同时期、不同层次的组织,对领导者各种素质的要求也不相同。我国旅游企业的领导不仅有组织和发展社会生产力的自然职责,也有维护和完善社会主义生产关系的社会职责。所以,对旅游企业领导者要求较高,良好的个人心理品质是选拔领导者的一个重要标准,也是领导者自身较好实现领导职责必须具备的重要因素。

表 22.1　研究领导者素质的实例

体质特征	社会背景	智　力	性　格	与工作相关特征	社会特征
年　龄 体　重 身　高 外　貌	教　育 灵活性 社会地位 工作的密切关系	判断力 果断性 说话流利	独立性 自　信 支配、依赖 进取性 急性、慢性	成就的需要 创造性 坚　持 责任的需要 对人的关心 对成果的关心 安全的需要	领导能力 合作精神 与人共事技巧 正直诚实 权力的需要

(一)政治素质

社会主义旅游企业的领导者,必须是建设现代化社会主义旅游企业的带头人,必须讲政治,能坚持四项基本原则,坚决贯彻执行党中央制定的路线、方针政策,能坚持社会主义方向,遵守国家法律法令,正确处理国家、企业、职工三者关系,维护国家利益;要有强烈的革命事业心、责任感和创业精神;能一心为公、不谋私利;能密切联系群众,关心群众,多为群众办好事;要有良好的思想作风和工作作风。

(二)业务素质

领导者的业务技术能力素质包括决策能力、人事与行政管理能力、技术能力、分析判断和概括能力、组织指挥和控制能力五大部分。决策能力是多种能力的综合表现,它对组织目标的实现影响巨大。正确的决策需要领导者周密细致的调查研究,并要有预见的分析判断,需要丰富的知识和实践经验,在充分掌握企业内外部环境资料的前提下,对可供选择的发展企业的生产目标方案进行比较分析做出抉择。人事行政管理能力是领导者能否充分发挥下属力量的体现。具备这种能力的领导者能够理解他人,了解企业内每个人对自己、对工作的态度,充分发挥下属的积极性,知人善任,做到人尽其才。技术能力是领导者对与自己工作有关的技术事项的熟练程度、解决实际问题能力的体现。有能力的领导者对自己工作的技术要求、程序、手续都十分熟悉,能够合理分配工作、组织劳动,用行为来领导他人。不同层次的领导者对技术能力的要求是不同的,如表 22.2 所示。

表 22.2　管理层次与技术能力关系

管理层	上层	中层	下层
技术能力	不重要	重要	很重要
人事与行政管理能力	重要	很重要	很重要
决策能力	很重要	重要	很重要

领导者应该懂得组织设计原则,熟悉并善于运用各种组织形式,通过组织力量,协调人、财、物,以期达到控制和指挥的最佳效果。

(三)智力素质

智力是领导者很重要的个人素质。领导者的智力素质主要体现在创造能力、观察能力上。

创造能力又集中体现在思维的流畅性与应变性上。领导者能提出多种创新方案,这就要求思维的流畅性;在创新过程中,面临周围变化发展的各种现象,这又要求领导者有较强的应变思维,能快速适应环境。

领导者的观察能力是领导者从一定目的和任务出发,有计划、有组织地对某一对象的知觉过程,这种观察不仅包含对认知对象的生动"直观",还包含对认知对象的综合分析,是一个知觉与思维相结合的智力过程。领导者要观察敏锐,能及时捕捉信息,随时发现问题;还要求观察准确、真实、全面。领导者的观察不能只见树木,不见森林;要透过现象看本质。

(四)意志素质

任何实现组织目标的过程都不是一帆风顺、一蹴而就的,各种困难、障碍、挫折随时会出现并干扰目标的实现,因此,领导者应该具备坚强的意志品质。坚强意志包括独立性、果断性、坚定性和自制力等基本品质。独立性表现在领导者实现领导行为的过程中,不屈服于他人的压力,不随波逐流,而能根据自己正确的信念,独立做出决定;果断性是领导者当机立断、做出决策的能力;坚定性是领导者遇到困难时,能迎难而上的勇气与闯劲;自制力则是领导者掌握和支配自己行动的能力。

(五)情绪素质

始终保持良好的情绪是领导者的一个重要品质。良好的情绪包括情绪的稳定性与情绪的愉快性。事实证明,情绪能影响心智。

二、领导者的影响力

所谓影响力,是一个人在与他人交往中影响和改变他人心理和行为的能力。影响力人人都有,但强度不一,领导者的影响力要大于被领导者。

(一)强制性影响力

强制性影响力又称作权力性影响力,由社会组织赋予,为领导者所独有。其特点是带有强迫性和不可抗拒性,是以外推力的形式发生作用的,被影响者的心理和行为多表现为被动。强制性影响力的存在源于三个方面:一是奖励权。领导者掌握着满足被领导者的物质和非物质需要的手段,可以在一定程度上给予奖励,强制被领导者接受影响。二是惩罚权。领导者掌握着使被领导者不愉快,甚至痛苦或需要得不到满足的惩罚权,被领导者为避免惩罚,不得不接受其影响。三是合法权。正式领导者具有正式职位,对被领导者的影响力带有法定性质。

领导者的强制性影响力,主要由传统因素、职位因素和资历因素构成。

(1)传统因素。这是人们对领导者的传统观念。长期的社会生活,使人们形成了一种传统观念,即被领导者接受领导者的影响是理所当然的,而这种观念已内化成为社会规范,使得个人不自觉地产生对领导者的服从感。

(2)职位因素。领导者有正式职权,掌握着奖惩手段,左右着被领导者的行为、处境、前途,使被领导者对之产生敬畏。而且,职位越高、权力越大,越令人敬畏。

(3)资历因素。人们对资历深、历史光荣的领导者往往比较尊敬。

(二)自然性影响力

自然性影响力又称非权力性影响力,源自于个人自身的特点,人人都有。因此,自然性的影响是建立在信服基础上的,不带强迫性,是通过潜移默化的过程,自然转化为某种动机而起作用的,被影响者心理和行为上表现出自愿、主动。自然性影响力的存在源于两个方面:一是专长。个人具有相当的知识技能、才干,使被影响者尊敬、服从。二是品质。一般来说,人们对德高望重的人不但愿意接近,还会因敬佩而甘愿接受其影响。

领导者的自然性影响力,主要由品格因素、才能因素、知识因素和情感因素构成。

(1)品格因素。领导者的品格,主要指道德、人格、作风等方面的品质。被领导者往往把品格高尚的领导者当作楷模,并由此产生敬爱感,因此领导者必须培养高尚的品格,才能产生巨大的影响力。

(2)才能因素。一位有才能的领导者会给群众带来成功,使人产生敬佩感,自觉接受其影响。

(3)知识因素。知识总是和才能密切联系在一起的,知识丰富的领导者,最容易取得人们的信任,增强其影响力。

(4)情感因素。情感成分是人际关系的主要特征,在人际交往中,相互喜爱的人彼此间吸引力大,影响力也大。领导者若待人接物热情、平易近人、体贴关怀,必然深深吸引群体成员,从而增强其影响力。

三、领导班子的结构

现代大中型企业不再是个人领导,绝大多数是集体领导。不论是哪一个组织,领导行为都是互相影响、互相制约、互相补充和互相适应的,而且领导行为不仅与领导者个体的素质有关,还取决于领导班子的组合方式,即集体领导内部各成员及各要素的最佳组合方式。集体领导结构是否合理将直接影响各个成员作用的发挥,因此,优化包括知识结构、智能结构、个性结构在内的领导班子结构,可以发挥出新的巨大的集体力量。

(一)年龄结构

集体领导的年龄结构是指领导集体内部成员平均年龄和年龄比例构成。合理的年龄结构是使领导集体保持最佳功能状态,富于生命力、高效率的重要条件。不同年龄阶段的人心理行为不同。现代生理学和发展心理学研究表明,一个人的年龄与智力有一定的定量关系。知觉的最佳年龄是 10~17 岁;记忆的最佳年龄是 18~29 岁;比较和判断的最佳年龄是 30~49 岁;而动作和反应速度的最佳年龄是 18~28 岁。一般,青年人精力旺盛,思维敏捷,求知心切,上进心强,敢说敢干,富有创新开拓精神;但阅历浅,经验不足,看问题容易片面,处理不够稳健,容易激进。老年人阅历深,知识经验丰富,老练沉着,遇事深思熟虑,但精力往往不够充沛,在接受新事物、开拓创新方面缺乏勇气和决心。中年人正处于"而立"或"不惑"之年,是承前启后的最佳年龄,较有经验,亦敏感,正是干事业、出成果的时候。因此,作为组织领导班子的年龄结构配备,应以中年为主,实行老中青三结合,发挥不同年龄阶段的不同优势,增强领导班子整体效能。具体地说,要注意两个方面:一是领导班子年轻化。班子成员的平均年龄不宜过大,高层班子的平均年龄可以相对高一些,中下层的逐次降低;也不能拉大成员之间的年龄差距,领导班子内部各成员之间年龄差距应不大于 10 岁。二是班子内部的年龄结构应该是一个动态平衡体。现代领导不再有终身制,班子成员的年龄多层次,一方面可以让各年龄段的人发挥不同的作用,另一方面也为领导班子储备后备力量。

（二）知识结构

有人认为，现代企业的基层领导者的知识结构以"T"形模式为最理想。"T"字上面的一横，代表领导班子要有多领域的广博的知识面；下面一竖代表领导者是某个知识领域里的专家，也即所谓的"通才加专才"。有研究结果表明，随着现代企业的高科技化、专业化，通专比应为1：6。

当选配较高层次领导班子时，应以"A"结构为宜，即在专业上形成既有深度又有广度的扇面，用"∧"表示知识广博，用"一"表示深度，两者组合成"A"字。其实，现实生活中，这两类人物并不多，即使都是"T"和"A"型人物，也存在着各人专深领域的差异。作为企业领导班子，应有与企业任务相适应的各种知识人才，才能胜任现代企业管理的要求。

（三）智能结构

智能包括学习能力、研究能力、思维能力、表达能力、组织能力和创造能力等，智能结构是领导班子心理智能的一个重要结构，它是将具有智慧、掌握不同知识和具有不同能力的人进行组织的结构形式，对领导水平、领导效率起着决定性的作用。智能是有差异的。这种差异既表现在每个人具有不同于他人的特殊智能，还表现为对完成同一活动，不同的人可能采取不同的途径。有的人善于在简单或复杂的事物中发现问题；有的人勇于探索，善于创新；有的人喜欢习惯性思维，有的人则善于打破常规；有的人善于调配人财物，善于组织实施；有的人善于具备公关能力，擅长上下左右沟通等，只有将不同智能类型的领导成员合理地组合起来，才能形成整体的最佳结构。

（四）个性结构

企业领导班子的性格结构要避免两种情况：一是领导成员的性格完全相同；二是领导成员性格完全不同。因为性格是个人现实态度习惯化的行为方式，虽然人与人之间的交往，常常性格相同则合得来，性格相异则谈不拢；但是，在领导班子中，却由于各人所负的工作职责不同，个人的兴趣不同，所扮演的角色不同，因此需要一个有多种个性人员组成的集体，以达到人事协调互补中和。

每个领导者都有其气质特点，使自己的管理具有鲜明的气质色彩。气质是人典型的稳定的心理特点，它表现在人的心理活动的动力方面，气质组合类型合理对于工作必将产生积极影响。气质无好坏之分，但一个领导班子应该考虑气质的多样化，既要急性子的胆汁质成员，以敦促领导班子处理问题迅速而果断；又要有慢性子的抑郁质成员，以便提醒领导班子三思而后行；既要有反应灵敏、善于应变决策的多血质成员，又要有坚韧自制、稳妥实干的黏液质成员。这样，便会形成刚柔并济、相辅相成、气质优化的领导班子。

四、领导者的自我意识与调节

（一）领导者自我意识

自我意识也称自我，是对自己存在的觉察，即自己认识自己的一切，包括认识自己的生理状况、心理特征以及自己与他人的关系。由于个体能洞察自己的一切，因此能对自己的行为加以控制与调节，也因此形成了对自己的固有态度。自我意识是联结个体、社会影响和社会行为的概念，它的产生与发展，是人和动物在心理上的最后分界线。动物没有自我意识，人有高度发达的大脑，通过劳动了解自然界，也认识了自己。特别是语言的产生，促使人的思维发生了质的变化，因此能够区分"自我"与"非我"。

　　领导者的自我意识是一个多维度、多层次的复杂心理系统。从形式上看,领导者的自我意识表现为自我认识、自我体验和自我调节。

　　自我认识属于自我意识的认知成分,是指一个人对生理自我、社会自我和心理自我的认识,它包括自我感觉、自我观察、自我图式、自我概念、自我评价等。其中,自我概念和自我评价是最主要的方面,集中反映了个体自我认识乃至整个自我意识的发展水平,也是自我体验和自我调节的前提。

　　自我体验属于自我意识的情感成分,是人对自我情绪状态的体验,它在自我认识基础上产生,反映出个体对自己所持的态度,包括自尊、自信、自卑、内疚、自爱、自怜、自豪感、成功感、自我欣赏、自我效能等,其中自尊是自我体验中最主要的方面,体现出自我价值感的水平。

　　自我调节是自我意识中的意志成分,是个体对自己行为和心理活动的自我作用过程,包括自制、自立、自主、自我监督、自我控制、自我教育等,其中自我控制和自我教育是自我调节中最主要的方面。

　　从内容上看,自我意识又分为生理自我、社会自我和心理自我。生理自我包括个体对自己的存在、行为以及对自己的身体、外貌、体能等方面的意识;社会自我是个体对自己社会属性,包括角色、地位、权利、义务、人际关系等方面的意识;心理自我是个体对自己的心理属性,包括人格特点、人格倾向、心理状态、心理过程等方面的意识。

　　(二)领导者自我意识的功能

　　领导者身居领导地位,经常接触重要人物和重大事件,在这种特定环境下,领导者的工作态度、工作方法、工作效率和由工作表现出的影响力,都与领导者的自我意识分不开。领导者自我意识的功能主要表现在以下几个方面:

　　1. 自我意识影响领导者的思想素质

　　每个领导者由于世界观、人生观的差异,以及受教育程度和社会阅历深浅的不同,在自我评价和自我追求方面就会有所不同,这必将影响到领导者的思想素质。在如何正确看待权力问题上,如果领导者的意识不强,自我控制不力,就会产生权力至上的优越感。在精神自我方面,一旦领导者取得了一些成绩,就把一切功劳归于自己,看不见群众的作用,从而自以为是,我行我素,就容易把工作引入歧途。

　　2. 自我意识影响领导者的心理素质

　　在科学技术迅速发展的今天,一个开拓型的领导者,他的本质特点在于创新。创新要求有较强的创造性思维能力和个性独立性,而这些又都是建立在较强的自我意识基础上的。如果有了较强的自我意识,就会有较强的责任感和使命感,在具体工作中就会把事业作为己任,而不受非正常因素干扰,也就不随波逐流,不怕困难和挫折,不考虑个人得失。自我意识薄弱的领导,其个性不强而容易顺从,容易不加批判地接受别人的意见,遇到困难则怯懦不安,这样的心理素质是不能胜任领导工作的。

　　3. 自我意识影响领导者的工作行为

　　一个权力欲极重、一心向上爬的人,如果自我意识对“利己”心理感知不切、控制不力,在贯彻上级指示时,就会以自我为中心;在面对重大问题时,就不会从大局和长远利益出发;在任用干部时,任人唯亲;在检查工作时,只会搞形式主义;在听取汇报时,喜欢听成绩,不愿听问题。只有忠诚于党的事业、怀有远大理想的领导者,在他的自我意识中,才能把个人利益与党、人民和事业融为一体。

4. 自我意识影响领导者的工作质量

自我意识的发展过程是个人在实践活动中不断丰富自己、完善自己的过程,领导者必须在与干部群众的广泛接触中,不断丰富自己、提高自己,将符合事业利益的组织观念化为自我意识的一部分,也就是说,把自己与组织融为一体。只有这样,才能不计个人职务的高低和物质利益的多寡。若领导者自我意识境界低,遵守组织规范的约束力弱,防卫自我的力量就会增强,就会使自己陷入一个孤立的境地,沉浸于自我的小圈子里,在工作中的主体作用就会失去,就会严重影响工作质量。

(三)领导者必须加强自我修养

领导者真正意识到自己所处的地位及担负的责任和使命,就会主动地、长期地进行自我教育和自我监督,不断地加强自我修养,通过经常性的"改造"活动,树立起服务的观念和对工作的责任心,就能更好地组织和引导群众去实现共同的目标。

领导自我意识培养的途径和方法有许多,笔者认为,下面四点不失为好方法:①提高认识客观世界的能力。②树立服务的观念。③培养良好的心理品质。④经常性地反省自己。

五、领导者的决策心理与调节

管理心理学中的决策,是指人们为实现特定的目标,在占有相关资料和信息的基础上,运用科学的理论方法,系统分析主客观条件,设计出若干个预选方案,并从中选出最佳方案。它是一个过程,是决策工作与决策行为的总称。传统决策理论追求最优选择,即成本最优、利润最大、效益最高,也即决策中的最优原则。但在现代社会中,人们发现许多因素限制了决策的最优化。如信息的限制、主观认识的限制、目标难以量化、时间限制以及偶然因素的限制等。现代决策理论认为,决策贯穿管理的全过程,管理就是决策,决策者应当是"管理人";选择方案只要达到满意目标即可,也即"有限合理化"原则;"最优"是一个理想化的标准,而"满意"才是有实际意义的决策原则。

现代社会对领导者的决策水平提出了越来越高的要求,领导决策已成为领导的一项主要职能,具有良好的决策能力是一名领导者必备的素质。

(一)领导者科学决策应该具备的心理素质

为适应社会发展对领导者决策水平提出的越来越高的要求,领导者必须对决策的心理全过程有较全面的理解,要了解感知、记忆、想象、思维、意志及个性等心理现象的基本规律及其在决策过程中的作用;另外,必须充分认识自己的心理特征,提高自我的心理素质,以适应决策的要求。一般而言,担负决策任务的领导者必须具备以下几个方面的心理素质:

1. 认知力

认知力主要指社会认知力,是人们在社会交往过程中,通过观察、了解他人并形成判断与评价的感知与认识能力。这种能力能使人们了解自己与他人的言行方式,并由此做出恰当的行为。

2. 记忆力

记忆是人脑对过去经验的反映,从信息处理角度看,记忆就是对输入信息的编码、储存与提取过程。对于领导者来说,良好的记忆力极为关键,记忆是整个心理活动的基本条件。

3. 想象力

想象是人脑中对已有的表象进行加工改造而创造出的新的形象的过程,主要有再造想象与创造想象。这两者在领导决策过程中都会起到积极作用,尤其是创造想象与创造性思维密切联系,是人类创造性活动的一个重要因素。

4. 思维特征

思维是头脑对客观事物间接的概括反映。思维能力是领导能力的核心部分,领导思维应该具有广阔性、深入性和创造性。

5. 意志品质

意志对行为的调节主要有两个方面:一是发动;二是抑制。良好的意志品质就是对这两种调节方式的合理把握。领导者良好的意志品质主要体现在能自觉确立目标、果断做出决定;在实现目标过程中,能善于控制情绪、把握言行、保持充沛的精力,坚定不移地朝着目标而努力。

6. 性格特征

领导者良好的性格应该具有以下特征:对自我的态度方面,自信而不自负、谦虚而不自卑、大方而稳重;对外界的态度方面,热爱集体、工作认真积极、为人诚实正直、善于交际、富有同情心;情怀方面,受情绪支配的强度适中,情绪平稳,主导心境以乐观愉快为主;感知方面,能主动观察,记忆主动持久,想象力丰富而富有创造性。

7. 气质特征

气质是个性心理特征之一,气质虽然无好坏之分,但不同类型的气质在心理过程和行为上有着不同的表现。我国心理学家俞文钊认为,作为一名领导者不应有典型的胆汁质或抑郁质的气质特征,而多血质、黏液质或两者混合型比较合适。

(二)影响领导决策的心理因素

领导的决策包括领导者个人做出和领导者集体做出两种形式,那么,影响领导决策的因素也应该分清是主要针对领导者个体还是主要针对领导者集体的。

1. 影响领导者个体决策的心理因素

(1)首因效应

首因效应,即第一印象。这种印象一旦形成便不易改变,很可能会影响人们对后续信息的认识。如有一些领导者会对有关最先获得的信息比较重视,而对后来的信息不够关注;只能看到个别的、局部的方面与表面现象,缺乏全面的认识,"先入为主",从而影响决策的正确性。

(2)近因效应

人们对事物的最近态度往往会冲淡以前形成的印象,并对新印象的产生起到决定作用。有的领导只会对最近事情的最后信息印象较深,较为关注,"一叶而障目",只根据局部的、片面的信息来制订决策,导致决策失误。

(3)心理定式

人们在认知客观事物时总是根据自己以往的经验、知识进行判断与评价,作为一种知觉反映的准备阶段,心理定式对反应与直觉有积极作用,但也可能导致错误的认识,形成偏见。在决策过程中,有些领导惯于运用原有的思路、方法去处理新情况和新问题,显然是不能取得好的效果的。

（4）晕轮效应

晕轮效应又可以称为"光环效应"。它在对他人与自己的认识中受事物的局部特征影响较大，并且非理性地把这种特征推及为该事物的整体特征。这种绝对化的态度往往会造成"一俊遮百丑"的结果，容易以点代面，以偏概全，与决策的科学性和严密性是背道而驰的，它的存在必定影响领导决策的正确性。

（5）成就动机

成就动机是一种内在推动力，适当的成就动机能够推动领导者去追求并完成自己认定的目标。美国科学家阿特金森（J. W. Atkinson）认为具有强烈成就动机的人喜欢完成具有适当难度的任务，难度越大，他会觉得越有挑战意义，满足感也就越强烈。

（6）人格特征

人格是个人所具有的意识倾向及经常出现的、较为稳定的心理特征的总和。健康的人格能使人自信、乐观，能正确地认识和对待自己的需要与动机，有利于领导者做出合理的决策。

2. 影响领导者集体决策的心理因素

集体决策是指在主要负责人的主持下，通过集体参与讨论研究的方式，对面临的问题做出科学的决策，它与个体决策是两种不同的决策方式，也有着十分明显的差异。比较个体决策，集体决策具有明显的优势，如资料信息更加全面准确；备选方案更多、更精；更能受到各方面的支持；科学性、创造性更强等。但是，集体决策也有一些不足，也会出现一些问题，如个人支配、小集团意识、极端化转移等。

（1）从众效应

从众效应，也称遵从效应，是指通过向群体施压迫其让步使自己的认识与行为符合群体标准的现象。它对领导集体的稳定与保持决策一致性有积极作用，但也会限制群体的发散性思维，不利于全方位、多角度地研究问题和解决问题。

（2）服从效应

服从效应也称威信效应。当受到外界的压力时，个体不得不改变自己的观点与行为，以与外界的要求保持一致。在决策过程中，因为服从效应的影响，多数非权威人士可能不能很好地表达自己的意见，或表达的意见得不到应有的重视。

（3）情绪情感因素

领导集体在决策时，如果气氛和谐融洽、热烈有序，人们就会受到鼓励，情绪高涨，就愿意提出自己的看法，也容易产生灵感的火花，这有利于决策的做出。

（4）责任分散效应

由于集体决策是在群体共同参与下做出的决策，决策的责任会分散到每个参与决策的成员身上，任何一个成员都不需要对出现的问题承担全部责任，所以群体会比个体更大胆，倾向于做出比较冒险的决策。

（三）领导决策心理的调节

决策需要有一个良好的、健康的心理状态，针对领导者决策中存在的种种干扰因素，调节领导决策心理，将有益于科学决策的正确做出。

1. 决策动机心理的调节

决策动机是激发决策者进行决策活动的内在心理动力。决策动机心理的调节主要是针对决策动机冲突而做出的妥善处理。一般来说，决策动机冲突主要是因为各种原因限制，使得决策者的多种动机无法同时实现，只能从中选择一种动机时而产生的冲突，这是领导决策时必然产生的心理现象。常见的决策动机冲突有：双趋冲突、双避冲突、趋避冲突、多趋冲突和多避冲突。领导者面对这些动机冲突时，只有调节好自己的心理，才能进行决策行为。

（1）要慎重选择。领导者只有进行多方面利害关系的比较、权衡，才能进行决策。

（2）要从长计议。领导者不能只考虑短期效益，要顾全长远，应该高瞻远瞩，有战略家的眼光。

（3）要以大局为重。领导者要有全局的观念，服从整体，不能有本位主义、地方保护主义思想，必要时还要有牺牲局部确保全局的心理准备。

2. 决策信息心理的调节

决策信息是决策活动中的重要因素，面对各种信息，领导者要调整好自己的心态，正确掌握信息，保证决策的科学性。由于受虚荣心理、迎合心理、攀比心理、实惠心理等种种不良心理的影响，社会上也存在着浮夸虚报的现象，倘若领导者不加分析，依此种信息进行决策，必定会给组织带来重大的损失。因此，领导者应该有清醒的认识，努力调整自己的心理和喜好，确保决策信息的准确与科学。在收到决策信息时，领导者要以积极健康的心态去对待，并以此影响下属。

领导者面对决策信息应：第一，要有敏感的心理。领导者要善于探幽发微，以小见大，去伪存真，发掘出有用的信息。第二，要有求实的心理。决策信息不能凭主观臆断、想当然地编造数字；面对各种材料，领导者应该保持冷静、理智的心态，不被狂热的激情所左右。第三，要有辨伪心理。领导者要广泛听取各方意见，进行充分的比较分析，及时识破各种虚假信息。

3. 决策有效性心理的调节

影响决策有效性的因素主要有两类：一是决策制订的质量；二是决策实施的认可水平。要想提高决策的有效性，既要提高决策质量，又要提高决策执行认可水平。而在实际决策中，通常存在低质量低认可问题、高质量低认可问题、高认可低质量问题以及高质量高认可问题四种类型，这些问题并不都需要领导做出决策，所以，面对组织中的各种问题，领导者必须要调整心态，准确把握，抓住最主要的、重大的问题进行决策，而不能因小失大，捡了芝麻丢了西瓜。

4. 决策选择心理的调节

决策选择是决策中的关键环节，因此，领导者在决策选择时的心理状态十分重要。

（1）冲突心理。决策者在决定决策方案的最后时刻，要认真考虑反对意见，高明的决策者，都会对反对意见持宽容和欢迎的心态；真正的科学决策的产生，是赞同者和反对者共同智慧的结晶。因此，领导者要有足够的心理准备，承认这种意见冲突的合理性。

（2）价值心理。决策方案的选择过程实际上也就是价值的判断过程。在决策选择上，领导者往往倾向于利益大的方案，但当领导者面对两个有害方案时，这种"魔鬼决策"便因为心理准备不足而难以做出。因此，领导者必须沉着冷静、克制，以理智战胜情感，以大局为重，做出理性的符合长远利益的决策。

（3）机遇心理。机遇心理包括机遇准备心理、机遇创造心理、机遇风险心理和机遇时效心理。领导者应该具备强烈的机遇意识,对机遇做好心理准备,一旦机遇出现便抓住不放;同时,领导者还应该积极地去创造机遇,并敢于面对和承担风险。面对机遇应该有紧迫感、危机感和责任感。

参考文献

[1] 马建敏.消费心理学.北京:中国商业出版社,2003

[2] 甘朝有.旅游心理学.天津:南开大学出版社,2001

[3] 屠如骥.现代旅游心理学.青岛:青岛出版社,2001

[4] 马莹.旅游心理学.北京:中国轻工业出版社,2002

[5] 马义爽,樊而峻.消费心理理论与实务.北京:中国商业出版社,1994

[6] 罗子明.消费者心理与行为.北京:中国财政经济出版社,1998

[7] 马谋超,高云鹏.消费者心理学.北京:中国商业出版社,1997

[9] 谢青.旅游心理学.昆明:云南教育出版社 2002

[9] 张树夫.旅游心理学.北京:高等教育出版社,2001

[10] 吕勤,郝春东.旅游心理学.广州:广东旅游出版社,2000

[11] 邱扶东.旅游心理学.上海:立信会计出版社,2003

[12] 褚明德.旅游服务心理学.昆明:云南大学出版社,2002

[13] 刘纯.旅游心理学.北京:高等教育出版社,2004

[14] 王德胜.新编消费心理学.济南:山东人民出版社,1996

[15] 时蓉华.现代社会心理学.上海:华东师范大学出版社,1989

[16] 方光罗.消费心理学.北京:中国物资出版社,2000

[17] 徐萍.消费心理学教程.上海:上海财经大学出版社,2001

[18] 李灿佳:旅游心理学 北京:高等教育出版社,2002

[19] 罗子明.消费者心理学.北京:清华大学出版社,2002

[20] 屠如骥.现代旅游心理学.青岛:青岛出版社,1997

[21] 薛群慧,邓永进.论民俗风情旅游消费需求的激发及其行为特征.贵州社会科学,1998(5)

[22] 杜金柱,陶克涛.消费心理学.北京:中国商业出版社,2001

[23] 艾枚,张会来.传统年夜饭发生变化,温情夜变成餐饮业掘金之夜. http://news3. xinhuanet. com/newscenter/2005-01/08/content_2431174. htm

[24] 张艳.上海品牌饭店年夜饭均客满 去年 10 月预订告罄. http://news3. xinhuanet. com/newscenter/2005-01/08/content_2432042. htm

[25] 朱珉瑶,詹丽华.30 万杭州人不在家吃年夜饭. http://www. zj. xinhuanet. com/newscenter/2005-02/05/content_3695671. htm

[26] 黄世礼,蓝太富.通俗消费心理学.北京:中国轻工业出版社,1996

[27] 李灵红. 百色红色之旅成旅游黄金线. http://www. gx. xinhuanet. com/

newscenter/2004-01/09/content_1475470.htm

[28] "内地"个人游旅客在香港人均消费逾1万港元. http://finance. anhuinews. com/system/2004/01/24/000547895. shtml

[29] 云青. 新昌影视游. http://www. xinchang. com/trip/xcyj/14. html

[30] 司马鎏. 消费心理学. 北京:中国商业出版社,1995

[31] 朱国勤,吴飞飞. 包装设计. 上海:上海人民美术出版社,2002

[32] 郑应杰,金海滨. 现代设计美学——包装装潢设计美学. 哈尔滨:黑龙江科学技术出版社,1998

[33] 四川全面启动红色旅游 迎接"红色旅游发展年". http://travel. enorth. com. cn/system/2005/01/17/000945809. shtml

[34] 汪林义,许群. 新华时评:月饼包装该"瘦身"了. http://www. hb. xinhuanet. com/zhuanti/2004-09/02/content_2797549. htm

[35] 邓秋香,孟旭. 试谈旅游产品的包装. 北京第二外国语学院学报,2003(1):82—86

[36] 何为国宴. http://news. xinhuanet. com/comments/2004-12/29/content_2390195. htm

[37] 2004全球100大品牌 可口可乐称王诺基亚惨败. http://business. sohu. com/20040727/n221218944. shtml

[38] 周忠民. 饭店和菜肴命名心理浅析. 中国烹饪研究,2000(1):34—37

[39] 谭汝为. 中华菜肴命名艺术谈. 修辞学习,2002(2):32—34

[40] "津门新十景"名称确定 体现津城丰厚文化底蕴. http://unn. people. cn/GB/22220/30701/31169/2273635. html

[41] 胡守忠. 消费者价格心理与旅游产品的市场定价. 价值工程,2000(6):45—47

[42] 王涛,杨生忠. 消费者价格心理探析. 太原师专学报(社会科学版),2000,21(4):64—67

[43] 茅于轼. 一杯咖啡要价88元专家质疑机场高价. http://news. xinhuanet. com/fortune/2001-08/07/content_257297. htm

[44] 杜军燕,张伟,巩霞. 消费者的价格心理及营销策略研究. 淄博学院学报(社会科学版),2001,17(2):18—21

[45] 王婉飞. 餐饮消费心理与经营策略. 北京:中国发展出版社,2001

[46] 王文松. 消费者价格心理分析及企业价格对策研究. 洛阳工业高等专科学校学报,1998,8(3):26—29

[47] 王海鹰,王利印. 对当前心理价格策略的文化思考. 东北财经大学学报,2004(3):14—17

[48] 康福信. 意识、潜意识和脑. 医学与哲学,1996,17(10):519—521

[49] 郑雪. 人格心理学. 广州:暨南大学出版社,2001

[50] 温孝卿,任仲祥,张理. 消费心理学. 天津:天津大学出版社,1995

[51] 黄合水. 广告心理学. 上海:东方出版中心,1998

[52] 吴言译. AIDA模式:唤起消费者的欲望. 国外社会科学文摘,2003(1):43—45

[53] 顾文钧. 顾客消费心理学. 上海:同济大学出版社,2002

[54] 江波.广告心理新论.广州:暨南大学出版社,2002

[55] 甘波.超越消费者期望.北京:企业管理出版社,1997

[56] 宋志伟,刘德谦.投诉有门、监管有序——访国家旅游局旅游质量监督管理所.旅游学刊,1996(6):15—17

[57] 曾义.十大被投诉行业 旅游名列第十.http://www.southcn.com/travel/lyxw/200403120677.htm

[58] 郑志星.依法规范旅行社的经营行为、加强自护和自律.旅游学刊,1999(4):22—25

[59] 于德斌.北京市旅游涉外饭店服务质量现状、趋势及对策.旅游学刊,1999(4):37—40

[60] 杜金柱,陶克涛.消费心理学.北京:中国商业出版社,2001

[61] 甘朝有,齐善鸿.旅游心理学.天津:南开大学出版社,1995

[62] 吕勤.旅游心理学.北京:中国人民大学出版社,2001

[63] 吴正平.旅游心理学教程.北京:旅游教育出版社,1994

[64] 孙喜林.旅游心理学.大连:东北财经大学出版社,2004

[65] 国家旅游局人事劳动教育司.旅游服务心理学.北京:旅游教育出版社,2004

[66] 张树夫.旅游心理.北京:中国林业出版社,2000

[67] [苏]彼得罗夫斯基.普通心理学.朱智贤,伍棠棣,卢盛忠,等,译.北京:人民教育出版社,1981

[68] 王剑兰,张凤琴,陈尚生.心理学.广州:广东高等教育出版社,2002

[69] 丁昭福,陈遵沂,陈光彩.心理现象分析百例.北京:农村读物出版社,1986

[70] 魏乃昌.服务心理学.北京:中国物资出版社,1999

[71] 赵西萍.旅游企业人力资源管理.天津:南开大学出版社,2003

[72] 时巨涛,等.MBA组织行为学.北京:石油工业出版社,2003

[73] 桑德拉·黑贝尔斯,里查德·威沃尔.有效沟通(第5版).李业昆,译.北京:华夏出版社,2002

[74] 苏勇,罗殿军.管理沟通.上海:复旦大学出版社,1999

[75] 王极盈.青年心理学.北京:中国社会科学出版社,1983

[76] 陈继安.思想工作心理学.北京:中国青年出版社,1986

[77] 崔伊薇.妇幼心理学.北京:科学出版社,1997

[78] [美]威尼·威顿.现代生活心理学.吴存民,李学经,等,译.郑州:河南人民出版社,1995

[79] 丁茂生.管理心理学.合肥:中国科学技术大学出版社,2004

[80] 孙彤.组织行为学.北京:中国物资出版社,1986

[81] 卢盛忠.管理心理学.杭州:浙江教育出版社,1998

[82] 于秀芬,卢圣兴.行政管理心理学.沈阳:辽宁人民出版社,1990

[83] 孟继群.领导心理学.沈阳:辽宁人民出版社,1988

[84] 邢守润.领导工作心理学.济南:山东人民出版社,1987

后　记

进入 21 世纪后,我国经济建设快速发展,旅游产业规模日渐庞大,人们生活水平不断提高,旅游已经成为人们生活中的一个重要组成部分。旅游业作为我国国民经济新的增长点,应当向更深层次的质量型、效益型的新兴支柱产业发展。因此,对旅游专业人才的需求也将日益增长,加强旅游人才的培养更是当务之急。作为一套适应 21 世纪的、代表浙江水平的"21 世纪旅游管理学精品图书",欲立足浙江本省,辐射全国,为旅游业的发展及旅游教学的需要贡献绵薄之力。旅游心理学作为其中一门重要学科,旨在从研究旅游管理中的心理因素入手,运用心理学的研究成果来提高旅游管理活动的科学水平,促进旅游业的发展。

本书由浙江大学旅游学院教授王婉飞博士主编,负责设计基本框架,确定基本内容,最后统稿、定稿,并执笔撰写导言、第一、第二、第三、第四、第五、第六、第十三、第十四章以及第十六章的第四节。同时,浙江林学院旅游与健康学院的李天佑讲师撰写第七、第八、第九、第十、第十一、第十二章。浙江海洋学院旅游管理系马丽卿副教授撰写第十五章、第十六章的前三节、第二十一、第二十二章。浙江工业大学之江学院教师颜澄撰写第十七、第十八、第十九、第二十章。

本书较之已有同类成果,更为全面系统地阐述了旅游心理学的理论、方法及其在实践中的应用,力求理论联系实践,突出科学性和应用性,以尽可能通俗易懂的行文方式,将旅游心理学学科理论知识展现给读者。在编写过程中,编者参考了大量有关消费心理学、社会心理学、旅游心理学、人力资源管理等方面的论文和著作,并引用了相关资料。在此,谨向所引文献的作者致以十分诚挚的谢意!

由于编者水平有限,书中错误和不妥之处在所难免,诚望广大读者、专家、学者、同行批评指正。

旅游心理学

王婉飞

2006 年 3 月于浙江大学